suhrkamp taschenbuch 129

AF131550

Mit meist noch unpublizierten Selbstzeugnissen dokumentiert dieser Band die Entstehungsgeschichte des Buches, in dem Hesse den Versuch unternommen hat, das Werk seiner christlichen, in der indischen »Heidenmission« tätigen Vorfahren in umgekehrter Richtung fortzusetzen. Nicht, daß er den Westen zu östlichem Denken und asiatischer Lebenshaltung hätte »bekehren« wollen, vielmehr ist es ihm mit seinem »Siddhartha« wie keinem anderen europäischen Autor gelungen, das scheinbar Gegensätzliche der Kulturen nicht als unvereinbar, sondern als Polarität eines Ganzen sichtbar zu machen und zwischen Ost und West tragfähige Brücken zu schlagen. Wie authentisch in dieser »Indischen Legende« buddhistisches Gedankengut assimiliert ist, beweisen nicht nur die Millionenauflagen, mit welchen Siddhartha in Indien und Japan verbreitet ist, sondern auch die Tatsache, daß das Buch am Ort der Handlung, in Indien, in zwölf verschiedene Sprachen und Dialekte übersetzt wurde.

Materialien
zu Hermann Hesses
Siddhartha

Erster Band
Texte von Hermann Hesse

Entstehungsgeschichte
in Selbstzeugnissen
und Dokumenten

Herausgegeben von
Volker Michels

Suhrkamp

Der Herausgeber dankt Herrn Heiner Hesse für seine unermüdliche Mitarbeit bei der Beschaffung und Datierung des Quellenmaterials.

9. Auflage 2016

Erste Auflage der revidierten und erweiterten Ausgabe 1986
suhrkamp taschenbuch 129
Copyright dieser Zusammenstellung
sowie sämtiche Texte von Hermann Hesse
© Suhrkamp Verlag Frankfurt am Main 1975 und 1986
Suhrkamp Taschenbuch Verlag
Satz: lBV Satz- und Datentechnik, Berlin
Printed in Germany
Umschlag: hißmann, heilmann, hamburg
ISBN 978-3-518-36629-5

Inhalt

Wenn ich irgendwo auf besonders kräftige Ablehnung, auf instinktiven Haß, oder prinzipielles Nichtverstehenwollen stoße, so gilt diese Ablehnung beinahe immer dem Einschlag von altasiatischem Geist, den man in meinen Erzählungen findet. Nun, diese instinktive Furcht vor dem Fremden, Nichteuropäischen in der indischen und chinesischen Denkart ist nach meinem Glauben dasselbe wie jeder Rassenwahn und Rassenhaß. Etwas Bekanntes, historisch und psychologisch Begreifliches, aber etwas Rückständiges, nicht mehr Lebenbringendes, etwas, was überwunden werden muß. Unterstützt wird die Rückständigkeit nicht nur durch den Fortschritts- und Technik-Enthusiasmus des Abendlandes, sondern auch durch den Anspruch des kirchlich-dogmatischen Christentums auf Alleingültigkeit.

Hermann Hesse (1956)

Hesse, am Fenster seines Studierzimmers in der Casa Camuzzi, 1919

(Nach einer Krankheit)

[ca. August 1920]

Seit Wochen und Monaten liege ich nun immer im Bett, weil es doch so kalt ist, und weil sonst das Holz nicht für den Winter reichen würde, und weil man im Bett mehr Träume hat, und auch weil man sich doch schonen und Sorge tragen muß, um nicht allzu früh am Ende und verzweifelt und mit allem fertig zu sein, und überhaupt. Da steht heute der Fensterladen offen und ich sehe, daß es Sommer ist, und mein Bettliegen keinen Sinn mehr hat. Gerade heute, wo ich mir das Leben nehmen will, ist es Sommer, auf dem Fensterladen sitzt Polly, der Papagei, und singt, in den Bäumen unterm Fenster glänzen blank und schwarz die reifen Kirschen. Noch vor Stunden, vor meinem letzten Einschlafen, habe ich den Entschluß gefaßt, heute unter allen Umständen und bei jedem Wetter das Bett zu verlassen, mich zu rasieren, Stiefel anzuziehn und in die Stadt zu gehen, in den dreckigen Laden in der Via triombo, wo der antiquarische Revolver für 40 lire zu haben ist. Nun, da Pollys Stimme mich geweckt hat, da die Sonne hoch und heiß am weiten Himmel steht, da kein Schnee liegt, da der durchsonnte Fliesenboden mir wohlig die Füße erwärmt, nun vergesse ich den Entschluß, ich lasse ihn fallen, und sehe ihm zu, wie er fällt, wie er in ein Wasser untersinkt zu vielen anderen Dingen, anderen Entschlüssen, anderen Vergessenheiten, die ich zu andrer Stunde wieder rufen und aus der grünen Glastiefe hervorziehen werde.

Also nochmals drehen sich Erde und Sonne für mich, noch heut und noch lange spiegeln sich Blau und Wolke, See und Wald in meinem lebendigen Blick, nochmals gehört mir die Welt, nochmals spielt sie auf meinem Herzen ihre vielstimmige Zaubermusik. Über diesen Tag, über diese Seite meiner bunten Lebensblätter möchte ich ein Wort schreiben, ein Wort wie »Welt« oder »Sonne«, ein Wort voll Magie, voll Klang, voll Fülle, voller als voll, reicher als reich, ein Wort mit der Bedeutung vollkommener Erfüllung, vollkommenen Wissens.

Da fällt das Wort mir ein, das magische Wort für diesen Tag, ich schreibe es groß über dies Blatt: MOZART. Das bedeutet:

die Welt hat einen Sinn, und er ist uns erspürbar im Gleichnis der Musik.

Gern möchte ich arbeiten. Ich arbeite zwar den ganzen Tag: ich studiere, ich führe Tagebücher, ich lese und schreibe Mengen von Briefen, lese neue Bücher, male, zeichne – aber das alles ist ja bloß Sammeln, Vorbereiten, Sichstimmen, es ist noch nicht Arbeit, noch nicht konzentriert, noch nicht Werk. Schwer sind die Zeiten ohne Werk zu ertragen, ohne die Spannung und Konzentration künstlerischer oder philosophischer Arbeit.

Seit vielen Monaten[1] liegt mein indischer Roman, mein Falke, meine Sonnenblume, der Held Siddhartha da, bei einem mißglückten Kapitel abgebrochen – ich kann mich des Tages noch so wohl entsinnen, wo ich sah, daß es nicht weiterging, daß ich warten, daß etwas Neues dazu kommen müsse! Er begann so schön, er gedieh so geradlinig, und plötzlich war es aus! Die Kritiker und Literarhistoriker sprechen in diesen Fällen vom Nachlassen der Kräfte, vom Versiegen der Stimmung, vom Verlieren der Konzentration – man lese irgend eine Goethe-Biographie mit ihren trottelhaften Anmerkungen nach!
Nun, in meinem Fall ist die Sache einfach. In meiner indischen Dichtung war es glänzend gegangen, solange ich dichtete, was ich erlebt hatte: Die Stimmung des jungen Brahmanen, der die Weisheit sucht, der sich plagt und kasteit. Als ich mit Siddhartha dem Dulder und Asketen zu Ende war und Siddhartha den Sieger, den Jasager, den Bezwinger dichten wollte, da ging es nicht mehr. – Ich werde ihn dennoch weiter dichten, einmal, am Tag der Tage, und er wird doch ein Sieger werden.

[ca. Jan. 1921]
Inzwischen schreiben mir unentwegt reichsdeutsche Couleurstudenten ihre mannhaften Haßbriefe, voll Mark und edler Entrüstung, und ich brauche nur einen dieser Briefe zu lesen, einen dieser zwanghaften, krampfigen, bösen Briefe von Hampelmännern, so sehe ich, wie gesund ich trotz allem bin, wie ich ihnen auf die Nerven gehe, wie ich sie aufrege und in Not bringe, wie viel Verführung zu Gefahr, zu Denken, zu Geist, zu Einsicht, zu Spott, zu Phantasie doch aus meinen Worten spürbar sein

1 Seit August 1920.

muß. Aber wie traurig ist doch der Geist, vielmehr die Geistlosigkeit, aus der jene Gesinnungen und Briefe kommen! Ein Student aus Halle schrieb mir kürzlich, und nachdem er mir seine und seiner Kommilitonen tiefe und tödliche Verachtung ausgesprochen, legt er ein Bekenntnis ab – er nennt diejenigen deutschen Namen, zu denen er sich bekennt, die er als Fahnen und Vorbilder über sich weiß. Es sind: Kant, Fichte, Hegel, Wagner und noch einige! Also kein Goethe, kein Hölderlin, kein Nietzsche, auch kein Grimm, auch kein Eichendorff, und von den Musikern weder Mozart noch Bach noch Schubert, sondern einzig Wagner! Was ist das für eine vereinfachte, verarmte, mäßige dünne Geisteswelt! – Nur Geduld, Siddhartha!

Aber Geduld ist schwer. Geduld ist für den Geist das Schwerste. Es ist das Schwerste und ist das Einzige, was zu lernen sich lohnt. Alle Natur, alles Wachstum, aller Friede, alles Gedeihen und Schöne in der Welt beruht auf Geduld, braucht Zeit, braucht Stille, braucht Vertrauen, braucht den Glauben an langfristige Dinge und Prozesse von viel längerer Dauer als ein einzelnes Leben dauert, Glauben an Zusammenhänge und Dinge, die keiner Einsicht eines Einzelnen zugänglich sind. »Geduld« sage ich, und könnte ebenso gut sagen Glauben, Gottvertrauen, Weisheit, Kindlichkeit, Einfalt.

Wie seltsam lange braucht man, um sich selbst ein klein wenig zu kennen – wie viel länger, um Ja zu sich zu sagen und in einem überegoistischen Sinne mit sich einverstanden zu sein! Wie muß man doch immer wieder an sich herum machen, mit sich kämpfen, Knoten lösen, Knoten durchhauen, neue Knoten knüpfen! Ist man damit einmal zu Ende, ist einmal die volle Einsicht, die volle Harmonie, das volle fertige Lächeln und Jasagen da, ist dies Ziel einmal erreicht: dann lächelt man und stirbt, das ist der Tod, das ist die Erfüllung des Diesmaligen, der willige Eintritt ins Gestaltlose, um daraus wiedergeboren zu werden. So weit vermag ich diesen Faden zu denken. Das Nichtmehrgeborenwerden, das echte Nirwana, die Seligkeit des Erreichthabens, ist mir in ihrem vollen, echten Sinn (nicht in dem einer bloßen Müdigkeit und Sehnsucht nach Rast) noch niemals ganz erfaßbar und vorstellbar geworden. Siddhartha wird, wenn er stirbt, nicht Nirwana wollen, sondern neuen Umlauf, neue Gestaltung, Wiedergeburt.

Ach, zehn und mehr Tagebücher sollte ich führen. Drei, vier habe ich schon begonnen. Eines heißt »Tagebuch eines Wüstlings«[1], eines »Urwald der Kindheit«, eines »Traumbuch«. Dazu müßte ein Malertagebuch kommen, ein Musiktagebuch, eines über den alten Kampf zwischen Lebenstrieb und Todessehnsucht, Tagebuch des Selbstmörders, vielleicht auch ein Tagebuch der Besinnungen, des Suchens nach Maßstäben: Anwendung des persönlich Gedachten auf Allgemeines, auf Natur, auf Politik, auf Geschichte. Und dann noch drei oder vier andre Bücher müßte ich führen können, um eine Weile den Versuch der Polyphonie und Bipolarität zu machen, um die Rundheit und Allseitigkeit der Seele irgendwie zu dokumentieren. Es geht nicht, schon das Kleinste ist zuviel, schon das Simpelste zu kompliziert, die Hand müßte zwanzig Finger und der Tag hundert Stunden haben. O indische Götter mit zehn und zwanzig Armen! Wie wahr seid ihr!

Und mit allen diesen zehn Tagebüchern wäre nur erst notiert, nur erst geschrieben! Noch nicht geschlafen und geträumt, noch nicht gemalt und musiziert, noch nicht Freundschaft, Liebe, Hunger, Geschlecht, Lebensfülle gelebt – nein, der Tag müßte tausend Stunden haben!

Man kann ja natürlich Maß halten, man kann Technik üben, beim Möglichen bleiben – aber jedes versuchte Maß ist gar so nah bei jenem Maß, mit dem die Schullehrer den Goethe messen – und hat es denn einen Sinn, sich um Mögliches zu bemühen? Schon das kleinste Kunstwerkchen, eine Bleistiftskizze von sechs Strichen und ein Gedichtvers von vier Zeilen versucht frech und blind das Unmögliche, geht aufs Ganze, will das Chaos in die Nußschale schöpfen!

Das ist das Leid des Künstlers. Ein Werk gestalten, geduldig, fleißig, liebevoll, ein Gedicht, ein Bild, einen Roman – und daneben rollt die Welt, wird stündlich reicher, voller, vielfältiger – und man soll nun an seinem dünnen Faden bleiben, sein Werk weiter spinnen, diesen einen, einzigen, armen Faden, soll täglich und stündlich die Flut von Träumen, Ansichten, Einfällen unterdrücken oder einschmelzen, um weiter an der einen dünnen Melodie zu dichten, in der man doch kein Tausendstel des Gewollten einfängt! Furchtbar ist dieser Zwang zum Gestalten, furchtbar und herrlich, und wird von Mal zu Mal, von Versuch zu Versuch,

---

1 »Aus dem Tagebuch eines Entgleisten« in »Materialien zu H. H.'s ›Der Steppenwolf‹«. Frankfurt a. Main, 1972, S. 199ff.

von Werk zu Werk schwerer, verhängnisvoller, entsagungsreicher, wütender und glühender. Und dann das Ergebnis! Ich meine nicht den »Erfolg«, das Urteil der Schreiber, den Beifall des Bürgers, den Brief des Backfischs – diese Mißverständnisse sind komisch und lassen sich ertragen – sondern das tatsächliche Ergebnis, das »Werk« selbst, so wie es schließlich vor dem Künstler liegt und ihn ansieht – so klein, so spöttisch, so gar nichts! Es soll Künstler geben, die ihre fertigen Werke lieben – wie ist das möglich?!

Wenn man die Dichtung als Bekenntnis auffaßt – und nur so kann ich sie zur Zeit auffassen –, dann zeigt sich die Kunst als ein langer, vielfältiger, gewundener Weg, dessen Ziel es wäre, die Persönlichkeit, das Künstler-Ich so vollkommen, so verästelt, so bis in alle Spaltungen hinein auszusprechen, so vollkommen auszusprechen, daß dies Ich am Ende gleichsam abgewickelt und erledigt, daß es ausgetobt und ausgebrannt wäre. Dann könnte das Höhere folgen, das Überpersönliche und Überzeitliche, die Kunst wäre überwunden, der Künstler wäre reif, ein Heiliger zu werden. Die Funktion der Kunst, soweit sie die Person des Künstlers selbst angeht, wäre dann genau dasselbe wie die Funktion der Beichte, oder der Psychoanalyse. Diesen Sinn hatten alle späteren Schriften Nietzsche's, die Bekenntnisbücher Strindberg's, die Aufzeichnungen Flaubert's.

Das Ende und Ziel des Künstlers wäre dann nicht die Kunst oder das Werk, sondern die Selbstaufhebung, die Preisgabe und Opferung des beschränkten, in Komplexen und Leiden gefangenen Ich zu Gunsten der Seelenstille und Heiligkeit, das Ziel wäre die Entwicklung zum überpersönlichen Ich, zum Heiligen, der auf die Welt und Zeit nicht mehr persönlich reagiert, sondern in dessen Seelenzustand das Chaos der Welt zu Sinn und Musik wird, in dessen Atem Gott ein und aus geht. Es ist nur die Frage, ob dieser Weg vom Künstler zum Heiligen, vom Bekennen und Beichten zum Ruhen in Gott wirklich ein Weg ist, ob er möglich ist, ob man ihn gehen, ob er zum Ziel führen kann. Ich weiß es nicht, und ich zweifele sehr daran, obwohl ich selber eben diesen Weg gehe, gehen muß! So wie ein Mensch sich in einer Psychoanalyse verlieren kann, indem er von der Wichtigkeit und Bedeutsamkeit aller Äußerungen seines Unbewußten fasziniert wird, so kann der bekennende Künstler, indem er Stoß um Stoß

sich selber auswirft, sich selber ausspricht, sich selber rastlos ab-
wickelt und ausspeit, gerade immer tiefer in die Zusammenhänge
seines beschränkten Ich hineingeraten, sich immer tiefer in die
eigenen Probleme, die eigenen Leiden, die eigenen Komplexe
verwickeln, und dies führt genau in die entgegengesetzte Richtung, macht den Künstler genau zum Gegenteil des Heiligen.
(Nebenbei gesagt: ich verstehe unter dem »Heiligen« etwas zum
Teil anderes als die christliche Terminologie, ich meine mit ihm
nicht den Gerechten, sondern vor allem den Frommen, den mit
Gott Einverstandenen, der alles, was seine Sinne ihm zutragen,
als gottgewollt, also notwendig, also gut aufzunehmen vermag,
der stets fähig ist, zwei Gegensätze als Einheit zu sehen, zu jedem
Standpunkt den polar entgegengesetzten als gleichberechtigt anzuerkennen.)
   Der Haken liegt darin, daß wahrscheinlich das Bekenntnis des
Künstlers, einerlei welchen Sinn er ihm bewußt unterlege, niemals reine Beichte ist! Die reine Beichte ist einfach das Ausbre-
chen gärender Säfte, ist Entledigung, Entäußerung, Lüftung. Das
künstlerische Bekenntnis dagegen neigt stets und unfehlbar nach
der Selbstrechtfertigung. Die Beichte wird vom Künstler überschätzt, er wendet ihr eine Liebe und Sorgfalt zu wie nichts anderem in der Welt, und je aufrichtiger, je sorgfältiger und vollständiger, je rücksichtsloser das Bekenntnis ist, desto mehr ist es
in Gefahr, wieder ganz Kunst, ganz Werk, ganz Selbstzweck zu
werden. Der Künstler neigt stets dazu, in seinem Bekenntnis aufzugehen, seine ganze Aufgabe und Leistung in seine Beichte zu
verlegen, und damit immer im Zauberkreis der eigenen, persönlichen Angelegenheiten rundum zu irren. Denn der Künstler ist
ohnehin ein Mensch, der die Bedeutung seines Werkes übertrei-
ben muß, weil er seine ganze Lebensleistung, damit seine ganze
Selbstrechtfertigung aus dem Leben weg in sein Werk verlegt
hat. Man vergleiche die Konfessionen eines Heiligen mit denen
eines Literaten, so wird sofort der Unterschied klar: Augustinus
und Rousseau. Der eine gibt sich selbst preis, weil er sich Gott
anheim gegeben hat: der andre rechtfertigt sich. Vom gleichen
Antrieb ausgehend, enden sie an genau entgegengesetzten Polen:
der eine beim Heiligen, der andre beim Dichter: der eine überwindet seine Person und wird ein großer Mensch, der andre bleibt
in seinen Komplexen gefangen und kommt über den interessanten Menschen nicht hinaus. Für mein Gefühl steht Nietzsche in

der Mitte zwischen jenen beiden, während Strindberg ganz nahe bei Rousseau steht.

Da wäre freilich der alte, klare, einfache Weg auch für mich, den Künstler, der bessere: der sofortige und rücksichtslose Verzicht auf das empirische Ich, die Imitatio Jesu. Warum ich diesen einfachen Weg nicht gehe, warum er mir verschlossen ist (sei es nun für immer oder nur für jetzt), weiß ich noch nicht. Mein Leben könnte dadurch nicht schwerer, nicht heikler, nicht schmerzlicher und problematischer werden als es jetzt ist – und doch ist jener Weg mir nicht offen, oder noch nicht. Und doch sehe ich: es ist der einzige, der zum Heiligen führt, und der ist nun einmal das stärkste und lockendste Vorbild für mich. Wäre ich in einer anständigen religiösen Tradition aufgewachsen, etwa als Katholik, so wäre ich wahrscheinlich zeitlebens dabei geblieben. So aber gehört es zu meiner Herkunft und Bestimmung, daß ich aus einer zwar intensiv religiösen, aber durchaus protestantisch-sektiererischen Tradition herkomme. Und das ist ja nicht zufällig – ich habe das gewollt, ich habe mir selbst diese Herkunft, diese Konfession, diese Belastung mit Sektierer- und Reformationsgeist ausgewählt oder eingebrockt, und wie in der Stunde meiner Geburt Saturn und Mars, Jupiter und Mond gestanden sind, und nichts anders sein konnte und durfte, so stand auch der fromme pietistische Vater und der protestantische Taufstein für mich bereit. Es war mir nicht bestimmt, es lag nicht in meinem Plan, die Bequemlichkeiten und Genüsse einer haltbaren, einer guten, schönen und gesunden Religion zu den Stützen meines Lebens zählen zu dürfen: es war mir notwendig, in einer aufrührerischen, überhitzten, in einer unglücklichen, kurzfristigen, sich selber zerstörenden Religion aufzuwachsen, die ich mir mit dem ersten Erwachen des Denkens selber zerstören mußte. Ja, ich habe das gewollt, ich habe mir das aufgeladen, wie meinen Körper, mein Vaterland, meine Sprache, meine Fehler und Begabungen.

Meine Beschäftigung mit Indien, die nun schon bald zwanzig Jahre alt ist, scheint mir nun an einem neuen Entwicklungspunkt angelangt zu sein. Bisher galt mein Lesen, Suchen und Mitfühlen fast ausschließlich dem philosophischen, dem rein geistigen, dem vedantischen und buddhistischen Indertum, die Upanischaden und die Reden Buddhas standen im Mittelpunkt dieser Welt.

Erst jetzt nähere ich mich mehr dem eigentlich religiösen Indien der Götter, des Vishnu und Indra, Brahma, Krishna etc. etc. Und jetzt erscheint der ganze Buddhismus mir mehr und mehr als eine Art indischer Reformation, genau entsprechend der christlichen. Buddha, obgleich der viel Tiefere, scheint mir jetzt sehr wohl mit Luther vergleichbar (natürlich nur in seinem Verhältnis zum Alten, zum Priestertum und Brahmanismus). Und der Verlauf der großen buddhistischen Welle scheint mir sehr ähnlich dem Verlauf der Reformation in Europa. Es beginnt beidemal mit einer Vergeistigung und Verinnerlichung, es wird das Gewissen des Einzelnen zur wichtigsten Instanz, es wird mit äußerlichem Kult, mit Käuflichkeit der Gnade, mit Zauber und Opferkult aufgeräumt, die Priesterkaste verliert an Einfluß, das Denken und Gewissen des Einzelnen wehrt sich gegen alte Autoritäten. Inzwischen aber reformiert und erneuert sich das angegriffene und erschütterte Alte in sich selbst, und während die neue Lehre ziemlich rasch abgebraucht wird und als Kirche und Volksreligion wieder degeneriert, zeigt sich die alte, naive Religion als die ausdauerndere und steht mit neuen Kräften da. Wie nach wenigen Jahrhunderten die protestantische Kirche verkommt, als Kult verarmt und verknöchert, so sinkt ähnlich der Buddhismus wieder zurück vor dem Auffluten neuer Kulte und Seelenwelten aus dem alten Götterreich. Der abgeschaffte Vishnu und Indra kehrt wieder, Götter um Götter werden geboren, verwandeln sich, bereichern sich, werden verehrt, werden in aufblühenden riesigen Kunstwerken gefeiert, und die buddhistisch-reine, stille, gute, heilige Lehre, die eine Zeitlang die Erlösung der Welt und das Ende aller Priesterherrschaft bedeutet hatte, wird allmählich zu einer stillen, geduldeten Sekte, deren Fortbestehen niemand aufregt, an deren Lehre und Kult aber das Herz des Volkes keinen Teil mehr hat. Beidemale, in Indien und in Europa, ist die götterlose, scheinbar so viel reinere, geistigere, protestantische Religion nicht als Religion zeugungsfähig geblieben, sie wird zu Philosophie, zu Wissenschaft, zu Dialektik. Allerdings hat bis heute die katholische Kirche, wenn sie auch sichtlich die Reformation siegreich überdauert, nicht entfernt die schöpferische Kraft gezeigt wie der Brahmanismus.

Was die katholische Kirche vor den reformierten, was der Götterkult vor dem Buddhismus voraus hat, ist nicht etwa bloß die Ästhetik, die Anschaulichkeit und reiche Form des Kultus. Es ist vor allem die Elastizität und Plastizität des Gedankens und die unendlich größere Anpassungsfähigkeit. Der reformierte, puritanische Glaube fordert eine Hingabe des Selbst, deren wenige fähig sind, und auch die wenigen nicht immer, nur in seltneren gehobenen Stunden. Das Opfer meiner Selbst, meiner Triebe und Wünsche kann ich nur selten und nur unvollkommen bringen; das Opfer der Gaben, der Anbetungen, der Bekränzungen, der Tänze und Kniebeugen aber kann ich jederzeit leisten, und in der rechten Stunde werden auch diese scheinbar äußerlichen, rohen und mechanischen Opfer innerlich eins sein mit der Darbringung meiner Selbst. Der katholische Gottesdienst ist zu jeder Stunde möglich, der katholische Priester braucht nur das Meßgewand anzuziehen, um sofort Priester zu sein – der lutherische Gottesdienst widerspricht sich selbst und entbehrt der Weihe, und der protestantische Priester muß in langen, mühsamen Predigten beweisen, daß er Priester sei, und niemand glaubt es ihm. Und so erzieht denn auch jede reformatorisch gefärbte Religion zu einem bösen Kultus der Minderwertigkeitsgefühle.

[ca. 17. 2. 1921]
Heut Nacht hatte ich einen ungewöhnlichen Traum, insofern ungewöhnlich, als ich meines Wissens bisher noch nie einen tiefen Absturz geträumt habe, ohne am Ende des Sturzes zu erwachen. Und diesmal erwachte ich nicht, wenigstens nicht ganz. Es war so: Ich fuhr, mit einer ganzen großen Gesellschaft, in einem Wagen mit Pferden auf einer Landstraße. Wir kommen an eine Stelle, wo die Straße große Kurven macht, und plötzlich sehe ich, daß unsre Pferde, statt der Kurve nach, gradeaus laufen und senkrecht in den Abgrund stürzen. Im Augenblick waren wir auch schon fallend in der Luft, alle wurden still und bleich, man wartete in furchtbarster Spannung auf den Moment, wo wir unten aufschlagen würden. Das Fallen durch die Luft dauerte lange, dann sagte einer von uns: »Jetzt!«, und wir schlugen auf und ich verlor das Bewußtsein. Ich hatte das Gefühl, ich würde am Leben bleiben, aber natürlich nicht unverletzt, und wartete mit banger Spannung darauf, wie mir beim Wiedererwachen aus der Ohnmacht zu Mute sein werde. Ich erwachte dann auch, ganz langsam und allmählich, und hatte zunehmend ein häßliches Gefühl von Kranksein und Lähmung.

Heute nach langer Zeit kam wieder einmal ein Mensch zu mir. Ich hatte nach Tisch, um mich warm zu laufen und um Holz zu sparen, meinen üblichen Winterspaziergang gemacht, war im leise fallenden Schnee gegen zwei Stunden unterwegs gewesen und kam wieder nach Hause, zündete Feuer im Kamin an und dachte: da sitze ich nun wieder einmal und könnte ebenso gut in Berlin oder Amerika oder längst tot sein, mein Tun und Leben ist für niemand nütze, verläuft einsam in sich selber, ohne Frucht. Da klopfte es, ich kam etwas unwirsch heraus, eine fremde Dame stand draußen, fragte nach mir, kam herein, nannte keinen Namen, setzte sich vor den Kamin und begann sofort zu erzählen. Sie hatte das Bedürfnis zu beichten, wußte von mir, weil sie Demian gelesen hatte. Sie erzählte die Geschichte ihrer Ehe, sie war eben ihrem Mann davongelaufen, vieles war mir geläufig, andres neu und seltsam. Gegen drei Stunden saß sie und erzählte, oft sehr mühsam und stöhnend, ich sagte fast gar nichts, hörte nur zu und sprach am Schluß freundlich und behutsam zu ihr, wie Leidende es brauchen. Dann ging sie wieder, sichtlich erleichtert, und so kann ich mir nun einbilden, daß mein Nachmittag doch nicht ins Leere gefallen ist und irgend eine Frucht trägt.

Aber es gibt nichts Schwereres, als irgendwie Beichtvater oder Seelsorger zu sein. Es kommen je und je Menschen mit solchen Bedürfnissen zu mir, aber für mich ist es häufig nicht bloß schwierig, sondern bringt mich geradezu zurück und schadet mir. Im Grunde kann ich, wenn ein armer Mensch mir seine Geschichte erzählt hat, eigentlich nichts andres sagen als: »Ja, das ist traurig, so traurig ist das Leben oft, ich weiß es, es ist mir auch so gegangen. Suche es zu tragen, und wenn alles nimmer hilft, dann trinke eine Flasche Wein, und wenn auch das nichts hilft, dann wisse, daß es die Möglichkeit gibt, sich eine Kugel in den Kopf zu schießen.« Statt dessen versuche ich, meine Trostgründe und Lebensweisheiten aufzuführen, und wenn ich auch wirklich einige Wahrheiten weiß, so sind sie doch alle im Augenblick, wo man sie laut ausspricht und sie als Medizin gegen einen tatsächlichen, aktuellen Schmerz verzapft, ein wenig theoretisch und leer, und plötzlich kommt man sich vor wie ein Pfarrer, der mit gewohnten Sprüchen seine Leute tröstet und dabei das elende Gefühl hat, etwas Handwerksmäßiges zu tun.

Das vergangene Jahr, 1920, ist wohl das unproduktivste in meinem Leben gewesen, und damit das traurigste, obwohl es nicht das Jahr der schwersten Erschütterungen war. Jetzt, in diesem neuen Jahr 1921, geht es im selben Stil weiter. Es ist schon seltsam, wie recht in diesen Dingen die Astrologie hat, wenigstens wenn sie von einem Menschen wie Englert[1] geübt wird. Ich habe astrologisch schwere Oppositionen, die noch lange dauern werden, und die sich in meinem Leben als schwere Hemmungen und Depressionen äußern. Oft fällt es mir lächerlich schwer, das Leben weiterzuführen und nicht wegzuwerfen, so leer und fruchtlos ist dies Leben geworden.

Vor zwei Jahren war mein letzter Höhepunkt. Das Jahr 1919 bis zum September war das vollste, üppigste, fleißigste und glühendste meines Lebens. Im Januar schrieb ich »Kinderseele« zu Ende und im selben Monat innerhalb drei Tagen und Nächten den »Zarathustra«, gleich darauf den Akt »Heimkehr«, dabei war mein Leben sehr gehetzt, meine Frau im Irrenhaus, im April erfolgte die Trennung von meiner Frau und Familie, der Wegzug von Bern, alles voll Sorgen und Schwierigkeiten innen und außen, aber kaum war ich im Tessin, so fing ich »Klein und Wagner« an, und kaum war der fertig, schrieb ich den »Klingsor«, und daneben malte ich Tag für Tag, viele hundert Studienblätter voll, zeichnete, hatte regen Verkehr mit vielen Menschen, hatte zwei Liebschaften, saß manche Nacht im Grotto beim Wein – an allen Enden zugleich brannte meine Kerze. Und jetzt lebe ich, seit fast anderthalb Jahren schon, wie eine Schnecke, langsam und sparsam, arbeite zwar viel (mechanisch: Korrespondenz, Studien, Lektüre, Buchrezensionen etc.), aber nichts Produktives, die Flamme ist ganz tief geschraubt. Komischerweise sind gerade in diesem toten Jahr 1920 eine ganze Reihe von Publikationen von mir erschienen, man gratuliert mir oder schüttelt den Kopf zu solcher Fruchtbarkeit, aber alles liegt weiter zurück, in Wirklichkeit habe ich in diesem ganzen Jahr außer wenigen kleinen Aufsätzen und dem steckengebliebenen ersten Teil des »Siddhartha« nichts produziert.

Heute ist wieder ein aggressiver Haßbrief gekommen, von einem Arzt und dilettantischen Dichter in München, der mir die Eröff-

---

1 Josef Englert (1874-1957), Ingenieur, Freund Hesses, »Jup der Magier« in »Klingsors letzter Sommer«, erstellte auch Hesses Horoskop, vgl. »Gesammelte Briefe«, Bd. 1, (1895-1921), S. 573ff.

nung eines literarischen Feldzuges gegen mich mitteilt und mich in der üblichen Weise angreift. So deutlich die direkten Motive des Mannes sichtbar sind – er hat sich vor einem Jahr bei einem Aufenthalt in Lugano an mich anzubiedern versucht und ist von mir abgewiesen worden –, so sehe ich doch, daß die Mentalität, aus der solche Briefe stammen, mich noch als Rätsel beschäftigt, denn ein Rest von Ärger oder Mißstimmung über diese ziemlich rüden Briefe ist bei mir doch da. Sie alle nehmen an, daß es mir darum zu tun sei, Einfluß zu haben und Ruhm zu ernten, ein »Führer« zu sein etc., und ich sehe nun auch, daß dieser Irrtum zum Teil von einer mißverständlichen Auffassung meiner Tätigkeit bei »Vivos voco«[1] herrührt. Aber ganz ist mir das Rätsel doch noch nicht gelöst, und da ich über diese Briefe zwar lachen kann, sie aber gelegentlich doch immer noch als lästig empfinde, muß auch bei mir noch ein Fehler und Irrtum da sein. Bin ich denn wirklich von der ganzen Welt, in der diese Menschen leben, von dem ganzen Lärm und Wettbewerb der Literatur, Politik, Presse etc. etc. so weit weg, daß die Sprache dieser Welt mir gar nimmer verständlich ist? Das kann kaum sein. Wenn ich mit jener Welt auch nichts mehr gemein habe, ich habe doch lang genug ihre Luft geatmet, um sie zu kennen. Ich sollte über alles, was aus jener Welt kommt, die Achsel zucken und lächeln können, und es nach einer Minute schon vergessen haben. Warum ist das nicht so? Ist da ein Fehler bei mir, ein Komplex, eine falsche Einstellung, oder ist es nur die Erbsünde, die Ur-Trauer, an die jene Angriffe mir rühren, etwa so wie man beim Anblick von großem Elend, von scheußlichen Krankheiten, von jammervollen rußigen Fabrikstädten vom Gefühl ergriffen wird, das Leben sei doch nichts wert und es wäre besser, es gäbe keines? Ich habe über das nachgedacht, was jene Leute, jene Briefschreiber von mir halten, und weiß, daß ich vom Ehrgeiz eines »Führers« völlig frei bin, nicht aber vom Ehrgeiz oder der Eitelkeit des Künstlers. Und möglicherweise sitzt dort der Haken, vielleicht bin ich nur darum mit einem Rest meines Wesens empfindlich gegen jene Angriffe, weil es mich enttäuscht, daß ich trotz meiner intensiven Bemühungen, mein Wesen und meine Stellung zur Welt auszudrücken und in Worten zu gestalten, doch so

---

1 1919 gründete Hesse gemeinsam mit Prof. Richard Woltereck die literarisch-politische Monatsschrift »Vivos voco«, als deren Herausgeber Hesse bis 1922 zeichnete.

gründlich mißverstanden werden kann.

Den Buddhisten ist das Disputieren über Nirwana verboten. Ob Nirwana Erlöschen oder Einssein mit Gott sei, ob es negativ oder positiv, Seligkeit oder nur Ruhe bedeute, darüber zu sprechen, hat Buddha abgelehnt und verboten. Ich glaube auch, daß der Streit hierüber unnütz ist. Nirwana ist, wie ich es verstehe, das Zurückkehren des Einzelnen zum ungeteilten Ganzen, der erlösende Schritt hinter das prinzipium individuationis zurück, also, religiös ausgedrückt, Rückkehr der Einzelseele zur Allseele, zu Gott. Eine andere Frage ist es, ob man diese Rückkehr begehren und suchen soll oder nicht, ob man es auf dem Wege Buddhas tun soll oder nicht. Wenn Gott mich in die Welt hinaus wirft und als Einzelnen existieren läßt, ist es dann meine Aufgabe, möglichst rasch und leicht wieder zurück ins All zu kommen – oder soll ich nicht vielmehr Gottes Willen gerade dadurch erfüllen, daß ich mich treiben lasse (in »Klein und Wagner« nannte ich es »sich fallen lassen«), daß ich seine Lust, sich immer wieder in Einzelwesen zu spalten und auszuleben, mit ihm büße? Hier schmeckt mir die reine Vernünftigkeit der Buddhalehre heute nicht mehr so vollkommen, und gerade was ich in der Jugend an ihr bewunderte, wird mir jetzt zum Mangel: diese Vernünftigkeit und Gottlosigkeit, diese unheimliche Exaktheit und dieser Mangel an Theologie, an Gott, an Ergebung. Es scheint mir auch oft, daß wirklich Christus um einen Schritt weiter sei als Buddha, gerade dadurch, daß er die Frage der Wiedergeburten (an welche er sicher glaubte) und das Nirwana ganz aus dem Spiele ließ. Garbe[1] sagt, es gebe sechs Systeme der indischen Philosophie, und alle sechs beruhen auf einem Irrtum, nämlich auf dem Glauben an eine Seelenwanderung. Also das, was einige tausend Jahre hindurch die weisesten Männer gedacht und geglaubt haben, erklärt der Herr Professor mit stillem Lächeln für eine Dummheit. Nun, ich las trotzdem weiter, da ich Garbe und sein stets etwas nörglerisches Wesen schon kannte, und da stand es also: in einer kurzen Darstellung der Samkhya-Lehre, die ich vor zehn Jahren auch schon einmal gelesen hatte, finde ich den mechanischen Vorgang des Nirwana genau beschrieben, und sofort schien es mir höchst wahrscheinlich (wie auch Garbe vermutet), daß Buddha tatsächlich diese Lehre gekannt hat. Das Samkhya er-

1 Richard von Garbe (1857-1927), Sanskritist.

kennt zwei Prinzipien, zwei Dinge ohne Anfang und Ende: die Materie und die Seelen. Ein höchst feiner Apparat in uns Menschen, den wir leicht irrtümlich für die Seele selbst halten (es ist das Nervensystem) vermittelt zwischen beiden. Einzig an der Materie geschieht Veränderung, alles Geschehen spielt sich lediglich an ihr ab, die Seele selbst bleibt stets sich gleich. Ich kann nun Freud und Leid überwinden und hinter mich bringen, indem ich das »Unterscheiden« lerne, d. h. indem ich einsehe, daß alles Geschehen meine Seele gar nichts angeht, daß ich jenen Apparat in mir mit meinem wahren Selbst verwechsele. Erkenne ich das und handle ich danach, so werde ich nicht wiedergeboren, denn mit der Abkehr der Seele vom Sinnlichen tritt Bewußtlosigkeit ein, meine Seele existiert zwar ewig weiter, aber ohne Bewußtsein, ich fühle also nichts mehr, und der Kontakt zwischen mir und der Materie (also auch zwischen mir und den Möglichkeiten der Wiedergeburt) ist ausgeschaltet.

Das Nachdenken über diese einfach formulierte, in Wahrheit höchst raffinierte Psychologie, verbunden mit gelegentlicher Meditation, tat mir in diesen Tagen merkwürdig wohl. Ich schrieb in diesen Tagen das Gedicht »Einmal, Herz, wirst du ruhn –«.[1]

Einmal, Herz, wirst du ruhn,
Einmal den letzten Tod gestorben sein,
Zur Stille gehst du ein,
Den traumlos tiefen Schlaf zu tun.
Oft winkt er dir aus goldnem Dunkel her,
Oft sehnst du ihn heran,
Den fernen Hafen, wenn dein Kahn,
Von Sturm zu Sturm gehetzt, treibt auf dem Meer.
Noch aber wiegt dein Blut
Auf roter Welle dich durch Tat und Traum,
Noch brennst du, Herz, in Lebensdrang und Glut.
Hoch aus dem Weltenbaum
Lockt Frucht und Schlange dich mit süßem Zwang
Zu Wunsch und Hunger, Schuld und Lust,
Spielt hundertstimmiger Gesang
Sein holdes Regenbogenspiel durch deine Brust.

1 Dieses Gedicht, später von Hesse mit »Media in vita« überschrieben, hatte ursprünglich den Titel »Sansara« (= die sich ewig wiederholende Erneuerung des Daseins mit allen seinen Leiden), entstanden am 15. 2. 1921.

Dich ladet Liebesspiel,
Urwald der Lust, zum Krampf der Wonne ein,
Dort trunkner Gast, dort Tier und Gott zu sein,
Erregt, erschlafft, hinzuckend ohne Ziel.
Dich zieht die Kunst, die stille Zauberin,
In ihren Kreis mit seliger Magie,
Malt Farbenschleier über Tod und Jammer hin,
Macht Qual zu Lust, Chaos zu Harmonie.
Geist lockt zu höchstem Spiel empor,
Den Sternen gegenüber stellt
Er dich, macht dich zum Mittelpunkt der Welt
Und ordnet rund um dich das All im Chor;
Vom Tier und Urschlamm bis zu dir herauf
Weist er der Herkunft ahnenreiche Spur,
Macht dich zum Ziel und Endpunkt der Natur,
Dann tut er dunkle Tore auf,
Er deutet Götter, deutet Geist und Trieb,
Zeigt, wie aus ihm sich Sinnenwelt entfaltet,
Wie das Unendliche sich immer neu gestaltet,
Und macht die Welt, die er zu Spiel zerschäumt,
Dir erst von neuem lieb,
Da du es bist, der sie und Gott und All erträumt.

Auch nach den düstern Gängen hin,
Wo Blut und Trieb das Schaurige vollziehn,
Auch dahin offen steht der Pfad,
Wo Rausch aus Angst, wo Mord aus Liebe blüht,
Verbrechen dampft und Wahnsinn glüht,
Kein Grenzstein scheidet zwischen Traum und Tat.
All diese vielen Wege magst du gehn,
All diese Spiele magst du spielen noch,
Und jedem folgt, so wirst du sehn,
Ein neuer Weg, verführerischer noch.
Wie hübsch ist Gut und Geld!
Wie hübsch ist: Gut und Geld verachten!
Wie schön: entsagend wegsehn von der Welt!
Wie schön: nach ihren Reizen brünstig trachten!
Zum Gott hinauf, zum Tier zurück,
Und überall zuckt flüchtig auf ein Glück.
Geh hier, geh dort, sei Mensch, sei Tier, sei Baum!

Unendlich ist der Welt buntfarbiger Traum,
Unendlich steht dir offen Tor um Tor,
Aus jedem braust des Lebens voller Chor,
Aus jedem lockt, aus jedem ruft
Ein flüchtig Glück, ein flüchtig holder Duft.
Entsagung, Tugend übe, wenn dich Angst erfaßt!
Steig auf den höchsten Turm, wirf dich herab!
Doch wisse: überall bist du nur Gast,
Gast bei der Lust, beim Leid, Gast auch im Grab –
Es speit dich neu, noch eh du ausgeruht,
Hinaus in der Geburten ewige Flut.

Doch von den tausend Wegen einer ist,
Zu finden schwer, zu ahnen leicht,
Der aller Welten Kreis mit einem Schritt ermißt,
Der nicht mehr täuscht, der letztes Ziel erreicht.
Erkenntnis blüht auf diesem Pfade dir:
Dein innerstes Ich, das nie ein Tod zerstört,
Gehört nur dir,
Gehört der Welt nicht, die auf Namen hört.
Irrweg war deine lange Pilgerschaft,
Irrweg in namenlosen Irrtums Haft,
Und immer war der Wunderpfad dir nah,
Wie konntest du so lang verblendet gehn,
Wie konnte solcher Zauber dir geschehn,
Daß diesen Pfad dein Auge niemals sah?!
Nun endet Zaubers Macht,
Du bist erwacht,
Hörst fern die Chöre brausen
Im Tal des Irrens und der Sinnen,
Und ruhig wendest du vom Außen
Dich weg, und zu dir selbst, nach innen.
Dann wirst du ruhn,
Wirst letzten Tod gestorben sein,
Zur Stille gehst du ein,
Den traumlos tiefen Schlaf zu tun.

Alle heroischen Forderungen und Tugenden sind Verdrängungen. Ich darf mich nicht ärgern über böse Briefe von Patrioten und Reaktionären – in der Tat repräsentiere ich für sie den Teufel, das absolut Unerlaubte, das Eingehen auf Chaos und Hölle.

»Tugenden« sind übrigens, ebenso wie Talente, eine Art von gefährlichen, wenn auch jeweils nützlichen Hypertrophien, etwa wie gezüchtete Gänselebern von abnormer Größe. Da ich kein Talent, auch keine Tugend in mir hochziehen kann, ohne die dazu erforderliche Seelenenergie andern Trieben wegzunehmen, bedeutet jede hochgetriebene Tugend eine Spezialisierung auf Kosten unterdrückter und notleidender Lebensrichtungen, ebenso wie man den Intellekt auf Kosten der Sinnlichkeit, oder das Gefühl auf Kosten des Verstandes ins Kraut schießen lassen kann.

Ich weiß wirklich nicht zu sagen, ob ich, mit meinem Versuch zu Freiheit und Eingehen auf das Chaos, nicht eine ebenso große Gefahr, ein ebenso großer Schädling bin wie die Patrioten und Rückwärtsler. Ich verlange von mir Zurückgehen hinter die Gegensatzpaare, Annehmen des Chaos. Dies ist daselbe, was die Psychoanalyse verlangt, woher ich es ja zum Teil auch habe: Wir sollen, wenigstens für ein einziges Mal, alle Werturteile weglassen und uns selber ansehen, so wie wir sind, oder wie die Äußerungen des Unbewußten uns zeigen, ohne Moral, ohne Edelmut und all den schönen Schein, in unsren nackten Trieben und Wünschen, unsern Ängsten und Beschwerden. Und erst von da aus, von diesem Nullpunkt aus sollen wir wieder versuchen, fürs praktische Leben Werttafeln aufzustellen, Ja und Nein, Gut und Böse zu trennen, Gebote und Verbote aufzustellen. Wenn nun einer diesen Weg geht, wenn er das Chaos in sich annimmt, sich auf die Urtriebe einläßt, der Moral den Laufpaß gibt, so ist durchaus nicht gesagt, daß er nun über kurz oder lang eine bessere, wahrere, höhere Moral oder Lebensordnung finden werde! Er kann ebenso gut, sogar weit wahrscheinlicher, den Grundtrieben ohne Hemmung verfallen und sich völlig gehen lassen, er kann wahnsinnig und Verbrecher werden. Ich weiß selber noch nicht recht, woher ich den stillen Glauben habe, daß es trotzdem nicht so gehen werde, wenn ein Mensch in meinem Sinn jenen Weg ins Chaos geht – vielleicht ist es nur ein Rest von Verdrängung und Moral in mir, daß ich das glaube, so wie ich in den Märchen »Der schwere Weg« und »Iris« diesen Vorgang dargestellt habe. Dort ist das Eingehen auf das Unbewußte einfach als ein Sicheinlassen mit fremden Mächten aufgefaßt, das an sich besser ist als das bloße Wegsehen von ihnen, und es bleibt noch ganz unkar, ob das Unbewußte den Pilger nicht einschlucken und verschlingen werde.

Angeregt sind diese Einfälle durch Dr. Jung's neues Buch[1] über die psychologischen Typen, ein überaus schönes Werk.

[ca. März 1921]

In Fischer's[2] sehr schönem Werk über chinesische Landschaftsmalerei lese ich eben, daß in China, seit etwa dem 5. Jahrhundert, die Malerei keineswegs hauptsächlich als Handwerk und von Handwerkern betrieben wurde, sondern als feinste Liebhaberei und Krönung persönlicher Kultur von Dichtern, Staatsmännern, Kaisern etc. Wie schön ist das, und wie gut paßt mir das in mein Leben und Fühlen! Die Liebe zur Natur, die Ehrfurcht vor ihr, und der Trieb, sie mit dem persönlich-differenzierten, geistigen Leben des Einzelnen tätig zu verbinden, das ist so naheliegend, so selbstverständlich, daß es nur in einer Zeit und Kultur wie der unsern fremd und fast seltsam wirken kann! Beinahe empfinde ich wieder etwas vom Wandertrieb meiner frühern Jahre, von der Sehnsucht nach dem leibhaftigen Osten, besonders nach China. Aber ich weiß, daß das Spiel ist. Wir können und dürfen nicht Chinesen werden, wollen es im Innersten auch gar nicht. Wir dürfen Ideal und höchstes Bild des Lebens nicht in China und nicht in irgendeiner Vergangenheit suchen, sonst sind wir verloren und hängen an einem Fetisch. Wir müssen China, oder das, was es uns bedeutet, in uns selber finden und pflegen.

Wunderbar ist die Erzählung vom Tode des berühmtesten chinesischen Malers, des Wu Tao Tse: er malt, in Gegenwart von Zuschauern und Freunden, an eine Wand ein Landschaftsbild, dann geht er magisch in sein gemaltes Bild hinein, verschwindet darin in einer gemalten Höhle und ist weg, mit ihm ist auch sein Bild verschwunden.

Ein seltsames Erlebnis: Vor einigen Wochen, mitten im Studium indischer Sachen, notierte ich mir allerlei indische Literatur, die

1 C. G. Jung, ›Psychologische Typen‹, Rascher Verlag, Zürich 1921.
2 Otto Fischer, ›Chinesische Landschaftsmalerei‹, Kurt Wolff Verlag, München 1921. Beide Bücher rezensiert Hesse in der »Vossischen Zeitung«, Berlin, vom 28. 8. 1921.

ich gern lesen möchte. Eines Tages fiel mir ein, mich dieser Bücher wegen an einen alten Herrn in Basel zu wenden, einen der Leiter der Basler Mission[1], dessen Tochter mir gut bekannt ist. Ich schrieb ihm, bat ihn um weitere Literatur-Angaben und um leihweise Überlassung von Büchern. Es dauerte eine Weile. Als seine sehr freundliche Antwort kam, die auf all meine Wünsche einging, war ich grade auf der Reise in Zürich, dankte nur flüchtig und beschloß, nach der Heimkehr ihm zu schreiben. Nun brachte ich aber aus Zürich neue Gedanken und Arbeiten mit, die meine Zeit und Leselust für die nächste Zeit sehr einschränken werden. Darum konnte ich mich nach der Rückkehr nicht gleich zur Antwort nach Basel entschließen, sondern wartete immer wieder einen Tag, ziemlich lange, bis ich endlich schrieb. Und kaum hatte ich geschrieben, so las ich in der Zeitung, daß jener Herr, an den mein Brief ging, soeben gestorben war.[2]

Gestern war ich wieder einmal bei Hugo Ball.[3] Er und seine Frau sind bewundernswert tapfere Leute, sie leben in einer Armut und Primitivität, die geradezu klassisch ist, ohne je mit einem Wort zu klagen. Es ist ein Jammer, daß dieser Ball, der Autor der »Kritik der deutschen Intelligenz«, ein so enorm geistiger, wertvoller, bedeutender Mann, vielleicht bald seine große Arbeit wieder weglegen und in einer Fabrik oder einem Bureau sein Brot verdienen gehen muß. Er tut es ohne Klage, aber wir Freunde müssen es so lang wie möglich verhindern. Ich habe ja wohl einige Freunde, die ich im Notfall um ein paar Franken für einen Hungernden bitten kann, aber niemand, den ich bitten könnte, Ball für eine Weile über Wasser zu halten. Es ist auch recht schwer, eine Form dafür zu finden; ich muß froh sein, wenn er wenigstens von mir, dem Kollegen und Nachbarn, das Wenige annimmt, was ich ihm anbieten kann. Er schreibt jetzt ein Buch über die Heiligen der alten Kirche, namentlich die ägyptisch-thebaischen Heiligen wie Antonius, Simon, Stilita etc.[4] Seit Englert nimmer hier ist, war ich ganz ohne geistigen Umgang und finde

---

1 Missionsinspektor Johannes Frohnmeyer (1850-1921) und seine Tochter, die Schriftstellerin Ida Frohnmeyer (1882-1968).
2 Johannes Frohnmeyer starb am 16. 3. 1921.
3 Vermutlich im September 1921.
4 Hugo Ball: »Byzantinisches Christentum«, Duncker & Humblot, München u. Leipzig, 1923.

nun erst an Ball und seiner Frau wieder einen.

Sehr merkwürdig berührt mich das neue große Werk von Mauthner, die »Geschichte des Atheismus«[1], deren erste zwei Bände ich daliegen habe. Während da drüben Hugo Ball eine Art Apologie des katholisch-christlichen Dogmas ausarbeitet, schreibt am Bodensee der alte Mauthner am letzten Band seines »Atheismus«, der im Grunde eine Geschichte und auch eine Verherrlichung der europäischen Freidenkerei ist. Da Mauthner übrigens alles vom Standpunkt dessen aus betrachtet, was er Sprachkritik nennt, könnte man von seinem großen Werk wohl in seiner eigenen Ausdrucksweise etwa sagen: »Dies Werk handelt von einer Sache, die nicht existiert und nie existiert hat. Atheismus ist lediglich die Negation einer Sache, welche niemals ein substanzielles, stets bloß ein verbales Dasein hatte.«Mauthner ist übrigens schon der denkbar angenehmste Freidenker, einer der wenigen von dieser Zunft, der nicht bloß gescheit ist und auf Logik hält, sondern den ein natürlich-vornehmer Sinn auch vor den Geschmacklosigkeiten der meisten Antireligiösen bewahrt.

[ca. April 1921]
Gestern überraschte mich der Besuch meiner Schwägerin, welche eben bei meiner Frau in Ascona gewesen war. Es zeigte sich, daß die von mir vermutete, von meiner Frau zuweilen behauptete Einigkeit der Geschwister mir gegenüber gar nicht besteht, die Schwägerin war in den Hauptfragen wegen der Kinder vollkommen meiner Meinung.[2] Zugleich brachte er die schlechte Nachricht, daß meine Frau, die eben zwei unserer Buben in Ferien bei sich hat, durch die Pflege des einen, der krank war, überanstrengt sei und keinen guten Eindruck mache, sondern gefährdet scheine, auch seien die Buben ziemlich unartig und gehorchen ihr gar nicht.
Infolge dieser Nachrichten, die mich wie alle ähnlichen sehr beunruhigten, hatte ich heut Nacht einen bösen Traum: ich kam, um meine Frau zu besuchen, an einen phantastischen Ort, wo

1 Fritz Mauthner, »Der Atheismus u. seine Geschichte im Abendland«, 3 Bde., Deutsche Verlagsanstalt, Stuttgart u. Berlin, 1920/24. Hesse rezensierte dieses Werk in seiner Zeitschrift »Vivos voco« im Oktober 1921.
2 Hesse war der Meinung, es sei für die Kinder besser, in Pflege bei Freunden zu sein als bei seiner gemütskranken Frau.

mich Olaf Gulbransson empfing. Ich merkte bald, daß er gegen mich die Partei meiner Frau nahm. Als wir zu ihr kamen, trat sie mir grotesk und feierlich entgegen, sprach theatralische Worte und war stark verrückt. Ich lehnte es ab, auf ihren hysterischen Ton einzugehen, und beschwor sie, sie möge sich zusammennehmen, es handle sich um die Kinder, sie sei in Gefahr, wieder krank zu werden, und müsse sich alle Mühe geben, bei Vernunft zu bleiben. Es war umsonst. Das Peinlichste war, daß Olaf Gulbransson ständig ihr half, mich auch mit Gewalt (er ist ja Athlet) von ihr wegzog und dafür war, daß man meine Frau ihren Intuitionen ruhig folgen lassen müsse.

Der Traum zeigt mir wieder tief, wie uneins ich im Innern bin und wie die Einstellung und das Verhalten gegen meine Frau bei mir zwischen zwei Polen schwankt. Im Traum ist die Figur Olafs deutlich als die des starken, aber gutmütigen, primitiven Riesen, einer Urkraft, die die Dinge nicht nach rationellen, sondern nach naiv-intuitiven Gesichtspunkten ansieht. Der ganze Traum zeigt klarer und intensiver, als ich es im Wachen auszudrücken wüßte, den Zwiespalt zwischen meinen vernünftigen Erwägungen und einer heimlichen Hochachtung vor der Primitivität und Stärke des kranken, aber natürlichen, ungehemmten Empfindens bei meiner Frau. Daß dieser Zwiespalt möglich ist, daß ich ihr gegenüber nicht hemmungslos die Rolle des Klügeren spielen kann, kommt daher, daß ich in mir selbst seit langem das Intuitive und rein Empfindungsmäßige zu Gunsten logisch-rationeller Einstellung vernachlässigt habe.

[ca. Mai/Juni 1921]

In letzter Zeit kamen wieder einige Bestätigungen, nicht für meine Person, sondern dafür, daß mein Tun und Leben nicht ohne Bezug aufs Ganze, und daß etwas wie eine neue Strömung, eine neue Lehre, eine neue Lebensmöglichkeit in der Welt sei, zu deren Verkündern, oder Suchern, oder wenigstens zu deren Experimenten ich gehöre. Die Zeitschriften der Jüngsten in Deutschland bringen allmählich lange Artikel über meine Dostojewski-Aufsätze und meine Zarathustra-Broschüre, namentlich aber über Demian.

Das Interessanteste war das mit dem Schriftsteller Oskar A. H. Schmitz.[1] Er war mir von früher her aus einigen Büchern bekannt

1 Oskar A. H. Schmitz (1873-1931). Vgl. S. 127f.

als ein geistvoller, eleganter, weltmännischer, doch nicht tiefer, auch nicht poetisch bedeutender Autor, er schrieb witzige und angenehme Artikel über Reisen, Moden, Gesellschaftskritisches etc., immerhin über dem Durchschnitt. Neulich wurde ich an diesen Schmitz, von dem ich seit Jahren nichts mehr gelesen hatte, wieder erinnert durch Dr. Jung[1], der mir schrieb, das neue Buch von Schmitz, das »Dionysische Geheimnis«[2] enthalte »beträchtliche Sachen«. Ich kannte das Buch nicht, wußte auch gar nichts von ihm, schrieb aber nun sofort an den Verleger, er möge es mir schicken. Es kam eine Karte vom Verlag, daß das Buch unterwegs sei. Inzwischen traf von Schmitz selbst, der in Meran ist, ein Briefchen bei mir ein, in dem er sagt, er halte mich, seit Demian, für einen der »Kirchenväter der neuen Lehre«, und ob ich sein Buch gelesen habe, er habe seinen Verleger gebeten, es mir zu senden. Das hatte der Verleger also verbummelt, denn es war schon ein Vierteljahr her, aber durch Jungs Hinweis war die Sache also nun in Gang. Weiter schrieb Schmitz, er habe gehört, es gäbe Aufsätze von mir über Dostojewski, und ich möchte ihm sie doch zum Lesen senden. Das konnte ich gleich tun, sein Buch aber war noch nicht da, so daß ich ihm nur eine Karte schrieb, daß ich es lesen werde. Inzwischen nun ist sein Buch »Dionysisches Geheimnis« angekommen. Ich habe es soeben gelesen, mit höchster Verwunderung, denn es spiegelt, von einer ganz fremden Seite und Persönlichkeit her, fast genau dieselben inneren Erlebnisse, die ich selber in den letzten Jahren hatte und die mein Leben und mein Schreiben so sehr verändert haben. Das Buch ist übrigens im Stil keineswegs neu, enttäuschte mich sogar auf den ersten Seiten durch die altmodische Harmlosigkeit des Ausdrucks, es ist genau so geschrieben wie die früheren Werke von Schmitz – also nicht wie bei mir eine Erneuerung und Änderung des Ausdrucks. Ich las und war bald gefesselt und erstaunt durch das Problem: ein Geistiger, gewohnt frei und allein in edler abseitiger Genügsamkeit zu leben, erlebt den Krieg und wird an die allgemeine Dienstpflicht (die ich oft für die größte Barbarei Europas erklärt habe) erinnert, was auf ihn wirkt wie ein rotes Tuch. Er leidet schwer an der »Kasernenphobie«, bald in Angst vor der Sklaverei, bald in Empörung und Auflehnung.

1 C. G. Jung.
2 Hesse rezensierte das 1921 im Georg Müller Verlag, München, erschienene Buch im Juni 1921 in der Zeitschrift »Wissen und Leben« 14. Vgl. S. 138f.

Allmählich wird sein Leiden zur Neurose. Die Selbsterkenntnis und die Heilung dieser Kriegs-Neurose (ich habe sie selbst ganz ähnlich erlebt!) bildet den Inhalt des höchst interessanten Buches. Drei Faktoren bringen die Entwicklung des Helden zustande: das Erlebnis des Krieges, die Neurose selbst, die ihn darauf aufmerksam macht, wie schlecht er in die Welt paßt! – dann das Erwachen des Individuums, die aufdämmernde Selbsterkenntnis: ich bin ja Gott, ich bin ja Atman, mir kann ja nichts geschehen – und zuletzt das bewußte Studium des Buddhismus samt buddhistischen Übungen, wobei Schmitz aber einen europäischen, dionysischen Buddhismus erfindet. Und auch hier wieder etwas höchst Seltsames: was der Held des Schmitz'schen Buches als sein »dionysisches Geheimnis« erlebt, genau das wollte ich, wenn auch in völlig andrer Art und Form, in meinem »Siddhartha« darstellen, dessen erster Teil seit bald einem Jahr fertig ist und seit Wochen in Berlin bei Fischer liegt[1], und dessen Fortsetzung mir nicht gelang, weil ich eigentlich darin etwas schildern wollte, das ich zwar kannte und ahnte, sogar wußte, aber noch selbst nicht recht innerlich besaß. Eben das nun hat dieser Schmitz in seinem Buch beschrieben! Es ist für mich eins der magischen kleinen Erlebnisse, deren ich so viele hatte. Außerdem aber bedeutet es mir: das, was mich seit Jahren beschäftigt, was mich plagt und oft krank macht, was meine Gedanken und Bücher erfüllt, was ich im »Siddhartha« darstellen wollte – eben das gärt und spielt auch in andern, ganz Ähnliches, ja genau Gleiches haben auch andre erlebt, und ihnen wie mir wurde zum Weg der Heilung und Entwicklung nächst den asiatischen Lehren (Buddha, Vedanta und Lao-Tse) die Psychoanalyse, welche wir nicht als eine Heilmethode ansehen, sondern als wesentliches Element der »neuen Lehre«, der Entwicklung eines neuen Stadiums der Menschheit, in der wir stehen.

Dieser Tage traf ich unvermutet den Dr. H.[2] an, diesen guten klugen Juden, der einst der Arzt meiner Frau war. Zu meiner Verwunderung erzählte er, er sei einmal in Dornach gewesen, um sich die Sache Dr. Steiners anzusehen. Ich hätte nicht gedacht,

---

1 Der erste Teil des Siddhartha-Manuskripts wurde im Juli 1921 von der »Neuen Rundschau« vorabgedruckt. Vgl. S. 145.
2 Dr. Hirschfeld, der Mia Hesse 1918/19 im Sanatorium Küsnacht behandelt hatte.

daß so etwas ihn interessiere. Er sagte, von den Vorträgen habe er nicht viel verstanden, dagegen habe der Geist des Ganzen ihm imponiert, auch habe er einen starken Eindruck von den allegorischen Gemälden in der Halle gehabt. (Er ist, in unsrem Sinne, ohne Kunstgeschmack, da ganz Verstandesmensch und unproduktiv.) Nun wollte er meine Meinung über Steiner wissen. Ich sagte, daß ich seinen Einfluß für groß halte, und daß er vielen viel wert sei, jedoch widerspreche seine ganze Persönlichkeit (Vortragsreisen, angestrengte Propaganda, finanzielle Gründungen, Kultus seiner Person etc. etc.) durchaus und grundsätzlich dem, was alle Religionen der Welt als den Typus des Heiligen und Vollkommenen bezeichnen. Steiner sei das Gegenteil eines Heiligen, er sei ein genialer Streber. H. meinte, ich könnte mich da doch täuschen, vielleicht bringe Steiner ein gewaltiges Opfer dadurch, daß er sich mit Vorträgen, Reisen etc. so für die Sache hingebe, oft sei er furchtbar erschöpft und halte sich kaum mehr aufrecht. Ich sagte ihm, daß gerade dies Sichtotarbeiten ein Zeichen streberischer Geschäftigkeit sei, niemals ein Zeichen des Heiligen. Weiterhin sprachen wir von Psychoanalyse, H. meinte, er habe noch nie einen Analysierten getroffen, der nicht in ziemlich sklavischer Abhängigkeit von seinem Analytiker geblieben sei, und das spreche gegen die Analyse. Ich sagte ihm nun, daß genau dieselbe Abhängigkeit von der suggestiven Persönlichkeit bei fast allen Anhängern Steiners bestehe, deren viele alte Damen und Hysterische sind, ihm auf allen Vortragsreisen nachreisen etc., also genau ebenso sklavisch und pathologisch von ihm abhängen wie manche Analysanden vom Arzt.

Schlimm steht es allmählich mit meiner Verachtung vor dem, worin ich eigentlich leben sollte und woran zu glauben ich eigentlich notwendig hätte, mit meiner wachsenden Überzeugung von der vollkommenen Wertlosigkeit, Verdorbenheit und Verkommenheit der deutschen Geistigkeit und Literatur (vielleicht sogar der europäischen). Die Wissenschaft ist entweder Geldgeschäft oder Spielerei (woran schon Kant und Hegel und die ganze deutsche Philosophie stark beteiligt sind, welche alle es ablehnen, ihre denkerischen Ergebnisse ins Leben zu übertragen.) Die Literatur ist Unterhaltung, Spiel, Scharlatanerie, das Ganze eine Börse des Geschäfts und der Eitelkeit. Die Unterschiede zwischen guter und schlechter Literatur, die ich früher sehr ernst nahm, fallen mir mehr und mehr dahin, und zwischen Ernst Zahn und Thomas Mann, zwischen Ganghofer und Hermann Hesse ist kein nennenswerter Unterschied mehr, auch das Bessere und Beste unserer Zeit ist Schwindel. Überall mangelt die Basis einer Moral und Heiligkeit, eines wahrhaft ernsten Strebens um überpersönliche Werte. Jeder arbeitet, strebt, denkt und politisiert für sich, für seine Person, seinen Ruhm, oder für eine Partei. Statt dessen müßte die Arbeit und die geistige Anstrengung und Erhebung aller gemeinsam in einen Strom münden, der nur der Menschheit gehört, und worin Leistung oder Irrtum des einzelnen alsbald anonym wird, etwa so wie es in den frühen Jahrhunderten der Kirche, bei Kirchenvätern etc. war. Erst dann wieder wird man in Deutschland Worte schreiben, welche vom Schreibenden und vom Lesenden wahrhaft und ernsthaft geglaubt werden, von welchen Freude, Überzeugung, Wahrheit ausgeht, für welche sich sterben läßt. Ich sprach dieser Tage, aus meinem großen Jammer und Degout heraus, auch mit Hugo Ball darüber, er bestätigte mich in allem.

1919

15. 4.	Ende der Amtstätigkeit Hesses für die Deutsche Kriegsgefangenenfürsorge, Trennung von Frau und Familie.
16. 4.	Cuno Amiet portraitiert Hesse.
25. 4.	Ankunft Hesses in Sorengo (Tessin), wo er bis zum 11. Mai bleibt und seine Erzählung *Kinderseele* druckfertig macht (10. 5.).
	Hesse schickt S. Fischer das Manuskript seiner Aufzeichnungen WANDERUNG.
11. 5.	Hesse bezieht (auf Anregung des Malers Karl Stirner) im benachbarten Montagnola eine kleine Mietwohnung in der Casa Camuzzi, die er zwölf Jahre lang (bis August 1931) bewohnt.
Juni	Hesses DEMIAN (unter dem Pseudonym Emil Sinclair, Erstauflage: 3 Tsd. Expl.) und die MÄRCHEN (Erstauflage: 5 Tsd. Expl.) erscheinen bei S. Fischer, Berlin.
Juni/Juli	In zehn Wochen schreibt er seine Novelle *Klein und Wagner.*
13. 7.	*Seldwyla im Abendrot.* Betrachtung zu Gottfried Kellers 100. Geburtstag; erscheint in der »Vossischen Zeitung«, Berlin.
22. 7.	Erster Besuch bei Familie Theo und Lisa Wenger in Carona,
24. 7.	er lernt dort Ruth Wenger kennen.
	Hesse schreibt die Betrachtung *Sommertag im Süden,* die am 31. 7. in der »Vossischen Zeitung« in Berlin erscheint.
August	Niederschrift der Erzählung *Klingsors letzter Sommer.*
	Hesses Frau Mia kauft sich in Ascona ein

	Häuschen, das sie im September beziehen möchte.
8. 9.	Wiederum muß Hesses Frau Mia in eine Nervenklinik (Meilen bei Zürich) eingewiesen werden.
	Die frühere gemeinsame Wohnung am Melchenbühlweg bei Bern war auf den 1. 10. 1919 gekündigt worden.
9. 9.	Die Betrachtung *Phantastische Bücher* erscheint in der »Vossischen Zeitung«, Berlin.
Oktober	Das erste Heft der von Hesse mitbegründeten und mitherausgegebenen neuen politisch-literarischen Monatsschrift »Vivos voco« (Bern/Leipzig) erscheint mit dem Vorabdruck von *Klein und Wagner* und der politischen Betrachtung *Du sollst nicht töten.*
6. 10.	Hesse schreibt das Gedicht *Gang im Spätherbst.*
ca. 10. 10.	Mehrtägiger Besuch von Dr. J. B. Lang in Montagnola, gemeinsamer Ausflug zu Ruth Wenger nach Carona.
	Durch die Inflation in Deutschland und das »Absolute Geldausfuhrverbot« sinken Hesses Einnahmen auf monatlich RM 65,-.
	Sein Freund und Mäzen, der Asienkenner Georg Reinhart, unterstützt ihn mit zunächst 200 S. Franken, später mit dem doppelten Betrag monatlich.
Ende Oktober	»Emil Sinclair« erhält den mit 600 RM dotierten Fontane-Preis, den Hesse nach der Aufdeckung seines DEMIAN-Pseudonyms (durch Otto Flake) wieder zurückgibt.
	Die politische Betrachtung *Alemannisches Bekenntnis* wird von der »Neuen Zürcher Zeitung« ungedruckt retourniert.

November	Niederschrift des Essays *Die Brüder Karamasow oder Der Untergang Europas*.
Dezember	Vorstudien und erste Notizen zum SIDDHARTHA.
	Vorabdruck der Erzählung *Klingsors letzter Sommer* in der »Neuen Rundschau«.
	Das Gedicht *Alle Tode* entsteht.
	Das von Hesse herausgegebene ALEMANNENBUCH erscheint im Seldwyla-Verlag, Bern.
	Niederschrift der Erzählung *Innen und außen*.

1920

Januar	*Gedanken zu Dostojewskis Idiot* erscheinen in »Vivos voco«, gleichzeitig mit *Sätze aus einem Roman* und *Gespräch mit dem Ofen*, letzte unter dem Pseudonym Emil Sinclair.
	Hesses Söhne Bruno und Heiner werden zu einem Erzieher (in Rütte bei Säckingen) in Pflege gegeben.
10.-31. 1.	Erste öffentliche Ausstellung eigener Aquarelle in der Kunsthalle Basel.
11.-13. 1.	*Gespräch über die Neutöner* erscheint in der »Neuen Zürcher Zeitung«.
19. 1.	Hesse erhält die Niederlassungsbewilligung im Kanton Tessin.
23. 1.	Er bittet Conrad Haußmann, ihm für seine Arbeit am SIDDHARTHA sein ehem. Gaienhofener Exemplar des »Kamasutra« zu senden.
Februar	Beginn der Niederschrift des SIDDHARTHA.
	Die Betrachtung *Die jüngste deutsche Dichtung* erscheint in »Wissen und Leben«, Zürich.
März	Ausstellung eigener Aquarelle in Lugano.

April	Abschluß des Essays *Gedanken über Dostojewskis »Idiot«* *Heimkehr.* Erster Akt eines Zeit-Dramas erscheint in »Vivos voco«. ZARATHUSTRAS WIEDERKEHR (vorher: anonym »von einem Deutschen«) erscheint erstmals bei S. Fischer (Auflage: 5 Tsd.). Hesses Frau Mia holt die Kinder aus Rütte zurück, muß aber kurz darauf in die Heilanstalt Mendrisio eingeliefert werden, wo sie den Sohn Heiner fünf Wochen bei sich behält.
22. 4.	Hesse bringt seinen Sohn Bruno beim befreundeten Maler Cuno Amiet unter und Heiner beim Kinderarzt Dr. Rutishauser (21. 5.) bzw. später im Landerziehungsheim Kefikon (15. 10.).
Mai	KLINGSORS LETZTER SOMMER, Erzählungen; erscheint bei S. Fischer (Auflage 10 Tsd.).
10.-12. 5.	Der Maler Louis Moilliet besucht Hesse auf der Rückreise von Tunis.
29. 5.	Hesse hört in Zürich Othmar Schoecks komische Oper »Don Ranudo«. Hesses Frau Mia verläßt eigenmächtig die Nervenheilanstalt und muß bald darauf in das psychiatrische Krankenhaus Kilchberg eingewiesen werden.
Juni	Hesses u. d. T. BLICK INS CHAOS publizierte Dostojewski-Essays erscheinen im Seldwyla Verlag, Bern (Aufl.: 3 Tsd.). *Psychologische Neuerscheinungen.* Zwei Rezensionen über Freud erscheinen in »Vivos voco«.
20. 6.	Seine Frau Mia wird aus Kilchberg entlassen und läßt sich in Ascona nieder.
26. 6.	Hesses Verleger S. Fischer regt an, H. H. möge sich der Valuta wegen in Italien oder Deutschland niederlassen.
Juli	Die politische Betrachtung *Der Weg der*

	Liebe erscheint in »Vivos voco«.
4. 7.	Eduard Korrodi fordert Hesse in einem offenen Brief in der »Neuen Zürcher Zeitung« auf, sich als Verfasser des DEMIAN zu erkennen zu geben.
6. u. 7. 8.	Vorabdruck aus dem SIDDHARTHA u. d. T. *Bei den Asketen* erscheint in der »Neuen Zürcher Zeitung«.
	Die Niederschrift des SIDDHARTHA gerät für 1½ Jahre ins Stocken.
	Beginn der Niederschrift des *Tagebuchs 1920/21.*
17. 8.	Hesse schreibt die Rezension über Hermann Graf Keyserlings »Reisetagebuch eines Philosophen«, die im November in »Vivos voco« erscheint.
September	Die Betrachtung *Sprache* und Rezensionen, u. a. über die Bhagavad-Gita, erscheinen in »Vivos voco«.
	Der Vorabdruck *Siddharthas Weltleben. Drei Kapitel aus einer unvollendeten Dichtung* erscheint in der Zeitschrift »Genius«, Kurt Wolff Verlag.
1. u. 2. 9.	Besuch bei Wengers in Carona.
6. 9.	Hesses Vetter, der Japanologe Prof. Wilhelm Gundert besucht ihn (aus Kumamoto, Japan, kommend) in Montagnola. Ihm hat Hesse später den 2. Teil des SIDDHARTHA gemidmet.
26. 9.	Hesse und Romain Rolland treffen sich in Lugano.
Oktober	WANDERUNG erscheint bei S. Fischer (Aufl. 6 Tsd.).
	Die GEDICHTE DES MALERS erscheinen im Seldwyla Verlag, Bern (Aufl. 1 Tsd. numerierte Expl.)
2.-12. 10.	Lesungen in Luzern und Basel, Besuch bei Wengers in Delsburg, Besuche in Zürich und bei Reinharts in Winterthur.
	Romain Rolland in Montagnola.

Mitte Okt.-Mitte Nov.	Wegen Stirnhöhlenentzündung Sanatoriumsaufenthalt bei Dr. Hermann Bodmer in Locarno.
9. 11.	Romain Rolland und seine Schwester besuchen Hesse in Montagnola.
30. 11.	Hesse schlägt dem Seldwyla Verlag, Bern, das Projekt einer Buchreihe »Merkwürdige Geschichten« vor, die ab 1922 zu erscheinen beginnt.
2. 12.	Bei seinem Freund Josef Englert lernt Hesse Hugo Ball und Emmy Ball-Hennings kennen.
4. 12.	Erster Besuch Hesses bei Hugo Ball und seiner Frau in Agnuzzo (über 12 Stunden).
23. 12.	Besuch bei Othmar Schoeck in Brunnen.

1921

26. 1.-4. 2.	Reinschrift des ersten Teils seines SIDDHARTHA-Manuskripts, sendet das Kapitel *Gotama* an die »Basler Nachrichten«.
15. 2.	Niederschrift des Gedichtes *Krankheit* das Gedicht *Media in vita* entsteht.
19.-24. 2.	Psychoanalyse bei C. G. Jung in Küsnacht bei Zürich; Lesung in C. G. Jungs »Psychoanalytischem Club«.
	Treffen mit Hugo und Emmy Ball in Zürich.
14. 3.	Rückkehr nach Montagnola.
April	Hesse schreibt die politische Betrachtung *Haßbriefe,* die im Juli in »Vivos voco« erscheint.
	Lektüre von Strindbergs »Inferno«.
Mai	Ruth Wenger besucht Hesse in Montagnola.
15. 5.	Vorabdruck des SIDDHARTHA-Kapitels *Gotama* in den »Basler Nachrichten«.

19.-25. 5.	Erneute Psychoanalyse bei C. G. Jung in Küsnacht.
16. 6.	Besuch bei Balls in Agnuzzo, danach bis
ca. 2. 7.	nochmals psychoanalytische Sitzungen bei C. G. Jung.
Juli	Vorabdruck des ersten, Romain Rolland gewidmeten Teils des SIDDHARTHA in der »Neuen Rundschau«.
4. 7.	Besuch bei Othmar Schoeck in Brunnen.
8. 7.	H. H. schickt sein Gedicht *Media in vita* an die Zeitschrift »Genius«, die es ungedruckt retourniert.
12. 7.	Hesse kehrt aus Zürich nach Montagnola zurück, häufige Besuche bei Wengers in Carona. Ruth Wengers Vater drängt auf Eheschließung Hesses mit Ruth.
2. 8.	Hesse beendet seine Betrachtung *Tessiner Sommerabend*.
4. 8.	Ausflug mit Emmy und Hugo Ball nach Carona.
20. 8.	H. H. schreibt seine *Vorrede eines Dichters zu seinen ausgewählten Werken*, die am 20. 11. in der »Neuen Zürcher Zeitung« vorabgedruckt wird.
September	Mehrmalige Zusammenkünfte mit Hugo Ball.
Oktober	Hesses Rezension *Die Reden Buddhas* (übertragen von K. E. Neumann) erscheint in der »Neuen Rundschau«.
Anf.-Ende Okt.	Autoreise mit Emil Molt und Ruth Wenger nach Stuttgart zu einer Lesung in Molts »Waldorf-Astoria«-Fabrik (21. 10.) mit Stationen in Calw und Maulbronn (dort Treffen mit ehem. Kompromotionalen). Auf der Rückreise bei Albert Steffen in Dornach.
	Emmy und Hugo Ball müssen Agnuzzo verlassen und wegen Bibliotheksarbeiten – Vorstudien zu Balls neuem Buch »By-

	zantinisches Christentum« – nach München übersiedeln.
Okt.-Nov.	Hesse beginnt mit der Niederschrift seines *Kurzgefaßten Lebenslaufs* (ursprünglich u. d. T. *Der Zauberer*).
November	AUSGEWÄHLTE GEDICHTE erscheinen bei S. Fischer. (Aufl.: 6 Tsd.)
17. 11.	Lesung in Olten, dort Treffen mit Cuno Amiet.
30. 11.	Besuch bei Georg Reinhart in Winterthur.
12. 12. 20-4. 1. 21	bei Familie Wenger in Delsberg.

1922

12. 1.	Vortrag über indische Kunst und Dichtung in St. Gallen.
Februar	Ausstellung eigener Aquarelle in Winterthur (zusammen mit Aquarellen von Emil Nolde).
15. 2.	Besuch von Wilhelm Gundert, der sich auf der Rückreise nach Japan befindet.
24. 2.	Lesung in Winterthur, zusammem mit Ilona Durigo, die Schoecks Hesse-Lieder vorträgt, begleitet vom Komponisten.
März	Die Betrachtung *Exotische Kunst* erscheint in der »Neuen Rundschau«.
20.-22. 3.	Bei Familie Wenger in Delsberg.
24.-27. 3.	Lesung in Davos, dort Treffen mit Klabund.
	Hesse nimmt die Arbeit an seinem unvollendeten SIDDHARTHA-Manuskript wieder auf.
April	Besuch bei Othmar Schoeck in Brunnen.
	Ausstellung 35 eigener Aquarelle in Leipzig.
Mai	Die Betrachtung *Exotische Kunst* erscheint in der »Neuen Rundschau«.
	Hesse schreibt die Vorrede zu seiner

	Auswahl SALOMON GESSNERS DICHTUNGEN (Haessel Verlag, Leipzig 1922).
7. 5.	Abschluß der Arbeit am SIDDHARTHA.
9. 5.	Besuch bei Wengers in Delsberg.
19. 5.	In Zürich hört Hesse die Uraufführung von Othmar Schoecks Oper »Venus« (nach einer Novelle von Mérimée).
28. 5.	T. S. Eliot besucht Hesse in Montagnola.
30. 5.	H. H. sendet die Reinschrift des SIDDHARTHA-Manuskripts an S. Fischer.
Juni	Annette Kolb und René Schickele besuchen H. H. in Montagnola.
11. 6.	Die Betrachtung *Das schreibende Glas* entsteht, die am 30. 7. in der »Neuen Zürcher Zeitung« abgedruckt wird.
27. 6.	Erster Besuch des Dichters Hans Morgenthaler bei Hesse in Montagnola.
Mitte Juli	Hugo Ball erhält auf seine Bitte hin von Hesse die Korrekturabzüge des SIDDHARTHA zur Lektüre.
	Besuch von Richard Huelsenbeck in Montagnola.
16. 8.	Die Rezension *Reden des Buddha* (übersetzt von H. Oldenberg) erscheint in der »Neuen Zürcher Zeitung«.
18. 8.-2. 9.	Friedenskongreß der internationalen Frauenliga in Lugano mit Georges Duhamel, Frederic van Eeden, Harry Graf Kessler, Romain Rolland, Bertrand Russell u. a. Hesse liest dort (am 21. 8.) den Schluß seines SIDDHARTHA vor. Anschließend gemeinsames Essen mit Romain Rolland und Kalidas Nag (Prof. für Geschichte an der Universität Kalkutta).
29. 8.	Besuch Romain Rollands in Montagnola. H. H. schreibt die Betrachtung *Besuch aus Indien,* die am 6. 9. in der »Neuen Zürcher Zeitung« erscheint.
September	Hesse schreibt sein Märchen *Piktors Verwandlungen.*

	Emmy und Hugo Ball lassen sich nach knapp einjährigem Aufenthalt in München wieder in Agnuzzo bei Montagnola nieder.
Oktober	Die Buchausgabe des SIDDHARTHA erscheint bei S. Fischer (Auflage: 6050 Expl.) Das SIDDHARTHA-Manuskript schenkt Hesse seinem Freund und Mäzen H. C. Bodmer.

1927	Gesamtauflage 23. Tsd.
1931	Auflage der regulären Ausgabe 33. Tsd.
1942	Auflage 39. Tsd.
1951	Auflage 49. Tsd.
1959	Auflage 70. Tsd.
1978	Auflage 83. Tsd.

Parallelausgaben:

1967-1969	als rororo-Taschenbuch: 78 Tsd. Expl.
1969-1983	in der Bibliothek Suhrkamp: 200 Tsd. Expl.
1974-1983	als suhrkamp taschenbuch: 724 Tsd. Expl.
	Hinzu kommen die Nachdrucke in der Sonderausgabe:
1931-1983	*Weg nach Innen:* 195 Tsd. Expl.
1952-1978	in den *Gesammelten Schriften* und in der *Hesse-Werkausgabe:* 81 Tsd. Expl.
	in der suhrkamp literaturzeitung von 1975: 26 Tsd. Expl.
1977-1982	in der Jubiläumsausgabe *Die Romane und großen Erzählungen:* 215 Tsd. Expl. Die Gesamtauflage der verschiedenen Buchgemeinschaftsausgaben konnte hier nicht erfaßt werden.

*Johannes Hesse (1847-1916), in der Mitte stehend, mit deutschen Missio-
naren in Indien. Hermann Hesses Vater war seit 1869 in der »Heidenmission« in Keti, später in Mangalur. Gesundheitliche Rücksichten nötigten
ihn, 1873 für immer nach Europa zurückzukehren.*

Vorstudien 1907-1916
in Selbstzeugnissen

*Hesses Legende vom Brahmanensohn Siddhartha hat wie kein
anderes seiner Bücher ihre Vorgeschichte. Sie setzt lange vor
1919-1922, den Jahren der Konzeption und Niederschrift des
Buches, ein. Eltern und Großeltern Hesses waren Missionare in Indien gewesen, wo auch seine Mutter geboren wurde.
Schon früh hatte sich der Sohn aus der heimatlichen Sphäre pietistischer Religiosität emanzipiert, deren Tradition er auf Wunsch
der Eltern als protestantischer Theologe hätte fortsetzen sollen.
Jahrzehnte später schreibt er an Stefan Zweig, daß das Erfüllen
dieser elterlichen Erwartung für ihn gleichbedeutend mit dem Verlust seiner eigenen Persönlichkeit gewesen wäre. So mag seine
frühe Aufgeschlossenheit für jenen Kulturkreis, den zu missionie-
ren seine Eltern und Großeltern ausgezogen waren, in seiner Pu-
bertät vielleicht ein Ergebnis des Protests gegen Elterliches, gegen
christliche Unduldsamkeit anderen Glaubensformen gegenüber
und gegen das pietistische Erziehungsprinzip vom »Brechen des*

Willens« gewesen sein. Doch führte es Hesse auf eine mit zunehmendem Alter immer bedeutsamere Spur, die ihn befähigt hat, das Werk seiner Vorfahren in umgekehrter Richtung fortzusetzen. Nicht, daß er den Westen zu östlichem Denken und asiatischer Lebenshaltung hätte »bekehren« wollen, vielmehr ist es ihm wie keinem anderen europäischen Autor gelungen, das scheinbar Gegensätzliche der Kulturen nicht als unvereinbar, sondern als Polaritäten eines Ganzen sichtbar zu machen und zwischen West und Ost tragfähige Brücken zu schlagen, als deren nachhaltigste sich die westöstliche Legende von »Siddhartha« erwiesen hat. »Wir sollen und wollen nicht bekehren und bekehrt werden«, schreibt er im Vorwort zur japanischen Gesamtausgabe seiner Schriften, »sondern uns öffnen und weiten, wir erkennen östliche und westliche Weisheit nicht mehr als feindlich sich bekämpfende Mächte, sondern als Pole, zwischen denen fruchtbares Leben schwingt.« Seine Beschäftigung mit der klassischen Literatur und Philosophie Indiens und bald darauf auch derjenigen Chinas beginnt also schon lange vor ihrer epischen Gestaltung in seinen seit 1920 erschienenen Werken. So schrieb er 1957 einem Biographen: »Die intensive Beschäftigung mit dem indischen Geist, die Sie als Charakteristikum der Jahre nach 1919 ansehen, hätten Sie schon in ›Gertrud‹ und noch früher feststellen können.«

Es ist interessant zu verfolgen, mit welcher Wachsamkeit Hesse alles wahrgenommen hat, was an primärer Literatur über diesen damals im Abendland noch nahezu unbekannten Kulturkreis veröffentlicht wurde. Denn erst nach der Jahrhundertwende waren bei uns Übersetzungen der »Reden Buddhas« (1902-1922), der »Bhagavadgita« (1911-1912), des »Tao Te King« (1911), der Gespräche des Konfuzius (1912) etc. greifbar geworden. Kaum war ein solches Werk auf dem Markt, setzte sich Hesse auch schon in Zeitungen und Zeitschriften für seine Verbreitung ein.

Eine Auswahl solcher Besprechungen neben Auszügen aus den uns bisher zugänglichen frühen Briefen, die sich mit diesem Themenkreis beschäftigen, sowie einige Berichte über und von seiner im September 1911 unternommenen dreimonatigen Indienreise gehören zur Vorgeschichte des »Siddhartha«, die nachfolgend in wenigen charakteristischen Selbstzeugnissen zumindest skizziert werden soll. Das 1907 entstandene Gedicht »Glück«, das an einen Gedanken Lao Tse's erinnert, soll die in chronologischer Folge geordnete Dokumentation eröffnen:

Solang du nach dem Glücke jagst,
Bist du nicht reif zum Glücklichsein,
Und wäre alles Liebste dein.

Solang du um Verlornes klagst
Und Ziele hast und rastlos bist,
Weißt du noch nicht, was Friede ist.

Erst wenn du jedem Wunsch entsagst,
Nicht Ziel mehr noch Begehren kennst,
Das Glück nicht mehr mit Namen nennst,

Dann reicht dir des Geschehens Flut
Nicht mehr ans Herz, und deine Seele ruht.

(entstanden im Mai 1907)

Angeregt hat mich Meyrinks Fakir-Artikel, auch habe ich neuerdings meine früheren indischen Studien (Veda und Buddha) wieder aufgenommen. Für einen, der krank ist und entsagen muß, ist die Beschäftigung mit der indischen Lehre von der Erlösung vom Weltleid ganz das Richtige. Ich denke zu meinen altchristlichen Legenden allmählich auch buddhistische und andere zu ersinnen.

(Aus einem Brief vom 2. 5. 1907 an Reinhold Geheeb)

Das Resultat aller ernsthaften, exakten, kritischen Philosophie ist ja doch, daß die für unser Seelenbedürfnis brennendsten Fragen dem Verstand und gar der Logik ganz unlösbar sind.Nun ist als Trost und auch als praktische Ethik mir die Lehre Jesu unentbehrlich und lieb; hingegen ist mir die Vorstellung eines kurzen irdischen und eines ewigen himmlischen Lebens ohne alles Eingehen auf die Frage der Präexistenz gewissermaßen mythologisch zu dürftig, so daß ich für mein Bedürfnis nach einer ausgebildeteren, anschaulicheren Mythologie und Welterklärung immer wieder Anleihen bei Buddha und den vedischen Sagen mache. Gerade die Frage nach der Präexistenz, ethisch vielleicht belanglos, ist mir immer merkwürdig und anziehend, wenn auch nicht bedrängend. Wir stellen uns im Herzen doch stets eine individuelle Unsterblichkeit vor, da die nichtindividuelle eigentlich unvorstellbar ist; und da fragt man doch je und je wieder, wie es mit dieser persönlichen Seele wohl vor dem jetzigen Leben ausgesehen hat. Und da gibt mir die indische Wiedergeburtslehre, ohne daß ich gerade an sie »glaube«, eine gewisse Befriedigung, indem sie das Unausdenkliche mit einer prächtigen Bildlichkeit vorstellt. Im übrigen freilich helfen mir die Inder nicht viel, da sie gerade nicht das Glauben, sondern das Erkennen obenan stellen. Sie konstatieren, scheint mir, einen ganz einwandfreien, fast modernen Determinismus, lassen aber dann im Weg zum Nirvana doch ein nur dogmatisch konstruiertes Loch für die Freiheit des Willens offen. – – Doch genug davon, ich komme brieflich damit nicht zurecht.

(Aus einem Brief vom 29. 2. 1908 an die Familie in Korntal)

Merkwürdig mutet es an, wie zwar die Mehrzahl der ekstatischen Bekenntnisse (und vielleicht die schönsten) christlich-europäische sind, während doch unverkennbar auch hier wie auf allen Gebieten nichtrationellen Erkennens die Inder dem Boden der Tiefe am nächsten sind. Weder die Wucht des mystischen Erlebens, noch die Darstellbarkeit des Erlebten, der göttlichen Einheit, erscheint auf dem langen Wege durch die Jahrtausende irgend vervollkommnet oder wesentlich verändert, als es in den ältesten indischen Zeugnissen und der vedischen Atmanlehre besteht. Am fernen Eingangstor menschlicher Geschichte und Weisheit steht schon dieselbe glühende Ahnung, deren Erfüllung nur die wenigen Gottessöhne und großen Heiligen erlebt haben, von der ein sehnsüchtiger Strahl aber in allen diesen Ekstatikern lodert, die in Augenblicken der Entrückung das schauten und erlebten, wovon wir wieder in ihren Konfessionen den leisen Nachhall spüren.

(Aus einer Rezension über Martin Bubers »Ekstatische Konfessionen«, »Schwabenspiegel«, 1908/9)

Ich glaube nicht, daß Naturwissenschaft, Denkgesetze, Logik und Billigkeit überall in Welt, Natur und Geschichte unser Denken bestimmen sollen, nur im Punkt des Religiösen nicht, wo es am nötigsten wäre. Daß ich mir trotz aller Weltlichkeit meines Lebens doch eine tiefe Verehrung der echten Frömmigkeit bewahren konnte, liegt nur daran, daß ich diese echte Frömmigkeit eben von Kind auf sehen und kennenlernen konnte. Wenn es anginge, alle Menschen der Welt zu dieser Art Glauben zu bringen, ich wäre der letzte, es anders zu wünschen! Aber ich sah von Jahr zu Jahr mehr, wie klein die Zahl solcher wirklich Frommen ist, und daß diese echte, ganz reine und selbstlose Art sich in allen höheren Religionen findet, während das offizielle Christentum, so wie es in seiner Entartung bei uns existiert und regiert, mir direkt kulturfeindlich scheint. Nur darum beteilige ich mich, wenn auch als stiller Mitarbeiter, an einer großen und ernsthaften Kulturarbeit, die zum Teil gegen die Kirche (nicht gegen den Glauben) gerichtet ist. Damit ist mein Verhältnis zum »März«[1] in dieser Hinsicht gezeichnet. Für mich persönlich, das weißt Du ja, ist das religiöse Bedürfnis damit nicht gestillt, und ich horche von der Bibel bis zur Legende und bis zum Koran an manchen Paradiestüren.

(Aus einem Brief vom 6. 3. 1910 an seinen Vater)

Im ersten Augenblick stehen wir befremdet und beinahe abgeschreckt, wenn wir hören, daß bei Eugen Diederichs in Jena die wichtigsten Dokumente chinesischer Kultur und Religion in zehn Bänden deutsch erscheinen sollen. Wer soll das lesen? Wer soll das verdauen? Müssen wir das nicht den Sinologen überlassen? Denn so froh wir ähnliche Erschließungen, namentlich die der indischen Altertümer, sonst begrüßen, so stehen wir doch eben gerade den Chinesen in vollkommener Fremdheit gegenüber. Wir empfinden alles, was von dort kommt, als fremd, anders, auf einem anderen Rhythmus, ja Lebensgesetz beruhend als unser Sein und Denken.

Der erste Band dieser großen Sammlung, der die Gespräche des Confucius bringt, hat mir diese Stimmung zum Teil bestätigt und bestärkt. Trotzdem zwingt die kluge Bewußtheit und offen-

---

1 Hesse war von 1906-1912 gemeinsam mit Albert Langen und Ludwig Thoma Herausgeber der Kulturzeitschrift »März« »dessen politischer Teil im Kampf gegen das persönliche Regiment Wilhelms II. gipfelte«. (H. H.)

sichtliche Akkuratesse des Herausgebers dieser Riesenarbeit, des schwäbischen Theologen Wilhelm in Tsingtau, zu Anerkennung und Dankbarkeit. Der Band Confucius beginnt mit einer ganz meisterlichen Einleitung des Übersetzers, deren Lektüre mehr als ein Genuß ist. Er bringt sodann die »Gespräche« des großen Chinesen in einer fast durchweg doppelten Übersetzung, einer nahezu wörtlichen und einer paraphrasierend sinngemäßen. Leicht ist die Lektüre nicht, und immer wieder hat man das Gefühl, eine fremde Luft zu atmen, welche von anderer Art und Zusammensetzung ist als die, die wir zum Leben brauchen. Dennoch bereue ich die mit diesen Gesprächen verbrachten Tage nicht. Berührt uns auch der chinesische Geist wie der Anblick von Erzeugnissen eines fremden Weltkörpers, so tut es doch wohl und ist eine treffliche Übung, einmal mehr als nur oberflächlich da hineinzuschauen. Denn das nötigt uns, unsere eigene, individualistische Kultur auch einmal nicht als selbstverständlich, sondern im Vergleich mit ihrem Widerspiel zu betrachten. Und dabei bleibt es nicht, sondern es entsteht im Lesenden manchmal für Augenblicke die seltsam aufleuchtende Vorstellung der Möglichkeit einer Synthese beider Welten. Denn als innerster Kern im Wesen des großen Fremdlings Confucius erkennen wir dieselben Eigenschaften, die wir bei den großen Menschen der abendländischen Geschichte längst kennen. Wir empfinden Dinge als natürlich, die uns anfänglich wie groteske Verirrungen erschienen, und finden Dinge reizvoll, ja schön, die uns zuerst abschrekkend trocken vorkamen. Und wir Individualisten beneiden diese chinesische Welt um die Sicherheit und Größe ihrer Pädagogik und Systematik, der wir nichts an die Seite zu stellen haben als unsre Kunst und unsere vielleicht größere Bescheidenheit vor der außermenschlichen Natur.

Ich beschließe meine laienhafte Empfehlung dieser östlichen Weisheit mit einigen ausgewählten Sprüchen aus den »Gesprächen«.

Verkanntsein und Kennen.
Nicht kümmere ich mich, daß die Menschen mich nicht kennen. Ich kümmere mich, daß ich die Menschen nicht kenne.

Der Polarstern.
Wer kraft seines Wesens herrscht, gleicht dem Nordstern. Der

verweilt an seinem Ort und alle Sterne umkreisen ihn.

Stufen der Entwicklung des Meisters.

Der Meister sprach: Ich war fünfzehn, und mein Wille stand aufs Lernen, mit dreißig stand ich fest, mit vierzig hatte ich keine Zweifel mehr, mit fünfzig war mir das Gesetz des Himmels kund, mit sechzig war mein Ohr aufgetan, mit siebzig konnte ich meines Herzens Wünschen folgen, ohne das Maß zu übertreten
(»Confucius deutsch«, Rezension in »Die Propyläen«, Beilage zur »Münchner Zeitung« vom 6. 7. 1910)

Was uns die Weisen des alten China zu sagen haben, mag mehr sein als mancher von uns denkt, doch mag das Wesentliche wohl in wenigen Büchern Raum finden. Davon sind einige der wichtigsten, wohl die wichtigsten überhaupt, uns jetzt schon zugänglich gemacht.

Der berühmteste chinesische Weise war von altersher Confuzius, und insofern mit Recht, als er von allen Denkern den stärksten Einfluß auf Leben und Geschichte seines Landes gehabt hat. Ihn stellen wir uns denn auch im ganzen richtig vor, wenn wir ihn uns ganz »chinesisch« denken, das heißt formalistisch bis zur Pedanterie, aber wir tun den Chinesen Unrecht, wenn wir auf Grund dieses Urteils den chinesischen Geist überhaupt für steif und unphilosophisch-äußerlich halten, wogegen schon Confuzius selber genug Beweise enthielte. Daß es in China große Philosophen und Ethiker gegeben hat, deren Kenntnis für uns nicht weniger wertvoll ist als die der Griechen, Buddhas und Jesu, das ist noch immer wenig bekannt. Ist doch der größte Weise Chinas in der eigenen Heimat nie recht populär geworden und neben Confuzius, seinem etwas jüngeren Zeitgenossen, immer im Schatten geblieben. Ich rede von Lao-Tse, dessen Lehre in dem Buch Tao-te-king uns aufbewahrt worden ist. Seine Lehre vom Tao, dem Urprinzip alles Seins, könnte uns als philosophisches System gleichgültig bleiben oder höchstens interessierte Liebhaber anziehen, enthielte sie nicht eine so persönlich-kräftige, große und schöne Ethik, daß ihr letzter deutscher Bearbeiter, übrigens ein Theologieprofessor, den Lao-Tse direkt in Parallele mit Jesus stellt. Auf uns Ungelehrte nun wird freilich der Chinese einstweilen nicht so mächtige Wirkung üben können, da sein Werk für uns eine schwere, fremde Sprache redet, der nur mit Fleiß und echter Bemühung nahezukommen ist. Wer dazu Lust und Kraft hat, wird es nicht bereuen, wenn er den Lao-Tse in der eben erschienenen Übersetzung von Julius Grill (bei Mohr, Tübingen) studiert. Es handelt sich hier nicht um ein Kuriosum und eine literarisch-ethnologische Rarität, sondern um eines der ernsthaftesten und tiefsten Bücher des Altertums überhaupt.

Den Confuzius machen uns die bei Diederichs in Jena deutsch erschienenen »Gespräche«, die ich hier schon einmal anzeigte[1], zugänglich. Von den späteren chinesischen Denkern ist einer der originellsten und dabei anschaulichsten nun auch, wenigstens in einer Auswahl, deutsch zu haben: »Reden und Gleichnisse des Tschuang-Tse«, deutsche Auswahl von Martin Buber, im Inselverlag Leipzig. Tschuang-Tse ist dreihundert Jahre später als Lao-Tse, und Grill vergleicht sein Verhältnis zu jenem dem des Plato zu Sokrates. Es steht mir nicht an, weder über die chinesischen Bücher selbst noch über die Arbeit ihrer Übersetzer klug zu reden; ich wollte nur erzählen, daß diese merkwürdigen Bücher mir, der ich vom alten Orient nur die buddhistischen und dem Buddhismus verwandten Philosophien als Laie gekannt hatte, ganz neue Werte mitgeteilt haben. Ostasien hat, zwischen Buddha und Christus, eine nie zur Volksreligion gewordene Philosophie besessen, deren aktive, lebendig schöne Ethik der christlichen entschieden näher steht als der indisch-buddhistischen.

Ich habe mich manchmal darüber beklagt, daß wir von der Arbeit unserer akademischen Orientalisten so wenig Früchte zu sehen bekommen. Hier sind nun einige, und es ist nur zu wünschen, daß sie wirken und weiter wachsen. Ihre Kenntnis soll uns ja nicht auf fremde Wege führen, sondern eine frohe Bestätigung dessen bringen, was wir längst als unsern besten Besitz hochschätzten.

(»Chinesisches«, Rezension in »März« 5, I, Januar 1911)

Vor einigen Monaten habe ich hier die deutsche Übersetzung der Gespräche des Confuzius mit Freude angezeigt. Nun erschien bei Mohr in Tübingen eine Übersetzung des *Lao-Tse* von Julius

1 In »März« vom 15. 7. 1910 S. 168

Grill. Der Tübinger Orientalist tritt damit nun auch außerhalb des Rahmens der alttestamentlichen Theologie bedeutend hervor und gibt eine von jenen dankenswerten Arbeiten, mit denen unsre Orientalisten leider so sparsam geworden sind. Er hat das »Buch vom höchsten Wesen und vom höchsten Gut«, das Tao-te-king des Lao-Tse, vollständig nach einem der besten Texte übersetzt; es handelt sich also hier nicht um eine auswählende Bearbeitung oder um die Wiedergabe einer englischen Ausgabe, sondern um eine nach Möglichkeit treue Übertragung aus dem Chinesischen. Dadurch unterscheidet das Buch sich auch wesentlich von der poetischen Bearbeitung durch Ular[1], die vor einigen Jahren erschien.

Neben die Vorstellung gehalten, die der Durchschnittseuropäer von der chinesischen Philosophie hat, erscheint Lao-Tse oberflächlichem Betrachten beinahe unchinesisch in seiner Lebendigkeit. Der Übersetzer vergleicht ihn recht einleuchtend direkt mit Jesus, und jedenfalls ist unter den bekannteren Denkern des fernen Ostens wohl keiner, dessen ethische Ideale uns westlichen Ariern näher stünden und verwandter wären als die des Lao-Tse. Neben der weltabgewandten, oft spitzfindig grübelnden Philosophie Indiens, die bei uns in letzter Zeit so sehr wieder studiert wird, mutet diese chinesische Weisheit durchaus praktisch und einfach an, und vollends neben manchen entarteten Seitensprüngen abendländischer Denkakrobatik kann man den beschämenden Eindruck gewinnen, dieser uralte Chinese habe die elementaren Werte besser erkannt und habe größer und zweckmäßiger an der Entwicklung der Menschheit gearbeitet als so viele instinktverlassene Abendländer in ihrer anarchischen Spezialistenphilosophie.

Es scheint übrigens für diesen alten Chinesen in Europa ein beinahe begieriges Verständnis lebendig zu sein. Neben der Grillschen Übersetzung erschien nämlich dieser Tage eine zweite bei E. Diederichs in Jena. Sie ist von Richard Wilhelm in Tsingtau und geht, gleich Grill, direkt auf die chinesischen Quellen zurück. Zwei wertvolle Aufsätze leiten das Buch ein. Über die philologische Genauigkeit der beiden Übersetzungen steht mir kein Urteil zu, beide sind gründliche und schöne Arbeiten. Mag die Grillsche

---

1 »Die Bahn und der rechte Weg des Lao-Tse«, der chinesischen Urschrift nachgedacht von Alexander Ular, Insel Verlag, Leipzig, 1903.

Ausgabe mit ihrem reichen Kommentar die wissenschaftlich brauchbarere sein, so zeichnet sich dafür die von Wilhelm durch eine kräftigere, bestimmtere, persönlichere Sprache und damit denn auch durch eine leichtere Zugänglichkeit aus. Als Probe sei der letzte Abschnitt des Tao-Te-King in Wilhelms Verdeutschung hier mitgeteilt:

Wahre Worte sind nicht schön,
Schöne Worte sind nicht wahr,
Tüchtigkeit überredet nicht,
Überredung ist nicht tüchtig.
Der Weise ist nicht gelehrt,
Der Gelehrte ist nicht weise.
Der Berufene häuft keinen Besitz auf.
Je mehr er für andere tut,
Desto mehr besitzt er.
Je mehr er anderen gibt,
Desto mehr hat er.
Des Himmels Sinn ist segnen, ohne zu schaden.
Der Berufenen Sinn ist wirken, ohne zu streiten.

(»Weisheit des Ostens«, Rezension in »Die Propyläen«,
Beilage zur »Münchner Zeitung«, 8, 1911)

Vor zwei Jahren gab Martin Buber im Inselverlag ein Büchlein heraus: Reden und Gleichnisse des Tschuang Tse, das wir damals mit Dankbarkeit aufnahmen als einen schönen Beitrag zur Erschließung chinesischen Geistes, und dessen dichterischer Gehalt uns überraschend stark berührte. Es sind in diesen paar letzten Jahren eine Anzahl von chinesischen Hauptwerken in deutschen Bearbeitungen erschienen, und die seit den Rückertschen Zeiten so sterile Wissenschaft der Orientalisten scheint damit, und zugleich mit der immer intensiveren Bearbeitung der indischen Schätze, tatsächlich eine neue Blütezeit zu eröffnen.

Und nun gibt der aus mehreren Publikationen als Kenner und sorgfältig arbeitender Übersetzer bekannte Richard Wilhelm das »Wahre Buch vom südlichen Blütenland« heraus, das nichts anderes ist als eine vollständigere Ausgabe jenes Tschuang Tse. Er heißt hier Dschuang Dsi, und wenn jenes Bubersche Buch zunächst in seiner glänzenden Zusammenstellung des Wertvollsten blendender war, so freut man sich nun doch, den chinesischen

Denker und Aphoristen vollständiger kennenzulernen. Er verliert dabei nicht, obwohl es eine Übertreibung war, sein Verhältnis zu Laotse dem des Plato zu Sokrates zu vergleichen. Dschuang Dsi ist der größte und glänzendste Poet unter den chinesischen Denkern, soweit wir sie kennen, zugleich der kühnste und witzigste Angreifer des Konfuzianismus. Die Lehre des Laotse freilich lernt man durch ihn wohl fühlen, aber nicht eigentlich kennen, er ist ein beweglicher und farbiger Spiegel. Er ist eine zu starke Persönlichkeit, um eigentlich zum Schüler und Apostel zu passen, und manchmal macht er mit seiner Beredsamkeit einen fast dialektisch-sophistischen Eindruck. Dafür ist er ein großer Dichter, ein Meister des Gleichnisses, das wir bei Laotse selbst durchaus vermissen. Er gibt oft Farben und Lichter, deren Spiel nicht ganz mehr der heiligen Lehre entspricht; aber er gibt auch oft Fleisch und Blut, wo der reine Geist des Laotse uns unfaßbar wird und entgleitet.

Von allen Büchern chinesischer Denker, die ich kenne, hat dieses am meisten Reiz und Klang. Doch sollte, wer es liest, immerhin mit Laotse selbst nicht mehr völlig unvertraut sein. Das Buch ist bei E. Diederichs in Jena erschienen.

(»Das wahre Buch vom südlichen Blütenland«, Rezension der Schriften des Dschuang Dsi in »Der Bund«, Bern v. 10. 11. 1912)

*»Hesses Indienreise«, Scherenschnitt von Otto Blümel, rechts im Boot
Hesse mit Schmetterlingsnetz.*

Aus dem Gedichtzyklus
»Von einer asiatischen Reise«

Vor Colombo

In grünem Licht verglimmt der heiße Tag,
Still geht und fest das Schiff im Wellenschlag.
So still und gleich durch diese Welt zu gehn,
So unbeirrt in Kampf und Nacht zu sehn,
War meiner Reise Ziel, doch lernt' ichs nicht.
Und wartend wend' ich heimwärts mein Gesicht,
Zu neuer Tage Wechselspiel bereit,
Neugierig auf des Lebens Grausamkeit.

Für mich ist Stille nicht und Sternenbahn,
Ich bin die Welle, bin der schwanke Kahn,
Von jedem Sturm im Innersten erregt,
Von jedem Hauch verwundet und bewegt.
So fand ich bis zum fernsten Wendekreise
Mich selber nur und kehre von der Reise
Mit aller alten Wandersehnsucht her,
Nach Lust und Schmerz des Lebens voll Begehr,
Zu neuem Spiel und neuem Kampf gesonnen,
Aus allem Abenteuer ungeheilt entronnen.
Ich bin der Erde, nicht der Sterne Kind,
Unruhig ist mein Sinn, bewegt vom Wind,
Vom Meer geschaukelt und vom Sturm geweckt,
Vom Licht getröstet, von der Nacht erschreckt.
Und ob ich hundertmal im Lebensdrang
Um Weisheit flehte und nach Frieden rang,
Stets ruht mein Los gebannt an irdische Zeichen,
Und immer werd' ich meiner Mutter gleichen.

Fluß im Urwald

Seit tausend Jahren fließt er durch den Wald
Und sieht der nackten braunen Menschen Hütten
Aus Holz und Rohrgeflecht erstehen und vergehn.

Sein braunes Wasser wälzt im lauen Schwall
Laub und Geäst und dunkeln Urwaldschlamm
Und gärt in brennend steilem Sonnenbrand.
Nachts kommt der Tiger und der Elefant
Und badet lärmend seine schwülen Kräfte
Und brüllt in dumpfer Wollust durch den Wald.
Am Ufer rauscht im trüben Schlamm und Rohr
Das schwere Krokodil, heut wie vor tausend
Und hunderttausend Jahren; scheu und schlank
Bricht durch den Schilf der wilde Jaguar.

Hier leb' ich stille Tage hin im Wald
In röhrener Hütte und im leichten Einbaum
Und selten rührt ein Klang der Menschenwelt
Verschlafene Erinnerungen wach.
Am Abend aber, wenn die rasche Nacht
Sich feindlich naht, steh' ich am Fluß und lausche
Und höre da und dort und nah und fern
Verirrten Laut,
Gesang von Menschenstimmen in der Nacht.
Das sind die Fischer und die Jäger, die
Im leichten Boot der Abend überrascht
Und denen kindlich tiefe Furcht das Herz erschlafft,
Furcht vor der Nacht und vor dem Krokodil
Und vor den Geistern der Verstorbenen,
Die nachts sich regen überm schwarzen Strom.
Fremd ist das Lied und mir kein Wort vertraut,
Und klingt mir doch nicht anders, als daheim
Am Rhein und Neckar mir ein Abendlied
Der Fischer oder Mägde klingt: ich atme Furcht
Und atme Sehnsucht, und der wilde Wald
Und fremde dunkle Strom ist mir wie Heimat,
Weil hier wie überall, wo Menschen sind,
Sich zage Seelen ihren Göttern nähern,
Den Schreck der Nacht beschwörend durch ein Lied.

Heimkehrend in der Hütte kargen Schutz
Leg' ich mich nieder, ringsum Wald und Nacht
Und gläsern schrillender Zikadensang,
Bis mich der Schlaf entführt und bis der Mond
Die bange Welt mit kühlem Schimmer tröstet.

Kein Trost

Zur Urwelt führt kein Weg zurück.
Es gibt kein Sternenheer,
Kein Wald und Strom und Meer
Der Seele Trost und Glück.

Es ist nicht Baum noch Fluß noch Tier
Dem Herzen zu erreichen;
Trost wird im Herzen dir
Allein bei deinesgleichen.

Aufzeichnungen von der Indienreise

Spaziergang in Kandy

Das berühmte Kandy liegt in einem bedrückend engen Tal an einem unglücklichen, künstlichen See und hat außer seinem alten Tempel und seinem freilich wunderbar schönen Baumwuchs keine Verdienste, wohl aber alle Laster und Mängel eines von allzu reichen Engländern systematisch verdorbenen Fremdenstädtchens. Dafür aber führen von Kandy weg nach allen Seiten die schönsten Spazierwege der Welt in eine wundervolle Landschaft hinaus. Leider sah ich dies alles trotz einem längeren Aufenthalt nur halb, die Regenzeit hatte sich verspätet, und Kandy lag beständig in einem tiefen Regengrau und Nebelbrei, wie ein Schwarzwaldtal im Spätherbst.

Im leise strömenden Regen schlenderte ich eines Nachmittags durch die ländliche Malabar Street und hatte mein Vergnügen am Anblick der halbnackten singhalesischen Jugend. Ein atavistisches Behagen und Heimatgefühl, das ich zu meiner Enttäuschung der typisch-tropischen Landschaft gegenüber nie empfunden habe, empfand ich doch jedesmal beim Anblick unbekümmert primitiven Naturmenschentums; das gedeiht und vegetiert hier in Indien noch weit schöner und ernsthafter als etwa in Italien, wo wir sonst die ›Unschuld des Südens‹ suchen. Namentlich fehlt hier im Osten völlig die wahnsinnige Wichtigtuerei und Freude am brutalen Lärm, mit der in den mittelländischen Küstenstädten jeder Zeitungsjunge und Streichholzhausierer sich als schallenden Mittelpunkt der Welt kundgibt. Die Inder, Malayen und Chinesen füllen die unzähligen Straßen ihrer volkreichen Städte mit einem intensiven, bunten, starken Leben, das dennoch mit fast ameisenhafter Geräuschlosigkeit vor sich geht und damit unsere südeuropäischen Städte alle beschämt. Speziell die Singhalesen, so wenig sie sonst imponieren, gehen allesamt durch ihr einfaches, leichtes, wenig differenziertes Leben mit einer liebenswürdigen Sanftmut und einem stillen, rehartigen Anstand, die man im Westen nicht findet.

Vor jeder Hütte hing, schwebend zwischen Hauswand und Straßenbord, ein ganz kleines, naives Gärtchen, und in jedem blühten ein paar Rosen und ein Bäumchen mit temple flowers, und vor jeder Schwelle trieben sich ein paar hübsche, schwarzbraune, langhaarige oder auch drollig rasierte Kinder herum, die Kleineren völlig nackt, aber auf der Brust mit Amuletten, an Fuß- und Handgelenken mit Silberspangen geschmückt. Sie sind, was mir als Kontrast zu den Malayen auffiel, ohne jede Scheu vor Fremden, kokettieren sogar sehr gerne und lernen den bettelnden Ruf nach Money als erste englische Vokabel, oft noch, ehe sie Singhalesisch können. Die Mädchen und ganz jungen Frauen sind oft wunderschön, und schöne Augen haben sie alle ohne Ausnahme.

Ein steil ins dicke, wirre Grün verschwindender Seitenweg zog mich an, ich stieg hinab durch eine betäubend pflanzenreiche Schlucht, die wie ein Treibhaus gärend duftete. Dazwischen lagen auf zahllosen, winzigen Terrassen schlammige Reisfelder in deren Morast die nackten Arbeiter und die grauen Wasserbüffel pflügend wühlten.

Plötzlich, nach einem letzten Absturz des Pfades, stand ich überm Ufer des Mahawelli. Der schöne, vom Regen geschwollene Bergfluß strömte in raschem Fall am dunkeln Urgestein der engen Felsenufer hin, kleine wilde Steininseln und Klippen standen schwarz und blank, wie aus glatter Bronze im bräunlichen Wasserschaum.

An einer breiten Felsenbank legte eben eine floßartige Fähre an, ein alter, blinder Mann ward ans Land geführt und tastete mit geduldigem Gesicht und mit welken gelben Händen, von denen ihm das Regenwasser in die Kleider rann, empor nach dem steilen Ufersteig. Rasch betrat ich das kleine Floß und fuhr hinüber, durch die rötliche, felsige Uferlandschaft, und stieg jenseits über die Felsstufen einen Weg durch neue Buschfinsternis hinan, wieder an Hütten und Reisterrassen vorüber. Die Leute haben soeben geerntet und pflügen nun den Sumpf ungesäumt wieder um, um sofort wieder auszusäen, denn in diesem guten Klima und auf diesem Urbrei von Boden wächst jahraus, jahrein Ernte nach Ernte. Das enge Tal mit roter Erde und überquellend dichtem Wachstum strömte im rauschenden Regen einen Geruch von heißer Fruchtbarkeit aus, als koche überall der weiche Erdschlamm in geheimnisvoller Urzeugung.

Zwei Meilen weiter oben sollte ein buddhistischer Felsentempel stehen, der älteste und heiligste von Ceylon, und bald sah ich das Klösterchen und den kleinen Hausgarten der Priester über mir am steilen Bergabhang kleben. Nun kam der Tempel, davor der ausgehöhlte Felsenboden voll Regenwasser stehend, eine schäbige Vorhalle mit nackten Mauerbögen aus neuerer Zeit, alles verlassen, dunkel und grämlich. Ein Junge lief und holte mir einen Priester herbei, die erste Tür des Heiligtums ward erschlossen, zwei winzige Stümpfe von Wachskerzen in der Hand des Priesters flimmerten ängstlich und konnten die schwarzen, stillen Räume nicht erhellen, es schwamm nur der greise, schlichte Kopf des Priesters in einem dünnen, roten Lichtschimmer, der da und dort an den Wänden ein Stück uralter Malerei auferweckte. Ich wollte die Wände besehen, und wir leuchteten nun mit den beiden schwachen, rußenden Lichtlein Zoll für Zoll die Wand entlang und bis zum Boden hinab, als wäre die mächtige Freskenwand eine Briefmarkensammlung. In alten primitiven Konturen, schwach gelb und rot gefärbt, kamen unzählige schöne, liebliche, auch lustige Darstellungen aus der Buddhalegende zum Vorschein: Buddha, das Vaterhaus verlassend, Buddha unter dem Bo-Baume, Buddha mit den Jüngern Ananda und Kaundinya. Unwillkürlich fiel mir Assisi ein, wo in der großen, leerstehenden Oberkirche von San Francesco Giottos Franzlegenden die Wände bedecken. Es war genau derselbe Geist, nur war hier alles klein und zierlich, und in der Zeichnung der Bildchen war wohl Kultur und Leben, aber keine Persönlichkeit.

Aber nun schloß der alte Mann die innerste Tür auf. Hier war es völlig finster, im Hintergrunde schloß sich die Felsenhöhle. Dort war etwas Ungeheuerliches zu ahnen, und da wir mit den Kerzen näher kamen, entstand aus Glanzlichtern und Schatten schwankend eine riesige Form, größer als der Kreis unserer schlechten Lichter, und allmählich erkannte ich mit einem Schauder das liegende Haupt eines kolossalen Buddha. Weiß und riesig glänzte das Gesicht des Bildes her, und unser bißchen Licht ließ nur die Schultern und Arme noch erfühlen, das andere verlor sich in der Dunkelheit, und ich mußte viel hin und her gehen und den Priester bemühen und mit den zwei Kerzen Versuche machen, ehe ich dämmernd die ganze Figur zu sehen bekam. Der liegende Buddha, den ich erblickte, ist zweiundvierzig Fuß lang, er füllt die Höhlenwand mit seinem Riesenleib, auf seiner linken Schulter ruht der Fels, und wenn er aufstünde, fiele der Berg über uns zusammen.

Und auch hier fiel mir ungesucht ein ähnliches Erlebnis ein. Vor Jahren trat ich einst in eine kleine gotische Kapelle in einem elsässischen Dorf, das Tageslicht fiel schwach und farbig schräg durch gemalte und verstaubte Scheiben, und aufblickend sah ich mit heftigem Erschrecken über mir im halben Lichte einen riesengroßen, geschnitzten Christus schweben, am Kreuz, mit roten grimmigen Wunden und mit blutiger Stirn.

Wir sind weit gekommen, und es ist schön, daß wir, ein kleiner winziger Teil der Menschheit, diese beiden nicht unbedingt mehr brauchen, den blutigen Kruzifixus nicht und nicht den glatten lächelnden Buddha. Wir wollen sie und andere Götter auch weiter überwinden und entbehren lernen. Aber schön wäre es, wenn einst unsere Kinder, die ohne Götter aufgewachsen sind, wieder den Mut und die Freudigkeit und den Schwung der Seele fänden, so klare, große, eindeutige Denkmäler und Symbole ihres Innern zu errichten.

(1912)

Tagebuchblatt aus Kandy

Es ist Abend; ich liege im Hotelzimmer. Seit einigen Tagen lebe ich von Rotwein und Opium, und mein Darm muß eine rasende Lebenskraft oder einen verzweifelten Todesmut besitzen, daß er trotz allem noch nicht Ruhe gibt. Zum Stehen und Gehen reicht heute abend der Mut und die Kraft nimmer recht, auch haben wir Regenzeit, und draußen liegt eine verregnete, tiefschwarze Nacht, obwohl es kaum erst Abend wurde. Ich muß irgendwie von der augenblicklichen Gegenwart abstrahieren; so will ich denn zu notieren versuchen, was ich vor zwei Stunden gesehen habe.

Es war etwa sechs Uhr und schon fast Nacht; der Regen floß; ich war vom Bett aufgestanden und ausgegangen, schwach vom Liegen und Fasten und betäubt von den Opiaten, mit denen ich gegen die Dysenterie ankämpfte. Ohne viel Überlegung bog ich in der Finsternis in den Tempelweg ein und stand nach einer Weile überm dunklen Wasser am Eingang des alten Heiligtums, in welchem der schöne, lichte Buddhismus zu einer wahren Rarität von Götzendienst gediehen ist, neben der auch der spanische Katholizismus noch geistig erscheint. Eine traumhaft dumpfe

Musik scholl mir entgegen; hier und da knieten dunkle Beter tiefgebückt und murmelnd; ein süßer heftiger Blumenduft überfiel mich betäubend; durchs Tempeltor sah ich in düster-nächtliche Räume, in denen viele einzelne dünne Kerzen irrlichthaft und verwirrend brannten.

Ein Führer hatte sich meiner sofort bemächtigt und schob mich vorwärts; zwei Jünglinge in weißen Kleidern mit guten, sanftäugigen Singhalesengesichtern eilten herbei, jeder mit zwei brennenden Kerzchen in der Hand, um mich führen zu helfen. Vorausschreitend beleuchteten sie eifrig, im Gehen tiefgebückt, jede kleinste Stufe und jeden Pfeilervorsprung, an den ich stoßen konnte; und benommenen Sinnes stieg ich in das Abenteuer hinein wie in eine arabische Märchen- und Schatzhöhle.

Eine Messingschale ward mir vorgehalten und eine Eintrittsgabe für den Tempel gefordert, ich legte eine Rupie hinein und ging weiter, die Kerzenträger vor mir her. Weiße süßduftende Tempelblumen wurden mir geboten, ich nahm einige zu mir, gab dem Darbietenden Geld und legte die Blüten in verschiedenen Nischen und vor verschiedenen Bildern als Opfer nieder. Dem Führer folgend, während vor meinen Augen die Finsternis mit hundert kleinen goldenen Kerzenpunkten flammend tanzte, kam ich an kleinen steinernen Löwen und vielen Lotosblumenbildern, an geschnitzten und bemalten Säulen und Pfeilern vorbei und eine dunkle Treppe empor und stand vor einem großen gläsernen Schrein, der war an den Scheiben und Stäben voll von Schmutz und innen voll von Buddhabildern, von goldenen und messingenen, silbernen und elfenbeinernen, granitenen und hölzernen, alabasternen und edelsteingezierten, von Bildern aus dem nördlichen und südlichen Indien, aus Siam und aus Ceylon. In einem üppig ornamentierten Silberschrein aber saß still und unendlich apart ein schöner alter Buddha, der war aus einem einzigen riesigen Kristall geschnitten, und das Kerzenlicht, das ich dahinterhielt, schien farbig durch seinen gläsernen Leib; und von allen diesen vielen Bildern des Vollendeten war dies kristallene das einzige, das ich nicht vergesse und das den schlackenlosen Erlösten wahrhaft ausdrückt.

Hier und überall waren Priester, Tempeldiener und Handlanger in Menge da; Hände streckten sich mir entgegen, und feierliche messingene und silberne Schalen wurden mir allenthalben vorgehalten. Ich gab, um es kurz zu sagen, mehr als dreißig Trinkgelder. Doch tat ich dies, wie auch alle Fragen an die Priester, nur in einem unzulänglichen Traumzustand und Halbbewußtsein. Ich hatte keinerlei Achtung vor den miserablen Priestern, ich verachtete die Bilder und Schreine, das lächerliche Gold und Elfenbein, das Sandelholz und Silber, aber ich fühlte tief und mitleidend mit den guten, sanften indischen Völkern, die hier in Jahrhunderten eine herrlich reine Lehre zur Fratze gemacht und dafür einen Riesenbau von hilfloser Gläubigkeit, von töricht herzlichen Gebeten und Opfern, von rührend irrender Menschentorheit und Kindlichkeit errichtet haben. Den schwachen, blinden Rest der Buddhalehre, den sie in ihrer Einfalt verstehen konnten, den haben sie verehrt und gepflegt, geheiligt und geschmückt, dem haben sie Opfer gebracht und kostbare Bilder errichtet – was tun dagegen wir klugen und geistigen Leute aus dem Westen, die wir dem Quell von Buddhas und von jeder Erkenntnis viel näher sind? –

Weiter ward ich an Altären und Säulen vorübergeschleppt. Da und dort glänzten Gold und Rubinen auf, mattes altes Silber in Menge, und neben dem phantastischen Reichtum dieser Tempelschätze war die Schäbigkeit der Diener und Priester, die Armut der Holzverschläge und Glaskästchen, die bettelhafte Dürftigkeit der Beleuchtung ganz wunderlich anzusehen. Priester zeigten die alten heiligen Bücher des Tempels vor, die in Silber reich gebunden sind und deren heilige Texte in Sanskrit und Pali sie vermutlich selber nicht mehr lesen können; und was sie selber gegen ein Trinkgeld auf Palmblätter schrieben, war kein schöner Spruch oder Name, sondern das Datum des Tages und der Ortsname; eine nüchterne, schäbige Quittung.

Schließlich ward mir der Altarschrein und das Behältnis gezeigt, worin der heilige Zahn Buddhas verwahrt wird. Wir haben das alles in Europa auch; ich gab meinen Obolus hin und ging weiter. Der Buddhismus von Ceylon ist hübsch, um ihn zu photographieren und Feuilletons darüber zu schreiben; darüber hinaus ist er nichts als eine von den vielen rührenden, qualvoll grotesken Formen, in denen hilfloses Menschenleid seine Not und seinen Mangel an Geist und Stärke ausdrückt.

Und nun zerrten sie mich unversehens in die Nacht hinaus; in der wolligen Dunkelheit strömte immerzu der heftige Regen, unter mir spiegelten die Kerzen der Jünglinge sich im heiligen Schildkrötenteich. Ach, es fehlte hier nicht an Heiligkeit und heiligen Dingen; aber jenem Buddha, der nicht aus Stein und Kristall und Alabaster war, dem war alles heilig, dem war alles Gott!

Man zog und schob mich, der ich in der Dunkelheit mich blind fühlte und willenlos mitlief, in Eile über einige Treppenstufen und über nasses Gras hinweg ins Freie, wo plötzlich als rotes Viereck in der Nacht die erleuchtete Türöffnung eines zweiten, kleineren Tempels vor uns stand. Ich trat ein, opferte Blumen, ward zu einer inneren Tür gedrängt und sah plötzlich erschreckend nahe vor mir einen großen liegenden Buddha in der Wand, achtzehn Fuß lang, aus Granit und grell mit Rot und Gelb bemalt. Wunderlich, wie noch aus der glatten Leere all dieser Figuren ihre herrliche Idee hervorstrahlt, die faltenlos heitere Glätte im Angesicht des Vollendeten.

Nun waren wir fertig; ich stand wieder im Regen und sollte noch den Führer, die Kerzenträger und den Priester des kleineren Tempels bezahlen, aber ich hatte all mein Geld weggegeben und sah nun, auf die Uhr blickend, mit Befremdung, daß diese ganze nächtliche Tempelreise nur zwanzig Minuten gedauert hatte. Rasch lief ich zum Hotel zurück, hinter mir im Regen die kleine Schar meiner Gläubiger vom Tempel. Ich erhob Geld an der Hotelkasse und teilte es aus; es verneigte sich vor seiner Macht der Priester, der Führer, der erste und der zweite Kerzenjüngling; und fröstelnd stieg ich die vielen Treppen zu meinem Zimmer hinauf.

(1912)

Unsere Zeit hat, trotz aller sozialen Arbeit, doch noch immer stark individualistische Ideale, in der Kunst und Kunstbetrachtung vor allem. Reichlich zwei Jahrzehnte lang hat Europa, dem genialen Jakob Burckhardt folgend, für die italienische Renaissance und die prächtige Kraft ihrer Gewaltmenschen geschwärmt, und Europa, speziell Deutschland, hat den seltsamen Irrtum begangen, sogar auf dem Gebiete des Handwerkes und Kunstgewerbes einen heftigen Persönlichkeitskultus zu treiben.

Als Rückschlag auf diese Romantik erleben wir jetzt eine Wendung des ästhetischen und menschlichen Interesses zu Künsten und Völkern, deren Ideale durchaus überindividuelle waren oder sind. Vor allem hat Ostasien, weit über die ja längst vorhandene Freude an hübschen japanischen Erzeugnissen hinaus, bei uns eine erneute, tiefe Teilnahme und ein eifriges Studium wachgerufen. Der chinesische Prophet Lao-Tse, der Schwerverständliche, ist wiederholt übersetzt worden, und zwar in mehrere europäische Sprachen, darunter ganz neuerdings dreimal ins Deutsche. Eine sehr lesbare deutsche Ausgabe des Konfuzius ist erschienen, daneben haben seit Jahren die hübschen Japanbücher von Lofcadio Hearn gewirkt, und die ostasiatische alte Kunst ist in manchen wertvollen Monographien uns nähergebracht worden.

Im Osten selber, unter den Europäern Indiens und Chinas, werden zwar chinesische Kunstfertigkeit und Solidität hochgeschätzt, und wenige Weiße kehren nach Europa heim, ohne als beste Gabe aus dem Osten chinesische Gewebe und Stickereien, japanische und chinesische Holzarbeiten und Keramiken mitzubringen. Die Kaufleute draußen sprechen von den Japanern mit Abscheu, von den Chinesen mit einer gewissen, fast ängstlich-neidischen Achtung; große Erwerbsgebiete sind ganz in chinesischen Händen; auch in Handel und Schiffahrt sind sie als Konkurrenten europäischer Unternehmer gefürchtet, doch geachtet. Hingegen gilt in jenen Ländern, wo es keine europäischen Diener und Handarbeiter gibt, der Chinese trotz allem doch als ein Farbiger, für minderwertig und zurückgeblieben; man schätzt ihn wohl höher als etwa den Malaien oder Tamilinder, aber so richtig für voll wird er doch nur von wenigen Schwärmern oder tieferen Kennern genommen. Man kauft und schätzt seine Stickereien, man liebt die Exaktheit und Sauberkeit seiner manuellen Leistungen, man läßt seine hohe Intelligenz gelten. Aber die Europäer sind selten, denen beim Anblick einer Chinesenstraße die Bauart und farbige Abgestimmtheit des ganzen Bildes, die Nuancierung der Trachten, die Helligkeit und Intellektualität der Volksmenge nicht nur als ein hübscher exotischer Anblick imponiert, sondern als Produkt, als Ausdruck einer hohen, längst zu Instinkt und automatischer Tradition gewordenen Kultur zu denken gibt. Man lächelt über den chinesischen Kuli, der sich gleich den Indern, vermutlich aus guten hygienischen Gründen, mit Kokosöl einreibt; man erzählt viel von der Spielsucht der Chinesen aller Stände und munkelt je und je geheimnisvoll von einem Zuge tiefer, wilder Grausamkeit, der allen Chinesen im Grunde eigen sei. In der Wirklichkeit bekommt man von dieser Grausamkeit nie etwas zu sehen, als seltene Polizeinachrichten oder Berichte aus älterer Zeit, meist aus Kriegs- oder Revolutionszeiten, und diese melden nichts Schlimmeres, als was uns auch aus europäischen Kriegen, selbst den allerneuesten, vertraut und geläufig ist. Das Opiumrauchen, an sich und als Volksgefahr gewiß nicht schlimmer als die Trunksucht in Europa, scheint im Rückgang begriffen, wird von europäischen Opiumhändlern unterstützt und von großen chinesischen Gesellschaften genauso bekämpft und überwacht wie bei uns die Trunksucht von den Abstinenzgesellschaften.

Worin die Chinesen, als Volk, hinter uns zurück sind, das sind zumeist äußere Vervollkommnungen der Zivilisation, das sind Maschinen und Kanonen und ähnliche Dinge, an denen man nicht Kulturen abmißt. Auch in diesen Dingen waren sie uns vor Jahrhunderten ziemlich voraus, sie haben auch solche Dinge wie Schießpulver und Papiergeld früher gehabt als wir. Auf diesen Gebieten sind sie von uns überholt worden und von uns abhängig geworden, aber nicht in der Wurzel ihrer Kultur, die zur Zeit zwar gefährdet, aber kaum lebengefährlich angetastet scheint.

Diese Wurzel der chinesischen Kultur ist unseren aktuellen Kulturidealen so entgegengesetzt, daß wir uns freuen sollten, auf der anderen Hälfte der Erdkugel einen so festen und respektablen Gegenpol zu besitzen. Es wäre töricht, zu wünschen, die ganze Welt möchte mit der Zeit europäisch oder chinesisch kultiviert werden; wir sollten aber von diesem fremden Geist lernen und den fernsten Osten ebenso zu unseren Lehrern rechnen, wie wir es seit Jahrhunderten mit dem westasiatischen Orient getan haben. Und wenn wir im Konfuzius lesen, der fünfhundert Jahre vor Christus gelebt hat, so sollen wir ihn nicht als ein verschollenes Kuriosum untergegangener Zeiten betrachten, sondern daran denken, daß nicht nur seine Lehre dies große Reich durch zwei Jahrtausende erhalten und gestützt hat, sondern daß heute noch seine Nachkommen in China leben, seinen Namen tragen und von ihm mit Stolz wissen – woneben der älteste und kultivierteste europäische Adel kindlich jung erscheint. Lao-Tse soll uns nicht das Neue Testament ersetzen, aber er soll uns zeigen, daß Ähnliches auch unter anderem Himmel und früher schon gewachsen ist, und das soll unseren Glauben an die Internationalität der Kulturfähigkeit stärken. Und wenn wir aus der Geschichte einige chinesische Grausamkeiten hervorholen, deren es gewiß erhebliche gegeben hat, so sollen wir daneben auch jene Geschichten aus China stellen, die uns neben der Bibel und neben den Klassikern des Altertums als Vorbilder und fördernde Lehrer dienen können.

Ein chinesischer Kaiser der Tsin-Dynastie (um 230 v. Chr.) schlug eine Rebellion dadurch nieder, daß er das Haupt der Rebellen samt seiner und seiner Freunde Kinder töten ließ; seine eigene Mutter, die am Aufstande beteiligt war, schickte er in die Verbannung und ließ bei der Strafe des Zerhacktwerdens verbieten, ihn je wieder an seine Mutter zu mahnen. Das war nur gegen den chinesischen Geist gehandelt, um so mehr als die Kaisermutter keine gefährliche Frau und nur verführt gewesen war. Siebenundzwanzig Adelige meldeten sich nacheinander beim Kaiser, das furchtbare Verbot mißachtend, und ermahnten ihn, seiner Mutter zu gedenken und sie zurückzurufen. Und alle siebenundzwanzig ließen sich, einer nach dem anderen und jeder vom Schicksal seiner Vorgänger wissend, von dem wütenden Kaiser umbringen. Sie wurden zerhackt und es schien nun Ruhe zu sein. Aber da nun der Adel schwieg, kam aus dem Nebenstaat ein Gelehrter hergewandert und ließ sich zum Kaiser führen, um ihn ebenfalls an seine Pflicht zu mahnen. Der Kaiser empfing ihn mit dem Schwert in der Hand, ließ ihn vor einen Kessel mit siedendem Wasser führen, in den er geworfen werden sollte, und fragte, ob er das Schicksal kenne, das jene Adeligen getroffen hätte und das auch ihn erwarte. Der Gelehrte nickte nur und lächelte und begann den Kaiser mit den Worten zu ermahnen: »Achtundzwanzig Sternbilder gibt es, ich will ihre Zahl erfüllen.«

Und neben den Märtyrern westlicher Religionen und Kulturgemeinschaften stehen würdig die chinesischen Gelehrten unter dem Kaiser Schi. Der Kaiser war von seinen Gelehrten wiederholt ermahnt worden, die überkommenen Regeln der Sitte und des Regierens nicht zu mißachten. Sein Kanzler Li-Ssi aber verteidigte ihn und riet ihm schließlich, die Macht der hergebrachten Vorschriften und Gesetze dadurch zu brechen, daß er alle gelehrten Bücher dieser Art im ganzen Land verbrennen lasse. Er ließ sich dazu überreden, und alsbald begann eine furchtbare Vernichtung aller Bücher im Lande, der wertvollsten und edelsten Dokumente altchinesischer Kultur. Den Gelehrten und Bücherbesitzern aber war bei schwerer Strafe befohlen, alle ihre Bücher binnen dreißig Tagen zu verbrennen oder den Beamten auszuliefern. Und obwohl jeder, der diesem Befehl zuwider handelte, sofort gefangengesetzt und verurteilt wurde, haben nicht weniger als vierhundertundsechzig Gelehrte Trotz geboten und sich einsperren lassen, und sind lebendig begraben worden. (Chinesische Geschichte von Heinrich Hermann, Stuttgart 1912.)

Unter den Geschichten, die unseren Kindern zu Vorbild und Erbauung in den Schulen erzählt werden, auch unter denen der Bibel, sind viele, die sich weder an Adel noch an Großartigkeit diesen und manchen ähnlichen Erzählungen aus der alten chinesischen Geschichte vergleichen lassen. Jener Gelehrte vor dem Schwert des Kaisers und vor dem Kessel mit siedendem Wasser ist mehr als Mucius Scävola; er opfert sich nicht nur für den Fortbestand des Vaterlandes, er ist bereit, für die Erfüllung einer idealen Pflicht zu sterben, im Widerstand gegen den Kaiser, der ihm heilige Vorschriften zu verletzen scheint. Er ist revolutionär aus Konservatismus, aus demselben Konservatismus, der uns westlichen Völkern unbegreiflich starr erscheint, und der doch eines der größten Reiche und eine der wertvollsten Kulturen der Welt bis heute genährt und erhalten hat.

(Aus: »Chinesen«, Erstdruck im August 1913 in »Die Zeit«, Wien)

Erinnerung an Asien

Wenn ich mich jetzt, drei Jahre nach meiner malayischen Reise, an den Osten erinnere, so sehe ich die Einzelbilder jener Reise in ihrer Gegenständlichkeit leicht getrübt und verallgemeinert, es ist Colombo von Singapore, Ippoh von Kuala-Lumpur, der Batang Hari vom Moesi nicht mehr so scharf in umrissener Individualität abgetrennt und verschieden. Dafür treten einige große Zusammenhänge deutlicher hervor. Wenn man mich heute nach genauen sichtbaren Einzelheiten aus Palembang oder Penang oder Djambi fragt, so muß ich suchen und habe einige Mühe, Greifbares hervorzubringen; wenn man mich aber nach dem Wert und den Haupteindrücken meiner ganzen Reise fragt, so weiß ich besser und rascher Bescheid als damals gleich nach der Heimkehr.

Von den Wochen, die ich in Städten und Wäldern der Malakka-Halbinsel und Sumatras zugebracht habe, sind mir folgende Haupteindrücke als Erlebnisse geblieben, zusammengeschmolzen und kombiniert aus hundert kleinen gesehenen

Einzelheiten. Der erste und vielleicht stärkste äußere Eindruck, das sind die Chinesen. Was ein Volk eigentlich bedeute, wie sich eine Vielzahl von Menschen durch Rasse, Glaube, seelische Verwandtschaft und Gleichheit der Lebensideale zu einem Körper zusammenballe, in dem der Einzelne nur bedingt und als Zelle mitlebt wie die einzelne Biene im Bienenstaat, das hatte ich noch nie wirklich erlebt. Ich hatte Franzosen von Engländern, Deutsche von Italienern, Bayern von Schwaben, Sachsen von Franken zu unterscheiden gewußt; schließlich aber doch nur von den Engländern den Eindruck einer in ihrer Eigenart gepflegten, auf Rasse und Geschichte stolzen Volksgemeinschaft bekommen, und daran war das niedere Volk unbeteiligt. Bei den Chinesen sah ich zum erstenmal die Einheit eines Volkswesens so absolut herrschen, daß alle Einzelerscheinungen darin ganz und gar untergehen. Äußerlich und malerisch kann man von Malayen, Hindus oder Negern denselben Eindruck haben, Farbe, Kostüm und Lebensführung uniformieren alle diese Massen zu höchst sichtbaren Einheiten. Aber bei den Chinesen war von allem Anfang an der Eindruck eines Kulturvolkes da, eines Volkes, das in langer Geschichte geworden und gebildet ist und im Bewußtsein der eigenen Kultur nicht nach rückwärts, sondern in eine tätige Zukunft blickt.

Etwas völlig anderes ist der Eindruck, den die Naturvölker machen. Zu ihnen rechne ich die Malayen, trotz ihres Handels, ihres Mohammedanismus und ihrer äußeren Zivilisationsfähigkeit durchaus mit. Den Chinesen gegenüber war mein Gefühl zwar stets eine tiefe Sympathie, aber gemischt mit einer Ahnung von Rivalität, von Gefahr; mir schien, das Volk von China müssen wir studieren wie einen gleichwertigen Mitbewerber, der uns je nachdem Freund oder Feind werden, jedenfalls aber uns unendlich nützen oder schaden kann. Nichts davon bei den primitiven Völkern. Auch sie erwarben sofort meine Liebe, aber es war die Liebe des Erwachsenen zu jüngeren, schwachen Geschwistern, zugleich auch erwachte das Schuldgefühl des Europäers, der an diesen Völkern bis heute nur Dieb, Eroberer und Ausbeuter geworden ist, noch nicht helfender und führender Bruder, mitleidiger Freund, helfender Führer. Daß aus diesen braunen gutartigen Völkern große Gefahren oder Gewinne für unsere Kultur zu erwarten seien, ist ohne jede Wahrscheinlichkeit. Daß aber die Seele Europas ihnen gegenüber voll von Schuld und ungebüßter Sünden starrt, läßt sich nicht leugnen. Die unterdrückten Völker der Tropenländer stehen unserer Zivilisation als Gläubiger mit älteren und gleichbegründeten Rechten gegenüber wie etwa die Arbeiterklasse in Europa. Wer im eigenen Automobil im Pelz an Arbeitern vorüberfährt, die müde und frierend nach Hause gehen, kann keine ernsteren Gewissensfragen an sich stellen, als wer auf Ceylon oder Sumatra oder Java als Herr zwischen lautlos bedienenden Farbigen lebt.

Der dritte starke Eindruck meiner Reise war der Urwald. Ich kenne die neuesten Theorien über die Urheimat des Menschen nicht; für mich bleibt, zumindest symbolisch, der tropische Urwald die Heimat des Lebens, der einfache primitive Tiegel, in dem aus Sonne und nasser Erde lebendige Formen gebraut werden. Wir, die wir alle in Ländern leben, deren natürliche Produktionskräfte fast bis zur Grenze ausgebeutet, zumindest gekannt und gemessen sind, wir stehen mit unserem an Zahlen und Maße gewöhnten Denken inmitten des Urwaldes wie an der Wiege des Lebens und ahnen dort mit Staunen, daß die Erde noch kein erkalteter Stern in späten schwachen Zuckungen ist, sondern noch zeugenden Urschlamm kennt. Eine Flußfahrt zwischen Krokodilen, Reihervölkern, Adlern und großen Katzen, oder ein Waldmorgen, wenn im gelb durchsonnten Geäst der filzigen Waldwildnis große Affenfamilien den Tag mit Gebrüll begrüßen, das ist für den an scharf begrenzte Felder, sorgsam gezogenen Wald und regulierte Revierjagd Gewöhnten ein wunderbares und mächtiges Erlebnis. Dazu der Geruch von Gefahr und das Gefühl von der Wertlosigkeit des Einzellebens, wenn man im feuchten dampfenden Dschungel nach Vögeln oder Schmetterlingen geht, Geheimnis und mögliche Gefahr auf allen Seiten, geiles Pflanzenwachstum und üppig brütendes Tierleben auf jedem Quadratfuß. Und die alte, selbstverständliche, in Europa doch tausendmal vergessene Herrschaft der Sonne! Das elementare Einbrechen der Nacht, die alles bis zum Grunde verwandelt, und das Aufglühen des raschen Morgens, der das Leben wiederbringt, das unendlich rasche und heftige Entstehen und Austoben der Regen und Gewitter, der warme, leicht animalische Geruch der nassen fruchtbaren Erde, dies alles ist für uns wie eine geheimnisvolle und lehrreiche Rückkehr an die Quellen unseres Lebens.

Schließlich aber ist doch ein menschlicher Eindruck der stärkste.

Es ist der der religiösen Ordnung und Gebundenheit all dieser Millionen Seelen. Der ganze Osten atmet Religion, wie der Westen Vernunft und Technik atmet. Primitiv und jedem Zufall preisgegeben scheint das Seelenleben des Abendländers, verglichen mit der geschirmten, gepflegten, vertrauensvollen Religiosität des Asiaten, er sei Buddhist oder Mohammedaner oder was immer. Dieser Eindruck beherrscht alle anderen, denn hier zeigt der Vergleich eine Stärke des Ostens, eine Not und Schwäche des Abendlandes, und hier fühlen sich alle Zweifel, Sorgen und Hoffnungen unserer Seele bestärkt und bestätigt. Überall erkennen wir die Überlegenheit unserer Zivilisation und Technik, und überall sehen wir die religiösen Völker des Ostens noch ein Gut genießen, das uns fehlt und das wir eben darum höher stellen als jene Überlegenheiten. Es ist klar, daß kein Import aus Osten uns hier helfen kann, kein Zurückgehen auf Indien oder China, auch kein Zurückflüchten in ein irgendwie formuliertes Kirchenchristentum. Aber es ist ebenso klar, daß Rettung und Fortbestand der europäischen Kultur nur möglich ist durch das Wiederfinden seelischer Lebenskunst und seelischen Gemeinbesitzes. Ob Religion etwas sei, das überwunden und ersetzt werden könne, mag Frage bleiben. Daß Religion oder deren Ersatz das ist, was uns zutiefst fehlt, das ist mir nie so unerbittlich klar geworden wie unter den Völkern Asiens.

(1914)

Meisterwerke
orientalischer Literaturen

Unsere Kenntnis des Orients ist im wesentlichen noch eine recht äußerliche, eine geographische und politische, und sie hat viele Lücken, die sich jedem schmerzlich zeigen, der einmal versucht, auf Reisen oder durch Vermittlung von Büchern etwas Tieferes über das Wesen der östlichen Kulturen zu erfahren. Neuerdings ist wieder ein intensives Bedürfnis nach tieferem Eindringen zu spüren; die Kunst Ostasiens, und etwas später auch die vorderasiatische, begann in Europa stark zu wirken, und neuestens sehen wir auch Teile der asiatischen Literaturen erschlossen, die unser Denken beeinflussen und zumindest für die psychologische und politische Erkenntnis des Ostens unendlich wichtig geworden sind. Für das indische Denken war Deutschland durch *Schopenhauer* vorbereitet, erst etwas später begann ein allgemeineres Interesse für die Denker Chinas zu erwachen (hier sind die Übersetzungen chinesischer Autoren im Verlag *Eugen Diederichs* mit Auszeichnung zu nennen). Darüber war die Teilnahme für die Literatur des Islams einigermaßen eingeschlafen; außer dem etwas plötzlich von England her in Mode gekommenen *Omar Chajam* hat in den letzten zehn, ja zwanzig Jahren kaum ein vorderasiatischer Dichter bei uns viele Leser gefunden. Auch das wird anders werden, je mehr wir erkennen, daß auch ein politisches Verstehen der asiatischen Völker durchaus auf der Kenntnis ihrer Denkrichtungen und Literaturen aufbauen muß.

So ist uns nun eine neue Sammlung: *Meisterwerke orientalischer Literaturen* höchst willkommen, die im Verlag von *Georg Müller* in München zu erscheinen beginnt. Drei Bände liegen fertig vor und seien hier kurz betrachtet.

Der erste Band enthält *Georg Rosens* Übersetzung einer Auswahl aus dem *Mesnevi* des Scheich Mewlana Dschelal ed din Rumi, einem Buch, das seit seinem ersten Erscheinen im Jahr 1849 selten geworden und fast ganz verschollen war. Die Neuausgabe hat *Rosens* Sohn *Friedrich* besorgt, mit wenigen Änderungen, und er hat dem Buch ein ganz vortreffliches Vorwort mitgegeben, das Muster einer populären Darstellung schwer zugänglicher Gegenstände. In dem *Mesnevi,* das aus dem 13. Jahrhundert stammt und zu den klassischen Werken der persischen Dichtung gehört, lernen wir eine höchst eindringliche Lebensäußerung der mystischen Gedankenwelt des Sufismus kennen. Dem indischen Geist verwandt und von ihm beeinflußt, aber durch die gemeinsamen Quellen der griechischen Philosophie und der Bibel uns näherstehend, sucht diese persisch-islamitische Lehre das Heil in der reinen Meditation und hat eine Art von Nirwana zum Ziel, ein »Sterben vor dem Sterben«, ein seliges Eingehen in den Urgrund der Dinge, in welchem die Schuld und Qual des Werdens überwunden ist. Indessen ist mit einer solchen Erklärung wenig gesagt, und wie sehr der persische Dichter trotz dieser nahen Anlehnung an indische Lehren originell und unindisch ist, kann nur die Lektüre selbst zeigen. Aus dem Koran und der Bibel her ist seine Lehre mit einem höchst prächtig-anschaulichen Apparat von Bildern und mythologischen Elementen versehen, und die bildlose Erkenntnis des Höchsten führt durch eine reiche, poetisch-menschliche Bilderwelt. So atmet denn durch das Ganze eine schöne, verständliche, gleichnisreiche Frömmigkeit, welcher die Welt zwar nichts Endgültiges, wohl aber ein bedeutungsvolles Bilderbuch bedeutet, und die im ganzen verleugnete Sinnenwelt kommt im einzelnen vollauf zu ihrem poetischen Rechte. Rosens Übersetzung ist, wie alle seine herrlichen Arbeiten, bei allem Streben nach Genauigkeit voll Geschmack und Frische.

Der zweite Band bringt *Chinesische Novellen*, übersetzt von *Paul Kühnel*, mit einer kurzen, bibliographisch wertvollen Einleitung und guten Anmerkungen. Der Band enthält neun, meist längere Erzählungen aus der populären chinesischen Novellenliteratur. Er wird allen denen, die seit Griesebachs Novellenbuch und seit *Bubers* sehr schönen chinesischen Geister- und Liebesgeschichten diese Erzählungskunst liebgewonnen haben, eine große Freude bereiten. Ein weiterer Band, der speziell jenes Buch der Geister- und Liebesgeschichten enthalten soll, ist angezeigt.

Die chinesischen Novellen, nicht in der alten Gelehrtensprache abgefaßt und darum nicht zur klassischen Literatur gerechnet, sind für uns von ganz besonderem Werte, weil sie das Leben des mächtigen, für uns täglich wichtiger werdenden Volkes in tausend anschaulichen Einzelheiten beschreiben: Familienleben, Handel, Beamtenschaft, Rechtsfälle, Adoption, Kunstleben und andere Spiegelungen dieser ältesten nationalen Kultur der Welt. Die frühesten dieser Geschichten stammen aus dem 15. Jahrhundert, aber die Stoffe und die moralischen Grundwerte bleiben sich durch alle Jahrhunderte gleich. Gemeinsam ist ihnen allen die hohe Achtung vor der Reinheit des Familienlebens und daneben die ebenfalls ganz chinesische Wertschätzung des materiellen Eigentums. Tugendhaft sein und Reichwerden sind beides chinesische Ideale seit alter Zeit und schließen einander in der populären Auffassung keineswegs aus. Durch die Verehrung der Toten gewinnt das tägliche Leben an Beziehungen und Tiefe, und Seelen- und Dämonenglaube spukt in hundert Formen durch die meisten chinesischen Novellen, wodurch viele eigentlich zu Märchen werden. Man denkt dabei unwillkürlich an chinesische Städte, deren Straßen vom intensivsten Leben und glühendster Gegenwart wimmeln, während in der Umgebung überall die ausgedehnten und üppigen Grabmäler das Land beherrschen. Die

Übersetzungen Kühnels gehen, was besonders erwähnt sei, auf die Ursprache zurück.

Der dritte Band der Sammlung endlich enthält die *Sukasaptati,* das indische *Papageienbuch,* aus dem Sanskrit übersetzt und eingeleitet von *Richard Schmidt;* beigegeben ist ein Wiederabdruck von *Ikens* Übersetzung des persischen Papageienbuches aus dem Jahr 1822. Daß es von *Georg Rosen* eine Übersetzung der türkischen Fassung gibt, die neuerdings im Inselverlag wieder erschienen ist, sei nebenher berichtet.

Das Papageienbuch ist eine Art asiatischer *Dekamerone.* Ein Mann, der auf Reisen geht, überläßt seine junge Frau der Obhut eines gelehrten Papageis. Allabendlich nun plant die Frau ein Stelldichein mit ihrem Liebhaber, Abend für Abend aber wird sie durch den Vogel aufgehalten, der stets eine neue Geschichte zu erzählen beginnt, auf deren Fortgang die Frau so gespannt ist, daß sie bleibt und den Abend verpaßt. Dieser einfache Rahmen umfaßt eine Sammlung beliebter Geschichten, deren manche wir nach langen Wanderungen und Wandlungen um Jahrhunderte später in europäischen Büchern wieder antreffen. *Das Papageienbuch,* indisch *Sukasaptati,* persisch und türkisch *Tuti Nameh* genannt, stammt ohne Zweifel aus Indien, ungewiß aus welcher Zeit. Die älteste bekannte Sanskrit-Handschrift stammt etwa aus dem 15. Jahrhundert, doch waren schon im vierzehnten persische Nachdichtungen bekannt, und wahrscheinlich stammen die meisten der Erzählungen noch aus den ersten Jahrhunderten unserer Zeitrechnung. Durch die vorderasiatischen Bearbeitungen drang die Sammlung, oder Teile von ihr, nach Europa, und einzelne der Erzählungen finden sich bei *Boccaccio* und in anderen Novellenbüchern wieder. In deutscher Sprache sind uns jetzt also drei Bearbeitungen zugänglich: die neue Übersetzung aus dem Sanskrit von *Schmidt,* die von ihm mitabgedruckte *Iken*sche Übersetzung des persischen Tuti Nameh und die *Rosen*sche. *Rosen* schrieb seinerzeit, im Jahre 1857, am Schlusse seiner Vorrede, es sei seine Meinung, daß das *Papageienbuch* »nur durch Vermittlung der türkischen Version in Deutschland eingebürgert werden« könne. Inzwischen ist manches Indische uns vertraut geworden, und wir sind dankbar, auch das *Papageienbuch* jetzt in der Fassung kennen zu lernen, die dem Sanskrit-Original am nächsten kommt. Die Buntheit und Lebensfülle der Erzählungen, der Reichtum an spannenden Handlungen und Situationen, die

Züge von Schalkhaftigkeit und listiger Lebensklugheit findet man trotz gewaltiger Unterschiede in allen Versionen wieder, und wir schätzen in dem *Papageienbuch* nicht nur seinen hohen literarischen Wert, sondern sehen in ihm auch mit Neugierde ein naives, populäres Indien gespiegelt, als ein farbiges Gegenstück zu dem stillen, geistigen Indien des Brahmanentums und des Buddha.

Die Sammlung, als deren Herausgeber *Hermann v. Staden* zeichnet, macht einen würdigen Eindruck und verspricht sehr viel; sie hat gar nichts zu tun mit jenen aufdringlichen, im üblen Sinne populären Auswahlen, in welchen man lediglich exotische Pikanterien vorgesetzt erhält. Sie wird denn auch nicht nur der Neugierde und nicht nur literarischen Interessen dienen, sondern die tiefere Kenntnis des Orients bei uns fördern helfen. Das ist wichtig, denn die asiatischen Kulturen und Völker haben für uns ja nicht bloß das Interesse des Historischen, sondern rücken immer enger zum Kreise unsrer aktuellsten Lebensfragen heran.

(Aus: »Der Tag«, Berlin v. 26. 6. 1914)

Bhagavad Gita

Wieder lag ich schlaflos Stund' um Stund',
Unbegriffenen Leids die Seele voll und wund.

Brand und Tod sah ich auf Erden lodern,
Tausende unschuldig leiden, sterben, modern.

Und ich schwor dem Kriege ab im Herzen
Als dem blinden Gott sinnloser Schmerzen.

Sieh, da klang mir in der Stunde trüber
Einsamkeit Erinnerung herüber,

Und es sprach zu mir den Friedensspruch
Ein uraltes indisches Götterbuch:

»Krieg und Friede, beide gelten gleich,
Denn kein Tod berührt des Geistes Reich.

Ob des Friedens Schale steigt, ob fällt,
Ungemindert bleibt das Weh der Welt.

Darum kämpfe du und lieg' nicht stille;
Daß du Kräfte regst, ist Gottes Wille!

Doch ob dein Kampf zu tausend Siegen führt,
Das Herz der Welt schlägt weiter unberührt.«
(entstanden im September 1914)

Im Geistigen freilich entbehre ich viel und leide nicht nur unter
dem Abgeschnittensein, sondern vor allem unter dem Haß zwischen den Völkern. Ich bin gut deutsch gesinnt, aber obenan
steht mir die Menschheit.

Doch gibt es auch hier Trost. In der Zeit, da ich am meisten
unter all dem litt, bekam ich große Lust, zum Trost wieder einmal
etwas Indisches zu lesen. Ich nahm die Bhagavad Gita, die ich
lang nimmer gelesen. Das ist heute das aktuellste Trostbuch der
Welt, handelt von einem Fürsten, der nicht einsieht, warum er
in den Krieg ziehen soll und führt auf so reine Gedankenhöhen,
daß alles Leid des Tages erträglich wird [...]

In Ihre Nöte kann ich mich hineindenken. Zwar fesselt mich
kein Beruf als Zwang, aber ich stehe als Bürger, Ehemann, Vater
täglich vor Pflichten, denen ich nicht gewachsen bin und die sich
mit dem, was ich zuinnerst bin und will, nie decken. Auch darüber weiß Bhagavad Gita gut Bescheid. Mein nie erreichtes, dennoch wertvolles Ideal ist: die Nötigungen des äußeren Lebens
hinnehmen wie eine Rolle, die nun einmal nach Möglichkeit aus-
zufüllen ist – immer aber Gott nahe bleiben und sich mit der
ganzen Schöpfung eins wissen.
(Aus einem Brief, ca. Nov./Dez. 1914 an H. Geza)

Alles chinesische Wesen, vor allem alle chinesische Dichtung hat
für mein Gefühl zwei Gesichter, zwei Seiten, zwei Pole. Die eine
Seite ist eine stille, naive Gegenwärtigkeit, ein konservativ prak-
tisches Verharren bei den Realitäten des täglichen Lebens, eine
Achtung vor Leben, Gesundheit, Familienglück, vor Gedeihen,
Besitz, Reichtum in jeder Form. Das zweite Gesicht, das viel

indische Einflüsse zeigt, ist eine Neigung zur Kontemplation, welche bei den eigentlichen Denkern des alten China rein geistig und nahezu bildlos bleibt, die aber im Volk eine Mythologie und Dämonologie von großer Buntheit und oft grotesker Fremdartigkeit erzeugt hat. Stünde über alledem nicht heiligend die große uralte Idee des Ostens, die Erkenntnis von der Einheit alles Seienden, so könnte man die Höllen und Himmel, Teufel und Zaubereien dieser Phantasiewelt gewiß nicht überall liebend gelten lassen. So aber sind sie schnurrige Zipfel am Gewande des wahren Gottes, und wenn man sich recht besinnt, findet man nicht nur in unserm Mittelalter, sondern im Glauben heutiger Europäer Gegenbeispiele genug.

Wir Westländer stehen erstaunt vor dieser Mischung von klarstem Wirklichkeitssinn mit ungehemmtester Phantastik, deren Rätsel erst dann durchsichtig wird, wenn wir uns die paradiesische Einheit von Denken und Fühlen vorstellen, die noch heute im Osten lebt.

(Aus »Ein Bibliotheksjahr«, in »Neue Zürcher Zeitung« vom 27. 6. 1915)

Wenn man durch die Bazare einer ostasiatischen Stadt geht oder mit nachlesendem Auge den Figuren der Stickerei auf einem schönen Stück altindischer oder altchinesischer Seidenkunst zu folgen sucht, dann erliegt bald Auge und Gedanke einer seltsamen Suggestion von Reichtum und Unendlichkeit, von ewiger Wiederholung und ewiger Erneuerung der Formen, von fabelhafter Fülle und Unausschöpflichkeit. Drachenköpfe und Götterfiguren, vielarmige Gottheiten und stilisierte Tierkörper, feine Pflanzenformen und unheimlich polypenhafte Gebilde ergeben zusammen eine phantastisch schöne Ornamentik, in der das Wunderbarste selbstverständlich, das Grellste mild, das Entlegenste natürlich erscheint. Im Bewundern des Ganzen weiß der Europäer nicht recht, soll er das alles für die launenhaften Gebilde der hochbegabten, aber unerzogenen Phantasie eines primitiven Volkes ansehen oder für den Ausdruck einer sehr hohen geistigen und seelischen Bildung, der wir als untergeordnete Wesen nur mit halbem Verständnis gegenüberstehen.

Ähnlich geht es einem, wenn man in dem altindischen Märchenbuche liest, das ›Kathasaritsagara‹ oder ›Ozean der Märchenströme‹ heißt und von Somadewa etwa um die Mitte des elften Jahrhunderts aufgeschrieben worden ist. Es geht natürlich auf ältere Vorbilder zurück, und manche seiner Geschichten mag im ältesten Indien reiner und edler geklungen haben, aber gerade in der Buntheit seiner Mischungen und in seiner bald raffinierten, bald barbarischen Verbindung von Naivität und geistiger Höchstkultur ist es echt indisch.

Was diese Märchen von denen anderer Nationen sofort unterscheidet, ist die typische Färbung des indischen Geistes, seine uralte Neigung zu Frömmigkeit wie Gelehrsamkeit. Wie die Frömmigkeit der Inder zumeist im Verzichten und Entsagen besteht, so führt ihre Gelehrsamkeit ebenso vom Leben weg und in ein seltsam unwirkliches Land reiner Formalität. Beides kommt in den Märchen stark zum Ausdruck. Zugleich sehen wir die indische Ethik, die tief im indischen Denken wurzelnde Überzeugung vom Unwert der Erscheinungswelt, von der Möglichkeit einer Erlösung durch Abtötung und Kasteiung, innig und grotesk verbunden mit einer fabelhaften Mythologie und einem abstrusen Dogmatismus. Die reinsten Gedanken der indischen Erlösungslehren kleiden sich in ernsthaft vorgetragene Göttergeschichten voll wilder und willkürlichster Symbolik; Naivstes und Tiefstes stehen dicht nebeneinander. Schon darum und weil dieses seltsame Nebeneinander noch heute für das Denken und Leben der nichtmohammedanischen Inder charakteristisch ist, scheint mir das Märchenbuch des Somadewa eine Quelle wertvoller Erkenntnisse. Indessen, ich bin kein Gelehrter, und was nützt mir ein Märchenbuch, dessen Lektüre mir nur kulturpsychologische Erkenntnisse bringt? Nein, von einem Märchenbuch verlange ich weit mehr, verlange ich höchste dichterische Werte, Visionen von echter Intensität, Situationen von tiefer innerer Wahrheit, Phantasien von beschwingter, schön spielender Anmut.

Nun, diese indischen Märchen geben auch dichterisch sehr viel. Schon die Sprache erfreut, noch durch die Übersetzung hindurch, mit vielen lieben Einzelheiten. Um einige Bilder zu nennen: Eine Nachricht ist für den einen von zwei Freunden erfreulich, für den anderen niederschmetternd, ›so wie sich über den Beginn der Regenzeit der Wasservogel erfreut und der Zugvogel betrübt‹. Oder echt morgenländisch über die Trennung zweier Liebenden: ›Das Wachs des Lebens schmilzt hin in dem Feuer der

Trennung.‹ Oder es heißt von einem, dessen Aufgabe es ist, ein Gedicht möglichst vielen zur Kenntnis zu bringen: ›Er wird es allerwärts verbreiten, wie der Wind den Duft der Blumen.‹

Der alten Märchenfrage ›Wer ist die Schönste im ganzen Land?‹ begegnen wir in einer wundervoll verklärten Form. Ein Dämon lockt Hunderte ins Verderben, indem er sie fragt: ›Wer ist die Schönste in dieser Stadt?‹ Endlich aber findet er den Weisen, der ihm die Lösung gibt: ›Du Tor; jede ist schön für den, der sie liebt.‹ Der Einsiedler im Walde, der von Blättern lebt, der wandernde Büßer, der wißbegierige König, der schlaue Kaufmann und viele andere charakteristische Typen Indiens finden sich in guten Geschichten. Dazwischen groteske Bilder von überraschender Wirkung: etwa der Fisch auf dem Marktplatz, der beim Anblick einer vom Fürsten begangenen Torheit in ein lautes Gelächter ausbricht.

Dazwischen fällt eine im Grunde wenig indische Figur durch ihre wahrhaft alttestamentliche Großartigkeit auf. Das ist der Minister Sakatala, der vom König samt seinen hundert Söhnen in den Kerker geworfen wird. Sie erhalten alle zusammen täglich nur so viel zu essen, als ein einziger Mann zur Erhaltung seiner Kräfte braucht, da bittet der Minister seine Söhne, denjenigen unter ihnen auszuwählen, der sich stark genug fühlt, einmal Rache am König zu nehmen. Sie alle aber wählen den Vater, und so bekommt er, während die Söhne Hungers sterben, die tägliche Speise zu essen und erhält sich durch Jahre für die einstige Rache. Und wieder, als er nach Jahren frei und eine Rache möglich ist, da sucht er einen würdigen Gehilfen. Er wählt einen Brahmanen, den er ein Gras im dürren Boden tief mit der Wurzel ausgraben sieht, aus Rache dafür, daß eines seiner Blätter ihn in den Fuß gestochen hat. Und diesem Mann des zähen Zornes gelingt es, den König zu fällen.

Weiter finden wir, wie natürlich, eine Anzahl von Geschichten, die sich in vielen Märchen- und Anekdotenbüchern wiederfinden, bis weit nach Europa und ins Mittelalter hinein, bis zu Boccaccio. Daneben solche, die nur in Indien möglich sind, wie die altberühmte von der Taube, die an den Busen des guten Königs flüchtet und von ihm gegen den Habicht geschützt wird, mit Preisgabe seines Lebens, jenem Gegenstück zur Geschichte vom guten Hirten, das uns tief ins Herz des edelsten indischen Gedankens blicken läßt. Die Geschichten sind miteinander verbunden durch Rahmenerzählungen von einer Verschlungenheit ohnegleichen, wie eine asiatische Stickerei von einem uralt mythischen Ornamentgeschlinge.

Möge Deutschland, das bisher allen Völkern vorangegangen ist im neidlosen Anerkennen fremder Leistungen und im Gefühl für das übernational Menschheitliche in den Literaturen, möge es bald wieder an solchen Werken des Friedens und des Verständnisses weiterarbeiten! Nicht das einzelne Werk, wohl aber der Geist solcher Arbeiten im ganzen wird es sein, der die Menschheit langsam und geduldig fördert – vielleicht in ferner Traumzukunft einmal so weit, daß Kriege entbehrlich werden.
(Über Somadeva, »Indische Märchen«, in »Der Bund«, Bern,
vom 8. 11. 1914)

Erinnerung an Indien

(Zu den Bildern des Malers Hans Sturzenegger)

Wenn ich die Bilder und Zeichnungen sehe, die Hans Sturzenegger aus Indien mitgebracht hat, dann drängen die Tage unserer gemeinsamen indischen Reise sich in der Erinnerung mit einem Schwall von kräftigen, festeingeprägten Bildern hervor. Mich erinnern diese Werke an erlebnisreiche Monate einer Reise, die für den Maler wie für mich bedeutungsvoll war und auf welcher wir in dem langen, engen Zusammenleben an Bord und zu Lande einander gründlich kennenlernten. Vermutlich, ja wahrscheinlich ist es ihm auf jener Reise ähnlich ergangen wie mir, der ich nicht nur ein fremdes, exotisches Land kennenlernte, sondern im Erleben des Fremden vor allem in mir selbst Entdeckungen zu machen und Proben zu bestehen fand.

Im heißen Sommer 1911 fuhren wir zusammen durch die Schweiz und das versengte Oberitalien nach Genua und von da ohne Pause zur See bis zu den Straits Settlements. In Penang schlug uns, an einem heißfeuchten glanzvollen Abend, zum erstenmal das quellende Leben einer asiatischen Stadt entgegen, zum erstenmal sahen wir das indische Meer zwischen den unzählbaren Koralleninseln spiegeln und blickten mit Erstaunen den bunten Erscheinungen des Gassenlebens in der Hindustadt, der Chinesenstadt, der Malaienstadt nach. Wildes, farbiges Menschengewimmel in den immer vollen Gassen, nächtliches Kerzenmeer, stille Kokospalmen in der See gespiegelt, scheue nackte Kinder, rudernde dunkle Fischer in urweltlichen Booten! Von diesen ersten Eindrücken der schon etwas europäisierten Hafenstädte bis in den stillen pfadlosen Urwald im Südosten Sumatras häuften und verstärkten sich die Bilder, bis jeder von uns sein Indien, sein Asien gefunden hatte und in sich trug. Auch diese Vorstellungen haben sich später noch geändert, ihre Werte und Deutungen verschoben. Geblieben ist das Erlebnis eines Traumbesuches bei fernen Vorfahren, einer Heimkehr zu märchenhaften Kindheitszuständen der Menschheit, und eine tiefe Ehrfurcht vor dem Geiste des Ostens, der in indischer oder chinesischer Prägung mir seither immer und immer wieder nahe kam und zum Tröster und Propheten wurde. Denn niemals können wir, gealterte Söhne des Westens, zu Urmenschentum und Paradiesunschuld der primitiven Völker zurückkehren; wohl aber winkt uns Heimkehr und fruchtbare Erneuerung bei jenem »Geist des Ostens«, der von Laotse bis zu Jesus führt, der die alte chinesische Kunst hervorgebracht hat und heute noch aus jeder Gebärde des echten Asiaten spricht.

Während unserer Reise dachten wir indessen selten an solche Dinge und sprachen noch weniger davon. Die sinnlichen Eindrücke jeder Stunde nahmen uns ganz in Anspruch. Ich lief chinesischen Tempeln und Theatern, Riesenbäumen, Schmetterlingen und anderen schönen Raritäten nach, während mein Reisekamerad die ersten Schwierigkeiten des Malers in einer exotischen Stadt auskostete. Ich sehe ihn noch, hoch auf einem gemieteten Rikschawagen, einsam das Gedränge einer Chinesenstraße in Singapore überragen und in Staub und Glut skizzieren, bis die zudringlich werdende Menge ihn vertrieb.

Wieviel wunderbare, nicht festzuhaltende Bilder, welche herrliche, reiche Fülle der Erscheinungswelt, die uns umgab! Wieviel davon Hans Sturzenegger in seinen Blättern hat mitnehmen können, ist mir noch immer erstaunlich und beneidenswert. Aber Hunderte solcher Bilder, im Moment unmöglich darzustellen oder auch nur zu notieren, finde ich in der Erinnerung wohlerhalten wieder.

Etwa ein Nachmittag in Johore, der großen Spielhölle Hinterindiens, wo in engen düsteren Räumen an rohen Tischen dicht in Knäueln und Trauben von Körpern zusammengepreßt Hunderte von chinesischen Kulis standen, auf den Erfolg ihres Einsatzes harrend, atemlos, still, bleich, alles Leben in die gierig wartenden Augen zusammengedrängt.

Oder ein Abend an Bord, stilles Stehen an der Brüstung, weite blaue Nacht voll von Sternen, Phosphorzucken im bleichen Kielwasser.

Opernabend in einem malaiischen Theater: affenhaft geschickte, unendlich begabte Schauspieler mit fabelhafter Technik hoffnungslos und eifrig am Werk, eine karikierte (leider nicht ironisch gemeinte) Imitation europäischen Theaterspiels hervorzubringen.

Und wie war das spannend und geheimnisvoll, im Boot auf einem Urwaldstrom sich einem Malaiendorf zu nähern! Von ferne schon zeigt sich der kleine bebaute Uferstrich, statt der ewig gleichen Pflanzenmauer des Urwalds ragen Kokospalmen und niedere, fette, saftige Pisangbäume. Dann tauchen die Schilfdächer der Hütten auf, ein kleines Reisfeld, eine primitive Schifflände. Neugierig steht die schwarze nackte Jugend noch beim Ufer, aber kaum sieht man sie recht, kaum nimmt das Boot den Kurs zur Lände hin, so schmelzen die Figuren lautlos hinweg und sind im Nu verschwunden, und beim Aussteigen sieht man da und dort in sicherer Entfernung hinterm Palmenstamm ein paar schwarze, spähende Augen glänzen.

Wir sahen Städte auf Pfählen im Wasser gewaltiger Ströme stehen, von tausend Booten geräuschlos befahren, schwimmende Händler, schwimmende kleine Läden mit Teppichen, mit Früchten, mit mohammedanischen Gebetbüchern, mit Fischen.

Wir sahen Inseln, Inseln aus Felsen, aus Erde, aus Korallen, aus Schlamm, Inseln so groß wie ein Pilz und Inseln so groß wie die Schweiz, wir sahen sie fern und tiefblau im Sonnenuntergang liegen oder im brennenden Mittag mit unerhörten Farben prahlen oder grau und geisterhaft im dichten Schleier der mächtigen Gewitterregen verschwinden. Und welche phantastischen Ungeheuer von Gewittern, von Donnerschlägen, von rasenden Platzregen haben wir zu sehen und zu spüren bekommen!

Wir wurden bedient von Chinesen, von Malaien, von Singalesen, von Männern mit schwarzen glänzenden Zöpfen und von Männern, deren Haar über prachtvoll ernsten Gesichtern hoch aufgebaut und mit breiten Metallkämmen festgesteckt war.

Und die Tiere! Was für Tiere haben wir gesehen! Weder wilde

Elefanten (wir sahen nur gezähmte) noch Tiger, aber welche Menge von schönen, seltsamen, unvergeßlichen Gestaltungen! Wir sahen Affen, große und kleine, einzeln und in Familien und zuweilen auch in großen wimmelnden Heerzügen. Wir sahen die wilden Affen ihre ergreifend triebhaften, phantastischen, geräuschvollen Reisen unternehmen, ganze Familien und Stämme hoch im Geäst der dämmernden Wälder unterwegs. Und wir sahen gezähmte Hausaffen, am Strick festgebunden, auf den Befehl ihres Herrn am Kokosstamm emporlaufen und Nüsse holen. Und die Krokodile im Fluß, die spielenden Haifische im Meer hinterm Heck des Schiffes her, den urtümlichen Leguan, den bleichrosigen Wasserbüffel, das große rote Eichhorn von Sumatra. Vielleicht das Schönste waren die Vögel, die weißen Reiher im Fluß, die vielen Adler, die riesigen kreischenden Nashornvögel, die edelsteinfarbenen Zwergvögel. Aber vielleicht noch köstlicher waren die Käfer, Libellen, Schmetterlinge, die handgroßen, grauseidenen Falter, die Goldkäfer, die Eidechsen, auch einzelne Schlangen. Und was für erschreckende Abenteuer von Blumen, weiße blasse Riesenkelche im feuchten giftigen Walddunkel, und zinnoberrote Blütenbüschel an hohen Bäumen, Palmblüten weißgrün in Rispen und größer als ein Mensch!

Aber schöner noch als dies alles war doch immer das, was wir von den Menschen sahen. Der träumerische Gang eines Hindu, der sanfte traurigschöne Rehblick des zarten Singalesen, das grelle Weiß im Augapfel des schwarzen bronzenen Tamilkuli, das Lächeln eines vornehmen Chinesen. Das Stammeln eines Bettlers in gurgelnd fremder Mundart, das Verstandenwerden ohne Worte unter Menschen von zehn verschiedenen Völkern und Sprachen, das Mitleid mit Unterdrückten, der Spott über eitle Unterdrücker und überall das eigentümlich glückliche Gefühl, daß diese alle Menschen sind, unseresgleichen, Brüder, Schicksalsgenossen! Jeder in seiner Fremdheit, Art und Rasse leicht verhüllt, gingen sie an uns vorüber, stolz und selbstbewußt der vorderindische Mohammedaner, würdig und heiter der gelassen schreitende Chinese, scheu und mädchenhaft der kleine schlanke Ceylonmensch, geschickt und dienstfertig der hübsche Malaie, klein und klug der betriebsame Japaner. Sie alle hatten etwas Gemeinsames, so verschieden an Farbe und Gestalt sie waren – sie alle waren Asiaten, ebenso wie wir Fremden, einerlei ob aus Berlin oder Stockholm, Zürich oder Paris oder Manchester kommend, alle auf eine geheimnisvolle, aber ganz unverkennbare Weise zusammengehörten und Europäer waren.

Schon dies war schön und oft überraschend zu sehen, wie über allen Europäern etwas Gemeinsames und Verbindendes stand, ebenso wie über allen Asiaten, auch wo sie einander nicht verstanden und einer den anderen verachtete. Noch schöner und mir unendlich wichtiger aber war die je und je in aller Sinnlichkeit und Frische wiederholte Erfahrung, daß nicht nur der Osten und der Westen, nicht nur Europa und Asien Einheiten sind, sondern daß es darüber hinaus eine Zugehörigkeit und Gemeinschaft gibt, die Menschheit. Jeder weiß das, und jedem ist es doch unendlich neu und köstlich, wenn er es nicht in Büchern liest, sondern Aug' in Auge mit ganz fremden Völkern erlebt.

Diese kleine, uralte Binsenwahrheit, daß es über die Völkergrenzen und Erdteile hinweg eine Menschheit gibt, ist für mich das letzte und größte Erlebnis jener Reise gewesen, und sie ist mir seit dem großen Kriege immer wertvoller geworden.

Erst von hier aus wieder, vom Gefühl der Brüderschaft und inneren Gleichheit aus, bekommt das Fremde, Unterschiedene, bekommt die Buntheit der Länder und Menschen ihren innigsten und höchsten Reiz und Zauber. Wie oftmals habe ich, gleich tausend andern Reisenden, Menschen und Städte exotischer Völker nur als Kuriosität betrachtet, nur hineingeblickt wie in eine Menagerie, wo alles interessant ist, uns aber im Grunde nichts angeht! Erst wo ich diesen Standpunkt verlassen und in Malaien, Indern, Chinesen, Japanern Menschen und nahe Verwandte sehen konnte, erst da begannen die Erlebnisse, die jener Reise den Wert und Sinn gaben.

Über all das habe ich mit Hans Sturzenegger selten gesprochen. Aber wenn ich seine indischen Werke ansehe, so blickt mir aus den dunklen, langgeschlitzten Augen keinerlei Kuriosität entgegen, sondern verständliches verwandtes, liebenswertes Menschentum. Sprechen können wir mit diesen Menschen nicht oder wenig, aber ihre Seelen sind wie die unsern, völlig wie die unsern, und tragen Träume und Wünsche durchs Leben, die von den unsern weniger verschieden sind als die Blätter eines Baumes voneinander.

(1916)

1921 in Carona

»Siddhartha«
Entstehung und Deutung in Briefen,
Selbstzeugnissen und Dokumenten

Die im folgenden zusammengestellten Texte verstehen sich als autobiographische Dokumentation der Entstehungsjahre des Siddharta. Darüber hinaus resümieren sie die wichtigsten späteren Äußerungen Hermann Hesses über sein Buch. Alles, was einen direkten oder unmittelbar atmosphärischen Bezug zur Konzeption des Siddhartha erkennen ließ und uns bis Redaktionsschluß zugänglich wurde, findet sich hier in chronologischer Reihenfolge belegt. Die meisten Texte entstammen der Korrespondenz Hermann Hesses, aber auch Passagen eindeutig autobiographischer Natur aus den (in Buchform vielfach noch unpublizierten) Feuilletons und Sammelrezensionen wurden einbezogen, da sie das Bild wesentlich ergänzen und differenzieren. Diese Selbstzeugnisse wurden angereichert und illustriert durch Dokumente, Bildmaterial und Schilderungen von Augenzeugen (im Unterschied zu den Selbstzeugnissen kursiv gedruckt), soweit sie das Dargestellte komplettierten.

Andere in sich abgeschlossene Texte aus dem Themenkreis bzw. der Entstehungszeit des Siddhartha sind ihres autonomeren Charakters wegen in diesen Kontext nicht einbezogen worden. Sie finden sich nachfolgend in einem Kapitel »Varianten«, »Texte aus dem Umkreis des Siddhartha. Erzählende Schriften«, sowie »Autobiographische und essayistische Schriften« dokumentiert. Leider war es uns aus Gründen des Umfangs nicht möglich, das gleichfalls in den Kontext der »erzählenden Schriften« gehörende Märchen »Piktors Verwandlungen« und den »Indischen Lebenslauf« aus dem »Glasperlenspiel« hier aufzunehmen. Da sie in anderen Ausgaben leicht zugänglich sind (u.a. insel taschenbuch 122 u. suhrkamp taschenbuch 79), muß auf diese Ausgaben verwiesen werden.

Die in den Kommentaren vermerkte Abkürzung WA bezieht sich auf die zwölfbändige Hermann Hesse-Werkausgabe, die 1970 im Suhrkamp Verlag, Frankfurt am Main, erschienen ist.

Ich sehe mehr und mehr Zusammenhang zwischen den Zeitereignissen und den Gedanken über europäischen Geist und euro-

HERMANN
HESSE

Aus Indien

S. Fischer
Verlag · Berlin

Die Erstausgabe der »Aufzeichnungen von einer indischen Reise«, 1913.
Einbandentwurf von E. R. Weiß und K. A. Mende.

päischen Niedergang, die ich schon vor dem Kriege hatte. Dieser Spur gehen meine Gedanken nach. Dichterisch äußert sich das Erlebte bei mir in einer Vertiefung der Psychologie, die mir aber zugleich viele neue technische Aufgaben stellt, so daß die literarische Arbeit für mich zu einem schweren Ringen geworden ist. Jedenfalls bin ich meiner Aufgabe und Richtung wieder sicher und weiß, daß ich den mir bestimmten Weg gehe.

(Aus einem Brief vom 19. 6. 1919 an Emil Molt)

Einen kleinen Irrtum enthält Ihr Brief. Sie nehmen an, daß ein gewisser geistiger Zug zum Asiatischen bei mir das Resultat meiner kurzen Indienreise sei. Das ist nicht so. Ich bin seit vielen Jahren davon überzeugt, daß der europäische Geist im Niedergang steht und der Heimkehr zu seinen asiatischen Quellen bedarf. Ich habe jahrelang Buddha verehrt und indische Literatur schon seit meiner frühesten Jugend gelesen. Später kamen mir Lao Tse und die anderen Chinesen näher. Zu diesen Gedanken und Studien war meine indische Reise bloß eine kleine Beigabe und Illustration, mehr nicht.

(Aus einem Brief vom 26. 7. 1919 an Alice Leuthold)

Was Sie von Ihren zwiespältigen Gefühlen über soziale Pflichten etc. sagen, verstehe ich sehr wohl, ein Teil davon ist auch bei mir genauso. Mir scheint, es handelt sich um den alten Zwiespalt zwischen persönlichen und sozialen Aufgaben. Beide sind da, beide fühlen wir in uns und können doch nie beiden gerecht werden. Entweder leben wir, wie das Herz in der Brust es von uns verlangt, unseren eigenen, persönlichen Gefühlen nach und bewerten alles Tun nach dem Gefühl von Lust oder Schmerz, das es uns bringt. Oder wir leben nach außen, bauen und organisieren, leben für andre, für den Staat, die Kirche, die anderen etc. Bei beidem kann man sich abzappeln und elend sein, und im Grunde tun die mir sehr leid, die das Ich vergessen haben und nur noch mit krampfhaftem Pflichtgefühl im Sozialen schwimmen.

Ich habe den Weg des Egoisten oder Religiösen gewählt und betrachte die Pflichten nach außen als nebensächlich gegen die Pflichten, die wir unserer eigenen Seele schulden. Ich habe das

Gefühl in mir erneuert, daß meine Seele im kleinen ein Stück Menschheitsentwicklung darstellt und daß im Grunde jede kleine Zuckung in uns innen so wichtig ist wie Krieg und Frieden in der äußeren Welt. Ich lebe diesem Triebe nach und habe, seit ich hier bin, Wichtiges und viel gearbeitet. Solang das Arbeiten geht, bin ich mit der Welt zufrieden. Wird es durch inneren Druck oder durch Augenschmerzen etc. verhindert, dann habe ich schlechte Zeit, und dann gehe ich nachts in die Grotti und spreche mit dem Gott des Weines. Doch tue ich, wie ein Nachtwandler, kaum einen Schritt, der nicht mit meiner Arbeit in nächster Beziehung steht, und habe im Sinn, nochmals ganz von neuem den Kampf mit der Form aufzunehmen und für die neuen Inhalte, die ich zu sagen habe, den Ausdruck zu finden. Es gibt Splitter und Wunden dabei, und wie das Resultat sein wird, weiß ich nicht, aber daß ich es so machen muß, weiß ich.

(Aus einem Brief vom 4. 8. 1919 an Mathilde Schwarzenbach)

Bei mir steht es immer ziemlich gleich, ich habe Mühe durchzukommen und bin zufrieden, wenn ich einen Tag ohne zu viel Schmerzen und Störungen habe. Nächstens muß ich meine Frau besuchen, wo mir neue Aufgaben und Sorgen bevorstehen. Meine große Arbeit seit 8 Monaten, eine indisch-brahmanische Dichtung, ist über all dem in die Brüche gegangen und wird nichts, ich mache nicht dran weiter.

(Aus einem Brief vom 8. 8. 1919 an Carl Seelig)

Mit dem Gefühl, im Kern seiner Existenz brüchig zu sein und nicht mehr mit langer Dauer rechnen zu dürfen, nimmt man seine Kraft zusammen wie ein alter Baum, der vor dem Umbrechen noch einmal Laub treiben und sich in Samen verewigen will. Ich habe hier viel und gut gearbeitet und habe noch mehreres vor, wichtige und zum Teil aufregende Dinge, wenigstens für mich. Ich habe die Sünden mancher frühern Jahre, in denen es mir zu gut ging, abgebüßt und versucht, im Geistigen und Künstlerischen den Schiffbruch wieder auszugleichen, den ich im persönlichen und bürgerlichen Leben erlitt.

(Aus einem Brief vom 31. 8. 1919 an Georg Reinhart)

Blick auf Hesses Wohnräume in der Casa Camuzzi, Montagnola, mit dem berühmt gewordenen Balkon »Klingsors«.

Hier nichts Neues. Ich sitze in meiner Bude und höre dem Regen zu, würde gern wieder einmal viel lesen, doch halten es die Augen nicht aus. Man ist ein verbrauchter alter Kerl, sobald man aus dem Rausch der Arbeit gerissen wird. In manchen Augenblicken zuckt es auf, und die Welt sieht mich für Sekunden mit dem alten Zauber an, mit Sonnen, Monden und Regenbögen, aber es erlischt schnell wieder [...] Dieser Sommer ist auch mir bedeutungsvoll gewesen, er hat für mich, dem Leben gegenüber, mit einer Niederlage geendet, aber dem Leben gegenüber ist mein Ehrgeiz klein. In dem, was mir wichtiger ist, bin ich weiter und tiefer gekommen. Der Herbst beginnt, und es ist mir seltsam, wenn ich daran denke, wie ich im Mai und Juni nachts mit Moilliet[1] durch die Leuchtkäferschwärme aus Laguno heimkehrte.

(Aus einem Brief vom September 1919 an Anny Bodmer)

Im ersten Heft der von Hesse und Prof. Richard Woltereck herausgegebenen neuen politisch-literarischen Zeitschrift »Vivos voco« publizierte Hesse die nachfolgende Auswahl aus den Sprüchen von Lao Tse, verdeutscht von Klabund. Hesse schrieb dazu:

Im Sommer dieses Jahres schrieb ich in einem Artikel in der Neuen Zürcher Zeitung die Worte: »die Weisheit, die uns nottut, steht bei Lao Tse, und sie ins Europäische zu übersetzen, ist die einzige geistige Aufgabe, die wir zur Zeit haben.«[2]

Kaum drei Wochen später hörte ich, daß Klabund eine neue Übersetzung des Tao Te King vollendet habe. Als ich ihn darum bat, schrieb er mir: »Ich brauche Ihnen kaum zu sagen, daß ich das Tao Te King für das politische Buch halte, das der Welt augenblicklich am meisten not täte: als Erlebnis und Verwirklichung.«

Tao / Eine Auswahl aus den Sprüchen des Lao Tse

Meine Buchstaben sind sehr leicht zu sehen und leicht nachzumalen / aber niemand in der Welt vermag sie zu durchdenken und zu entziffern / diese Worte sprach schon der Ur-vater / diese Werke wirkte schon der Herr / weil man sie nicht begreift, so begreift

---

1 Der mit Hesse befreundete Maler Louis Moilliet, »Louis der Grausame« in »Klingsors letzter Sommer«.
2 »Über einige Bücher«, »Neue Zürcher Zeitung« vom 13. 7. 1919.

*man auch mich nicht / derer, die mich begreifen, sind wenige /
sie sind meine ganze Würde / also der Weise: er trägt sein Ge-
schmeide unter einem ärmlichen Gewand verborgen.*

(II, 70)

*Der Geist der Tiefe ist unsterblich / er ist das Über-sinnlich Müt-
terliche / Des Übersinnlich-Mütterlichen Herkommen / ist die
Wurzel Himmels und der Erde / ewig sitzt die Mutter am Webstuhl
/ sie wird des Webens nicht müde.*

(6)

*Wenn das Reich sinn-voll ist / so läßt man die Rennpferde am
Dungwagen rennen / Wenn das Reich sinn-los ist / so werden
die Kriegsrosse weiden auf den Wiesen / nichts ist böser / als
Lüsternheit / nichts ist ärger / als Ungenügsamkeit / nichts ist
schlimmer / als Gewinnsucht / darum: wer auf Genügsamkeit
sinnt, ist immer zufrieden.*

(II, 46)

*Der Himmel dauert / die Erde dauert / Himmel und Erde dauern,
weil sie nicht sind / darum dauern sie ewig / also der Weise /
er geht hinten und kommt doch voran / er entäußert sich / und
bleibt doch ganz verinnerlicht / ist es nicht so / weil er sich enteignet
/ ward er ein Eigener?*

(7)

*Das große Reich liegt unten am Ausfluß der Ströme / die andern
Reiche fließen in ihm zusammen / es ist ihnen wie ein Weib hingegeben / das Weib überwindet durch seine Zartheit den Mann /
durch ihre Zartheit unterliegt er ihr / Also: das große Reich gewinnt
die kleinen Reiche, indem es sich ihnen unterwirft / das kleine
Reich gewinnt das große Reich, indem es sich ihm unterordnet
/ der eine unterwirft sich, um zu gewinnen / der andere unterwirft,
weil er gewonnen wurde / das große Reich soll die Menschheit
umschließen, das kleine Reich soll sich an die Menschheit an-
schließen / beide erreichen den wahren Reich-tum, wenn das große
Reich unter-geht.*

(61)

Laßt fahren eure fahrlässige Weisheit / eure erklügelte Klugheit / es wird dem Volke hundertmal wohler sein / laßt fahren eure lässige Liebe / eure Pflicht, die sich zu nichts verpflichtete / und das Volk wird wieder sein Herz finden / was kann eure erkünstelte Kunst? / was habt ihr mit eurem Gewinst gewonnen? / Laßt fahren dahin: so wird es keine Vagabunden und keine Räuber mehr geben / Dreifach also gilt: der schöne Schein genügt nicht / man muß sich noch auf etwas verlassen können, von dem man nicht verlassen wird / 3einheit und Einfalt / weniger selbstisch sein – um so mehr gelangt man zu sich selbst.

(19)

Wenn der Mensch geboren wird / so ist er zart und schwach / wenn der Mensch stirbt / ist er hart und stark / das Ding bedingt, daß die Keime an den Bäumen und Kräutern zart und saftig sind / wenn sie dann verwelken / sind sie dürr und saftlos / Tot sein heißt stark und hart sein / Leben heißt schwach und zart sein / Also ein starkes Herz siegt nicht / der starke Baum stirbt ab / das Starke und Große ist oben / das Zarte und Schwache ist unten.

(66)

Was verwelkt / muß vorher geblüht haben / was schwach wird / muß vorher stark gewesen sein / was einstürzt / muß vorher in die Höhe gebaut worden sein / was von uns gehen will / muß vorher zu uns gekommen sein / dies ist die geheimnisvolle Erleuchtung / das Zarte überwindet das Harte / das Schwache überwindet das Starke / den Fisch soll man nicht aus der kühlen Tiefe nehmen / das Volk soll man nicht entvölkern.

(66)

Der Sohn des Himmels muß, um sinnvoll zu regieren sich sammeln / Sammlung sei seine vornehmste Sorge / nur wenn er die Sammlung seiner Kräfte immer vervollständigt / so wird es nichts unvollständiges für ihn geben / ist er grenzenlos / so kennt niemand seine Grenzen / kennt niemand seine Grenzen / so reicht er über alle Reiche / hat er die Gebärkraft des Geistes in sich / so dauert er ewig / dies heißt: tief Wurzel fassen, fest gegründet sein / dies heißt: ewig leben im Angesicht des Guten.

(59)

Der Weise ist nicht streng / wenn das Volk über die Stränge schlägt: sein Herz ist sein Herz / wer gut zu mir ist, zu dem bin ich gut / wer nicht gut zu mir, zu dem bin ich auch gut / denn das Sein ist gut / ich traue dem Treuen / und ich bin treu dem Ungetreuen / denn das Sein ist treu / der Weise lebt in der Welt / er ist gegen jedermann gleich gesinnt / alle lauschen ihm, alle äugen auf ihn / denn der Weise erweist sich ihnen wie ein Vater zu seinen Kindern.

(II, 49)

Vom Sinn sich durchsonnen lassen, und doch nicht sinnen, ist die höchste Lust / nicht durchsonnt sein vom Sinn, und dennoch sinnen wollen / ist die bitterste Qual / nur wer sich quält / den wird es nicht quälen / der Weise ist ohne Qualen / weil er sich quält / darum eben quält es ihn nicht.

(II, 71)

Wer weiß, nimmt zu / wer sinnt, nimmt ab / er nimmt immer mehr ab, bis er beim Nichts-tun angelangt ist / tut er nichts, so wirkt er vieles / das Reich erreichen kann er nur / weil er nicht handelt / die Händler werden das Reich nicht erhandeln und nicht erreichen.

(II, 48)

Ohne aus dem Haus zu treten / kann man die Welt erkennen / Ohne aus dem Fenster zu blicken / kann man des Himmels Sinn sehen / je mehr einer aus sich hinausgeht / desto weniger kann er in sich gehen / also erzielt der Weise sein Ziel ohne zu wandern / er ruft deinen Namen ohne sich umzuschauen / er tut nichts und erlangt alles.

(II, 47)

Die unten hungern / weil die oben das ihre fressen / darum hungern die unten / die unten sind schwer zu leiten / weil die oben sie immer verleiten / darum sind die unten so schwer zu leiten / die unten sterben so leicht / weil sie so schwer leben / darum sterben sie leicht / man soll ihnen das Leben billig geben / so wird es ihnen teuer werden.

(II, 75)

Wäre ich mit einiger Kenntnis nur begabt, ich würde wandeln

95

im Sinn / der Sinn ist das einzige / er ist überaus einfach / aber das viele Volk liebt die wirren Seitenpfade / die Paläste sind glänzend / die Felder dürftig bestellt / die Fürsten tragen reiche Stoffe / und scharfe Schwerter / die Speicher sind leer / sie fressen sich voll / sie saufen sich voll, bis sie überfließen / dies heißt gesinnungsloses Gesindel und nicht nach dem Sinn sein.

(53)

Sein Name oder sein Sein / was liegt einem näher? / sein Sein oder sein Haben / was gilt mehr? / Was ist schlimmer: / sich bewahren oder sich verlieren? / Darum: wer sein Herz verschwendet, verbraucht sich / wer viel errafft / verliert mehr / wer sich genügt / ist aller Ehren wert / wer inne halten kann / hält das Innere / er lebt ewig.

(II,44)

Wer der Welt den Spiegel vorhält / der hat Zulauf von allen Seiten / sie laufen zu ihm / ohne sich zu verlaufen / sie fühlen sich beruhigt / ins Gleichgewicht gebracht / beseligt / wo Musik und Mahl winken / verweilt gern der Wanderer / spricht er aber vom Sinn / an dieser Speise finden sie keinen Geschmack / man möchte den Sinn sehen / aber man sieht ihn nicht / man möchte ihm lauschen / aber – man erlauscht ihn nicht / wer aber ihn ersann / der ist in ihm versunken.

(33)

Wer andere kennt / ist klug / wer sich selbst kennt / ist erleuchtet / wer andere bezwingt / ist stark / wer sich selbst bezwingt / ist der Held / wer genug hat / ist reich / wer Milde will / dessen Wille geschieht / wer seinen Platz nicht leichtsinnig verläßt / wird überall seinen Platz finden / wer sich von dem Tod nicht töten läßt / lebt ewig.

(33)

Dreißig Speichen laufen in einer Nabe zusammen / weil das Innere des Rades leer ist / ist der Wagen brauchbar / Wasser und Erde gibt Ton / Ton gibt Töpfe / weil das Innere dieser Töpfe leer ist / sind sie brauchbar / man reißt Türen und Fenster in eine Wand / weil das Innere der Tür- und Fensterrahmen leer ist / sind sie brauchbar / das Volle ist nützlich / das Leere ist nötig.

(11)

Erd und Himmel sehen nicht auf den Menschen / die sind ihnen
wie Opferhunde aus Heu: zum Wegwerfen / der Weise sieht nicht
auf den Menschen / die sind ihm alle wie Opferhunde aus Heu:
zum Wegwerfen / Das zwischen Himmel und Erde ist wie ein
Blasebalg / er leert sich, aber er entleert sich nicht / er hebt sich,
und er bläst von neuem / wozu die vielen Worte? / das Innerste
schweigt.

(I, 5)

Ins Leben treten heißt in den Tod eingehn / dreizehn Helfer helfen
dem Leben / dreizehn Helfer helfen dem Tod / der Mensch wird
gelebt, anstatt daß er erlebt / so findet der Tod dreizehn verwund-
bare Stellen an ihm / woher das? / weil ihm sein Leben Völlerei
ist / Wir hören: wer zu leben weiß, der schreitet durch die Lande
/ ohne Furcht vor Tiger und Nashorn / er schreitet zwischen Lan-
zen und Dolchen der feindlichen Heerscharen hindurch ohne Pan-
zer und Waffen / das Nashorn findet keine Stelle an ihm, sein
Horn einzubohren / der Tiger findet keine Stelle, seine Tatzen
hineinzuschlagen / der Dolch kann nirgends seine Spitze in ihn
senken / warum dies? / weil er unsterblich ist.

II, 50

Der Sinn ist unsinnlich / wer ihn aber ersinnt, dem wird er nicht
als unsinnig erscheinen / er ist tief wie die tiefste Tiefe / aus der
wir alle kamen / er sänftigt unsere Wildheit / er klärt unsere Dun-
kelheit / er dämpft unsere Verblendung / er stäubt durch unseren
Staub / er ist zwar ewig, doch nicht sichtbar / niemand weiß, wessen
Sohn er ist / er war noch vor dem ersten Kaiser der Urzeit.

(55)
(Aus »Vivos voco« 1, Oktober 1919)

Meine neuen literarischen Arbeiten sind von der, die ich Ihnen
sandte, sehr verschieden. Ich mußte neu beginnen. Das Leben
und die Arbeit schmeckt mir seit langem nicht mehr süß, aber
kräftig, und wenn meine Hilflosigkeit der Familie gegenüber
nicht wäre, könnte ich sagen, daß ich mich seither jünger fühle
als seit manchen Jahren. So viel an fruchtbarer Arbeit, an Gedanken und Erlebnis hat mir selten ein Jahr gebracht, oder nie. Aber
die Kräfte reichen oft kaum aus, weil immer ein Teil meiner

Seele, wider Willen, an jenen alten zähen Fäden hängt – nicht mit Heimweh, denn ich möchte nicht zurück und nichts anders haben – aber mit dem Gefühl, praktisch vor unlösbaren Aufgaben zu stehen.

(Aus einem Brief, Ende Oktober 1919 an Helene Welti)

Ich bin noch immer nicht produktiv, aber doch lebendiger, beschäftige mich in Gedanken mit einer neuen kleinen Dichtung und sehe dem Spiel der Welt wieder mit Gelassenheit zu, wenigstens meistens.

(Aus einem Brief vom 2. 12. 1919 an Josef Englert)

Wir sind die Opfer Erzbergers und Scheidemanns, wie wir vorher die Opfer des Kaisers waren. Vor einem Jahr, als der Kurs noch vier bis fünfmal so hoch war, wurden wir Auslandsdeutschen von Berlin aus dem Hungertod verurteilt durch das absolute Geldausfuhrverbot – ich hatte damals die Erlaubnis vom Reich, monatlich mit Familie 60 Franken zu verbrauchen [...] Wenn ich einmal vom Hunger ganz unabweislich getrieben werde, kehre ich vielleicht einmal nach Deutschland zurück, vorher nicht, ich habe dagegen zu viel Widerstände in mir, und die Einsichten in Deutschland sind nicht gestiegen. Man gibt uns »schlechten Patrioten« heute die Wahrheit dessen zu, was wir vor drei Jahren gesagt haben, und wird uns wieder in drei Jahren die Wahrheit von heute zugeben.

(Aus einem Brief vom 5. 12. 1919 an Emil Molt)

Ja, der Klingsor ist eine hübsche Rakete, schön schreibt sie ihren hohen Bogen durch die Nacht, schön und traurig verknistern ihre blauen Sterne in der Finsternis. (Ein Dostojewski freilich ist es noch lange nicht!) Ich werde auch neue Raketen machen. Brüder von mir, voll von Schönheitsrausch, Bosheit und Schwermut, hübsche unheilbare Strolche und Kometen in dieser schäbigen Welt, und sie werden mich überleben, um Stunden und Tage, und werden noch am Himmel zucken, wenn mich die Erde geschluckt hat. Herrgott, wie bin ich allein – wie wäre ich allein, wenn ich nicht zu Zeiten diese Brüder um mich hätte! Mein Bru-

der Sinclair wäre mir zur Zeit am meisten willkommen.
(Aus einem Brief, ca. Dezember 1919 an Anny Bodmer)

An allen Tagen, wo die Sonne scheint, bin ich vom späten Aufstehen bis Mittag draußen. Ist es gut sonnig und windstill, so suche ich eine Ecke im Wald oder bei einer Kirchenmauer, wo ich skizziere, Briefe schreibe etc., andernfalls laufe ich spazieren und brachte bis vor kurzem meistens auch eine Rocktasche voll Kastanien mit, die man dann abends in der Asche braten kann. Um Mittag esse ich, was meine grauhaarige kleine Köchin gekocht hat, Reis oder eine Suppe oder Maccaroni, esse einen Apfel, und dann zünde ich nach Tisch zugleich mit der Zigarre auch das Feuerlein am Kamin an. Das brennt dann bis zum Abend, ich sitze davor und lege hie und da ein Scheit nach, Akazien-, Kastanien- und auch etwas Buchenholz, das sehr gut aber teuer ist. Nach jetzigem Kurs würde der Zentner etwa so viel Mark kosten, als ich in Tübingen als Gehilfe in einem Monat verdiente. An diesem Kamin, in den man auch einen Kessel für heißes Wasser stellen und in dem man Kastanien braten kann, ist es dann wunderbar warm, aber eben nur vor dem Kamin, so daß ich meist dort sitze, das Schreibzeug auf den Knien oder lesend. Immerhin wird allmählich auch die Stube warm, sie hat einen eleganten Holzboden und liegt in einem alten hohen Palazzo, mit einem fürstlichen Blick aus allen Fenstern. Im Schlafzimmer hingegen ist der Blick zwar derselbe, aber Steinboden und nichts zum Heizen.

(Aus einem Brief vom 22. 12. 1919 an seine Schwester Adele)

Alle Tode

Alle Tode bin ich schon gestorben,
Alle Tode will ich wieder sterben,
Sterben den hölzernen Tod im Baum,
Sterben den steinernen Tod im Berg,
Irdenen Tod im Sand,
Blätternen Tod im knisternden Sommergras
Und den armen, blutigen Menschentod.

Blume will ich wieder geboren werden,
Baum und Gras will ich wieder geboren werden,
Fisch und Hirsch, Vogel und Schmetterling.
Und aus jeder Gestalt
Wird mich Sehnsucht reißen die Stufen
Zu den letzten Leiden,
Zu den Leiden des Menschen hinan.

O zitternd gespannter Bogen,
Wenn der Sehnsucht rasende Faust
Beide Pole des Lebens
Zueinander zu biegen verlangt!
Oft noch und oftmals wieder
Wirst du mich jagen von Tod zu Geburt
Der Gestaltungen schmerzvolle Bahn,
Der Gestaltungen herrliche Bahn.

(entstanden im Dezember 1919)

Ja, mit dem Geld steht es schlecht. Ich verdiene auch im besten
Fall kaum ein Sechstel von dem, was ich brauche, in Deutschland
habe ich noch Geld, das brauche ich jetzt dann für die Buben.
Wohin ich gehen soll, wenn es hier zu brenzlig würde, weiß ich
nicht recht. Nach Deutschland habe ich nicht die mindeste Lust,
es käme also fast nur Italien in Betracht, und auch dorthin zieht
es mich wenig. Nun, das hat noch Zeit, einstweilen bleibe ich,
lebe zum Teil auf Pump und denke, entweder wird der Kurs
wieder besser, oder kracht in ganz Europa die Wirtschaft zusammen, dann ist es wieder einerlei, wo man ist. In Deutschland
könnte ich viel verdienen, mehr als früher, aber es deckt sich
nicht mit dem, was ich als meine Aufgabe betrachte.

(Aus einem Brief vom 1. 1. 1920 an seine Schwester Marulla)

Die »äußere Lage« ist schlecht, ich habe wenig Geld und die
Löcher in den Schuhen werden größer. Aber ich denke und arbeite viel, und dabei ist mir oft so wohl, daß ich zu Zeiten sogar
den Wein entbehren kann. Auch male ich wieder ein wenig, so
weit es geht; das Angewiesensein auf den kleinen Platz am Kamin
ist mehr für Denken und Lesen gut [...]

Ich bin oft in Basel, oft in Delsberg, oft in China, die Magie dieses Reisens ist mir jetzt vertraut. Der Weg zu Abraxas ist nicht weit.

(Aus einem Brief vom 4. 1. 1920 an Ruth Wenger)

Von meinem Leben ist es besser, nicht viel zu berichten, sonst verfällt man in die Melodie eines Trauermarsches, und das ist nicht gut. Meine Frau ist noch in ihrer Anstalt[1], soll aber schon bald herauskommen. Zu einer Scheidung habe ich sehr wenig Aussichten, es fehlt auf beiden Seiten nicht am guten Willen, aber an Geld. Mein Einkommen, das ganz aus deutschem Geld besteht, ist jetzt auf ein Zehntel herabgesunken, und ich habe gelernt, durchreisende Fremde um einen Zwanziger für einen Schnaps anzubetteln. Es lebt sich übrigens auch so ganz gut, die Sorgen kommen nur dann auf, wenn die Malerei oder Dichtung nicht recht gedeiht, was leider zeitweise passiert.

(Aus einem Brief vom 11. 1. 1920 an Mathilde Moilliet)

Es wäre Zeit für mich, entweder wieder eine rechte künstlerische Arbeit zu beginnen oder wieder Analyse zu treiben, was ich leider allein nicht kann. Ich war eine Zeitlang ganz vernagelt, las wahnsinnig viel und schrieb mechanisch für das neue Blatt.[2] Jetzt fühle ich mich etwas freier, habe aber oft ängstliche Zustände und schwimme nicht im Vollen, wie ich sollte. Denn Kunst treiben, richtig dichten und malen kann man nicht halb, da muß der ganze Kerl brennen. Ich werde allmählich ein alter Kerl mit Anflügen von Grau und einem Tropfen an der spitzen Nase, der Teufel hole es! Die ganzen Erschütterungen der letzten Monate wirken eben auch noch nach. Zum Glück hatten wir den ganzen Januar viel Sonne, ich war viel draußen und habe sehr oft erst gegen Abend das Feuerchen angezündet.

(Aus einem Brief vom 26. 1. 1920 an Josef Bernhard Lang)

1 Im Okt. 1918 machte eine Nervenkrankheit seiner Frau Mia ihre Überweisung in eine psychiatrische Klinik erforderlich, wo sie bis zum Febr. 1919 behandelt wurde. Von Sept. 1919 bis Juni 1920 mußte sie sich erneut einer stationären Behandlung unterziehen.

2 »Vivos voco«

Ich suche mich nun allmählich hier auf eine dauernde Belagerung durch die Valuta einzurichten, das heißt nicht nur, daß ich möglichst einfach lebe und wenig brauche, sondern daß ich auch möglichst ein bißchen in der Schweiz zu verdienen suche. Mein ganzes Einkommen ist durch die Valuta jetzt auf ein Zwanzigstel herabgedrückt, also so gut wie auf Null, und meine früheren Ersparnisse, die in Deutschland liegen und deutsches Geld sind, sind bloß noch Papier, zum Glück kann ich nun wenigstens dies Geld für die Buben brauchen.[1] Hier lebe ich einfach, nur im Wohnen treibe ich wie immer Luxus, ich brauche Raum und viel Stille und Freiheit, sonst kann ich nicht arbeiten. Wenn Du nur einmal ein bißchen dasein könntest! Vieles würde Dir sehr gefallen, vor allem Landschaft und Klima, wir haben schon alles voll Schneeglöckchen und Primeln, und auch mit mir würdest Du Dich verstehen. Meine Schriften freilich, und vielleicht auch meine Malerei, werden Dich vielleicht zunächst verblüffen oder abstoßen. Ich bin in der Dichtung den Weg der »Kinderseele«, d. h. den Weg einer möglichst graden Psychologie und Wahrheitsliebe weitergegangen und damit zu Resultaten gekommen, welche die Leser meiner frühern Bücher zumeist abschrecken werden. Aber das ist einerlei.

(Aus einem Brief vom 7. 2. 1920 an seine Schwester Adele)

Ich bin zur Zeit wieder einmal im Buddhistischen und lese alte Texte. Die Frage, ob man das Pali-Wort »vinnanam« mit Erkennen oder mit Bewußtsein übersetzen soll, ist mir wichtig, obwohl ich gar nichts dazu tun kann, denn ich kann weder Sanskrit noch Pali, leider.

(Aus einem Brief vom 11. 2. 1920 an Anny Bodmer)

Im Staat Modnapore, Indien, wurde ein Wolfsmädchen namens Kamala entdeckt, ein Mädchen, das angeblich in der Wildheit unter Tieren aufgewachsen ist.

(1920 in der »Neuen Zürcher Zeitung«)

1 Hesses Söhne Bruno und Heiner waren im Schwarzwald in Pension untergebracht.

Manuskript-Seite aus den Vorarbeiten zum »Siddhartha«

Und jetzt habe ich noch eine Bitte, wegen der Du mich auslachen wirst, die ich aber doch zu erfüllen bitte. Du kauftest mir, als ich beim Wegzug von Gaienhofen Bücher abgab, unter anderem das indische Kamasutram ab. Ja, und das brauche ich nun sehr nötig, und möglichst bald, falls du es für eine Zeit entbehren kannst, denn es ist mir nicht gelungen, es in der Schweiz aufzutreiben, und ich bin tief in indischen Studien.

(Aus einem Brief vom 23. 2. 1920 an Conrad Haußmann)

Ich bin in den Jahren und in dem Seelenzustande, wo ich reif und glücklich wäre, einem Kloster anzugehören, keineswegs um meine Seele in Ritus und Formen zu ersticken und in Gebet zu betäuben, sondern um, im Gürtel einer geschützten Stille und Weltferne, für mich zu denken und zu suchen und dem magischen Wissen näher zu kommen, das ich suche. Wo es ist, weiß ich, seit kaum ein oder zwei Jahren, erlebe es auch hie und da (wie hätte ich sonst das unsägliche Leiden der letzten Jahre ertragen?), aber es zum dauernden oder nur zum häufigen Zustand zu machen, es ganz aus dem Verstand ins Gefühl und Leben zu leiten, daran fehlt es sehr. Ich schrieb neulich eine kleine belehrende Geschichte, die von Magie handelt[1], oder dem was ich so nenne, und die niemand verstand.[2] Aber siehe, da lief mir ein Russe über den Weg, bekannter Künstler, dessen Bekanntschaft ich zufällig machte, und er kannte und verstand in meiner phantastischen Geschichte jedes Wort. Hier schicke ich Ihnen meinen Klingsor, der viel Nachsicht und Freundschaft braucht, weil ihm das Leben schwer fällt. Hier und in der zweiten großen Novelle dieses wahnsinnig arbeitsamen Sommers, habe ich die eine Seite meines Wesens bis zur Überdeutlichkeit auszudrücken gesucht, den Nervösen, den Künstler, den Sonderling, den seelisch Gefährdeten, Einsamen, Hungrigen, nach Wein und Opium Gierigen, der im Grunde ein Kind geblieben ist und vor dem Leben Angst hat und diese Angst in Kunst verwandelt. Die andre, fortschreitende Seite bilde und pflege ich wieder in andern Gebilden

---

1 »Innen und Außen«, Vgl. WA, Bd. 4, S. 372 ff. bzw. »Die Erzählungen«, Bd. 2, S. 373 ff. Erstdruck am 14. 3. 1920 in »Der kleine Bund«, Bern.
2 u. a. hatte die »Neue Zürcher Zeitung« Mitte Febr. 1920 das Manuskript ungedruckt zurückgesandt.

und Gedankenreihen. Beide sind Ich, beide lebe und bin ich. Lieber Freund, wenn Sie der Satan reitet, so jagen Sie einmal auch wieder hier herunter. Ob Sie kommen oder schreiben, oder nur hierher denken, ich stehe offen.

(Aus einem Brief vom Februar 1920 an Carl Seelig)

Aus den Vorarbeiten zum »Siddhartha«

Sie nehmen an, das Leben aus dem eigenen Ich heraus sei einfach Egoismus. Das scheint aber nur so für den Europäer, der vom Ich nichts weiß. Das Ich, das der Suchende meint, und mit dem sich die ganze außereuropäische Gedankenwelt, mit Ausnahme der europäischen Wissenschaft seit drei Jahrtausenden beschäftigt, dies »Ich« ist nicht der einzelne Mensch, wie er sich fühlt und vorkommt, sondern es ist der innerste, wesentliche Kern jeder Seele, den der Inder »Atman« nennt, und der göttlich und ewig ist. Wer dies Ich findet, sei es auf dem Wege Buddhas oder der Veden oder des Lao Tse oder Christi, der ist in seinem Innersten verbunden mit dem All, mit Gott, und handelt aus einem Einverständnis mit ihm heraus.

Sie sagen, das Suchen des Ich sei weniger wichtig als das Finden des rechten Verhältnisses zu den andern. Aber dies ist gar nicht zweierlei. Wer jenes echte Ich sucht, der sucht zugleich die Norm alles Lebens, denn dies innerste Ich ist bei allen Menschen gleich, es ist Gott, es ist der »Sinn«. Darum sagt der Brahmane zu jedem fremden Wesen »tat twam asi« – das bist du! Er weiß, daß er keinem andern Wesen schaden kann, ohne sich selbst zu schaden, und daß Egoismus keinen Sinn hat.

Wir Heutigen sind allzusehr gewöhnt, das Verhalten zu andern nach Gesetzen und Konventionen zu bestimmen, die wir nicht am Willen Gottes messen können, da wir ja Gott gar nicht kennen, da wir ja ihn, der unser Innerstes ist, zu suchen nie gelernt haben. Aber denken Sie sich nur eine Frage, wie die beim Ausbruch eines Krieges: soll der Einzelne nun dem Gesetz folgen, das den Staat über alles stellt, und soll gehorchen und töten und schießen, oder soll er seiner innersten Regung folgen, die ihm sagt, daß Töten nie zu Gutem führen kann? Natürlich entstehen diese Fragen nur in fortgeschrittneren, zarteren, höheren Menschen, die große Menge braucht stets, als Herde, ein Gesetz und eine Norm über sich, der sie blind folgt. Aber an jeden Einzelnen kann der Ruf ergehen, und es gibt Zeiten, wo er an viele ergeht. So war es mit der ganzen geistigen Jugend Europas im Kriege. Da sind viele aufgewacht und suchen nun, da die äußeren Führungen und Gesetze sich so übel bewährt haben, nach dem Führer in sich selber.

Auf meine Art habe ich sehr Ähnliches in meiner kleinen Zarathustraschrift[1] gesagt. Das Vollkommenste an solchen Gedanken hat das alte Indien hervorgebracht, und die Gedanken der Veden sind in Indien heute noch jedem Geistigen völlig gegenwärtig und lebendig. Wenn Jesus sagt »Das Himmelreich ist inwendig in euch«, so meint er genau dasselbe und ebenso Lao Tse. Die Philosophie Europas hat Großes getan in der Erkenntniskritik, aber zu jenen grundlegenden Gedanken über Menschenwesen und Leben hat sie nichts Neues, geschweige denn Besseres hinzugebracht.

(Aus einem Brief vom 28. 2. 1920 an Helene Welti)

1 »Zarathustras Wiederkehr«. Ein Wort an die deutsche Jugend. Von einem Deutschen. Erste Auflage, Bern, 1919, anonym. Ab 1920 mit dem Untertitel »Ein Wort an die deutsche Jugend von Hermann Hesse« bei S. Fischer, Berlin.

Ich ziele allmählich auf eine neue Arbeit los, zu der ich den halben Winter Vorstudien machte. Seit ich mit dem Dichten kein Geld mehr verdiene (d. h. nur deutsches), macht es mir eher mehr Vergnügen als früher, es ist jetzt wieder eine reine, persönliche Liebesangelegenheit, kein Beruf und Geschäft mehr, das hat was sehr Schönes.

(Aus einem Brief vom 29. 2. 1920 an Mathilde Moilliet)

Ich war wieder viel mit Indischem beschäftigt, Veden und Buddhistischem, jetzt wo ein verfrühter Sommer hier begonnen und mir vorgestern sogar einen kleinen Sonnenstich beschert hat, ziele ich aber wieder mehr auf Freiheit, Draußensein und Malen los.

(Aus einem Brief vom 4. 3. 1920 an Carl Seelig)

Der Streit um die Analyse tobt noch immer, während sie sich in der Stille doch längst die Jugend erobert hat und die Zukunft ihr gehört. Die Psychologie als Wissenschaft ist damit begründet, und eine erste wichtige Einsicht in die Gesetze des seelischen Geschehens gewonnen, vor allem aber eine erstmalige, ernste Forschung auf diesem Gebiet begonnen, das bisher abseits der Wissenschaft gelegen war. Die lückenlose Determiniertheit des seelischen Geschehens, die Übertragung des Kausalitätsgesetzes und damit der Möglichkeit wissenschaftlicher Erforschung auf diesem Gebiet, auf die Psychologie, scheint uns heute schon selbstverständlich, erregte aber vor kurzem noch das Entsetzen und den Hohn vieler Geheimräte, ebenso wie heute noch bei Laien wie Medizinern Tatsachen wie das Vorhandensein einer Sexualität im Kindesalter geleugnet werden. Nun, dieser Kampf ist gekämpft, die Grundwahrheiten der Psychoanalyse haben sich durchgesetzt. Sie werden noch bekämpft, doch nicht mehr umgestoßen werden.

Anders steht es mit der Psychoanalyse als Fundament einer neuen, erweiterten, vertieften Weltanschauung. Daß die Psychologie des Unbewußten eine derartige Rolle spielen wird, scheint unvermeidlich. Hier stoßen wir auf den Punkt, an welchem eine Anzahl von Schülern Freuds sich vom Meister getrennt haben. Freud selbst bleibt durchaus Mediziner und Physiker, er erforscht die Mechanismen der seelischen Vorgänge, ohne damit eine Weltanschauung geben zu wollen, ja mit vorsichtigster Vermeidung jedes metaphysischen Anspruches.

Anders jene Schüler, die nach verschiedenen Seiten hin, zum Teil reichlich dilettantisch, es versucht haben, die Psychoanalyse zu einer Art von Religion auszubauen. In der Tat ist ein Teil dieser Bestrebungen so flach, daß man Freuds Abwehr gegen solche Nachfolger begreift. Andere aber, allen voran Jung in Zürich, haben höchst beachtenswerte erste Versuche geleistet, die psychoanalytische Auffassung über das Medizinische hinaus zur Grundlage einer Philosophie zu machen, deren Formulierung freilich noch nicht vorliegt.

Ungehörig aber wäre es, gewisse mildernde und versöhnlichere Auffassungen der Freudschen Psychologie anzunehmen unter Ablehnung des eigentlichen Schöpfers dieser Wissenschaft. Dieser ist und bleibt Sigmund Freud, den man in Einzelheiten kritisieren oder korrigieren mag, dessen großes Verdienst aber (neben dem des merkwürdig im Hintergrund gebliebenen Breuer) nun wohl zur endgültigen Anerkennung gelangt ist.

(Aus Hesses Rezension über Sigmund Freud, »Vorlesungen zur Einführung in die Psychoanalyse«, Verlag Hugo Heller, Wien, in »Vivos voco«, Juni 1920)

Die Vorlesungen Freuds vom Jahr 1909 sind nach wie vor die beste, kürzeste und klarste Einführung in die Psychoanalyse, d. h. in die junge Wissenschaft von der Psychologie des Unbewußten und der Heilung psychischer Erkrankungen durch Bewußtmachen der »verdrängten« Triebe. Freuds kühle, oft witzige, überaus klare Darstellungsart ist bekannt, das Lesen jeder seiner Schriften ist ein Genuß. Wie es scheint, wächst allmählich auch an den deutschen Hochschulen eine Generation heran, welche reif und willig ist, eine positive Einstellung zu Freuds großer Tat zu finden, nachdem zwanzig Jahre lang die deutsche Wissenschaft fast einmütig sich einer sachlichen Prüfung entzogen und sich mit Schimpfen oder Totschweigen begnügt hat.

(Aus Hesses Rezension über Sigmund Freud, »Über Psychoanalyse«, Verlag Fr. Deuticke, Wien, in »Vivos voco«, Juni 1920)

Ich arbeite seit Monaten an einer indischen Brahmanengeschichte, einer etwas verzwackten Sache, deren Geist und Atmosphäre mir aber von Jugend auf vertraut und nahe war. Daneben
skizziere ich draußen als Maler und freue mich wieder, so weit
die Schatten meines jetzigen Lebens es zulassen, am Sommer
im blühenden Kastanienwald.

(Aus einem Brief vom 20. 6. 1920 an Heinrich Lilienfein)

Dieser »Versuch über die Möglichkeit neuer religiöser Kunst«,
ein Quartband mit 76 schönen Bildbeigaben, geht einem der
wichtigsten Wege der Kunst nach. Mit Ernst und oft mit schöner
Wucht zeigt der Verfasser die Versuche der neuesten Kunst, wieder sich mit Religion zu verbinden und zu erfüllen. Er versucht
auch, diese Wege aus dem geistigen Leben der Zeit mit zu erklären. Dabei stimmt nicht alles, so ist die ganz eminente Bedeutung
der Freudischen Psychologie für das Religiöse völlig mißkannt,
Werke wie Jung's »Wandlungen der Libido« scheinen Hartlaub
nicht bekannt geworden zu sein. Daß die jüngste Kunst sich dem
Religiösen wieder ernstlich nähert, darin werden alle tiefer drin-
genden Beobachter einig sein. Europa geht den Rückweg vom
Väterlichen zum Mütterlichen, vom Intellektualismus zur Religion. Ein Stück dieses Weges deckt Hartlaub in lebendigster Ein-
fühlung auf.

(Rezension über G. F. Hartlaub, »Kunst und Religion«, Verlag
Kurt Wolff, München, in »Vivos voco«, Juli 1920)

An etwas wie eine Seelenwanderung glaube auch ich, ich halte
das eigentlich für selbstverständlich, sobald man anfängt zu denken. Dieser Glaube hat manches Beruhigende, aber er enthält
auch die Erkenntnis, daß alles, was wir erleben, von uns selbst
gewollt und herbeigerufen ist, und dann gibt es keine Ausflüchte
und keinen Trost mehr gegen das bittere Schicksal, als sich damit
einverstanden erklären und ja dazu sagen, und das ist immer
schwer. Wenn ich heute ja dazu sagen könnte, auf meine Kunst
zu verzichten, so wäre alles leicht, so aber sträube ich mich und
klammere mich an, weil ich dem Kommenden noch nicht vertraue. Ich habe ohne viel Schwierigkeiten mich dareingefunden,
wieder allein zu leben und keine Wärme mehr um mich her zu

fühlen, ich habe die Verluste an Geld und Sicherheit, an Freiheit und an Freundschaften, die der Krieg mir brachte, ziemlich leicht ertragen. Jetzt aber sitze ich da und sage: alles habe ich weggegeben, und nun soll mir das letzte bißchen, was ich habe, auch noch genommen werden? Und dabei fühle ich doch ganz deutlich, daß ich an die Kunst und an meine Künstlerschaft nur noch halb glaube, daß dies alles schon im Wanken ist. So komisch und kindisch sind wir alle, ich kenne unter den vielen hundert Menschen, die ich kenne, nur ganz wenige, die auf schweren Wegen sich klug und männlich benehmen und nicht wie Kinder um sich schlagen.

Ich glaube, daß das, was Sie irgendwie als das »Mystische« empfinden, auch Ihnen nahekommen wird. Sie brauchen es nicht zu suchen, es kommt von selber. Als Erkenntnis, als Schlüssel zum Kennenlernen seiner selbst und andrer, ist es sehr hübsch – als Praxis, als gelebtes Leben, ist es schwer und unerschöpflich.

Ich danke Ihnen für Ihre liebe, frauliche, tröstliche Güte. Ich kann mich schon für Augenblicke so sehen, wie Sie es meinen: als den Dichter von Gedichten, die von jungen Menschen geliebt werden, als den Tröster und oft auch Ratgeber mancher Leser etc. – aber dies Bild ist mir fatal, es ist mir zu hübsch, zu oberflächlich, es erinnert mich zu sehr an Literatur und an die Briefe von Backfischen an Dichter. Ich werde, wenn ich meinen Weg werde zu Ende gehen können, noch unendlich viel stärker und reiner auf andere wirken, auch wenn ich nichts davon weiß.

(Aus einem Brief, ca. Sommer 1920 an Lisa Wenger)

Wie traurig, daß Sie die Gesichtsschmerzen wieder haben! Wohl Neuralgien, dieselben, die auch Klingsor hatte.

Bei mir steht es immer ziemlich gleich, ich habe Mühe durchzukommen und bin zufrieden, wenn ich einen Tag ohne zu viel Schmerzen und Störungen habe. Nächstens muß ich meine Frau besuchen, wo mir neue Aufgaben und Sorgen bevorstehen. Meine große Arbeit seit 8 Monaten, eine indisch-brahmanische Dichtung, ist über all dem in die Brüche gegangen und wird nichts, ich mache nicht dran weiter.

(Aus einem Brief vom 8. 8. 1920 an Carl Seelig)

Es geht mir seit Monaten dauernd schlecht, ich bin müde und kränklich, und stecke in schweren Problemen.

Dafür gedeiht die Literatur! In Germanien merken sie jetzt allmählich, auch unter den ganz Jungen und Revolutionären, daß ich einer ihrer paar Köpfe bin. Leider kommt das für mich, wie alle Erfüllungen im Leben, zu spät, als daß es mir noch wirklich Spaß machen könnte. Es ging mir mit allem so: Alles, was ich wirklich im Leben sehr ernstlich wünschte und erstrebte, das hab ich auch erreicht, aber immer verlor es dann sofort seinen Wert, fiel mir wieder aus der Hand und machte allmählich einem neuen Streben Platz. Es ging mir mit der Dichtung so, und mit dem Heiraten, mit Haus und Hof, Kindern und Ehe, mit Reisen, Erfolgen, Erkenntnissen. Vielleicht wird die Kunst überhaupt eines Tages unwesentlich für mich werden, damit Platz für anderes, noch Unbekanntes wird.

Die Fühlung mit Deutschland und der dortigen Literatur und Jugend finde ich nimmer, die Töne von dorther klingen mir alle fremd und falsch, auch wenn sie noch so angenehm und schmeichlerisch klingen. Nur eines hat mich gefreut: Im »Reisetagebuch« Keyserlings[1], dem gescheitesten deutschen Buch seit Jahren, steht meine, von mir seit drei Jahren in allerlei Formen und Verkleidungen (Demian, Zarathustra etc.) immer neu ausgesprochene Lehre vom Gott im Ich deutlich als Ideal unsrer Zukunft aufgestellt. Diese Philosophie, von Indien her und auch aus Bergson[2] gespeist, kommt zu Resultaten, die sich mit meinen nahezu decken. Dies erklärt mir auch, warum Bücher wie der Demian stark wirken, obwohl sie von sehr wenigen Lesern verstanden werden – sie zeigen, in ihrer Sprache und Verhüllung, ein Ziel, das von den Vorgeschrittenen heute dunkel geahnt und anerkannt wird.

In Bälde hoffe ich Ihnen etwas Neues senden zu können. Meine große indische Dichtung aber ist nicht fertig geworden und wird es wohl nie, ich lasse sie zunächst ganz liegen, weil ein Stück Entwicklung darin gezeigt werden müßte, das ich selbst noch

---

1 Hermann Graf Keyserling, »Reisetagebuch eines Philosophen«, Verlag Duncker & Humblot. München, 1919.
2 Henri Bergson, franz. Philosoph (1859-1941)

nicht zu Ende erlebt habe. Ein Stückchen daraus, als Stilprobe, kam in der Zürcher Zeitung.[1]

(Aus einem Brief vom 14. 8. 1920 an Georg Reinhart)

Alle verschiedenen Gruppen der jüngsten Literatur schießen zu einem einheitlich Ganzen zusammen, wenn man das wenig ergiebige Suchen nach der neuen Form aufgibt und sich an den geistigen Inhalt hält. Dieser ist überall genau der gleiche. Zwei Hauptthemen stehen überall im Vordergrund: die Auflehnung gegen die Autorität und gegen die gesamte, im Niedergang begriffene Autoritätskultur, und die Erotik. Der vom Sohn an die Wand gedrückte und abgeurteilte Vater und der liebehungrige Jüngling, der seine Geschlechtlichkeit in neuen, freien, schöneren, wahreren Formen bekunden möchte, das sind die beiden Figuren, die überall wiederkehren. Sie werden noch oft und oft dargestellt werden, denn sie bezeichnen in der Tat die beiden zentralen Interessen der Jugend.

Als Erlebnis und Anstoß stehen hinter all diesen Revolutionen und Neuerungen deutlich erkennbar zwei große Mächte: der Weltkrieg und die durch Sigmund Freud begründete Psychologie des Unbewußten. Was der große Krieg als Erlebnis gebracht hat, der Zusammenbruch aller alten Formen, das Versagen der bisher gültigen Moralen und Kulturen, das scheint nirgends seine Deutung finden zu können als durch die Psycho-Analyse. Europa zeigt sich dieser Jungend als ein schwerkranker Neurotiker, dem nicht zu helfen ist als durch ein Zerbrechen der selbstgeschaffenen, komplexhaften Bindungen, in denen er erstickte. Und die ohnehin ins Wanken geratene Autorität des Vaters, des Lehrers, des Priesters, der Partei, der Wissenschaft, findet einen neuen, furchtbaren Gegner in dieser Psychologie, welche so schonungslos in all die alten Schamhaftigkeiten, Ängste und Vorsichten hineinleuchtet. Jene Professoren, welche sich im Kriege durch Liebedienerei gegen ihre Regierungen und durch grotesk-senile Ausbrüche nationalistischer Verblendung enthüllt haben, sie werden von der Jugend nun als dieselben erkannt, unter deren Führung die Bourgeoisie bestrebt war, Freuds Tat wieder unge-

---

1 Vorabdruck u. d. T. »Bei den Asketen« am 6. u. 7. 8. 1920.

schehen zu machen und es weiterhin auf Erden dunkel bleiben zu lassen.

Diese beiden Elemente im geistigen Leben der Jugend, der Bruch mit der Autoritätenkultur (der sich bei vielen sogar in einem tollen Haß auf die deutsche Grammatik äußert) und die Ahnung von der Möglichkeit, unser seelisches Leben wissenschaftlich zu erforschen und rationell zu beeinflussen – diese beiden Elemente beherrschen die ganze jüngste Literatur. Es fehlt dabei nicht an dem, was die Psychoanalyse die »Übertragung auf den Arzt« nennt und was sich äußert in einer schwärmerisch-blinden Unterordnung unter den, der dem Kranken zuerst als Befreier erschien, sei es nun Freud oder Sternheim. Aber mag da noch so viel Unklarheit, Stürmerei und auch Tuerei mit dabei sein, die beiden Elemente im Denken der Jungen sind da, und sie sind nicht Programme und Lehren, sondern Mächte.

Die Erkenntnis vom Zusammenbruch der Vorkriegskultur sowohl wie das eifrige Eingehen auf die junge, nun endlich zur Wissenschaft werdende Psychologie, das sind die Fundamente, auf denen die Jungen zu bauen beginnen. Die Fundamente sind gut. Aber, soweit man dies aus der jüngsten Dichtung sehen kann, erreicht ist noch nichts. Es wird weder das Kriegserlebnis noch das Erlebnis Freuds zu ergiebigen Konsequenzen geführt, sondern es herrscht ein für den Augenblick sehr begreifliches, auf die Dauer aber unmögliches Sichwohlfühlen in einer revolutionären Stimmung, welcher es mehr um das Schreien und Sichwichtigmachen zu tun ist, als um Fortbewegung und Zukunft. Ein großer Teil dieser Jungen macht genau denselben Eindruck wie ein halb analysierter Psychopath, welcher von der Psychoanalyse das erste große Erlebnis zwar kennt, seine Folgen aber noch nicht. Der Durchbruch und die Befreiung reicht bei den meisten bis zum Innewerden ihrer Persönlichkeit und dem Reklamieren und Proklamieren der Rechte dieser Persönlichkeit. Darüber hinaus herrscht Dunkel und Ziellosigkeit.

[...] Die neue Psychologie, deren Vorläufer Dostojewski und Nietzsche waren und deren erster Baumeister Freud ist, wird diese Jugend lehren, daß die Befreiung der Persönlichkeit, die Heiligsprechung der natürlichen Triebe nur erst der Beginn eines Weges ist, und daß jede persönliche Freiheit belanglos und ärmlich ist im Vergleich mit jener höchsten Freiheit des Einzelnen: sich bewußt und lustvoll als ein Stück Menschheit zu betrachten und mit befreiten Kräften ihr zu dienen.

(Aus »Die jüngste deutsche Dichtung«, in »Wissen u. Leben«,
13, Zürich, 1920)

Eine neue Übertragung des alten Liedes, das schon so oft übersetzt worden ist, ist trotzdem immer willkommen, gerade wie auch das Tao-Te-King wohl noch oft wird übersetzt werden müssen, bis es uns wirklich gehört. Springmanns Übertragung und Vorwort zeigt keinerlei literarischen Ehrgeiz, sondern das reine, ernsteste Streben nach lauterster Treue, und bringt dadurch tatsächlich an manchen Stellen einen neuen, tiefen Klang in die uralten Verse.

Wichtig scheint mir, daß ein »freideutscher Jugendverlag« dies Buch herausgebracht hat. Daß deutsche Jünglinge sich ernstlich mit der Bhagavad-Gita beschäftigen, war vor dem Kriege undenkbar; wer es tat, war ein gefährlicher oder auch verächtlicher Sonderling, und die Mehrzahl der »freien« Jugendorganisationen war damals stolz, wenn ein preußischer General sie begönnerte. Das ist vorbei. Wenn die freideutsche Jugend sich weiter ernstlich um Dinge wie die Bhagavad-Gita bemüht, so wird sie bald vollends mit dem Geist von damals aufgeräumt haben. Das ist erfreulich und spricht gegen die vielen Stimmen, welche die Jugend Deutschlands einer engherzig reaktionären Gesinnung zeihen.

Jene Leute übrigens, welche in organisierten Verbänden das blonde Haar und blaue Augen als höchste Tugenden des Menschen pflegen, seien vor der Bhagavad-Gita gewarnt, und ebenso vor Lao-Tse. Weder der Dichter der Bhagavad noch der Verfasser des Tao-Buches sind blond und blauäugig gewesen.

(Rezension der »Bhagavad-Gita«. Aus dem Sanskrit übertragen
von Th. Springmann, Freideutscher Jugendverlag, Hamburg, in
»Vivos voco«, September 1920)

Aus dem Tagebuch Romain Rollands

Hermann Hesse, der sich seit zwei Jahren in Montagnola, oberhalb von Lugano, niedergelassen hat, kommt zum Essen (26. September). Er ist hager, hohlwangig, rasiert, asketisch, hart aus Knochen geschnitzt wie eine Gestalt von Hodler. Er hat eine außerordentlich schwere Krise durchgemacht, aus der er nach seinen Worten als neuer Mensch hervorgegangen ist. Die äußeren Umstände haben dazu beigetragen: seine Frau ist geisteskrank und in einer Irrenanstalt; seine Armut, das Getrenntsein von seinen Kindern, die in der Nord-Schweiz in der Schule sind; eine völlige Isolierung bei einem bis aufs Minimum reduzierten materiellen Leben. Unter diesen Voraussetzungen entwickeln sich eigentümlich die alten, von Indien und China in seinen Geist eingepflanzten Keime; der Osten zog ihn schon immer an. Jetzt versichert er, er habe sich eine mit seinen asiatischen Idealen übereinstimmende Mentalität und ein damit in Beziehung stehendes Leben geschaffen. Von der ganzen aktuellen Welt hat er sich völlig losgelöst, von der Kunst, der heutigen Literatur, die ihm ein eitles Spiel zu sein scheint, und vor allem von der Politik. Er hat sich sogar fast von allem, was dem Leben eines modernen Menschen Wert gibt, vom Wohlsein, von der Beteiligung am Kulturbetrieb, losgelöst. Er lebt wie ein Weiser aus Indien (obwohl sein Ideal eher die Weisheit Chinas und deren lächelnde Anpassung an das Leben ist). Er sagt, er sei glücklich. Um sich zu beschäftigen und um ein wenig Geld zu verdienen, hat er angefangen zu malen. Er schmückt mit seinen Zeichnungen die Manuskripte seiner Gedichte, die dann von ein paar Sammlern gekauft werden. Vergangenes Jahr ließ er unter einem anderen Namen ein Buch erscheinen, ohne daß irgendjemand in das Geheimnis eingeweiht war: es war, so sagt er, in ihm die erste Kundgebung des neuen Menschen. Das Buch hat sich von selbst durchgesetzt, aber schließlich ist der wahre Name des Verfassers doch bekannt geworden. Diese stolze Verleugnung seiner öffentlichen Persönlichkeit ist ganz und gar Hesse, dieser Wille, sein Innenleben frei, abseits und den Blicken verborgen zu halten. – Der Ausgangspunkt dieser Entwicklung ist eine fünf oder sechs Monate währende Reise, die er früher einmal in den fernen Osten, nach Singapur, Sumatra usw. gemacht hat. Sehr zum Unterschied von Nicolai fühlte er sich vom ersten Tage an unwiderstehlich vom chinesischen Leben angezogen; dabei sah er nur dessen unscheinbarste Vertreter; doch es scheint fast, als gefielen ihm gerade diese am besten: die Kulis, der gelbe Pöbel. Er spricht mit herzlichem Neid von ihrer aller Lächeln, von der Leichtigkeit, glücklich zu sein, die sie in welcher miserablen Lage auch immer besitzen. – Hesse spricht zu mir von der erstaunlichen Anziehungskraft des asiatischen Denkens auf das moderne Deutschland. Der Hauptanreger dieser Bewegung ist Graf Keyserling mit seinem Reisetagebuch eines Philosophen *gewesen, das sehr oberflächliche Seiten, doch auch andere von großer Schönheit enthält. Keyserling, ein ungemein geschmeidiger und wendiger Geist, macht sich nacheinander alle asiatischen Gedanken, denen er auf seiner Fahrt begegnet, zu eigen – und als er auf den alten Kontinent zurückkommt, auch die europäischen. Er hat in Deutschland eine Schule gegründet, um die ekstatischen Hindu-Methoden der Konzentration zu lehren. – Hesse sagt, was er selber jetzt schreibe, stoße bei einem Teil der deutschen Jugend auf Sympathie, doch würden sich seine früheren Freunde von ihm abwenden, denn sie fürchteten den praktischen Einfluß seiner Werke: obwohl Hesse jede politische Aktion völlig ablehnt, erkennt er doch auch selbst, daß seine Gedanken durch die Tagesleidenschaften (unbewußt) in einem bolschewisierenden Sinn ausgebeutet werden könnten; und das sei der Alptraum seines früheren Publikums, das aus »liberalen« (das hieße heute: furchtsamen Konservativen) bestehe. Doch, fährt er fort, er habe die Überzeugung, daß das Streben nach innerer Befreiung im Sinne Asiens das einzige sei, was wir dem Bolschewismus entgegenstellen könnten. Doch die Menge kann damit nichts anfangen; und der Bolschewismus wird nichtsdestoweniger bei ihr seinen Weg machen. – »Sicherlich«, sagt er, mit gleichgültigem Tonfall.*

(Eintragungen vom September 1920)

Es gibt wenig gute deutsche Bücher über China; diese famose kleine Schrift gehört dazu. Der Verfasser schildert uns weder jene unverständlich-exotischen, grausamen, seltsamen, halbwilden Chinesen, denen wir in vielen europäischen Schilderungen begegnen, noch einen romantisch-idealen Literatur-Chinesen, wie er uns Freunden der chinesischen Dichtung vertraut ist, sondern er berichtet aus guter eigner Kenntnis von Land und Volk, über Herkunft, Kultur, Sitte und tägliches Leben der Chinesen mit einer wohltuenden Klugheit und Sachlichkeit, wobei er, alles in allem, mit seinen Sympathien mehr auf der Seite der Gelben ist – ein Standpunkt, den ich nur teilen kann. Besonders anschaulich und lebendig sind seine Berichte über das tägliche Leben, über Wohnung, Essen, Kleidung, Familienleben. Möglich, daß er das phantastisch-irrationale Element im Chinesischen, das immerhin aus der Literatur oft stark spricht, zugunsten der berühmten unmythischen chinesischen Verstandesreligion etwas unterschätzt. Jedenfalls sei dies brave kleine Buch über China herzlich begrüßt und empfohlen. Möge es in die seltsam negerhaften Vorstellungen voll Unverstand und dunkler Antipathie, die der Durchschnittseuropäer sich vom Chinesen macht, einige tüchtige Luftlöcher schlagen!

(Rezension über »Chinesen« von Eduard Erkes, Verlag Dürr u. Weber, Leipzig, in »Vivos voco«, September 1920)

Ich glaube, wir würden uns, peripatetisch diskutierend, nicht schlechter verstehen und ergänzen als früher. Wenn Du z. B. schreibst, Du könnest »das Ganze nicht in 2 Hälften teilen« und findest den Fluß der Entwicklung konstant, so bin ich ganz mit Dir einig, nur daß zeitweise auch das Gegenteil zu mir spricht und daß ich stellenweise, im eigenen Erleben, den Fluß als Sprung und daher den Moment als wichtig empfinden muß. Auch die Naturphilosophie schwankt ja immer wieder zwischen der Annahme eines lückenlos fließenden, langsamen und gleichmäßigen Weltgeschehens und einer mehr zuckenden und sprunghaften Bewegung der Dinge. Nach meiner Erfahrung können im seelischen Erleben Dinge, die lange in einem gelegen sind, plötzlich frei werden und für den Außenstehenden einen Menschen total verändert erscheinen lassen. So ging es zum Teil mir, und obwohl ich im Demian und im Klingsor nichts gesagt habe, was ich nicht immer wußte und in mir hatte, geschah es doch jetzt mit andrer Betonung und ergab etwas wesentlich Neues. Und ebenso meine ich es mit dem »Untergang Europas« – das ist natürlich keine Angelegenheit der Erdbeben oder Kanonen oder Revolutionen, sondern für jeden einzelnen der Moment des Jasagens zu einem Absterben alter und einem Aufkommen neuer Betonungen und Ideale. Die Welt wandelt sich sehr allmählich, für den einzelnen

aber ist der Moment einer Konversion oder Inversion, einer Abkehr oder neuen Liebe, dramatisch und als deutliche Zäsur im
Leben vorhanden.

(Aus einem Brief vom 28. 9. 1920 an Conrad Haußmann)

Ja, und über das mit dem Durchstoßen jener letzten Haut, und
mit dem Vergeistigen etc. etc. überhaupt, wäre so viel zu reden.
Indessen das Problem selbst, das Sie anrühren, ist einfach. Es
gibt keinerlei Verpflichtung, von der Kunst zu lassen zugunsten
einer noch höheren Stufe oder Geistigkeit, so wenig als es eine
Verpflichtung für das Tier gibt, Mensch zu werden. Wer solche
Wege gehn muß, der wählt sie nicht selbst, und er kann sie als
Berufung oder auch als Fluch empfinden. Es gibt Leute, die sitzen
Tag und Nacht über Grübeleien wegen religiösen und philosophischen Fragen – warum? Einfach weil sie müssen, weil sie dazu
berufen oder verurteilt sind. So geht es mir mit dem Schwanken
zwischen der Befriedigung durch die Kunst und dem Gefühl,
daß diese Befriedigung eigentlich schon hinter mir liegen müßte,
daß sie eigentlich inferior ist. Das Leben ist übrigens ohne Kunst,
d. h. ohne künstlerische Arbeit mit dem Glauben an deren Wert
sehr schwer zu ertragen, wie die letzten Wochen mir wieder gezeigt haben, ich lebte und lebe wie unter der Luftpumpe. Ob
der Sinn der Sache nur das Anspornen zu noch intensiverem
Ausdruck durch die Kunst ist, oder ob es mich doch noch am
Ende aus der ganzen Kunst hinaus führt, das kann und darf ich
selber nicht entscheiden.

(Aus einem Brief, ca. 1920 an Lisa Wenger)

Keyserling ist, um die Hauptsache gleich zu sagen, zwar nicht
der erste Europäer, wohl aber der erste europäische Gelehrte
und Philosoph, der Indien wirklich verstanden hat. So schroff
das klingt, und so weh es tut, im Andenken an verehrte Männer
wie Oldenberg und Deussen das Wort auszusprechen, es ist dennoch so.

Das, was manche Künstler, und vor allem sehr viele sogenannte
Okkultisten, längst von Indien wußten, was sie dort suchten und
übten, das für uns Wesentliche am geistigen Indien, das war zu
meiner Verwunderung nie von einem der vielen Professoren, die

Indien bereisten, unbefangen betrachtet und studiert, ja überhaupt gesehen worden. Es wurde von den Professoren nicht gesehen, weil es ihnen verboten war. Denn jenes Indische, worauf es eigentlich ankam, das war Okkultismus, das war Magie, das war Mystik, es handelte von der Seele, es war nicht genügend mortifiziert und neutralisiert, um von europäischen, speziell deutschen Professoren irgend anerkannt oder auch nur ernstlich bemerkt werden zu dürfen. Bemerkt, studiert, gesucht und nachgeahmt wurde es lediglich von Okkultisten, von Schwärmern und Sektenstiftern, von Theosophen oder von sensationshungrigen Globetrottern. Dies Indien nun ist von Keyserling auch für die Wissenschaft entdeckt worden. Als erster unter all den europäischen Gelehrten hat er das Einfache, längst Bekannte gesehen und einfach ausgesprochen, daß der indische Weg zum Wissen nicht eine Wissenschaft ist, sondern eine psychische Technik, daß es sich um eine Änderung des Bewußtseinszustandes handelt und daß der auf indischem Wege Ausgebildete seine Erkenntnisse nicht errechnet und erstudiert, sondern die Wahrheiten mit dem inneren Auge sieht, mit dem inneren Ohr belauscht, und sie unmittelbar perzipiert, nicht erdenkt.

Das Erkennen und Anerkennen dieser einfachen Wahrheit durch einen einflußreichen und bedeutenden europäischen Denker wird große Folgen haben. Keyserling, dem die Verdrängungen und Scheuklappen der akademischen Zunftleute fehlen, ist darin mit allen Okkultisten einig, daß er Joga anerkennt und empfiehlt. Er bedauert, wie mit ihm mancher Suchende in Europa, unseren vollkommenen Mangel an Tradition und Methode in der Ausbildung der Konzentrationsfähigkeit, und er sieht mit sicherem Scharfblick, daß die einzige, für Nichtkatholiken leider nicht gangbare Methode ähnlicher Art, die das Europa der letzten Jahrhunderte hervorgebracht hat, die genialen Übungen des Ignatius von Loyola sind.

Von allem, was Keyserling über Indien sagt, wird dies am stärksten wirken, obwohl es eigentlich eine Selbstverständlichkeit ist. Es wird ungeheuer wirken, denn Joga ist gerade das, wonach Europa den wildesten Hunger hat.

So verdienstlich nun die Erkenntnis vom absoluten Wert des Jogatums und deren wirksame Formulierung in diesem Buche ist, so sehr sie für die Mehrzahl der Leser ein Hauptergebnis des Buches bleiben wird, sie ist weder neu noch gehört sie zum

Tiefsten des Buches. Das Tiefste ist der Sinn für die indische Frömmigkeit, der Sinn für die Gläubigkeit des Hindu und für seine Götterwelten, der Sinn für jenes indische Frommsein, dem das Paradoxe jedes wahren Glaubens keinerlei Bedenken macht, dem jeder Gott, jeder Götze, jeder Mythos heilig ist, ohne daß er doch einen davon in unserem Sinne je ernst nähme. Hier leistet Keyserling das Außerordentliche, daß er als Europäer und kritisch geschulter Denker die tiefe Naivität des Hindu erreicht und erlebt, die so nah verwandt mit der Skepsis aussieht und doch ihr völliges Gegenteil ist. Verständlich wird diese außerordentliche und wahrhaft begeisternde Fähigkeit Keyserlings nur aus einigen wenigen bekenntnishaften Stellen des Buches, wo er nebenher von sich, von seiner Herkunft und Jugend spricht. Da erfahren wir, wenn wir aufmerksam dieser außerordentlichen Seele folgen, daß sie sich selbst schon von Kindheit an als Proteus gefühlt hat, daß sie instinktiv sich jeder Versuchung zu verfrühter Kristallisation entzogen und immer wieder zum Ideal der unendlich polymorphen Plastizität zurückgeflüchtet ist. Ich scheue mich, das Bildnis dieser Seele aus ihren wenigen, zum Teil nur halb gewollten Bekenntnissen in groben Strichen zu rekonstruieren, aber diese vornehme, elastische, neugierige und proteische Seele ist es, die dem ganzen Werke Keyserlings seine Magie gibt.

Ein kurzes Wort sei auch noch über das ethische, das erzieherische Endresultat dieses bedeutenden Buches gesagt. Auch hier traf Keyserlings Formulierung mich auf parallelem Wege, auch hier erlöste manches Wort von ihm durch beglückende Formulierung. Seit vier Jahren habe ich, in meiner anderen Welt, als Dichter, keinen anderen Gedanken, keinen anderen Glauben so stark und vielfach in mir bewegt und vielfältig auszudrücken gesucht wie den vom Gott im Ich und dem Ideal der Selbstverwirklichung. Nirgends bin ich in der letzten Formulierung mit Keyserling völlig und restlos einig, überall aber hat er mich im Wesentlichsten, Lebendigsten gestärkt, bestätigt, oft geführt, gestützt und durch ein zupackendes Wort gefördert.

Das ›Reisetagebuch‹ wird ohne Zweifel eine ungeheure Wirkung haben. Sie wird vielleicht neben der Bergsons die stärkste Wirkung eines Denkers im heutigen Europa sein.

(Aus der Rezension über Hermann Graf Keyserling, »Reisetagebuch eines Philosophen«, in »Vivos voco«, November 1920)

Von jedem Buch, das wir lesen, wird unser innerer Kompaß abgelenkt; jeder fremde Geist zeigt uns, von wie viel anderen Punkten aus man die Welt betrachten kann. Langsam beruhigt sich dann die Schwankung, die Nadel kehrt zur alten Richtung zurück, die jedem von uns seinem Wesen nach eigen ist. So ging es mir in einer Lesepause. Man kann ja viel lesen, und ein beiseite lebender Bücherfreund verzehrt die Bücher und Meinungen, wie der Gesellschaftsmensch die Menschen – man wundert sich oft, wie viel davon man vertragen kann. Aber dann muß man einmal wieder alles wegwerfen und eine Weile durch den Wald laufen, dem Wetter und den Blumen, den Nebeln und Winden nachspüren und in sich den stillen Punkt wiederfinden, von wo aus die Welt zur Einheit wird. Und eben nach meiner Lesepause, nach Wald und Marsch, kam mir bestätigend ein Buch entgegen: »Asien als Erzieher« von *Paul Cohen-Portheim.* Es ist in einem Gefangenenlager während des Krieges entstanden. Und es bekennt sich zu einer indischen, zu einer mir im Grunde vertrauten, im Grunde selbstverständlichen Denkart. Es sucht aus der Vielheit in die Einheit, es sucht die Welt aus den uns geläufigen Gegensatzpaaren zurück zu übersetzen. »Tat twam asi« sagt es zu jeder Erscheinung, Feindschaft scheint ihm Irrtum, Irrtum und Sünde erklärt es als Vergessen der Ur-Einheit. Dies Buch geht nicht überall die Wege, die ich gehen würde, und drückt sich nicht überall so aus, wie es mir geläufig und sympathisch wäre; aber es geht auf dasselbe Ziel los, dem meine Gedanken nachgehen, seit ich denken lernte. Das Buch hat Absichten, es will den Haß, das Mißverständnis in der Welt ergründen, erklären, und damit mildern. Vielleicht ist das noch nicht das letzte, ist noch allzu wenig »asiatisch«, sagt noch zu wenig Ja auch zum Verirrten, auch zum scheinbar Schädlichen. Aber es geht einen guten Weg, und es kann viel Gutes wirken (erschienen bei Klinkhardt u. Biermann in Leipzig).

(Aus: »Lektüre am Winterabend«, in »Vossische Zeitung«, Berlin
v. 7. 11. 1920)

Dies Jahr 1920, in dem durch Zufall diverse Bücher etc. von mir erschienen, war vielleicht das übelste, jedenfalls das wenigst produktive, das ich je hatte. Es ist ja möglich, daß mein Weg auch von der Kunst wegführen muß, wie er mich vom bürgerlichen Glück wegführte – aber hier tut der Verzicht weher, und ich mag inzwischen noch nicht daran glauben. Das Produzieren mit Feder und Pinsel ist für mich der Wein, dessen Rausch das Leben so weit wärmt und hübsch macht, daß es zu ertragen ist.

(Aus einem Brief vom 21. 12. 1920 an Franz Karl Ginzkey)

Ich lebe fast außerhalb der Welt und sehne mich, Lotos zu essen und die Götter zu sehen.

(Aus einem Brief vom 10. 1. 1921 an Jacob Picard)

Ja, und jetzt habe ich mich wenigstens so weit aufgerafft, daß ich von meiner Arbeit des vergangenen Jahres mich wenigstens entschlossen habe eine Reinschrift zu machen. Es ist der erste Teil einer indischen Dichtung und wird vermutlich nie fertig. Aber sehen sollen Sie sie doch, umsomehr da Sie sagen, daß Herr Wenger zuweilen mit Ihnen über Buddhistisches spricht, mein Siddhartha ist allerdings ein Ketzer, auch Buddha gegenüber. Aber ich glaube, die geistige Stimmung der brahmanischen Welt im alten Indien ist getroffen.

(Aus einem Brief vom 31. 1. 1921 an Lisa Wenger)

Ja, meine Beziehungen zu Indien sind alt. Der Vater meiner Mutter sprach neun oder zehn indische Sprachen, lebte Jahrzehnte in Indien, sprach mit den Brahmanen Sanskrit, meine Mutter war auch einen Teil ihres Lebens dort, sprach drei indische Sprachen, und auch mein Vater war kürzere Zeit in Indien als Missionar. Bücher über Indien, über Buddha etc. sah und las ich fast schon von den Bubenjahren an in der riesigen Bibliothek meines Großvaters, sah indische Bilder, sah zuweilen auch Hindus, und schließlich war ich ja selber einmal kurz in Indien.

Die Lehre Buddhas war manche Jahre lang eigentlich mein Glaube und einziger Trost, nur allmählich veränderte sich meine Einstellung, und jetzt bin ich nicht mehr Buddhist, sondern neige viel mehr zum Indien der Götter und Tempel, wie überhaupt der Sinn der Vielgötterei etc. erst in neuerer Zeit mir allmählich aufzugehen begann. Ich sehe jetzt den Buddhismus im Verhältnis zum Brahmanentum etwa so an wie die Reformation im Verhält-

Marie Hesse, die Mutter des Dichters, wurde am 18. 10. 1842 in Tellicherry (Vorderindien) als Tochter des Missionars und Indologen Dr. Hermann Gundert geboren.

Dr. Hermann Gundert (1814-1893), Hesses Großvater mütterlicherseits, Missionar in Indien, Sprachgelehrter, Leiter des Calwer Verlagsvereins. Er erstellte das erste Malayalam-Lexikon, an dem er 30 Jahre lang gearbeitet hat.

nis zur katholischen Kirche. Ich bin Protestant und habe als Kind fest an den Wert und Sinn der Reformation geglaubt, sogar ein Hanswurst wie der König Gustav Adolf wurde uns ja als Held und großer Geist gepriesen. Erst sehr spät merkte ich, daß die

Reformation zwar eine sehr hübsche Sache war, und daß die Gewissenhaftigkeit des Protestanten im Vergleich mit Ablaßhandel etc. sehr edel und rühmlich war, daß aber die protestantische Kirche niemand etwas bot, und daß im Protestantismus und seinen Sekten eine gefährliche Kultur der Minderwertigkeitsgefühle getrieben wurde. Ebenso, oder sehr ähnlich, sehe ich jetzt den Buddhismus, der die Welt ohne Götter rein vernünftig ansieht und das Heil allein im Geistigen sucht, wie eine Art schönen Puritanismus an, der aber in seiner Einseitigkeit erstickt und mich mehr und mehr doch wieder enttäuscht hat.

Siddhartha wird, wenn er stirbt, nicht Nirwana wünschen, sondern mit seiner Wiedergeburt einverstanden sein, und aufs neue den Lauf antreten.

(Aus einem Brief vom 10. 2. 1921 an Lisa Wenger)

Der »Siddhartha« wird, das heißt der Ihnen bekannte erste Teil, in einer Zeitschrift gedruckt werden.[1] Ob weiter was aus ihm wird, weiß ich nicht, ich glaube kaum. Zur Zeit jedenfalls bin ich weit von ihm weg.

[...] Ja, und was die Religion und Moral und alles das angeht, und die Frage, ob Buddhismus oder Christentum oder Laotse – darüber werden wir gewiß noch oft sprechen. Ich für mich glaube durchaus nicht, daß es eine beste und einzige wahre Religion oder Lehre gibt – wozu auch? Buddhismus ist sehr gut, und Neues Testament auch, jedes zu seiner Zeit und da, wo es not tut. Es gibt Menschen, die haben Askese nötig, und andere, die brauchen anderes. Und auch der gleiche Mensch braucht nicht immer das gleiche, sondern bald braucht er Tat und Regsamkeit, bald Versenkung in sich, bald braucht er Spiel, bald Arbeit. So sind wir Menschen, und die Versuche, uns anders zu machen, mißglücken immer. Wenn zartes Mitfühlen, Güte und Mitleid das Höchste sind, dann war Franz von Assisi einer der größten Menschen, und Calvin, Savonarola und auch Luther waren wüste verbrecherische Fanatiker. Wenn aber die Tugend der Gewissenhaftigkeit und des heroischen Gehorsams gegen die Forderungen des eigenen Gewissens hochgeschätzt wird, dann

1 Vorabdruck in der »Neuen Rundschau« vom Juli 1921.

A

CATECHISM

OF

MALAYALAM GRAMMAR

BY

H. GUNDERT, D. Ph.

REVISED, RE-ARRANGED, ENLARGED AND TRANSLATED

BY

L. GARTHWAITE

Third Edition
Separate impression of the Diglott Edition

വ്യാകരണ

ചോദ്യോത്തരം

PUBLISHED BY ORDER OF THE
DIRECTOR OF PUBLIC INSTRUCTION, MADRAS

GOVERNMENT BOOK DEPOT, MADRAS
1881

---

*Titelseite der von Hesses Großvater, Dr. Hermann Gundert, verfaßten
ersten Malayalam-Grammatik.*

war Calvin oder Savonarola ein wahrhaft großer Mensch. Wahr ist immer beides, und recht haben immer beide.

Als menschliches Ideal erscheint mir nicht irgendeine Tugend oder irgendein bestimmter Glaube, sondern als Höchstes, wonach Menschen streben können, erscheint mir die mögliche Harmonie in der Seele des einzelnen. Wer diese Harmonie hat, der hat das gleiche, was die Psychoanalyse etwa freie Verfügbarkeit der Libido heißen würde, und wovon das Neue Testament sagt »Alles ist Euer«.

(Aus einem Brief vom 23. 3. 1921 an Lisa Wenger)

Vor etwa ¹/₄ Jahr beauftragte ich meinen Verlag Georg Müller, Ihnen mein neues Buch »Das dionysische Geheimnis« zu schikken, denn seit Ihrem »Demian« und »Klingsor« (besonders wegen der mittleren der 3 Novellen[1]) gehören Sie zu dem halben Dutzend »Kirchenvätern« der neuen Lehre. Darum liegt mir viel daran zu erfahren, ob Sie das Buch erhalten haben... Ich höre seit einiger Zeit viel Lob und Empörung äußern über einen Aufsatz, den Sie irgendwo über Dostojewski geschrieben haben[2], kann ihn aber hier nicht bekommen. Falls Sie die Güte hätten mir einen Abzug zu senden, erhalten Sie ihn nach der Lektüre mit Sicherheit zurück. Wie mir scheint, entspricht meine Auffassung Dostojewskis in vieler Hinsicht der Ihren.

(Aus einem Brief von Oskar A. H. Schmitz an Hesse vom 5. 4. 1921)[3]

Indessen glaube ich keineswegs, daß eine reine Übernahme der indischen oder gar der buddhistischen Einstellung für Europa möglich oder wünschenswert wäre. Nur müssen wir jenen fernen Gegenpol zu unsrer Art und Moral wieder sehen und anerkennen, ebenso wie wir durch Dostojewski an die Intensität eines primitiveren Trieblebens und durch Tolstoi an eine größere In-

---

1 »Klein und Wagner«
2 Im Juni 1920 war im Seldwyla Verlag, Bern, Hesses Bändchen »Blick ins Chaos« mit den beiden Dostojewski-Essays »Die Brüder Karamasoff oder Der Untergang Europas« u. »Gedanken zu Dostojewskis Idiot« erschienen, die zuvor in der »Neuen Rundschau« bzw. in »Vivos voco« vorabgedruckt worden waren.
3 Vgl. »Tagebuch 1920/21«, S. 29f.

tensität der Hingabe und Demut erinnert worden sind (obwohl ich im Grunde Tolstoi für sehr deutsch halte und Dostojewski daher wichtiger nehme, da er tatsächlich etwas bringt, was wir Westeuropäer vergessen hatten).

(Aus einem Brief vom 16. 4. 1921 an Theo Wenger)

Vielen Dank für Ihre wertvollen 2 Schriften über Dostojewski und über Nietzsche. Beide unterschreibe ich Wort für Wort und staune immer mehr darüber, wie es möglich ist, daß in einzelnen Köpfen die Wahrheit zu völliger Klarheit herauskristallisiert ist, für jedermann verständlich, und die Menschheit nicht daran denkt auf Sie zu hören, sondern noch immer rechts oder links *das Heil sucht.*

Ich habe meinen Verleger Georg Müller gedrängt, Ihnen nun endlich meinen Roman »Das dionysische Geheimnis« zu senden. Beauftragt dazu ist er seit ¹/₂ Jahr. Da mir jede Kontrolle fehlt, ob der Verlag Ihnen das Buch wirklich geschickt hat, wäre ich Ihnen für eine kurze Bestätigung sehr dankbar.

(Aus einer Postkarte von Oskar A. H. Schmitz an Hesse vom 27. 4. 1921)

Der angedeutete Weg aus Sansara ist natürlich der alte, indische, Sansara hört auf mit dem »Nichtwissen«, und das Ziel wird Nirwana. Als bloße Verstandeserkenntnis ist das freilich harmlos, religiösen und praktischen Wert hat es nur, wenn die Erkenntnis durch beständige Übung und Meditation zur Basis des ganzen Lebens wird. Dies fällt dem Europäer schwer. Für meine Person neige ich zwar sehr zu Resignation und Mönchtum, aber mir steht die Gestaltungslust, der Spieltrieb und die Eitelkeit des Künstlers im Wege – ich habe nach sehr, sehr langer Beschäftigung mit dem Problem gefunden, daß für mich der Weg zum Heiligen über das Opfer des Künstlertums und der Produktion führen müßte.

(Aus einem Brief vom 30. 4. 1921 an Georg Reinhart)

Morgen fahre ich nach Locarno, da ich mit meiner Frau zu reden habe, einige Tage nachher erwarte ich meine Schwester zu Be-

Für Herrn F. Leuthold

Aus Siddhartha's letztem

Gespräch mit Govinda

Proben aus dem »Siddhartha«-Manuskript für Fritz Leuthold

Suchen und Finden:

Wenn Jemand sucht,dann geschieht es leicht,
daß sein Auge nur noch das Ding sieht,das
er sucht,daß er nichts zu finden,nichts in
sich einzulassen vermag,weil er nur immer
an das Gesuchte denkt,weil er ein Ziel hat,
weil er von seinem Ziele besessen ist.
Suchen heißt:ein Ziel haben.Finden aber
heißt:Frei sein,offen stehen,kein Ziel
haben.

Weisheit nicht mitteilbar :

Sieh,mein Govinda,dies ist einer meiner
Gedanken,die ich gefunden habe:Weisheit ist
nicht mitteilbar.Weisheit,welche ein Weiser
mitzuteilen versucht,klingt immer ein wenig
wie Narrheit.Wissen kann man mitteilen,
Weisheit aber nicht.Man kann sie finden,man
kann sie leben,man kann von ihr getragen
werden,man kann mit ihr Wunder tun -sagen
aber und lehren kann man sie nicht.

Und einen andern Gedanken noch habe ich
gefunden,Govinda,den du wieder für Scherz
oder für Narrheit halten wirst,der aber mein
bester Gedanke ist.Er heißt:Von jeder Wahrheit ist das Gegenteil ebenso wahr!Nämlich
so:eine Wahrheit läßt sich immer nur aussprechen und in Worte hüllen,wenn sie einseitig ist.Denn die Worte zeigen immer nur die
eine Seite der Dinge,sie sind einseitig und
flächig,nicht rund wie die Dinge selb.
Einseitig ist alles,was mit Gedanken ge-
acht und mit Worten gesagt werden kann - alles
dies ist einseitig,ist halb,alles entbehrt

der Ganzheit, des Runden, der Einheit. Wenn
der Buddha lehrend von der Welt sprach, so
mußte er sie teilen in Sansara und Nirvana, in Täuschung und Wahrheit, in Sünde und
Erlösung, in Gut und Böse. Man kann nichts anders, es gibt keinen andern Weg für den, der
lehren will. Die Welt selbst aber, das Seiende um uns her und in uns innen, ist nie
einseitig. Nie ist ein Mensch oder eine Tat
ganz gut oder ganz böse, nie ist ein Mensch
ganz und gar heilig oder ganz und gar
sündig.

Der Sünder nämlich ist Sünder, aber er
wird einst Brahma, er wird einst Gott sein,
wird Nirvana erreichen und Buddha sein -
und nun siehe: die Zeit ist Täuschung, ist
nur eine Form unsres menschlichen Denkens!
Dies "Einst" also ist Täuschung, ist nur
Gleichnis. Der Sünder ist nicht auf dem Weg
zur Buddhaschaft, er ist nicht in einer Entwicklung begriffen, obwohl unser Denken sich
dies nicht anders vorstellen kann. Nein: in
dem Sünder ist jetzt und heute schon der
Buddha da und gegenwärtig, seine Zukunft ist
alle schon da. Du hast im Sünder, du hast
in dir und mir und in jedem Wesen den Buddha zu ahnen, den Buddha zu verehren.

Die Welt, Freund, ist nicht unvollkommen!
Sie ist auch nicht auf einem langsamen
Wege zu irgend einer Vollkommenheit begriffen, o nein! - sie ist in jedem Augenblick
vollkommen, alle Sünde trägt schon die Gnade
in sich, alle kleinen Kinder haben schon
den Greis in sich, jeder Säugling den Tod,
jeder Sterbende das ewige Leben. Alles, was
ist, ist gut, alles ist vollkommen, alles ist
göttlich. Alles bedarf nur meiner Zustimm-
ung, nur meiner Willigkeit, meines liebenden
Einverständnisses, so ist es für mich gut,
kann mich nur fördern, kann mir nicht
                    schaden.

Ich habe an meinem Leibe und an meiner Seele erfahren, dass ich nicht nur des Guten, sondern auch des Bösen und Schädlichen bedurfte, dass alles gut war, dass alles mir so diente: ich bedurfte der Wollust, des Strebens nach Gütern, ich bedurfte der Sünde, der Torheit und endlich der schmählichsten Verzweiflung, um das Widerstreben aufgeben zu lernen, um die Welt lieben zu können, um die Welt nicht mehr mit irgend einer von mir gewünschten, von mir eingebildeten Welt zu vergleichen, sondern sie zu lassen wie sie ist, und sie zu lieben, und ihr gerne anzugehören.

Nun aber lass mich aufhören! Die Worte tun dem geheimen Sinn nicht gut. Es wird immer alles gleich ein wenig anders, wenn man es ausspricht, ein wenig verfälscht, ein wenig närrisch. Ja, und auch damit bin ich einverstanden, auch das gefällt mir und ist sehr gut, dass man Weisheit nicht mitteilen kann, dass das, was eines Menschen heiliger Schatz und Seelenbesitz ist, den anderen immer wie Narrheit klingt.

Einen Stein, o Govinda, kann ich lieben, und auch einen Baum oder ein Tier. Das sind Dinge, und Dinge kann man lieben. Worte aber kann ich nicht lieben. Darum sind Lehren nichts für mich, sie haben keine Härte, keine Weiche, keine Farbe, keinen Geruch, sie haben nichts als Worte.

Vielleicht sind die Dinge ja nicht wirklich, vielleicht sind sie nur Schein. Aber auch ich bin ja alsdann nur Schein, und so sind sie immer meinesgleichen. Das ist es, was mir so lieb und verehrenswert macht: sie sind meinesgleichen. Darum kann ich sie lieben. Und die Liebe, o Govinda, scheint

mir von Allem die Hauptsache zu sein.Die
Welt zu durchschauen,sie zu erklären,sie
zu verachten,mag grosser Denker Sache sein.
Mir aber liegt einzig daran,die Welt lieben
zu können,sie nicht zu verachten,sie und
mich nicht zu hassen,sie und mich und alle
Wesen mit Liebe und Bewunderung und Ehrfurcht betrachten zu können,und stets
ihrer Göttlichkeit zu gedenken.

●●●●●

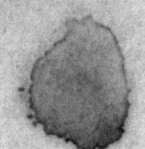

such und werde mit ihr dann vermutlich so gegen den 20. Mai zurückfahren, d. h. bis Zürich, wo ich dann eine Weile wegen Jung bleibe. Ich hoffe nur, er habe dann etwas Zeit für mich. Über die Kosten der Analyse habe ich noch nicht nachgedacht, ich hoffe eigentlich, daß Jung nichts von mir nimmt oder daß dann jemand in Zürich mir hilft. Ein Stück Analyse und Auflokkerung brauche ich, da mein Leben so wie jetzt nimmer lang zu ertragen wäre, die Lähmung durch den vollkommenen Unglauben an den Wert unsrer ganzen Literatur ist für mich zu groß, und für stille angenehme Stunden habe ich wohl das Malen, das hilft mir leben, aber hilft mir nicht mein Leben rechtfertigen, weder geistig noch materiell. [...]

Die indisch-buddhistische »Einkehr«, von der Ihr Brief auch spricht, ist ja nicht eine einmalige Erkenntnis, sondern eine Disziplin, eine ständige, tägliche Übung. Daß unser körperlich-vergängliches Ich belanglos ist, können wir, bei unsrem Leben, nur für Augenblicke einsehen, danach leben kann man nur auf Grund einer mehr oder weniger mönchischen Konzentration. Das ist beim Christentum genau gleich: das übliche praktische und kirchliche Christentum aller Konfessionen ist ebenso eine oberflächliche Notanpassung, mit der sich zur Not das Leben leben läßt. Die tiefern, ernstlichern, wahrhaft geistigen Disziplinen, Übungen und Erlösungen, deren christlicher Geist fähig ist, sind nie in der »Welt« gelebt worden, sondern auch hier nur von den Heiligen und denen, die dazu unterwegs waren, den Mönchen. Das alte Mönchtum, auf dem Sinai und in der Thebais, ist fast ebenso hochkultiviert geistig wie das indische und ist ihm im Grunde sehr nah verwandt.

Unser Leiden ist, daß wir ja gern jenen Weg gingen, aber nicht mehr können, daß die »Welt« uns nicht nur mit Lüsten und Egoismen, sondern auch mit Pflichten und eingegangenen Verpflichtungen festhält. Die müssen wir entweder überwinden oder sie eben anerkennen und ihnen so gut wie möglich nachleben. Der Vollkommene und Heilige ist etwas, was sehr selten erreicht wird, auch unter Mönchen, und wenn er auch als Ideal über uns steht, muß doch im Leben unser nächstes Ziel immer die möglichste augenblickliche Harmonie sein, die nie ganz erreicht und immer wieder verloren wird, aber auch immer wieder zu finden ist. Sie bleibend zu haben, halte ich im Weltleben nicht für möglich.

(Aus einem Brief vom 2. 5. 1921 an Lisa Wenger)

Hugo Ball und seine Frau Emmy Ball-Hennings, die seit 1920 im benach-barten Agnuzzo lebten.

Gestern abend im Gespräch mit Hesse ging mir das Wesen des Johannes Klimax auf. Es ist klar, daß die Leute schon damals um die Psychoanalyse wußten. Sie hatten nur einen anderen Namen dafür. Die Therapeuten, von denen Philo erzählt, waren offenbar Analytiker. Nur deuteten sie anders und ihre Therapie war begriffen im Exorzismus.
(Aus Hugo Balls u. d. T. »Flucht aus der Zeit« publiziertem Tagebuch, die Eintragung vom 8. 5. 1921, Verlag Duncker & Humblot, München, 1927)

Dr. med. C. G. Jung　　　　　　　　　　*Küsnacht-Zürich*
　　　　　　　　　　　　　　　　　　[Anfang Mai 1921]
Lieber Herr Hesse!
　Es ist mir auf jeden Fall lieber, wenn Sie erst nach dem 19. Mai kommen. Gegenwärtig bin ich total aufgefressen und kann darum nichts Rechtes für Sie tun. Später wird es wohl eher gehen. Die Träume, die Sie mir hier erzählt haben, haben mir bereits deutlich gezeigt, wie dringend Ihr Fall liegt. Wenn es irgendwie möglich wäre, hätte ich Sie gleich genommen. Aber ich kann unmöglich Zeit für Sie freimachen. Kennen Sie das Buch von Oscar A. H. Schmitz: Das dionysische Geheimnis, G. Müller, München? Es stehen beträchtliche Sachen drin, die Sie sich nicht entgehen lassen sollten.

　　　　　　　　　　　　　　　　　Mit besten Grüßen
　　　　　　　　　　　　　　　　　Ihr ergebener
　　　　　　　　　　　　　　　　　C. G. Jung

Ich hätte Ihnen längst für Ihren Brief danken sollen, aber die Psychoanalyse nahm mich zu sehr in Anspruch und tut es auch jetzt noch. Doch möchte ich wenigstens kurz auf das erwidern, was Sie über Analyse sagen.

Sie wünschen sich eine Art von Kompromiß zwischen Psychoanalyse und Steinerscher Weltanschauung. Das ist aber etwas Unmögliches, denn Psychoanalyse ist nicht ein Glaube oder eine Philosophie, sondern ein Erlebnis. Dies Erlebnis bis auf den Grund auszukosten und im Leben die Folgen daraus zu ziehen, ist das einzige, was eine Analyse wertvoll macht. Andernfalls bleibt sie eine hübsche Spielerei.

Bei Jung erlebe ich zur Zeit, in einer schweren und oft kaum ertragbaren Lebenslage stehend, die Erschütterung der Analyse. Es geht bis aufs Blut und tut weh. Aber es fördert.

Ob die Analyse auch für Sie nötig ist, kann ich nicht beurteilen. Ich kann nur sagen, daß Dr. Jung meine Analyse mit außerordentlicher Sicherheit, ja Genialität führt.

(Aus einem Brief, ca. Mai 1921 an Hans Reinhart)

Die Psychoanalyse bei Jung hätte ich gern länger fortgesetzt, er ist, als Intellekt wie als Charakter, ein prachtvoller, lebendiger, genialer Mensch. Ich verdanke ihm viel und freue mich, daß ich eine Weile bei ihm sein konnte.

(Aus einem Brief, ca. Mai 1921 an Hans Reinhart)

Über die Psychoanalyse möchte ich mich auf keine Diskussionen einlassen. Die Stütze, auf die ein Mensch sich in besonders schwierigen Zeiten stützt, kann für ihn nicht Gegenstand von Diskussionen sein, um so mehr, wenn er, wie ich, sich zur Dogmatik und zu Untersuchungen über Rechtgläubigkeit nicht berufen fühlt. Daß wir über die seelenärztlichen Methoden und Lehren der frühen Mönche nicht mehr wissen, finde auch ich schade. Daß sie sehr weit von den Ergebnissen anderer Bekenntnisse abweichen, glaube ich allerdings nicht. Ich glaube nicht an eine Wesensverschiedenheit der katholischen Menschheit von der übrigen. Und so will und kann auch die heutige Psychoanalyse (trotz manchen Mißbräuchen, die ihr Wesen so wenig berühren wie Mißbräuche der Priesterschaft das Wesen der Kirche) im Grunde kaum ein anderes Ziel haben als die Schaffung des Raumes in uns, in dem wir Gottes Stimme hören können.

Für mich ist inzwischen die Analyse ein Feuer geworden, durch das ich nun gehen muß, und das sehr weh tut. Mehr kann ich darüber nicht sagen. Soweit ich bis jetzt sehe, ergeben sich Pflichten und Opfer für mich, deren Verwirklichung ich mir noch kaum denken kann.

(Aus einem Brief, ca. Mai 1921 an Emmy und Hugo Ball)

Den »Siddhartha« habe ich Euch geschickt, so habt Ihr wenigstens eine Ahnung von dem, was hier seit zwei Jahren gegangen

ist. Es ist freilich verflucht wenig und fertig wird der Siddhartha natürlich nie, ich wüßte nicht wie, denke auch nicht dran.
(Aus einem Brief vom 14. 8. 1921 an Anny und Hermann Bodmer)

Diese »Erlebnisse und Erkenntnisse eines Fahnenflüchtigen« sind ein Buch, das in Form eines durchschnittlichen Romans ganz überdurchschnittlich wichtige Dinge sagt. Wer irgend innerlich mitbeteiligt ist an dem Vorgang einer Wiedergeburt des europäischen Geistes, der wird in diesem höchst merkwürdigen, höchst lesenswerten Buch einiges Aufregende und Unvergeßliche finden.

Es ist die Geschichte eines Geistigen, der während der Kriegsjahre eine Neurose erleidet, deren Symptom die »Kasernophobie« ist. Schon diese Geschichte ist interessant, und bringt wesentliche Einsichten in das Geheimnis des Militarismus – aber schließlich ist sie eine persönliche Krankengeschichte, welche zur Dichtung erhoben sein müßte, um uns ganz ans Herz zu greifen. Aber nun kommt die Geschichte der Heilung dieses Neurotikers, und hier handelt es sich um Ergebnisse, welche jeden angehen, denn die Not dieses Kranken, der auf dem Umweg der Neurose zur Selbsterkenntnis kommt, ist die Not des europäischen Menschen überhaupt. Und die Wege, die diesen Kranken zur Heilung führen, sind eben jene, auf welchen die erkrankte Geistigkeit unserer Welt schon lange suchend geht: Asiatische Philosophie und Psachoanalyse, aus deren Zusammenklang sich die Sehnsucht nach einer Synthese aus östlicher Entselbstungslehre und abendländischer Aktivität ergibt. Und wirklich wird die Möglichkeit einer solchen Synthese hier allen Ernstes nicht bloß postuliert, sondern als gefunden und erlebt dargestellt. Auf dem Wege indischer Denkübungen wird zwar die buddhistische Einsicht in die Wesenlosigkeit des Ich erreicht, nicht aber der buddhistische Erlösungswille, sondern ein Darüberstehen, das zum Leben Ja sagt und nicht Nirvana, sondern Dauer wünscht. Wie sehr dieser Gedanke unserer Zeit angehört, wurde mir klar, als ich plötzlich bemerkte, daß die hier geschilderte Synthese nichts anderes ist als der Kerngedanke einer indischen Dichtung, an der ich selbst seit anderthalb Jahren arbeite. Auch rein persönlich erlebte und formulierte Stücke meines *Demian* werden durch Schmitz auffallend bestätigt.

Das *Dionysische Geheimnis* ist als Buch gewiß unvollkommen, und sein Schlußteil enttäuscht. Einige Dutzend Seiten darin aber gehören zum Lebendigsten und Wichtigsten, was unsere Zeit zu sagen hat.

(Rezension von O. A. H. Schmitz, »Das Dionysische Geheimnis«, Verlag Georg Müller München, in »Wissen und Leben«, Zürich,
Juni 1921)

Ich bin in jenem Stadium des Lebens, das bei geistig Kämpfenden unter dem Symbol der »vierzig Tage in der Wüste« dargestellt wird, nur daß die Wüste bei mir schon drei Jahre dauert, und ich den Ausgang noch nicht sehe.

In diesen Nöten kam mir als erstes schönes und glückverspre-chendes Zeichen eine Umwandlung und Erneuerung meiner Dichtung (vom Demian an bis zu Klingsor), als zweites begegnete mir Ruth. Ich habe fast zwei Jahre Ruth nun kennengelernt und liebe sie, so gut ich zu lieben verstehe. Was im Leben daraus werden wird, weiß ich noch nicht. Aber ich glaube nicht an die Vergeblichkeit solcher Zeichen.

Wenn ich nun zur Zeit, von außen wie von innen gesehen, nicht eine Verheiratung anstreben kann, so weiß ich, daß ich damit die bürgerliche Moral verletze, kann dies aber nicht ändern, da ich einer anderen, aber nicht minder heiligen Moral folgen muß – der Stimme in mir selbst.

Daß Sie diese Bedenken durch Ruth statt durch mich direkt erfahren mußten, tut mir sehr leid, es ist völlig ohne meine Ab-sicht so gekommen. Mehr als in diesen Zeilen angedeutet ist, kann ich darüber auch kaum sagen. Ich kann Sie nur bitten, Ruth zu schonen, und auch mir Ihr Vertrauen nicht ganz zu entziehen.

Was meine Bedenken gegen die Ehe (wenigstens in der üblichen Form) betrifft, so bitte ich Sie zu bedenken, daß ich in einer langen, vieljährigen Ehe schon einmal überaus schwere Erfah-rungen gemacht habe und daß ich mir sagen muß, daß ich zum Mißlingen und endlichen Scheitern dieser ersten Ehe selbst gewiß ebensoviel beigetragen habe wie meine Frau. Diese Wunde ist noch offen. Vielleicht wächst sie mit der Zeit zu.

Es ist nicht so, daß ich, wie man es oft hört, für den Künstler, als einen irgendwie höheren Menschentyp, eine laxere Moral be-anspruchen würde. Im Gegenteil, ich bin gegen mich selbst stren-ger als die Durchschnittsmenschen. Ich halte mich auch nicht für wertvoller als andre oder für einen Führer oder wichtigen Geist, ich sehe meine Mission viel mehr im Ertragen und Aussprechen der Erlebnisse, die eine besonders gesteigerte Sensibilität mir auferlegt. Und diese Sensibilität macht zur Ehe wenig geeignet.

Welche praktische Lösung des schwierigen Verhältnisses möglich sein wird, weiß ich noch nicht. Meine unbürgerliche Moral beruht auf dem Glauben, daß Schicksal nie ohne Sinn ist, also auch nicht meine Begegnung mit Ruth, und daß ich gegen sie vor allem andern ehrlich sein muß. Sonst hätte ich ja meine inneren Hemmungen der Ehe gegenüber ruhig verschweigen können, weil für Jahre hinaus äußere Hemmnisse genug da sind, welche mir eine neue Ehe noch nicht erlaubt hätten. Aber es wäre damit nichts erreicht worden.

(Aus einem Brief, ca. Juni 1921 an Theo Wenger)

Daß zwischen Ruth und mir die nahe Freundschaft wieder aufhören werde, glaube ich nicht. Wir sind beide exponierte und sensible Naturen, die ein starkes Bedürfnis nach liebevollem Verständnis haben. Dies fanden wir beieinander, und nun kennen wir uns so gut, daß wir dadurch wohl für immer aneinander geknüpft sind. Ich habe nie jemandem so viel von meinen geheimsten Trieben, Schwächen und Leiden anvertraut wie ihr.

Wenn ich die Macht hätte, Ruths Liebe zu mir in reine Freundschaft zu verwandeln, so täte ich es. Ich liebe sie nicht nur als Freundin und Seele, sondern auch als Weib, aber ich habe nie das Erotische in der Liebe für das Wichtigste gehalten und weiß aus Erfahrung, daß ich mich leicht und oft verlieben kann, daß ich aber nur selten mich einem anderen seelisch ganz anvertrauen konnte, und daß dies Band dann fester hält als alle Verliebtheit.

Aber ich bin 44 und Ruth ist 20 Jahre jünger. Zur Zeit ist für sie Freundschaft und Liebe nicht zu trennen. Ob ihre Liebe zu mir sich so in Freundschaft verwandeln kann, daß sie als Frau wieder frei wird, muß die Zeit zeigen. Dies ist für mich gewiß eine Sorge. Doch bin ich dessen gewiß: wenn Ruth durch mich eine Zeitlang, und vielleicht noch lange, andere Heiratsmöglichkeiten versäumt hat, so hat sie auch etwas gewonnen, das ihr fürs Leben gut und fördernd sein kann.

Lieber Herr Wenger, ich glaube nicht an den Zufall. Für mich

*Hesse mit Ruth Wenger auf dem Balkon des »Papageienhauses«
in Carona.*

ist alles, was ich mit Ihrem Hause erlebte, Schicksal, und auch die jetzige Trübe ist für mich gut und von unsern Sternen oder Göttern gewollt. Ich habe nicht nur Ruths Liebe erlebt, sondern auch ihrer Mutter viel Unverlierbares zu danken, und von Ihnen weiß oder fühle ich, daß auch Sie, auf Ihrem persönlichen Wege, die jetzigen Erlebnisse und die Kreuzung mit mir nicht als wertlosen Zufall empfinden können.

(Aus einem Brief, ca. 1921 an Theo Wenger)

Lange Zeit gab es in Deutschland zwar eine Flut von theosophisch-populären Ausdeutungen der buddhistischen Lehre, aber keine irgend zuverlässigen Übersetzungen der eigentlichen Quellen. Vor Oldenbergs Buddhawerk und Neumanns Übersetzungen der Palitexte war der Buddhismus für Deutsche, soweit sie nicht Indologen waren, eine recht sagenhafte Sache. Das hat sich geändert. Für die vielen indessen, denen es auf einen kurzen, möglichst prägnanten Auszug ankommt, ist noch wenig geschehen. Kurt Schmidts Auswahlbändchen, Übertragungen aus dem alten Pali-Kanon, werden daher vielen Wünschen entgegenkommen. Der erste Teil bringt hauptsächlich die Legende von Buddhas Leben, der zweite die Lehre, den »Weg der Erlösung«. Eine so kurze Auswahl konnte kaum besser gemacht werden, die Stücke sind ausgezeichnet gewählt, es tritt vor allem der merkwürdig intellektuelle, ganz auf Erkenntnis abgestellte Charakter der Buddhalehre zutage.

(Rezension Hesses von »Buddha, Die Erlösung vom Leiden«, 2 Bde. Ausgewählte Reden, übersetzt von Kurt Schmidt, H. C. Beck Verlag, München; in: »Der Bücherwurm«, 7, 1921)

»Vorläufig können in Europa kaum die elementarsten Vorstellungen von den ostasiatischen Kulturen vorausgesetzt werden«, sagt Kümmel in dem kurzen Text seines wunderschönen Buches, und wird damit noch für eine gute Weile Recht behalten. Der Europäer war stets so sehr mit sich selber beschäftigt, daß er erst nach Jahrhunderten einer hochgetriebenen geistigen Betriebsamkeit gelegentlich entdeckte, daß Europa nur ein kleiner Teil der Welt sei, daß es größere, ältere, an Denkmälern und Erinnerungen reichere Länder gebe, und Völker mit älterer, vollerer, höherer Kultur. Der Europäer benahm sich der Welt gegenüber stets etwa so wie Preußen Europa gegenüber, er war der Preuße der Welt.

Dennoch weiß Europa heute viel mehr von Ostasien als zu Tage tritt, und mancher Europäer, der sich nie direkt mit asiatischer Kunst oder asiatischem Denken abgegeben hat, hat davon mehr in sich als er weiß, auf Umwegen mannigfachster Art. Und die Bereitschaft Europas für die friedliche, dankbare Anerkennung der Kunst Ostasiens ist im Wachsen begriffen... Europäische Durchschnittsmentalität dringt in diese zarte, geistige, in einem für uns kaum begreiflichen Maße durchkultivierte Welt nicht ein. Wer diese Welt aber einmal kennt und ihre Zauber gekostet hat, dem ist sie heilig.

(Aus der Rezension von Otto Kümmel, »Die Kunst Ostasiens«, Verlag Bruno Cassirer in »Vivos voco«, Juli 1921)

Um das Tao-Buch zu lesen, müßten wir nicht die chinesische Sprache, wohl aber die chinesischen Schriftzeichen lernen. Wer sie kennte, dem wären Übersetzungen entbehrlich. Wir andern müssen uns freuen, wenn je und je wieder eine neue Übersetzung des tiefsten und dunkelsten aller Bücher Chinas erscheint. Die vorliegende steht in Form und Auffassung sehr nahe bei der von Wilhelm[1], die mir auch heute noch die beste scheint. Da und dort zeigt Federmann den Willen zu noch präziserer Form, und zieht eine vielleicht etwas gewaltsame Klarheit einem zweifelhaften Dunkel vor. Wörtlich und »richtig« übersetzt und verstanden wird Lao Tse's Buch niemals werden, der Weg in dies Buch hinein führt an den Worten vorbei, es müssen dem Leser Begriffe wie »Tao« aus Worten zu Wesen werden, die er gleich dem chinesischen Schriftbild wesenhaft und von allem nur Sprachlichen gelöst vor sich zu erblicken vermag. Dann tut Tao seinen Sinn auf, dann wird es Sonne und Licht.

(Rezension von H. Federmanns »Tao Te King«-Übertragung, Beck'sche Verlagsbuchhandlung, Leipzig, in »Vivos voco«, Juli 1921)

---

1 Richard Wilhelm (1873-1930), Sinologe und Übersetzer der klassischen chinesischen Literatur ins Deutsche.

Meine Brahmanengeschichte konnte ich Ihnen neulich schicken, sie ist Fragment geblieben. An sich wäre sie ganz hübsch, aber als Ergebnis von anderthalb Jahren ist sie doch nicht präsentabel.

(Aus einem Brief vom 18. 7. 1921 an Anny Bodmer)

Ich brachte von Zürich[1] den Entschluß mit, um jeden Preis nun Ordnung in mein äußeres Leben zu bringen. Ich begann damit, meiner Frau neue Vorschläge und Angebote für die Scheidung zu machen, wobei es sich hauptsächlich um die Kinder handelte. Ich habe etwas Hoffnung, daß diese Vorschläge angenommen werden. Wenn die Scheidung auf dieser Basis zustande käme, würden die Kinder meiner Frau zugesprochen, dagegen einer ihrer Brüder zum Vormund ernannt.

Finanziell muß ich natürlich meiner Frau fast alles überlassen, was ich habe, auch so wird sie sich sehr einschränken müssen. Ich habe bei meinen Vorschlägen, offen gestanden, damit gerechnet, daß die monatliche Unterstützung, die ich von Ihnen habe, weiter geht, solange ich nicht besser stehe. Dagegen ist im Fall der Scheidung anzunehmen, daß Ihre Ausgaben für Kefikon[2] bald wegfallen; denn meine Frau würde jedenfalls mit den Kindern nach Deutschland ziehen.

Meiner Frau geht es ziemlich gut, sie ist seelisch harmonischer und reifer als ich, und hat bei all den Leiden dieser Jahre mehr gelernt als ich, wenigstens steht sie dem Leben und der Zukunft ruhiger und frommer gegenüber als ich.

Für mich kommt, unter andrem, auch die Möglichkeit einer Wiederverheiratung in Betracht. Ich kann aber daran noch gar nicht im Ernst denken, solange die Scheidung nicht bevorsteht, und solange jeder Tag mir predigt, was für eine heikle und folgenreiche Sache eine Heirat ist und wie schwer es sei, sie wieder aufzulösen.

(Aus einem Brief vom 4. 8. 1921 an Georg Reinhart)

Was aus Siddhartha später wird, möchte auch ich gerne wissen. Ich habe zwar ein gutes Stück mehr erlebt als er, sehe aber das

---

1 Von der Psychotherapie bei C. G. Jung.
2 Georg Reinhart übernahm die Kosten für den Aufenthalt von Hesses Sohn Heiner im Landerziehungsheim Kefikon.

Siddhartha

Eine indische Erzählung von Hermann Hesse

(Erster — bisher einziger — Teil)

An Romain Rolland

Lieber, verehrter Romain Rolland!

Seit dem Herbst des Jahres 1914, da die seit kurzem eingebrochene Atemnot der Geistigkeit auch mir plötzlich spürbar wurde, und wir einander von fremden Ufern her die Hand gaben, im Glauben an die selben übernationalen Notwendigkeiten, seither habe ich den Wunsch gehabt, Ihnen einmal ein Zeichen meiner Liebe und zugleich eine Probe meines Tuns und einen Blick in meine Gedankenwelt zu geben.

Nehmen Sie die Widmung des ersten Teiles meiner noch unvollendeten indischen Dichtung freundlichst entgegen von

Ihrem

Hermann Hesse.

Der Sohn des Brahmanen

Im Schatten des Hauses, in der Sonne des Flußufers bei den Booten, im Schatten des Salwaldes, im Schatten des Feigengartens, wuchs Siddhartha auf, der schöne Sohn des Brahmanen, der junge Falke, zusammen mit Govinda, seinem Freunde, dem Brahmanensohn. Sonne bräunte seine lichten Schultern am Flußufer, beim Bade, bei den heiligen Waschungen, bei den heiligen Opfern. Schatten floß in seine schwarzen Augen im Mangohain, bei den Knabenspielen, beim Gesang der Mutter, bei den heiligen Opfern, bei den Lehren seines Vaters, des Gelehrten, beim Gespräch der Weisen. Lange schon nahm Siddhartha am Gespräch der Weisen teil, übte sich mit Govinda im Redekampf, übte sich mit Govinda in der Kunst der Betrachtung, im Dienst der Versenkung. Schon verstand er, lautlos das Om zu sprechen, das Wort der Worte, es lautlos in sich hinein zu sprechen mit dem Einhauch, es lautlos aus sich heraus zu sprechen mit dem Aushauch, mit gesammelter Seele, die Stirn umgeben vom Glanz des klardenkenden Geistes. Schon verstand er, im Innern seines Wesens Atman zu wissen, unzerstörbar, eins mit dem Weltall.

Freude sprang in seines Vaters Herzen über den Sohn, den Gelehrigen, den Wissensdurstigen, einen großen Weisen und Priester sah er in ihm heranwachsen, einen Fürsten unter den Brahmanen.

Wonne sprang in seiner Mutter Brust, wenn sie ihn sah, wenn sie ihn schreiten, wenn sie ihn nieder-sitzen und aufstehen sah, Siddhartha, den Starken, den Schönen, den auf schlanken Beinen Schreitenden, den mit vollkommenem Anstand sie Begrüßenden.

Liebe rührte sich in den Herzen der jungen Brahmanentöchter, wenn Siddhartha durch die Gassen der Stadt ging, mit der leuchtenden Stirn, mit dem Königsauge, mit den schmalen Hüften.

Erste Seite des Vorabdrucks in der »Neuen Rundschau«

Ende und Ergebnis bei mir noch nicht, und kann es darum auch in der Dichtung noch nicht darstellen. Den Weg der Individuation, der von allem Kollektiven und Autoritativen wegführt, die innere Stimme (auch das Gewissen) so persönlich und so übersensibel macht und das Leben so außerordentlich differenziert und erschwert – das habe ich erfahren und stecke noch mitten drin. Die Wiedereinpassung des differenzierten Individuums ins Ganze, in Sozialität und Gesellschaft könnte ich erst darstellen, wenn ich selbst auf diesem Wege schon weiter wäre. Ich habe bis jetzt (außer der Erziehung und Verfeinerung im Geistigen und Künstlerischen) auf meinem Schicksalswege nichts erreicht und erworben, als daß ich das Leben wenigstens immer wieder bewundere und liebe, obwohl ich es Tag für Tag unendlich schwer zu leben finde.

(Aus einem Brief vom 15. 8. 1921 an Georg Reinhart)

Die Philosophie des Vedanta, des Veda-Endes, zeigt uns den vielgestaltigen indischen Geist wohl in seiner lebendigsten Blüte, zumindest steht uns Abendländern diese Philosophie besonders nahe. Wie erregend und beglückend das erste Kennenlernen vereinzelter »Upanishaden« einst auf Humboldt und auf Schopenhauer gewirkt hat, ist bekannt. Der Herausgeber der vorliegenden Auswahl warnt freilich vor Überschätzung. Er hat gewiß recht, wenn er die Upanishaden als weit entfernt vom Geist unsrer wissenschaftlichen Philosophie empfindet und sie mehr in die Nähe primitiver Opfersprüche und Zaubersegen stellt. Die Frage indessen, ob Weisheit nur mit den Mitteln der Professorenphilosophie erreichbar sei, und ob urtümliche Dichtung nicht etwa mehr sei als Literatur, möchte man ihm entgegenstellen. Im übrigen macht Hillebrandts Buch den allerbesten Eindruck, die Übersetzungen wirken frisch und schön, die Anmerkungen sind sehr willkommen, der ganze Geist des Werkchens ist ernsthaft und sachlich, so daß Freunde des indischen Denkens das Buch künftig gerne neben den Publikationen Deussens benutzen werden. Es enthält im ersten Teil einige »Brahmanas«, Vorläufer der Upanishaden, als Proben des älteren, noch ganz im vedischen Ritual-Geist befangenen Denkens, dann eine schöne Auswahl von Upanishaden. Ihre zentrale Lehre ist die vom Atman, vom Selbst im Ich. Das Finden des Selbst und das Unterscheiden des (individuellen, egoistischen) Ich vom Selbst ist für uns der Inbegriff aller indischen Lehre, wie es auch der Lehre Buddhas zugrunde liegt.

(Hermann Hesse über »Brahmanas und Upanishaden«, übertragen u. eingeleitet von A. Hillebrandt, Diederichs, Jena, in »Wissen und Leben«, Zürich, September 1921)

Die geistige Welle aus Indien, die in Europa, speziell in Deutschland, seit hundert Jahren wirksam war, ist nun allgemein fühlbar und sichtbar geworden; man mag über Tagore und über Keyserling denken, wie man will, die Sehnsucht Europas nach der seelischen Kultur des alten Ostens ist eklatant geworden.

Psychologisch gesprochen: Europa beginnt an mancherlei Verfallserscheinungen zu spüren, daß die hochgetriebene Einseitigkeit seiner geistigen Kultur (sie äußert sich am deutlichsten etwa im wissenschaftlichen Spezialistentum) einer Korrektur bedarf, einer Auffrischung vom Gegenpole her. Die allgemeine Sehnsucht gilt nicht einer neuen Ethik oder einer neuen Denkweise, sondern einer Kultur jener seelischen Funktionen, welchen unsere intellektualistische Geistigkeit nicht gerecht geworden ist. Die allgemeine Sehnsucht gilt nicht so sehr Buddha oder Laotse als dem Jogitum. Wir haben erfahren, daß der Mensch seinen Intellekt bis zu erstaunlichen Leistungen kultivieren kann, ohne dadurch der eigenen Seele Herr zu werden.

Zuweilen sind Neumanns Übersetzungen[1], ihrer Wörtlichkeit in den anscheinend endlosen Wiederholungen wegen, von deutschen Literaten bespöttelt worden. Manche fühlten sich durch diese geruhigen, endlosen fließenden Betrachtungsreihen an Gebetsmühlen erinnert. Diese Kritik, so witzig sie sein mag, geht von einer Einstellung aus, welche der Sache nicht gerecht zu werden fähig ist. Buddhas Reden nämlich sind nicht Kompendien einer Lehre, sondern sie sind Beispiele von Meditationen, und das meditierende Denken eben ist es, was wir bei ihnen lernen können. Ob Meditation zu anderen wertvolleren Ergebnissen führen könne als wissenschaftliches Denken, ist eine müßige Frage. Zweck und Resultat der Meditation ist nicht ein Erkennen

---

1 »Die Reden Gotamo Buddhos«. Zum ersten Mal übersetzt von Karl Eugen Neumann, Piper & Co., München, 1921.

im Sinn unserer westlichen Geistigkeit, sondern ein Verschieben des Bewußtseinszustandes, eine Technik, deren höchstes Ziel eine reine Harmonie, ein gleichzeitiges und gleichmäßiges Zusammenarbeiten von logischem und intuitivem Denken ist. Über die Erreichbarkeit dieses idealen Zieles steht uns kein Urteil zu, wir sind in dieser Technik durchaus Kinder und Anfänger. Zum Eindringen in die Technik der Meditation aber gibt es keinen direkteren Weg als die Beschäftigung mit diesen Buddha-Reden.

Es gibt zahlreiche nervöse deutsche Professoren, welche etwas wie eine buddhistische Überschwemmung, einen Untergang des geistigen Abendlandes befürchten. Das Abendland wird jedoch nicht untergehen, und Europa wird nie ein Reich des Buddhismus werden. Wer Buddhas Reden liest und durch sie Buddhist wird, der mag für sich einen Trost gefunden haben – statt des Weges, den uns Buddha vielleicht zeigen kann, hat er aber einen Notausgang gewählt.

Die Modedame, die neben den bronzenen Buddha aus Ceylon oder Siam nun die drei Bände der Reden Buddhas legt, wird ebensowenig jenen Weg finden wie der Asket, der sich aus dem Elend eines öden Alltags zu dem Opium eines dogmatischen Buddhismus flüchtet. Wenn wir Abendländer erst etwas Meditation gelernt haben werden, wird sie uns ganz andere Resultate zeigen als den Indern. Sie wird uns nicht zum Opium werden, sondern zu einer vertieften Selbsterkenntnis, wie sie als erste und heiligste Forderung den Schülern der griechischen Weisen gestellt wurde.

(Rezension »Die Reden Buddhas« in »Die Neue Rundschau« vom Oktober 1921)

Wenn Sie nach Italien fahren, besuchen Sie mich auf der Durchreise. Ich lebe hier in der alten Weise und schlage mich mit meinen Dämonen herum, habe viel Neues gemacht, aber seit einem Jahr nichts mehr geschrieben.

(Aus einer Postkarte vom 3. 11. 1921 an Carl Seelig)

Und nun zu Lao Tse. Er ist für mich seit vielen Jahren das Weiseste und Tröstlichste, was ich kenne, das Wort Tao bedeutet für mich den Inbegriff jeder Weisheit. Es gibt von seinem kleinen Buch mehrere deutsche Übersetzungen, eine poetisch-freie von Ular, eine noch poetischere, aber völlig freie, vom Original unendlich weit entfernte von Klabund, und manche andere. Als gute, dem Wortlaut möglichst nahe kommende Übersetzungen kann ich nur zwei empfehlen: die Übersetzung von Richard Wilhelm (Verlag E. Diederichs in Jena) und die von Julius Grill (Tübingen, Verlag I. C. B. Mohr). Die von Wilhelm ist mir die liebste.

Von demselben R. Wilhelm herausgegeben, erscheint bei Diederichs in Jena seit mehr als zehn Jahren eine Sammlung chinesischer Denker in deutschen Übersetzungen, sehr zu empfehlen. Erschienen sind (sämtlich von Wilhelm übersetzt) bis jetzt Lao Tse – Liä Dsi – Gespräche des Konfuzius – Dschuang Dsi (Tschuang Tse) – Mong Dsi (Moncius). Richard war viele Jahre in China. Ich weiß auch persönlich viel von ihm durch einen Vetter von mir, der 14 Jahre als Lehrer in Japan gelebt hat und mir nah befreundet ist.[1]

(Aus einem Brief vom 8. 11. 1921 an Romain Rolland)

Ihre Hindu-Erzählung hat mich entzückt, und ich bin sehr gerührt, daß Sie sie mir gewidmet haben. Wie aber hätte ich denn, wenn ich Ihnen auch nicht geschrieben habe, Ihr Werk und die herzlichen Zeilen die ihm vorausgehen, übersehen können?...
Siddhartha *bricht an der wichtigsten Stelle ab, dort, wo Sie Ihre eigenen Gedanken darlegen müssen. Ich erwarte die Fortsetzung mit lebhaftem Interesse.*

Danke für die Auskünfte, die sie mir über die deutschen Übersetzungen der chinesischen Denker gaben.

Haben sie sich nie mit Tagore wegen der asiatischen Universität, die er in Bolpur gründen will, in Verbindung gesetzt? –

Ich weiß nicht, wie Sie zu Tagore stehen. Es kann ja sein, daß Sie ihn für allzu europäisiert halten, oder daß seine Kunst Ihnen nicht frei von einer gewissen Fadheit vorkommt. – Ich muß sagen, daß ich einige Vorbehalte hatte, vor allem als ich den um ihn entfesselten Snobismus sah. Doch ich hatte die große Freude, ihn im vergangenen Frühjahr in Paris im intimen Kreis zu treffen;

1 Prof. Wilhelm Gundert (1880-1971)

und ich habe eine tiefe Zuneigung und Achtung für ihn gefaßt.
Er ist von starker und feiner Intelligenz und fällt auf die Menschen
keineswegs herein; und da seine Unabhängigkeit jetzt von vielfa-
chen Schwierigkeiten bedrängt ist, die von seinen Bewunderern
ebenso wie von seinen Gegnern herrühren, leidet er unter der euro-
päischen Brutalität, die er hassenswert findet; und er strahlt eine
wunderbare Harmonie aus, die aus reicher Erfahrung und abge-
klärten Leiden gewebt ist. – Er hätte sehr gern, daß Europäer
an seine Universität kommen; und ich würde für später daran
denken, wenn meine Gesundheit jetzt nicht zu angegriffen wäre.
Doch auf wieviel Hindernisse stößt Tagore, von seiten seiner
Landsleute wie von seiten der Engländer!
　　　(Brief Romain Rollands vom 22. 11. 1921 an Hesse)

In den letzten zwanzig Jahren hat das alte, geistige China, das
vorher kaum einigen Gelehrten bekannt war, uns durch Übersetzungen seiner alten Bücher, durch den Einfluß seines alten Geistes zu erobern begonnen. Erst seit zehn Jahren ist Lao Tse in
allen Sprachen Europas durch Übertragungen bekannt geworden
und zu gewaltigem Einfluß gelangt. Wenn wir früher, bis vor
zwanzig Jahren, vom »Geist des Ostens« sprachen, so dachten
wir ausschließlich an Indien, an die Veden, an Buddha, an die
Bhagavad Gita. Jetzt denken wir, wenn vom Geiste Ostasiens
die Rede ist, ebenso sehr oder mehr an China, an die chinesische
Kunst, an Lao Tse, an Dschuang Dsi, auch an Li Tai Pe. Und
es zeigt sich, daß das Denken des alten China, zumal das des
frühen Taoismus, für uns Europäer keineswegs eine entlegene
Kuriosität ist, sondern uns im wesentlichen bestätigt, in Wesentlichem berät und hilft. Nicht als ob wir aus diesen alten Weisheitsbüchern plötzlich eine neue, erlösende Lebensauffassung
gewinnen könnten, nicht als ob wir unsere westliche Kultur wegwerfen und Chinesen werden sollten! Aber wir sehen im alten
China, zumal bei Lao Tse, Hinweisungen auf eine Denkart, welche wir allzusehr vernachlässigt haben, wir sehen dort Kräfte
gepflegt und erkannt, um welche wir uns, mit anderm beschäftigt,
allzu lange nicht mehr gekümmert hatten.

Ich gehe zu der Ecke meiner Bibliothek, wo die Chinesen stehen
– eine schöne, eine friedliche, glückliche Ecke! In diesen uralten
Büchern stehen so gute und oft so merkwürdig aktuelle Sachen.

Wie oft während der furchtbaren Kriegsjahre fand ich hier Gedanken, die mich trösteten und aufrichteten!

Und ich lese in einer Mappe mit Aufzeichnungen, die ich mir gesammelt habe, etwas von Yang Tschou.

Yang Tschou, ein chinesischer Weiser, der vielleicht ein Zeitgenosse des Lao Tse und älter ist als der indische Buddha, sagte einst, daß der Mensch sich zum Leben verhalten könne wie ein Herr oder wie ein Knecht. Daran anschließend sagte er den folgenden Spruch:

Von den vier Abhängigkeiten.

Vier Dinge sind es, von welchen die meisten Menschen abhängen, welche sie allzu sehr begehren: Langes Leben – Ruhm – Rang und Titel – Geld und Gut.

Der beständige Wunsch nach diesen vier Dingen ist Ursache, daß die Menschen sich vor den Dämonen fürchten, daß sie sich voreinander fürchten, daß sie Angst vor den Mächtigen und Furcht vor Strafen kennen. Auf dieser vierfachen Furcht und Abhängigkeit beruht jeder Staat.

Die Menschen, welche diesen vier Abhängigkeiten unterliegen, leben wie Unsinnige. Einerlei, ob man sie totschlage oder am Leben lasse: das Schicksal kommt diesen Menschen von außen her!

Wer aber sein Schicksal liebt und sich mit ihm eins weiß – was fragt der nach langem Leben, nach Ruhm, nach Rang, nach Reichtum?!

Die Menschen dieser Art haben den Frieden in sich. Nichts in der Welt kann sie bedrohen, nichts kann ihnen feind werden. Im eigenen Innern tragen sie ihr Schicksal.

(Aus »Chinesische Betrachtung«, »Neue Zürcher Zeitung« v. 25. 12. 1921)

*Stichworte zu einem Vortrag
über indische Kunst und Dichtung*

Zwei verschiedene, gegensätzliche Vorstellungen, wenn der Laie an Kunst und Kultur Indiens denkt:

1) Das Indien der Götzen und Tempel. Bilder von Gottheiten

mit vielen Brüsten, 2 Köpfen, 6 bis 8 Armen, mit Elefantenköpfen und Affenköpfen, riesige Architekturen übersät mit Katarakten von Figuren: ein Urwald von Formen, chaotisch, prächtig, barbarisch. Goethe, der eine Weile sehr nach Indien neigte, hat diese wilde, barbarische, überüppige Kunst abgelehnt als fratzenhaft. Er, der Maßvolle, Apollinische, hat auch Beethoven und Kleist als barbarisch empfunden und sich ferngehalten. Aber doch verdanken wir Goethes indischen Studien eines seiner herrlichsten Gedichte: der Gott und die Bajadere. Sein Verhalten gegen die indische Kunst wurde von Europa geteilt bis vor kurzem. Erst neuestens erregen, ebenso wie Negerplastiken etc., die primitiv-üppigen Bildereien des alten Indien in Europa Bewunderung und gewinnen Einfluß.

2) Gegensatz dazu: ein stilles, sanftes Indien des Geistes, mit dem Bild des allverstehenden, allgütigen Buddha, mit tief in Betrachtung versunkenen Mönchen und Heiligen, eine rein geistige Welt ohne Götter und Götzen, weltabgewandt, sehnsüchtig nach Erlösung, innig an Gebet und Entsagung hingegeben, jeder Sinnenlust abhold, nur dem Ewigen zugekehrt.

Beides ist Indien, beides ist heute noch da, zwischen beiden Kontrasten schwingt das Leben Indiens, man begegnet ihm dort bei jedem Schritt. Beide Indien aber, das sinnliche und das vergeistigte, das Götzen anbetende und das rein auf Erkenntnis und Ethik gestellte buddhistische – beide sind fromm, beide sind ganz durchdrungen von Religion, von Andacht, vom Gedanken an das Göttliche. Indien ist das Land der 1000 Religionen, der indische Geist ist unter allen Völkergeistern das spezifisch religiöse Genie. Religionen des Diesseits, der Sinnenwelt, der wildprächtigen Götzen wechseln stets mit Religionen der Abkehr und Versenkung. Immer wieder ist in Indien aus Götzenkult und üppigster Daseinslust der Drang nach Askese, Einsiedlertum und Vergeistigung entstanden – und ebenso entstand immer wieder aus den reinsten Lehren und Kulten ein neues Götzentum, neue Vielfalt, neue Barbarei, aber auch neues Leben, neue Kunst.

Zu Zeiten erhob sich der Kultus der Götter, der Vishnu, Krischna, Shiwa etc. zu reinster, geistigster Höhe, während die götterlosen, gereinigten, puritanischen Konfessionen, wie der Buddhismus, oft wieder in leeren Zeremoniendienst, ja in naivste Vielgötterei verwildern. Auch heut noch können in Indien jeden Tag neue Religionen entstehen, Reformen der alten sind überaus häufig, bald werden strenge veräußerlicht, bald äußerliche vergeistigt. Und immer wieder entsteht Askese und Mönchtum, gehen Viele von Haus und Habe, Heimat und Familie weg, in die Wälder, um nur noch ihrer Seele zu leben, Lotos zu essen und zu den Himmlischen einzugehen.

Vielleicht ist es ein Glück, daß in Indien erst ziemlich spät der Gebrauch der Schrift aufkam, es bestünde sonst ohne Zweifel eine unausdenkbar riesige Literatur, schon aus den ältesten Zeiten, die zum größten Teil aus Theologie und Philosophie bestünde. – Das älteste Werk indischen Geistes, die Vedas, sind durch Jahrhunderte ohne Schrift nur durch mündliche Weitergabe überliefert worden.

Dieser Verzicht auf die Schrift, bis in ziemlich späte Zeiten, hat dem Stil der brahmanischen Geistigkeit gewiß etwas Umständliches, aber auch eine große Intensität gegeben; eine Sache war nicht dadurch erledigt, daß man sie literarisch erledigte.

Meditation, Gebet, Wort OM.

Die Veden sind etwa um 1000 v. Chr. schon fertig formuliert gewesen, die Zeit ihrer Entstehung reicht unendlich weiter zurück. Sie bestehen in der Hauptsache aus dem Opfer und Ritual. Heiligstes (und einträglichstes) Vorrecht der Brahmanen das Opfer. Komplizierte Opfer, die Tage, Wochen, Monate dauern und mehrere Priester erfordern. Beschwörungen, Regenmachen, böse Zauber lösen etc.

Eine Auslese der Geistigsten unter den vielen Brahmanen aber strebte höher, sie strebten nach Erkenntnis und Heiligung, in Disputationen über die Entstehung der Welt, Herkunft der Götter, Bestimmung der Menschen trieben sie eine hochstehende Philosophie. Daraus entstand, so zwischen 1000 und 800 v. Chr., das sogenannte Vedanta, Ende der Veden, Lehre vom All-Einen, Deutung der Götter ins Seelische, die erste edle Blüte indischen Denkens. Unter einer Elite höchst gebildeter brahmanischer Denker entsteht die klassische indische Lehre vom All-Einen, von der Einheit allen Lebens, das als Brahman die Welt erhält, das als Atman in jedem lebenden Wesen atmet. Nie ist ein edlerer Pantheismus gelehrt worden.

Schon früh erscheint auch, nicht als bestimmte Lehre, sondern wie aus alter Tradition selbstverständlich übernommen, die Lehre von der sogenannten »Seelenwanderung«, den Reinkarnationen. Jedes Wesen durchläuft ganze Reihen von Existenzen, in Tieren und Menschen, wird nach jedem Tode in neuer Gestalt wiedergeboren. Auch Götter werden wiedergeboren. Um gewisse Taten zu verrichten, läßt irgend ein Gott sich als Mensch wiedergebären. Der Mensch aber hat nicht die Wahl, als was und wo und wie oft er wiedergeboren werden will, blind unterliegt er dem Schicksal.

Reinkarnationslehre als Erklärung der Übel (früher Tod etc.) ohne Verletzung der ewigen Gerechtigkeit. Reinkarnationslehre als Begründung einer Ethik der Entwicklung zum Guten, Reinen.

Neben alle dem gedieh aber überall die üppigste Priesterwirtschaft, Ausnützung, Bedrückung.

Nun erscheint Buddha. Seine Lehre ist nicht neu, ist seit 2 Jahrhunderten vorbereitet, ist schon von andern ausgesprochen. Er aber lebt und lehrt, ein Vollkommener, und bringt über ganz Indien den Gedanken der Erlösung. Da jede Geburt zum Alter und Tod führt, der Tod zur Wiedergeburt, die Wiedergeburt zu Leid, Alter, Krankheit, Tod – wie diesem ewigen Kreislauf ent-

154

rinnen?

Buddhas Weg zur Erlösung ist oft deswegen getadelt und bezweifelt worden, weil er ganz auf »Erkenntnis« beruhe. Ja, aber das ist keine nur intellektuelle Erkenntnis, kein Lernen und Wissen, sondern geistiges Erleben, das nur durch strenge Zucht in einem selbstlosen Leben erworben werden kann. Einschränkung aller leiblichen Bedürfnisse aufs Unentbehrlichste, Armut, Gehorsam, Keuschheit (kommt bei allen Mönchen später wieder). Der Erkenntnis geht voran eine peinliche Praxis, ein Leben in Entbehrung, eine Schule der Meditation, beständige Übung in Selbstbeherrschung. Verboten ist Töten, ist Zwang, ist Ungeduld, ist Haß, ist jede Lüsternheit, jeder Sinnengenuß. Die geistigen Übungen, Meditationen, führen in allmählichen Stufen zum Ziel der Erkenntnis. Diese beruht darin, daß das Ich sich als eine Täuschung erweist, dann tritt anstelle des Ichbewußtseins das Allbewußtsein, die erlöste Seele kehrt aus Vereinzelung und Irrung ins All (Nirwana) zurück.

Nirwana? = Nichts? aber...

= Seligkeit? Buddha verbietet davon zu reden.

Gedicht vorlesen.

(Der Vortrag wurde gehalten am 12. 1. 1922 in St. Gallen)

Der Osten, und vor allem Indien und China, üben auf den Europäer eine geheimnisvolle Anziehungskraft aus. Und bei seinem angeborenen Hange, das Gute stets in fremden Ländern zu suchen, bei seinem Hange zu Romantik und Märchenwelt, ist es gerade der deutsche Mensch, der sehnsuchtsvoll nach den Wundern und Märchen, Farben und Blumen, Philosophien und Frauen Indiens verlangt. Kommt nicht dieses große schmerzende Sehnen und Suchen bei Bonsels zum schönsten Klingen! Wie sonderbar aber, daß Goethe, dessen Heimat die ganze Welt war, das romantische, das groteske Indien ablehnte, und dennoch – Herr Hermann Hesse wies in seinem Vortrage, den er gestern im Stadttheater hielt, darauf hin – eine seiner schönsten Dichtungen, »Der Gott und die Bajadere«, dem Osten darbrachte. Herr Hesse, dessen Vortrag vor allem einführte in das Innenleben des Inders, erläuterte in einfacher, klarer Weise die große Kunst des Meditierens und der vollkommenen Konzentration des Menschen auf sein innerstes Ich, was jenem Indien eigen ist, dem Tagore angehört, als Epigone

*des indischen Geistes, wie dieser in Buddha zur vollen Blüte sich
entfaltet hat. Nicht verstandesmäßige Erkenntnis sei die Icher-
gründung, wie sie der Buddhismus besitze und verlange, sondern
die Erkenntnis, daß die Seele, das, was der einzelne als Leben
in sich trage, eine kleine Flamme sei jenes Lebens, das alle Tage
neu wird. Ohne Anfang und ohne Ende ist das Werk des Geistes,
von dem wir nur ein Teil sind. Wandernde von Geburt zum Tode
und vom Tode zur Wiedergeburt, sind wir tausendmal Geborene,
tausendmal Gestorbene. Wir können jederzeit wieder eins werden
mit dem, aus dem wir kommen; diese Erkenntnis ist der Gewinn,
das Glück aus der Meditation. Aus ihr heraus kommt die heilsame,
die unzerstörbare, beseligende Ruhe, das Gelassene, Tröstliche,
Zufriedene, das aus dem Bildnisse Buddhas fließt. Die Erkenntnis,
daß das Nirwana die Heimat aller ist, möchte ich beifügen; eine
Erkenntnis, die ein Abendländer zwar auch haben kann, ohne
seinen »Heiland« im Osten suchen zu müssen.*

*Herr Hesse sprach auch von Tagore, dem Dichter und Pädago-
gen, der (ohne die vielen Lehrbücher und die üppige Schulweisheit,
die so manchen Abendländer drückt) das Kind versteht und liebt,
so wie ein gutes Kind wiederum die Blumen liebt.*

(Aus dem »St. Galler Tagblatt« vom 13. 1. 1922)

Ihre etwas vorwurfsvolle Kritik meines Siddhartha verstehe ich
nicht recht. Mir kommt es vor, als wollte ich nach jedem Ihrer
Briefe die Handschrift kritisieren. Vielleicht haben Sie übersehen, daß Siddhartha nichts Fertiges, sondern nur ein Anfang ist.
Aber einerlei, es mag ja wohl sein, daß diese Dichtung nichts
taugt, oder noch weniger als meine anderen, von denen ich ebenfalls nichts halte, die aber doch für mich sein mußten, ebenso
wie Siddhartha für mich sein muß. Daß Weisheit nicht lehrbar
sei, ist eine Erfahrung, die ich einmal im Leben versuchen mußte
dichterisch darzustellen, der Versuch dazu ist Siddhartha.

Glauben Sie nicht, daß ich mich oder mein Werkchen verteidigen wolle. Es tat mir aber leid, daß Sie mich so wenig kennen.
Mann, ich bin doch kein Literat. Wenn Sie nicht mehr literarisch
sehen und sich nimmer fragen, ob wohl der Literat Hesse hier
zu loben oder zu tadeln sei, so werden Sie sehen, daß auch im
Siddhartha Dinge stehen, die wahr und erlebt sind...

Wenn Sie es irgendwo auftreiben können, so lesen Sie gelegentlich das »dionysische Geheimnis« von Oskar A. H. Schmitz, ein Buch, das als Dichtung wertlos ist, aber viel erstaunlich Weises enthält.

Sie haben recht gefühlt: mit der Reife wird man immer jünger. Es geht mir auch so, obwohl das wenig sagen will, da ich das Lebensgefühl meiner Knabenjahre im Grunde stets beibehalten habe und mein Erwachsensein und Altern immer als eine Art Komödie empfand.

(Aus einem Brief vom 14. 1. 1922 an Werner Schindler)

Ich war erstaunt und betrübt darüber, wie auch Steffen[1] die neuerdings von Steiner[2] herausgegebene Parole gegen die Gedankenwelt des alten Asien mitmacht und, während er Steiner als Heiland sieht, über Buddha und Lao Tse mit mitleidigem Lächeln spricht. Das ist, von mir aus gesehen, Blasphemie, denn nicht nur hat Steiner das Beste seiner Lehren aus Indien geholt, sondern es ist auch für mich das letzte, kleinste Wort Buddhas und gar Lao Tse's unendlich viel höher und reiner als alles von Steiner.

[...] Der Vortrag in St. Gallen, der durch Ihre Anregung zustand gekommen war, machte mir vorher viel Sorge, ging aber dann gut und war für mich eine interessante Aufgabe, da ich noch nie einen freien Vortrag gehalten hatte.

(Aus einem Brief vom 27. 1. 1922 an Hans Reinhart)

Was ich über Steffen's Meinungen zu Buddha und Lao Tse sagte[3], ist nicht Erfindung von mir, sondern beruht auf Äußerungen, die Steffen selbst in seinem Blatt getan hat und auf vielen mündlichen Äußerungen, die ich von Anthroposophen im Kreise Molt's[4] darüber hörte. Auch will ich keineswegs Steffen's und Steiners Glauben irgend antasten oder gar, wie Sie sagen, »verurteilen und verdammen« – dazu bin ich der Letzte. Ich wollte

---

1 Albert Steffen (1884-1963), Dramatiker, Erzähler, Essayist.
2 Rudolf Steiner (1861-1925), Begründer der Anthroposophie.
3 Vgl. Brief an Hans Reinhart v. 27. 1. 1922.
4 Emil Molt (1876-1936), der mit H. H. befreundete Inhaber u. Gründer der Waldorf Astoria Zigarettenfabrik. 1919 gründete er die freie Waldorfschule.

lediglich aussprechen, was mich von Steffen, und noch mehr von Steiner, trennt. Gerade die Unduldsamkeit gegen andere Lehren, das mitleidige Spötteln über Keyserling, jene Worte über Buddha, die ungeprüfte Ablehnung der Psychoanalyse und manche ähnliche Äußerungen, öffentliche und private, die ich von Anthroposophen hörte und häufig höre, sind das, was ich ablehne, nicht das ernste Suchen und das Ringen um Vollendung – [dafür] kenne ich, in allen Formen, nur Ehrfurcht [...]

An dem Punkte, wo der äußere Erfolg mir nichts mehr bedeutet, wo ich ihn sogar oft sehr als Hemmnis empfinde, stehe ich seit etwa vier Jahren. Mein Versuch, mit meiner Person hinter dem Gearbeiteten zu verschwinden, ist mit dem Pseudonym des Demian, trotz meiner innigsten Bemühungen, von den Journalisten aufgedeckt und vereitelt worden. Auch darüber habe ich mich nach einer Weile beruhigt.

(Aus einem Brief, ca. Februar 1922 an Hans Reinhart)

Ich bin oft müde und ohne Glauben und Mut, aber ich glaube, man muß diese Zustände nicht eigentlich bekämpfen, sondern sich ihnen überlassen, einmal weinen, einmal gedankenlos brüten, und nachher zeigt sich, daß inzwischen die Seele doch gelebt hat und irgendetwas in einem vorwärts gegangen ist.

(Aus einem Brief vom 12. 2. 1922 an Emmy Ball-Hennings)

Ich habe nun Ihren Herakles[1] gelesen, und sage Ihnen dafür schönen Dank. Die Bücher, die mit dem Lesen schöner werden, und deren zweite Hälfte schöner ist als die erste, sind nicht so häufig. Sie sagen manches, das meinen Gedanken nahe steht und mir brüderlich klingt. Am liebsten ist mir der Thomas und der Josef von Arimathias. Der Weg des Heraklius ist auch mir vertraut, ich spinne schon lang an etwas Ähnlichem, in indischem Kleid, das von Brahman und Buddha ausgeht und bei Tao endet. Eben hatte ich, leider für manche Jahre zum letzten Mal, den einzigen Menschen kurz zu Besuch hier, mit dem ich über diese

---

1 Felix Braun, »Die Taten des Herakles«, Roman, Rikola, Wien, 1921.

Dinge richtig sprechen kann. Es ist ein Vetter von mir[1], der 15 Jahre in Japan lebte und eben wieder hinaus ging, er ist im Ostasiatischen daheim wie in seiner Haut, und mit ihm kann ich indisch und chinesisch denken, reden und schweigen wie mit niemand.

(Aus einem Brief, Mitte Februar 1922 an Felix Braun)

Wenn Sie für sich einen Sinn in meiner »Wanderung« gefunden haben, dann stehen Sie schon mehr auf meiner Seite als auf der des Theologen. Dennoch werden Sie ihm wahrscheinlich dialektisch unterliegen, weil es der Methode der Theologen auf Dialektik, auf Apologieen und Rechtbehalten ankommt, während die auf der anderen Seite, die Narren und Kinder, zu denen auch Lao Tse und Jesus gehörten, auf das Rechthaben keinen Wert legen.

Es ist richtig, ich habe das vom Lebemann in Paris und dem Mönch auf dem Athos einmal gesagt; ich weiß nur gerade nicht mehr, wo es steht.[2] Ich bin auch heute noch der Meinung (und es ist weit mehr als »Meinung«), daß der Mönch und der Lebemann jeder von Gott gleich gewollt und geliebt ist, während Ihr theologischer Freund vermutlich finden wird, daß Gott die anständigen Leute, die Theologen inbegriffen, billige, die bösen und von den Theologen verachteten aber ablehne. Daß Jesus das nicht tut, können Sie aus dem Neuen Testament Ihrem Freund leicht beweisen; auch Buddha tat es nicht, und keiner der großen Lehrer und Weisen, denn die alle hatten zum Grunde ihrer Lehren das Wissen um die Einheit des Lebens und um die Vergänglichkeit und Wandelbarkeit der Masken, unter welchen das Leben sich uns zeigt. Sie alle wußten, was die Theologen nicht wissen dürfen: daß der Mörder und Wüstling von heute der Heilige von morgen sein kann und der Edle und Priester zum Schädling und Gift werden kann.

---

1 Wilhelm Gundert (1880-1971) Prof., Leiter des japanisch-deutschen Kulturinstituts in Tokio, hatte H. H. am 15. 2. 1922 auf seiner Rückreise nach Japan besucht.
2 »Die Ergriffenheit ist alles, ob es die eines Mönches auf dem Berg Athos sei, oder die eines Lebemannes in Paris.« Über diesen Satz Hesses, aus »Klingsors letzter Sommer«, in einem Vortrag am 23. Januar in der Zürcher Tonhalle gelesen, entzündete sich die Diskussion des Briefempfängers mit einem Theologen.

Hermann Hesse, z. Zt. der Niederschrift des »Siddhartha«

Das, worin der Mönch und der Lebemann einig und gleich sein können, ist das kindliche, fromme naive Gefühl, daß hinter allem Gott steht, daß alles vom Ewigen gewollt ist, daß unsre Meinungen und Moralen die Dinge niemals ins Herz treffen, sondern ihnen nur Namen und Etiketten anhängen, während dahinter Gottes Wille steht.

Goethes Mephisto sagt, er gehöre zu der Kraft, die »stets das

Böse will und stets das Gute schafft«. Es gibt auch das Gegenteil, es gibt auch Unzählige, welche stets das Gute wollen und fast immer das Böse tun, dem Leben Gewalt antun, Gottes reiche Welt verarmen, und dazu gehören zuweilen auch Priester und Theologen. Daß sie zuweilen diese arme Rolle spielen, darf uns Weltfromme aber nicht verführen, nun unsrerseits die Theologie abzulehnen und ihren Wert zu negieren. So gut wie der Freigeist, so gut wie der Dichter, so gut wie der Weise und das Kind ist auch der Theologe da, ist von Gott gewollt, ist eine der tausend Masken und Kleider Gottes, des ewigen Lebens.

Die Sache ist so einfach, daß ich mir komisch vorkomme mit meinen Erklärungen. Es handelt sich dabei aber eben nicht um erdachte Weisheiten, sondern um reale, erlebte, welche auszudrücken und zu beweisen immer unmöglich bleibt. Daher muß der Weltfromme die Rolle des Rechthabenden und Siegers im Streit der Meinungen immer dem Theologen oder einem anderen Vertreter der jeweils von einer Majorität gebilligten Wahrheit überlassen. Wer nicht beweisen, sondern Weisheit atmen und leben will, dem geht es immer wie es Lao Tse ging, dem weisesten der Menschen, welcher erkannte, daß jeder Versuch, die eigentliche Weisheit in Formeln auszusprechen, sie schon zur Narrheit mache. Die Ehrfurcht und Frömmigkeit vor dem Unaussprechlichen aber, das ist die Frömmigkeit von uns Narren und Weltfrommen, denn im Gegensatz zu den Theologen besitzen zwar auch wir eine Weisheit und sind uns ihrer sehr bewußt, können und wollen sie aber nicht in Formeln bringen, können sie nicht beweisen, nicht im Wortstreit verteidigen, denn sie ist für uns keine intellektuelle Angelegenheit.

Wenn in meinen Büchern Dinge stehen, welche Sie anziehen, so werden Sie vermutlich ganz von selber mit der Zeit sich dem Gedanken der Einheit nähern, werden Lao Tse oder Buddha und andre Weise und Heilige finden (nicht um sie als alleinseligmachend zu verehren, sondern nur als Weg, als zeitweilige Führer) und werden dann auch die Bibel, namentlich das Neue Testament, ganz anders lesen als früher. Dann wird kein Theologe Sie mehr in Verlegenheit bringen können, und dennoch werden Sie sein Freund sein, ihn schätzen und lieben können, denn am Rechtbehalten wird Ihnen dann nichts mehr gelegen sein.

(Aus einem Brief vom Februar 1922 an Walter Hintermann)

»Wie, o Siddhartha, konntest du so in Weltlichkeit und Sinnenlust zurückfallen? Wie sehr hast du dich in Sansara verstrickt!« sprach Govinda.

Sprach Siddhartha: »Weißt du nicht, Lieber, daß zum Nirwana der schnellste Weg mitten durch Sansara führt? Weißt du nicht, daß zuweilen Kindereien die größte Weisheit sind?«

Also sprach Siddhartha und lächelte, und lächelte.

(Aus einer Postkarte vom 11. 3. 1922 an Georg Reinhart)

Bis heute ist Wesen und Sinn der chinesischen Lyrik dem Westen noch ebenso fremd wie Wesen und Sinn der chinesischen Malerei. Der Reichtum an Nüancen bei beschränktester Palette, die Virtuosität der Handschrift, der heilige Ehrgeiz, das Höchste mit dem Minimum an äußeren Mitteln zum Ausdruck zu bringen, das unendlich zarte Spiel der Andeutungen, Anklänge, Beziehungen, überhaupt diese fabelhafte Kunst des Andeutens, des Erratenlassens, des Sparens und Zurückhaltens, das alles ist dem heutigen Europäer fremd; zum Genuß dieser Künste muß man erst Ohren, Augen und Fingerspitzen üben und sich an feinste Nüancen gewöhnen.

Dieser wunderbaren, reinen, zartfarbigen Welt kommen wir mit Hilfe dieser neuen Übertragungen um einen Schritt näher.

(Aus Hesses Rezension über »Chinesisch-deutsche Jahres- und Tageszeiten«. Lieder und Gesänge, verdeutscht von Richard Wilhelm, Verlag Diederichs, Jena, in »National-Zeitung«, Basel v. 2. 5. 1922)

Ich mache eben die letzten Striche am Siddhartha, er ist fertig. Wir können ihn dann einmal hier oder in Carona an einem schönen Sonnentag ansehen.

(Aus einem Brief, ca. Mai 1922 an Lisa Wenger)

Besonders freute uns auch, zu vernehmen, daß Sie den Siddhartha-Plan nicht aufgegeben haben. Ich bin neugierig, wie Sie das einmal lösen werden, und doch im Spiele bleiben. Ähnliche Fragen beschäftigen mich, freilich nur theoretisch, diesen Winter.

(Aus einem Brief Hugo Balls an Hermann Hesse vom 29. 5. 1922)

Mein Siddhartha lernt seine Weisheit am Ende richtig nicht von einem Lehrer, sondern von einem Fluß, der so komisch rauscht, und von einem freundlichen alten Trottel, der immer lächelt und heimlich ein Heiliger ist.

(Aus einem Brief vom 2. 6. 1922 an Emmy Ball)

Froh bin ich darüber, daß ich den »Siddhartha« fertig habe. Den ersten Teil habe ich Dir zugeschickt, der zweite ist jetzt beim Verleger, das Ganze wird wohl im Winter als Buch herauskommen, daraus wirst Du über mein Gedankenleben in den letzten Jahren mehr sehen, als ich Dir in Briefen sagen könnte.

Dem Siddhartha des zweiten Teils wirst Du, glaube ich, Deine Billigung nicht versagen. Ich habe auch sonst oft das Gefühl, Dir in meinen Gedanken näher gekommen zu sein, in dem Sinn, daß mir mehr und mehr die Ehrfurcht vor allem Leben obenan steht, und ich die Kritik an einzelnen Erscheinungen nicht mehr wichtig nehme.

(Aus einem Brief vom 3. 6. 1922 an Gustav Gamper)

Jene »magischen Blätter«, von denen Sie schreiben, kenne ich nicht, überhaupt fast nichts von der neusten »okkulten« Literatur. Ich bin dieser Dinge etwas müde geworden, d. h. der Kraßheit, mit welcher jede Sekte ihre Spezialität zur Hauptsache und ihre Symbole zu »Tatsachen« macht. Als Lektüre höherer Art genügt mir Lao Tse, fürs übrige habe ich die Kunst. Aber freilich, ich brauchte noch allerlei Magie, denn mein Leben sieht oft verflucht windig aus.

Diesen Sommer habe ich meinen »Siddhartha«, die indische Dichtung, endlich fertig gebracht.

(Aus einem Brief vom 5. 6. 1922 an Josef Bernhard Lang)

Im Siddhartha, wenn er im Lauf des Winters erscheint, werden Sie im zweiten Teil mehr von meinem Glauben und Ahnen finden, als ich bisher bekannt habe.

(Aus einem Brief vom 29. 6. 1922 an Wilhelm Kunze)

Hermann Hesse, 1922

Ich habe vor einigen Wochen, nach zweieinhalb Jahren sehr lang-
samer Arbeit, meine indische Legende fertig gebracht, so daß
sie als Buch erscheinen kann. Sie wird nicht alle meine Freunde
entzücken, ist aber ein gute und ernste Arbeit und hat mich einen
Schritt näher zu dem gebracht, was ich geistig und als Dichter
suche. Das Indische dabei ist nicht die Hauptsache.

(Aus einem Brief vom 4. 7. 1922 an Cuno Amiet)

Vor acht Tagen bin ich 45 Jahre alt geworden. Das beste, was ich vom vergangenen Jahr sagen kann, ist, daß ich im Mai meinen »Siddhartha« endlich fertig gebracht habe, er wird im Winter als Buch herauskommen. Ich habe zweieinhalb Jahre dazu gebraucht, und wenn ich nun auch gar nicht zufrieden bin, so fühle ich doch, daß ich ein gewisses, indisch-meditatives Lebensideal darin neu für unsere Zeit formuliert habe.

(Aus einem Brief vom 8. 7. 1922 an Georg Reinhart)

Vor zwei Monaten bin ich mit dem »Siddhartha« fertig geworden, meiner indischen Dichtung, sie wird im Winter erscheinen.

Die Teilnahme und Aufmerksamkeit, mit der Sie meinen Schriften folgen, erfreut und beschämt mich richtig. Ich selbst habe an 300 Tagen des Jahres an den Wert meines ganzen Tuns und Denkens keinen Glauben, d. h. ich kenne wohl die verhältnismäßige Richtigkeit meiner Gedanken, aber sie sind ja gar nicht meine, sie sind selbstverständlich, der geringste chinesische oder indische Autor hat sie besser und schöner, sie können nur bei uns, in einer Zeit und einem Volk von vollkommener Geistlosigkeit auffallen.

(Aus einem Brief vom 9. 7. 1922 an Georg Alter)

Sie glaubten einmal, vor einem Jahr, mir Mangel an Sinn für die wahre Lehre Buddhas vorwerfen zu müssen. Dies war ein großer Irrtum. Ich stehe im Gegenteil den Lehren Buddhas und des Lao Tse so nahe, daß gerade daraus mir die Erschwerung des Handelns und des Eingehens von Formalitäten etc. etc. kommt [...]

Was meine Schritte im praktischen Leben oft hemmt oder verlangsamt, was wie Zögern und Unentschlossenheit aussieht, ist vielleicht bei mir Schwäche, ist aber das Gegenteil von Leichtsinn, beruht auf einem sehr gesteigerten Gefühl der Verantwortlichkeit des Menschen für jeden seiner Schritte und wird geistig gelenkt durch Lehren, die teils von Buddha, teils vom »Nichttun« des Lao Tse her stammen [...]

Sowohl Sie wie ich handeln jeder nicht aus irgendwelchen abstrakten Einsichten oder Überlegungen heraus, sondern tun im Grunde alle Schritte unsres Lebens nur aus dem Urgrund unsres

Wesens, aus unsrem Temperament, unsrer Rasse, aus unbewußten Antrieben heraus. Dazu suchen wir dann die Weltanschauung, die dazu paßt, der eine die Bibel, der andre ein Freidenkertum, der dritte Buddha oder sonst etwas. Ich habe die seelischen
Erlebnisse, die mir das Leben wertvoll machten, nicht durch
Buddha oder Lao Tse gefunden, sondern im Leben, aber dort,
bei jenen Lehren, finde ich zu meinem Erlebten am besten die
Deutung.

(Aus einem Brief vom 22. 7. 1922 an Theo Wenger)

*Ungern habe ich mich von den Bogen von Siddhartha getrennt,
die ich am 4. nach Stuttgart schickte. Ich hätte sie so gerne zu
ruhigeren Tagen von hier mitgenommen. Doch ich las begierig
und genau und daß ich's nur gestehe: mit einem gelinden Schreck
über mich selbst. Die Philosophie der Dinge, der Dinge [...] Und
in welchen Platonismus dagegen bin ich geraten. Siddhartha kam
zu mir als ein Mahner zur rechten Stunde. Wunder begeben sich,
lieber Herr Hesse. Das empfindet man aus dem Buch, und das
ist alles, was ich sagen kann. Ich weiß nicht, was mir besser gefällt,
ob der Anfang oder der Schluß. Es ist ein so rundes, ausgetragenes
Buch. Man glaubt mehr an den namenlosen, als an den berühmten
Buddha. Das ist sehr, sehr schön und geht in die Zukunft.*
(Aus einem Brief Hugo Balls an Hermann Hesse vom 10. 8. 1922)

Unter den deutschen Indologen galt seit Jahrzehnten als bedeutendster Kenner der vedischen Philosophie, speziell des Vedanta,
Paul Deussen, als der erste Kenner und Forscher über Buddha
und Buddhismus aber Hermann Oldenberg. Oldenbergs Buch
über Buddha ist in deutscher Sprache das klassische Buddha-
Buch, welchem Tausende ihr Wissen über dies Phänomen der
Religionsgeschichte danken. Oldenberg ist vor zwei Jahren gestorben, und wenn nun aus seinem Nachlasse ein ziemlich umfangreiches Werk *Reden des Buddha* erscheint, so bedeutet dies
ohne weiteres eine wichtige Bereicherung. Das Werk ist soeben
im Verlag Kurt Wolff (Leipzig) erschienen.

Gleich zu Anfang sei gesagt, daß Oldenbergs Buchtitel ungenau
ist. Die Übersetzungen aus dem Sanskrit und hauptsächlich aus
dem Pali, welche sein Buch enthält, bestehen nicht nur aus Reden

des Buddha, sondern auch aus andern Stücken der buddhistischen kanonischen Literatur, aus Berichten, Legenden, Gesprächen, moralischen Fabeln. Der weitaus größere Teil dieser Stücke erscheint nicht zum erstenmal in deutscher Übersetzung. Vor allem haben die Reden Buddhas ihren klassischen Übersetzer schon vorher gefunden, in K. E. Neumann. Die Übertragungen Neumanns stellen ein Lebenswerk vor, dessen Umfang, Wert und geistige Bedeutung erst jetzt allmählich erkannt werden, und auch Oldenbergs dankenswerte Arbeiten machen Neumann keineswegs etwa entbehrlich. Namentlich dessen neuerdings in drei Bänden (bei Piper u. Co., München) erschienene »mittlere Sammlung der Reden Buddhas« sowie seine Verdeutschung des Dhammapaddam sind für jeden, der mit Hilfe deutscher Übertragungen den Buddhismus studieren will, durchaus unentbehrlich.

Während Neumann die kanonischen Redensammlungen des sogenannten südlichen Buddhismus in ihrem ganzen Wortlaut zu übertragen bemüht war, gibt Oldenbergs nachgelassenes Werk vielmehr eine Anthologie aus der gesamten Buddha-Literatur und mithin ein Werk, das für den Beginn eines Buddha-Studiums, für ein erstes Eindringen, überaus wertvoll und hilfreich ist. Die Übersetzungen selbst in ihrem philologischen Wert zu beurteilen, bin ich als Laie außerstande. Doch möchte ich sagen: wenn auch Oldenbergs Übersetzungen ohne jeden Zweifel die Leistung eines Forschers und Kenners von erstem Range sind, so bleibt doch nach wie vor Neumann im Ton ihm überlegen, in der Musik und Rhythmik, im stillen eindringlichen Gleichfluß der Sätze. Mag Oldenberg hier oder dort philologisch überlegen sein, dafür ist Neumann in die Stimmung, in die Atmosphäre dieser Reden tiefer, frömmer, inniger eingedrungen. Denn, so fleißig und treu sich Oldenberg um die Quellen bemüht hat, so wundervoll und dankenswert sein herrliches Buddhawerk auch ist, er bleibt dennoch stets Forscher, bleibt Europäer und Wissenschaftler, und seine Erschließung der Welt Buddhas geht nur so weit, als Buddha eben von europäischer, intellektueller, methodischer Forschung zu erfassen ist.

Über dies hinaus, über den Buddha als Phänomen der Geistesgeschichte, über den Buddhismus als eine Erscheinung der Religions- und Kulturgeschichte hinaus aber gibt es einen Buddha, der gerade für unsere Zeit von weit mehr als intellektueller Bedeutung ist. Wir sehen in fast ganz Europa sich eine religiöse Welle erheben, vielmehr eine Welle religiöser Not und Verzweiflung, eines Suchens und Sichängstens, und viele reden schon, etwa wie man von einem künftigen Staatenbund redet, von der »kommenden Religion«. Ich glaube nicht an das baldige Kommen dieser »neuen« Religion; Religionen haben einen langen Atem und eine lange Werdezeit, und das sehnsüchtige Konstatieren eines religiösen Minus, ja eines religiösen und seelischen Zusammenbruchs ist wohl ein ernstes Zeichen, keineswegs aber schon das Versprechen eines Neuen.

In dieser Not richten sich die Blicke ganz von selbst mit neuem Suchen nach den wenigen großen Gestalten der Heiligen und Erlöser, und Jesus, Buddha, Lao Tse hören auf, »interessante« Personen und Studienobjekte zu sein, sie werden wieder zu dem, was sie für ihre Gläubigen immer waren, zu Wundern, zu Vollkommenen und Heiligen, und unsere Sehnsucht fragt neu, aus rein vitalem Antrieb, nach den Wegen, welche jene Vollendeten gegangen sind. Es rührt sich allerorts, und zwar vornehmlich von der katholischen Seite her, ein Zurückströmen der Seelen zu Idealen vergangener Blütezeiten, erwähnt sei nur ein Denker wie Scheler und ein Buch wie die höchst bemerkenswerte »Welt des Mittelalters« von Landsberg. Nicht minder stark, in der Breite wohl sogar noch mächtiger, ist die Strömung gegen Osten, zu den Idealen Indiens und Chinas.

So nutzlos es wäre, über die »Religion der Zukunft« schon heute zu reden, so nützlich und wertvoll ist es, wenn die Suchenden von heute sich an den wenigen großen Idealen der Vergangenheit messen. Unweigerlich endet dies Messen mit furchtbarer Niederlage. Unsere Zeit und Kultur sieht sich, sobald sie sich mit Zeiten einer echten Religiosität vergleicht, kindlich arm und hilflos. Wir wissen viel, und unsere Sehnsucht ist echt, echt auch unsere Bereitschaft, unser Wissen für nichts zu achten und seelisch von vorn zu beginnen. Aber eben da fehlt uns jede Tradition, jede Technik, jede Erziehung. Unser Besitz an Wissen vom inneren Leben, an Herrschaft über die Triebe, an Mitteln zur Pflege der Seele ist ein Nichts.

Hier ist der Punkt, wo wir gewiß recht haben, von Helden ferner Zeiten zu lernen, von Jesus und den christlichen Heiligen, von den Chinesen, von Buddha. Noch die kleinste Ordensregel des bescheidensten Mönchordens im Mittelalter kann uns, die wir hierin völlig hilflos sind, über Seelenzucht und Seelenpflege mehr lehren als alle Pädagogik unserer Zeit.

Für dies Gebiet nun sind die Reden Buddhas eine Quelle und Fundgrube von ganz unerhörter Fülle und Tiefe. Sobald wir aufhören, die Lehre Buddhas rein intellektuell zu betrachten und uns mit einer gewissen Sympathie für den uralten Einheitsgedanken des Ostens zu begnügen, sobald wir Buddha als Erscheinung, als Bild, als den Erwachten, den Vollendeten zu uns sprechen lassen, finden wir, fast unabhängig vom philosophischen Gehalt und dogmatischen Kern seiner Lehre, eines der großen Menschheitsvorbilder in ihm. Wer aufmerksam auch nur eine kleine Zahl der zahllosen »Reden« Buddhas liest, dem tönt daraus bald eine Harmonie entgegen, eine Seelenstille, ein Lächeln und Drüberstehen, eine völlig unerschütterliche Festigkeit, aber auch unerschütterliche Güte, unendliche Duldung. Und über die Wege und Mittel, zu dieser heiligen Seelenstille zu gelangen, sind die Reden voll von Ratschlägen, von Vorschriften, von Winken.

Der Gedankeninhalt der Buddhalehre ist nur eine Hälfte des Werkes Buddhas, die andere Hälfte ist sein Leben, ist gelebtes Leben, geleistete Arbeit, getane Tat. Eine Zucht, eine seelische Selbstzucht allerhöchster Ordnung ist hier geleistet und ist hier gelehrt, von welcher jene Ahnungslosen keine Vorstellung haben, die über »Quietismus« und »indische Träumerei« und dergleichen bei Buddha reden, und ihm jene westliche Kardinaltugend, die Aktivität, absprechen. Vielmehr sehen wir Buddha an sich und seinen Jüngern eine Arbeit tun, eine Zucht üben, eine Zielstrebigkeit und Konsequenz betätigen, vor denen auch die echten Helden europäischer Tatkraft nur Ehrfurcht empfinden können. Über die »Inhalte« jener neuen Religion oder Religiosität, die wir kommen fühlen oder doch ersehnen, werden wir schwerlich bei Buddha viel erfahren und lernen können, das »Inhaltliche« seiner Lehre ist uns auf philosophischem Wege, sei es auch nur auf dem nicht ganz reinen Umweg über Schopenhauer, schon zugänglich geworden. Auch handelt es sich bei einer »neuen Religion« ja gar nicht so sehr um Gedankeninhalte als um neue, lebendige Symbole für Uraltes. Die Religionen kommen gewissermaßen ohne uns, über unsere Köpfe hinweg. An uns ist es lediglich, die Bereitschaft zu pflegen, die »Lampen« bereit zu halten.

Ein Bestandteil dieser Bereitschaft wird die Fähigkeit zur Ehrfurcht sein. Bringen wir die Ehrfurcht, die dem Heiligen gebührt, auch Buddha entgegen, hören wir auch diese wahrhaft heilige Stimme dankbar an, so wüßte ich wahrlich nicht, was für ein Schaden daraus entstehen könnte. Die Warnungen vor dem gefährlichen »Osten«, die wir zurzeit so häufig vernehmen, stammen alle von Lagern, die Partei sind, die ein Dogma, eine Sekte, ein Rezept zu hüten haben.

(»Die Reden des Buddha«, Rezension in »Neue Zürcher Zeitung«
vom 16. 8. 1922 u. in »Vivos voco«, Sept./Okt. 1922)

Das klassische deutsche Buch über Buddha ist von H. Oldenberg, ist aber etwas veraltet und professoral. Dann gibt es »Der ewige Buddha« von Leopold Ziegler. Lassen Sie sich eins dieser Bücher in einer Bibliothek einmal zeigen.

Wichtiger sind Buddha's Reden – aber dazu gehört Hingabe, Versenkung, auch Zeit. Ich meine die »Reden Buddhas«, Mittlere Sammlung, deutsch von Neumann, drei Bände.

Der Geist des alten Indien, noch vor Buddha, wird leicht zugänglich durch das kleine Buch »Aus Brahmanas und Upanishaden« (Verlag Eugen Diederichs, Jena).

(Aus einem Brief, ca. 1922 an einen unbekannten Empfänger)

Zu Beginn dieses Sommers bin ich, nach zweieinhalb Jahren Arbeit, mit dem »Siddhartha« fertig geworden, meinem konzentriertesten Buch. Jetzt, wo der Druck in Gang ist, brauche ich meine Kopie nicht mehr und dediziere sie Ihnen in alter Freundschaft.

Neues habe ich sonst nicht zu berichten. Was ich erlebt und gedacht habe, und wie das Leben mir jetzt erscheint, das steht alles im Siddhartha. Äußerlich geht es mäßig, die Valuta drückt mich an die Wand, und die Gicht klemmt mir die Finger, aber sie sind beide bis jetzt nicht stärker als ich, ich lebe noch und gebe nicht nach.

(Aus einem Brief, ca. August 1922 an Helene Welti)

Wichtiger aber schiene mir, daß eine englische Ausgabe des Siddhartha möglich werde (die deutsche kommt in einigen Monaten); dies Buch würde für manche englische und auch für manche asiatische Leser ein Zeichen sein, daß übernationale, zeitlose Gedanken uns verbinden.

(Aus einem Brief vom 25. 8. 1922 an Romain Rolland)

Da ich nicht nach Indien kann, ist Indien zu mir gekommen. Es war sehr schön. Für eine Tagung der internationalen Frauenliga sollte ich einen Vortrag halten, lehnte aber ab und las statt dessen den Schluß meines »Siddhartha« vor, weil da Wesentlicheres steht als in allen diesen Tages-Ideen und Tagesbestrebungen. Wie ich vermutete, verstanden nur drei oder vier Leute mehr als das Äußerliche. Einer von diesen paar aber war ein feiner gelehrter Hindu, Professor[1] Kalidas Nag aus Kalkutta. Er ließ sich alles genau übersetzen, und am andern Tag kam er zu mir nach Montagnola herauf, war stundenlang da und erzählte mir, daß er niemals geglaubt hätte, daß ein Europäer wirklich ins Zentrum des östlichen Denkens kommen könne, daß er dies aber nun bei mir im Siddhartha gefunden habe. Er wollte mein ganzes Leben wissen, und wie ich zu all dem gekommen, dann erzählte er (er war inzwischen zwei Abende bei mir) mir viel aus dem alten Indien und sang mir alte und neue indische Lieder vor. Er wurde mein Freund und findet, nun sei die gesuchte Brücke zum freundschaftlichen geistigen Austausch zwischen Ost und West ein gutes Stück weiter.

Ich hoffe sehr, es werde irgendwie möglich sein, den Siddhartha, wenn er dann erschienen ist, auch in einer englischen Ausgabe herauszubringen. Er wird nur wenige hundert Menschen finden, die ihn ganz kapieren und schlucken, aber zu denen wenigstens sollte er kommen.

(Aus einem Brief vom 27. 8. 1922 an Georg Reinhart)

---

1 Prof. für asiatische Geschichte.

*Romain Rolland, dem Hesse den ersten Teil seines »Siddhartha«
gewidmet hat.*

Ich freute mich darüber, daß Sie den Siddhartha gelesen haben.
Er ist als Dichtung nichts, sein Inhalt aber ist der Ertrag meines
Lebens und zugleich einer bald zwanzigjährigen Vertrautheit mit
Gedanken Indiens und Chinas. Denn der Schluß des Siddhartha
ist beinahe mehr taoistisch als indisch [...]
  Ich habe den Eindruck, daß Siddhartha eine Formulierung sei,
die für unsre Zeit etwas Uraltes wieder einmal zusammenfaßt

172

und für einen kleinen Kreis dadurch wichtig wird [...]
Ich hoffe sehr, der Siddhartha könne später auch englisch erscheinen, nicht wegen der Engländer, aber wegen der Asiaten und andrer, denen er eine Bestätigung bringen kann.

(Aus einem Brief vom 29. 8. 1922 an Helene Welti)

Aus dem Tagebuch Romain Rollands

Internationale Vorträge (organisiert von der Internationalen Frauenliga für Frieden und Freiheit, 18. August – 2. September).
[...] Trotz der Verwirrung, die vierzehn Tage vor der Eröffnung aus der Notwendigkeit entstand, den Kongreß von Varese nach Lugano zu verlegen, war es ein großer Erfolg. Das Tessin hat die Kongreßteilnehmer herzlich aufgenommen; sie waren zahlreich (125) und haben herzlich miteinander sympathisiert.

– [...] Duhamel eröffnet die Reihe der Vorträge mit einer Plauderei, »Individualismus und Internationalismus« betitelt – eindeutig individualistisch, meint meine Schwester, und gegen die Kollektivität gerichtet.

Frederik van Eeden hat großen Erfolg mit seinen Ratschlägen an die Jugend, die ich als erster kennen lernen durfte. Seine Aufrichtigkeit war so offenkundig, daß auch Leute, die seinen religiösen Tendenzen sehr fern stehen, davon ergriffen waren.

Van Eeden hat Hermann Hesse getroffen, und sie wurden auf der Stelle zu Brüdern. Sie haben zusammen einen Tag in Montagnola, in den mystischen Regionen des Denkens verbracht. Jedoch vor allem war Kalidas Nag davon beeindruckt, mit welch außergewöhnlicher Intuition Hesse in die Philosophie des Ostens eingedrungen ist und sie sich assimiliert hat; das scheint ihm ein in Europa einzigartiges Phänomen.

– Hesse liest in der Öffentlichkeit einen Teil seines Buches Siddhartha vor.

[...] Am interessantesten ist der Abend, den ich mit Hermann Hesse verbringe, der aus Montagnola kommt, um mit uns und mit Kalidas zu Abend zu essen. Seit einem Jahr hatte er seine Einsiedelei nicht verlassen; und nur auf meine Bitte hin kam er, nicht ohne Scheu, zum Kongreß. Doch er war froh, dort Kalidas zu treffen und bedankt sich dafür bei mir. Er ist merkwürdig häßlich – (meine Schwester sagt: »er sieht aus wie ein buddhistischer

173

Mönch«) – doch er imponiert sofort durch seine innere Kraft und seine vollkommene Einfachheit, Aufrichtigkeit, Wahrheit ohne einen Schatten von Kompromiß. Obgleich er nur mit Schwierigkeit und schlecht französisch spricht, hat er keine Angst davor, schlecht zu sprechen und ruhig nach Worten zu suchen; und was er sagt, ist niemals gleichgültig. Daß der Geist Indiens ihn so erstaunlich anzieht, erklärt er mit dem Atavismus. Sein Großvater mütterlicherseits, der Indien bereist hat, sprach vier indische Sprachen. Seine Mutter hat dort ihre Kindheit verbracht. Er selbst hat nur eine kurze Reise dorthin gemacht. Doch der Geist Indiens, so sagt er, mußte drei- oder viermal an seine Türe klopfen, ehe er sich entschloß, ihm zu öffnen. Er fürchtete, überwältigt, verschlungen zu werden. (Ich erzähle ihm von der Novelle Bunins, in der ein Europäer nachts aus Indien entflieht und von plötzlicher Panik gepackt, keine Nacht länger bleiben kann. Und ich sehe, wie Hesses Augen funkeln. »Ja, so ist es«, sagt er, »in Indien gibt es auch einen im Dschungel lauernden Tiger«).

Sicherheit gewann er erst wieder, als er das Denken Chinas kennen gelernt hatte und es mit demjenigen Indiens als ein Gegengift kombinieren konnte. Auf diese Weise hat er sich ein persönliches Asiatentum geschaffen. – Doch ich merke auch, wieviel Qual und verdrängte Wirrsal diese Weisheit Asiens, diese asketische und verklärte Disziplin verdeckt, die er sich auferlegt hat, und die er seit Jahren hochherzig erträgt. Sein verwüstetes und von Schicksalsprüfungen versengtes Gesicht ist durch die imponierende Ruhe eines festen Willens verwandelt. Doch dieser Wille kennt auch seine eigenen Grenzen und verschanzt sich vor allem, was sie dem inneren Feind – der unterschwelligen Sorge – öffnen könnte. Beim Fortgehen sagt Hesse strahlend zu mir: »Das ist unsere schönste Begegnung.« Ich erwiderte: »Ich vergesse nicht die erste, im Jahre 1915, als wir uns mitten im Kriege sahen und uns Freunde nannten.« – »Ja,« antwortete er, »das war schön, doch war damals Krieg, und jetzt ist Frieden.« – »Ich habe weder Illusionen, noch bin ich enttäuscht«, sagte ich. »Für mich war damals nicht viel mehr Krieg als heute, und jetzt ist nicht sehr viel weniger; der Krieg dauert an.« Hesses Gesicht verdüsterte sich. »Nein«, sagte er, »für mich ist es notwendig, daran zu glauben, daß der Krieg zu Ende ist. Ich brauche Optimismus, weil ich in mir selbst eine Neigung zur Depression habe.« (Nicht dieses Wort benützte er, doch war seine Geste noch ausdrucksvoller). »Ich könnte nicht *noch einmal die Last der Arbeit für die Kriegsgefangenen aushalten.«*

Kalidas Nag, der tags darauf mit mir darüber spricht, ist von dieser beherrschten Angst beeindruckt, die unter dem soliden Bau buddhistisch-konfuzianischer Weisheit immer noch fortbesteht.

Hesse zeigt uns hervorragende Aquarelle, die er gemacht hat. Denn jetzt hat er ebensoviel Freude am Malen wie am Schreiben von Gedichten; und der Bleistift ergänzt ihm die Feder. In seinen letzten Bildern gibt es etwas, das an den Zöllner Rousseau denken läßt. Doch ein sehr viel nüchternerer und sichererer Stil.

(Eintragungen vom August/September 1922)

Kürzlich hatte ich ein schönes kleines Erlebnis. Es klopfte bei mir, in meinem abgelegenen Dorf, und es kam herein ein feiner, schöner Hindu, ein Gelehrter aus Bengalen, der wußte von mir und sagte, es sei ihm das denkbar schönste und merkwürdigste Erlebnis, daß ein Europäer so völlig im Geist des Ostens zu Haus sein könne. Natürlich kam auch diese hübsche Bestätigung und Erfüllung mir nicht in den Jahren, wo ich mich um indische Weisheit suchend und strebend abmühte, sondern gerade jetzt, wo das indische und östliche Gewand mir nichts mehr bedeutet, und ich sehe, daß abendländischer Geist und abendländische Geschichte auch nichts andres lehren als die des Ostens.

(Aus einem Brief vom September 1922 an Wilhelm Kunze)

Jene ängstlichen Gegner der indischen Gedankenwelt, welche in Buddha nur einen Kopfhänger, in ostasiatischen Einheitsgedanken nur eine Verführung zu lähmendem Quietismus sehen, müßten eigentlich bloß einmal ein Werk wie die »drei Prinzen«, oder Stücke aus dem Mahabharata lesen, um zu merken, wie voll Vitalität das alte Indien war!

(Aus der Rezension über die dreibändige Augabe »Indische Erzähler«, herausgegeben von J. Hertel, Haessel Verlag, Leipzig, am 7. 9. 1922 in der »National-Zeitung«, Basel)

Mitzuteilen habe ich wenig, nur das, daß meine indische Dichtung »Siddhartha« nun nach fast drei Jahren fertig ist und im Winter

CONGRESSO
INTERNAZIONALE DI STUDIO
LEGA·INTER·FEMMINILE PER
LA·PACE·E·LA·LIBERTÀ
LUGANO·VIII 18·IX 2·
1922

Diese Postkarte mit Hermann Hesses und meiner Unterschrift, sowie jener von Mahatma Gandhi in Hindi, sandte mir Kalidas Nag im November

Cette carte porte, avec la ligne la mienne Hélas! la mienne! celle de Mahatma Gandhi en hindi:

S'il m'a été envoyé par Kalidas Nag, à la suite d'une interview en novembre 1924, qu'il eut avec Gandhi, à Calcutta.

Romain Rolland

1922, im Anschluß an eine Unterhaltung, die er mit Gandhi in Calcutta hatte.   Romain Rolland erscheinen soll.

Eine hübsche Bestätigung erfuhr ich dieser Tage. Zu einem internationalen Kongreß genötigt, der in Lugano war, las ich dort das Schlußkapitel des Siddhartha vor. Tags darauf erschien bei mir fein und mit braungoldenem Lächeln ein gelehrter Hindu, ein Professor aus Calcutta, der hatte sich alles übersetzen lassen. Nun kam er freudestrahlend und sagte mir, es sei ihm ein erstaunliches und rührendes Erlebnis, wider sein Erwarten einen Abendländer zu finden, dem das östliche Denken nicht bloß ein Gegenstand intellektueller Neugierde sei, sondern der in dies Denken wirklich eingegangen sei und produktiv darin lebe und atme. Ich konnte ihm sagen, daß es noch einige solcher Abendländer gibt und gab, und er erzählte mir von Krishna und ich ihm von Goethe, und er sang mir alte indische Lieder, und ich zeigte ihm Aquarelle, und seither war er mehrmals bei mir und ist mein Freund geworden.

(Aus einem Brief vom September 1922 an Walter Über-Wasser)

[Ich] ging an jenem Tag, mit schwerem Kopfweh und äußerst wider Willen, nach Lugano hinunter. Der Vortrag machte mir keine Freude, ich machte es daher sehr kurz, der größere Teil bestand im Vorlesen aus Siddhartha. Vorher noch machte ich die Bekanntschaft von Duhamel, van Eeden und anderen. Es ergab sich daraus dann später manches Hübsche. Eines davon, gleich am andern Tag, war der Besuch des alten Fr. van Eeden, der den ganzen Tag bei mir droben blieb. Und zwei Tage später erschien bei mir ein schöner kluger Hindu, ein bengalischer Gelehrter aus Calcutta. Er hatte sich alles, was ich im Vortrag gesagt und vorgelesen hatte, übersetzen lassen, nun kam er und sagte, er habe wohl gewußt, daß viele Europäer sich mit Indien beschäftigen, und oft große Gelehrte in diesen Dingen seien, aber er habe bisher, auch noch nach einem zweijährigen Europaaufenthalt, es für unmöglich gehalten, daß es einen Abendländer gebe, der wirklich von innen heraus asiatisch denken könne, und daß er den nun gefunden habe, sei ihm ein wunderbares Erlebnis. Und dann war er noch dreimal bei mir oben. Wir wurden Freunde, er schrieb mir indische Gedichte auf und sang mir indische Lieder, sagte Upanishaden auf und erzählte mir Krishna-Geschichten. Es war zum erstenmal, daß mir der Ertrag meiner vieljährigen Beschäftigung mit Asiatischem von einem Asiaten bestätigt wurde. Und grade als er weg war, kam ein Brief aus Japan mit der Anfrage eines Japaners, der meine Märchen übersetzen will.

(Aus einem Brief vom 21. 9. 1922 an Carlo Isenberg)

Die letzten zweieinhalb Jahre war ich mit dem »Siddhartha« beschäftigt, meinem ernstesten und konzentriertesten Buch. Es wurde im Mai dieses Jahres fertig und soll nächstens im Druck erscheinen.

Die Handschrift dieses Werkes lege ich Ihnen hier bei mit der Bitte, sie in Ihre Sammlung von Urhandschriften aufzunehmen. Die paar letzten Seiten des Manuscriptes, in Maschinenschrift, sind nicht etwa Kopie, sondern ebenfalls Urschrift, ich hatte am Tag jener Niederschrift grade keine Tinte im Haus und schrieb diese paar Seiten darum mit der Maschine.

Ein gelehrter Hindu, der ein Stück des Siddhartha auf privatem Weg kennen gelernt hatte, hat mich diesen Sommer besucht, mir seine Freundschaft angeboten und gesagt, es sei für ihn ein großes Erlebnis, einen Europäer gefunden zu haben, der sich nicht bloß professorenhaft mit Ostasien beschäftige, sondern der wirklich indisch denken könne, er habe dies, auch nach einem zweijährigen Aufenthalt in Europa, bisher nicht für möglich gehalten. So habe ich meine Belohnung für Siddhartha schon im voraus erhalten.

(Aus einem Brief vom 23. 9. 1922 an H. C. Bodmer)

Obwohl ich voll europäisch-egoistischer Begierden und voll heimlicher Aktivität stecke, ist mein Ideal doch der Mönch und stille Heilige. Ich kann wohl erkennen, daß Tun und Nichttun gleichviel wert sind, daß weder Aktivität noch Passivität, weder Weltverbessern noch Weltflucht ein absolutes Ideal ist, daß aus beiden zusammen das Leben besteht – aber neben und hinter all diesen klugen Einsichten trabt doch jeder von uns durchs Leben in der Gangart, die ihm von Geburt her in Blut und Gliedern liegt.

(Aus einem Brief vom 2. 10. 1922 an Frederik van Eeden)

Ich bin nicht Siddhartha, ich bin nur immer wieder auf dem Weg zu ihm, und so freue ich mich darüber, wenn hier und dort jüngere Brüder sich auch auf den Weg machen. Man darf sich nie auf eine gefundene Wahrheit versteifen, auch nicht auf die eines Buches, denn das Suchen kann wohl gelernt werden, das Finden nicht. Aber jeden Augenblick steht dies Wunder uns offen.

(Aus einem Brief, ca. 1922 an Bruno Randssus)

Dieser Tage kam ein sehr netter Brief von Finckh in Gaienhofen. Und kürzlich bekam ich den Rest der Kaufsumme für mein einstiges dortiges Haus ausbezahlt, die Hälfte des Preises mit 15 000.- Mark. Das sind heute 37 Franken, es reicht nicht einmal für einen Monatsgehalt meiner Natalina, und dafür habe ich Haus und Garten damals weggegeben. Es ist schon zum Lachen.

(Aus einem Brief vom 7. 11. 1922 an seine Schwester Adele)

Sie haben mir einen so guten Brief geschrieben, für den ich dankbar bin. Nun bekommen Sie ein Buch von mir, dessen 3 letzte Kapitel Ihnen das letzte Stück meiner innern Wanderschaft deutlich zeigen. Nehmen Sie es brüderlich auf! Schon als ich Ihre Legende vom gerechten Richter[1] las, schien mir dies meinem »Siddhartha« ein wenig verwandt zu sein. Mein Heiliger ist indisch gekleidet, seine Weisheit steht aber näher bei Lao Tse als bei Gotama. Lao Tse ist ja jetzt in unsrem guten armen Deutschland sehr Mode, aber fast alle finden ihn doch eigentlich paradox; während sein Denken gerade *nicht* paradox, sondern streng bipolar, zweipolig, ist, also eine Dimension mehr hat. An seinem Brunnen trinke ich oft.

Seit Ihrem ersten Besuch in Gaienhofen[2] hat sich zwischen uns allerlei Erlebtes gesammelt, das uns verbindet, ich schaukle mich zu Zeiten gern und dankbar auf dieser Hängebrücke und denke Ihrer in Freundschaft.

(Aus einem Brief vom 27. 11. 1922 an Stefan Zweig)

---

1 Stefan Zweig, »Die Augen des ewigen Bruders«. Eine Legende, Insel-Bücherei 349, 1922, im Mai 1921 in der »Neuen Rundschau« vorabgedruckt.
2 Stefan Zweig (1881-1942), seit 1903 mit Hesse in Briefwechsel, besuchte ihn 1904 in Gaienhofen.

SIDDHARTHA

Eine indische Dichtung

von

Hermann Hesse

1922

S. Fischer / Verlag / Berlin

Titelblatt der Erstausgabe

Hier ist mein neues Buch. Ich rücke damit noch weiter weg vom Gangbaren, das Buch wird wenig verstanden werden, auch Korrodi in seinem wohlgemeinten Artikel[1] neulich ist ganz an der Oberfläche geblieben. Das Buch ist nur das Ergebnis meiner zwanzigjährigen Beschäftigung mit asiatischen Gedanken. Diesen Sommer lernte ein Hindu-Gelehrter, ein Freund Tagores, zufällig das Schlußkapitel dieses Buches kennen, kam zu mir und bot mir seine Freundschaft an, »you are my friend and brother«.

(Aus einem Brief vom Dezember 1922 an Volkmar Andreä)

Schau dir den Siddhartha gut an, ich glaube im Schluß des Buchs habe ich etwas für Europa Neues und Nötiges formuliert.
(Aus einem Brief vom 11. 12. 1922 an seine Schwester Marulla)

Auch ich empfinde, zurückschauend auf Jahr und Jahr, zwischen uns beiden ein merkwürdiges Zusammengehen in der Ferne. Es ist nicht Zufall, daß wir lyrisch so nahe vor mehr als 20 Jahren begonnen und dann immer wieder in entscheidenden Fragen, jener des Krieges, Rollands, uns begegnet [sind], daß wir beide in einer Legende aus der indischen Welt in derselben Stunde ähnliche Erkenntnisse abwandelten. Ich fühle genau, daß das aus keinem Zufall kommt, sondern daß da ein Schicksal waltet, daß manche geheime Ähnlichkeiten sind, aus denen heraus ich Werke wie »Klingsor« so unerhört liebe. Vielleicht werden Sie wiederum in meinen neuen Novellen »Amok«, die Ihnen hoffentlich von der Insel zugegangen sind (wenn nicht, bitte um Verständigung!) einiges lesen, was den andern verdunkelt oder verschlossen bleibt. Ich habe mich gerade in diesen Tagen hingesetzt, um einmal zusammenfassend über Ihre neuen Bücher zu schreiben – vielleicht wirds nicht ganz abgehen, ohne daß ich Persönliches dabei berühre, denn es liegt mir heute nicht mehr recht, von oben her, von einem imaginären literarischen Katheder über Bücher zu reden; ich muß eine Sache zu meiner Angelegenheit machen, sonst interessiert sie mich nicht. Hoffentlich kommt es noch in diesen Tagen mit dem Aufsatz zu Ende, und er zeigt Ihnen dann, bald

---

1 Eduard Korrodi, »Siddhartha« in »Neue Zürcher Zeitung« vom 26. 11. 1922.

erscheinend, in wie hohem Maße ich Ihre Wandlung im Werke gespiegelt finde. Die meisten Novellisten und Prosaisten in Deutschland schreiben für mein Gefühl heute Belangloses (wenn auch in meisterhafter Form), durch Mangel an Mut in der Psychologie, die ganze Problematik scheint mir bei jenen fast ganz auf Zufälliges gestellt, während ich bei Ihnen so stark die vordringende Bewegung zum Zentralen, zum Nerv der Existenz fühle.

Lieber Hermann Hesse, ich habe mich sehr über Ihre Worte gefreut. Einstens, da wir noch jung waren, nicht die Brieflast und die Agentur eines sogenannten Erfolges auf den Schultern trugen, haben wir oft uns ein solches Blatt hin und her zwischen den Zeiten gesandt. Lassen wir diesen guten Brauch von einst nicht ganz verloren gehen und vor allem, lassen Sie sich wieder einmal sehen. Sie wissen, ich sagte es Ihnen schon, daß Sie bei uns immer gastlich erwartet sind, ich habe mehr als je das sichere Gefühl, wir würden gut beisammen sein.

(Aus einem Brief von Stefan Zweig vom 13. 12. 1922 an H. H.)

Daß man sein Künstlertum auch leben soll, ist mir ganz selbstverständlich, ich tue das, soviel ich kann, und zu Zeiten ist mein Leben wie ein Märchen voll Überraschungen, Verwandlungen und Taten. Der Konflikt liegt für mich in der völligen Unfähigkeit, mich im Gefühl und in den Lebensgewohnheiten an andere zu binden, weder an eine Frau noch an Freunde, noch an Vorgesetzte oder was immer es sei – meine äußere Lebenstechnik dient einzig dem Zweck, mich unbedingt für meine Arbeit frei zu erhalten. Ich muß dies mit viel Einsamkeit, auch unerwünschter, und mit viel äußeren Opfern zahlen, aber ich tue es immer wieder [...] Was im Denken und in der Kunst mein Vorzug ist, das macht mir im Leben, besonders bei den Frauen, oft Beschwerden: daß ich meine Liebe nicht fixieren kann, daß ich nicht Eines und Eine lieben kann, sondern das Leben und die Liebe überhaupt lieben muß [...] Der Siddhartha ist jetzt erschienen. Ich habe nur erst ein paar Exemplare. Er wird nicht verstanden werden, und es graut mir ein wenig vor all den Worten, die meine Freunde

1 Stefan Zweig, »Der Weg Hermann Hesses« in »Neue Freie Presse«, Wien vom 6. 2. 1923. Aufgenommen in »Materialien zu H. H.'s Siddhartha.« Zweiter Band.

mir nun darüber schreiben werden.

Leben Sie wohl, wir werden uns noch oft begegnen und in neuen Konstellationen. Und das mit den Problemen könnte man etwa so formulieren: Probleme sind nicht da, um gelöst zu werden, sie sind lediglich die Pole, zwischen denen sich die für's Leben nötige Spannung erzeugt.

(Aus einem Brief, Ende 1922 an Olga Diener)

Erst dieser Tage kam mir Ihre Besprechung des Siddhartha[1] in die Hände, über die ich mich gefreut habe. Daß mein Weg dauernd von der Dichtung weg zur Philosophie führe, glaube ich allerdings nicht, ich sehe im Gegenteil im Siddhartha eine Art von Verzicht auf den Wert des spekulativen Denkens. Was die Gestalten des Buches betrifft, und daß sie Ihnen mehr als »Figuren« erschienen, so rührt das vermutlich von der religiösen (oder wenn Sie lieber wollen »indisch-philosophischen«) Einstellung her. Von diesem Standpunkte aus ist die Persönlichkeit nichts. Auch die christlich-asketische Spekulation sieht ja in der Persönlichkeit zwar eine wichtige Stufe, denn die Individuation ist auch für sie ein heiliger Prozeß, sie sieht aber in der Individuation nur den ersten Teil des Weges zum wahren Menschen, der zweite Teil führt über die Persönlichkeit hinaus, wie ja auch das Endziel allen religiösen Strebens das völlige Aufgehen in Gott, also das Erlöschen der Person ist. – Ich denke mir, daß es dieser Gedanke ist (der auch die »Persönlichkeit« noch zu den Spielen der Kindermenschen zählt), der Ihnen jenen Eindruck gab. Freilich handelt es sich dabei ja für mich keineswegs um »Gedanken« im üblichen Sinn, sondern um Dinge, die für mich Wahrheiten und Lebensbedingungen sind.

(Aus einem Brief vom 10. 1. 1923 an Fritz Marti)

Es macht mir auch Freude, daß ich Ihnen den Demian mitsenden kann. Er ergänzt den Siddhartha, d. h. er ist ein Stück des selben Kreises, bei ihm handelt es sich ganz um das Werden der Persönlichkeit, um den Kampf des Einzelnen, er selbst zu werden, wäh-

---

1 Fritz Marti, »Siddhartha« in »Der kleine Bund«, Bern, 3 1922, S. 391.

rend bei Siddhartha sich alles um das »Entwerden«, um das Überpersönliche dreht... Nehmen Sie meine beiden Bücher freundlich auf, sehen Sie im Demian nicht nur das Revolutionäre, und im Siddhartha nicht bloß das Indische, obwohl das nicht nur Spiel und Maske ist.

(Aus einem Brief vom Januar 1923 an Leonhard Ragaz)

Religionen von protestantisch-puritanischem Charakter haben im Ganzen, wie es scheint, eine geringere Plastizität und Anpassungsfähigkeit als die katholischen. So ist in ganz Indien der Buddhismus, nachdem er Jahrhunderte lang die alte Brahmanenreligion nahezu verdrängt und ersetzt hatte, seit langem wieder erloschen und fast völlig verschwunden, und der »Hinduismus«, das heißt die Volksreligion auf alter brahmanischer Grundlage ist Siegerin geblieben. Eine Dogmatik des Hinduismus gibt es nicht, es wäre unmöglich, sie zu schreiben, denn diese Religion Indiens, des religiösesten Volkes der Welt, ist in der Tat von einer Plastizität, von einer Anpassungsfähigkeit, von einer Biegsamkeit und ewigen Produktivität, für welche es kein zweites Beispiel gibt. Es gibt »Hinduisten«, welche nur einen höchsten, geistigen Gott verehren, und solche, welche Mengen von Göttern und Götzen anbeten, Hinduisten, die an Geister und Zauber glauben und Gräber- und Dämonenkult treiben, und andere, deren Glaube voll von Anklängen an islamitische und christliche Ideen ist.

Diese Religion des Hinduismus ist kein System, beruht nicht auf bestimmten Vorstellungen, besitzt keinen dogmatischen Kanon, und hat sich dennoch in den Jahrtausenden nicht verloren oder aufgelöst, sondern ist mit schöpferischer Wandlungsfähigkeit tausend neue Bindungen eingegangen, hat immer neue Formen gefunden, hat mit endloser Weitherzigkeit und Toleranz fremde Elemente aufgenommen. Gleich den Gesichtern und Gestalten vielarmiger indischer Götter hat diese Religion tausend Gesichter, primitive und raffinierte, kindliche und männliche, sanfte und grausame.

Von diesem so ungeheuer komplexen und noch lebendig-einheitlichen Gebilde eine Darstellung zu versuchen, war kühn. Glasenapp ist der erste Deutsche, der es unternommen hat. Sein überaus fleißig und gewissenhaft gearbeitetes Buch ist mehr ein

Werk der Akribie als der schöpferischen Genialität, aber gerade diese Akribie tat hier fürs erste not, und die glänzendste geschichtsphilosophische Darstellung wäre uns auf diesem Gebiete weniger wertvoll als diese höchst dankenswerte Leistung eines liebevollen, treuen, sorgfältigen Sammlers. Glasenapp gibt einen verblüffend reichen Überblick über Geschichte und Inhalte des Hinduismus, er versucht nicht, das Undefinierbare zu definieren, sondern erkennt, daß die geheime, von außen nicht sichtbare Einheit, welche diese Religion speist und zusammenhält, nichts anderes ist als die eigene Struktur der indischen Seele, und daß Fundament und Kern des Hinduismus weder in irgendeinem der vielen Kulte, noch in den Veden, noch im Priesterstande liegen, sondern im indischen Leben, im praktischen, täglichen Leben der indischen Völker mit ihrer so scharf ausgeformten sozialen Gliederung, dem sogenannten Kastenwesen.

Es fehlt der Raum, dem Werke hier ganz gerecht zu werden. Inmitten der deutschen Indologen-Literatur stellt es etwas durchaus Neues dar, denn bisher hat diese Literatur stets nur von einem gewesenen, historischen Indien, oder einem abstrakten Gedanken-Indien gehandelt, nie vom lebendigen, greifbaren Indien. Die für ein solches Unternehmen erforderliche Verbindung von Talenten und günstigen Bedingungen (denn ein solches Buch verlangt nicht nur abstrakte Studien, sondern auch viel eigenes Sehen und Reisen) scheint sich hier glücklich gefunden zu haben. Glasenapps Buch, vom Kastengeist des europäischen Wissenschaftlers fast ganz frei, ist das lebendigste gelehrte Werk über Indien, das bisher von einem Deutschen geschrieben wurde. *(Rezension über Helmuth v. Glasenapp, »Der Hinduismus«, Verlag Kurt Wolff, München, in »National-Zeitung«, Basel, v. 28. 1. 1923)*

Daß vieles im Demian für Sie häßlich und feindselig aussehen muß, ist mir klar. Dies Buch betont den Individuationsprozeß, das Werden der Persönlichkeit, ohne das kein höheres Leben ist. Und bei diesem Prozeß, wo es lediglich Treue gegen sich selber gilt, gibt es eigentlich nur einen großen Feind: die Konvention, die Trägheit, das Bürgertum. Lieber sich mit allen Teufeln und Dämonen schlagen, als den verlogenen Gott der Konvention annehmen! Dies ist ein jugendlicher und protestantischer Standpunkt, den ich indessen noch heute vertrete, sobald es sich um das Werden der Individualität handelt.

Daß mir die andere Seite unsrer Aufgabe und Bestimmung, die größere, göttliche, das Überwinden der Persönlichkeit und das Durchdrungenwerden von Gott, auch bekannt ist, haben Sie aus dem Siddhartha gesehen. Ich selber sehe diese zwei Bücher keineswegs als Widersprüche, sondern als Stücke desselben Weges.

(Aus einem Brief vom 3. 2. 1923 an Frederik van Eeden)

Also bekenne ich Ihnen kurz (aber bloß als Antwort auf Ihre ganz persönliche Frage, nicht zur Diskussion für Ihre Kolleginnen und deren geistreiche Gesellschaftsspiele): es gibt natürlich bloß einen Gott, bloß eine Wahrheit, die jedes Volk, jede Zeit, jeder Einzelne auf seine Art aufnimmt, für die immer neue Formen entstehen. Eine der schönsten und lautersten Formen ist gewiß die des Neuen Testamentes, worunter ich allerdings eigentlich nur die Evangelien verstehe, weniger die Paulinischen Briefe. Ich halte einige Sprüche des Neuen Testaments, neben einigen von Lao Tse und einige von Buddha und den Upanishaden, für das Wahrste, Konzentrierteste, Lebendigste, was auf Erden erkannt und gesagt worden ist. Dennoch ist mir der christliche Weg zu Gott verbaut gewesen, durch eine strengfromme Erziehung, durch die Lächerlichkeit und Zänkerei der Theologie, durch die Langeweile und die gähnende Öde der Kirche, und so weiter. Ich suchte also Gott auf anderen Wegen, und fand bald den indischen, der mir von Hause aus nahe lag, denn meine Vorfahren, Großvater, Vater und Mutter hatten nahe und innige Beziehungen zu Indien, sprachen indische Sprachen etc. Später fand ich auch den chinesischen Weg durch Lao Tse, was für mich das befreiendste Erlebnis war. Natürlich war ich daneben und zugleich nicht minder intensiv durch moderne Versuche und Probleme beschäftigt, durch Nietzsche, durch Tolstoi, durch Dostojewski, das Tiefste aber fand ich in den Upanishaden, bei Buddha, bei Konfuzius und Lao Tse, und dann, als meine alte Aversion gegen die speziell christliche Form der Wahrheit allmählich nachließ, auch im Neuen Testament. Dennoch blieb ich dem indischen Weg treu, obwohl ich ihn nicht für besser als den christlichen halte. Ich tat es, weil mir die christliche Anmaßung, die Monopolisierung Gottes, das Alleinrechthabenwollen, das mit

Paulus beginnt und durch die ganze christliche Theologie geht, zuwider war, und auch, weil die Inder weit bessere, praktischere, klügere und tiefere Formen des Wahrheitssuchens, mit Hilfe der Yogamethoden, wissen.

Damit ist Ihre Frage beantwortet. Ich halte indische Weisheit nicht für besser als christliche, ich empfinde sie nur als ein wenig spiritueller, etwas weniger intoleranter, etwas weiter und freier. Das kommt davon her, daß die christliche Wahrheit mir in der Jugend in unzulänglichen Formen aufgedrängt wurde. Dem Inder Sundar Singh[1] ging es genau umgekehrt: ihm wurde die indische Lehre aufgedrängt, er fand dort in Indien die herrliche alte Religion entstellt und entartet, so wie ich hier die christliche, und er wählte das Christentum, d. h. er wählte nicht, sondern er wurde einfach überzeugt, erfüllt und überwältigt vom Liebesgedanken Jesu, so wie ich von Einheitsgedanken der Inder. Für andre Menschen führen andre Wege zu Gott, ins Zentrum der Welt.

Das Erlebnis selbst aber ist stets das gleiche. Der Mensch, der die Wahrheit zu ahnen beginnt (auch in ihm kommt zuerst »alles durcheinander« wie bei Ihnen), der das Wesentliche des Lebens ahnt und ihm näher zu kommen sucht, der erlebt, sei es nun in christlichem oder andrem Gewand, unfehlbar die Wirklichkeit Gottes, oder wenn Sie wollen des Lebens, von dem wir Teile sind, dem wir widerstreben oder dem wir uns hingeben können, ohne das aber der Erwachte nicht mehr leben kann und will.

(Aus einem Brief vom 5. 2. 1923 an Berthli Kappeler)

Zum Trost für einen plötzlichen Schneefall, der gestern unsern beginnenden Frühling wieder zudeckte, kam Ihr Essay[2] an, ich las ihn morgens im Bett und komme nun, um Ihnen Dank zu sagen und meine herzliche Freude über die Klugheit, Feinfühligkeit und Gewissenhaftigkeit dieses Aufsatzes auszusprechen. Ich sehe einige Kleinigkeiten anders, z. B. sehe ich in Roßhalde nicht mehr ein Buch von der Art des »Unterm Rad« etc., sondern deutlich betont die Mitte, den Punkt des Innehaltens und Sichbesinnens, dem dann in den Märchen das erste Erwachen, im De-

---

1 Sundar Singh: indischer Evangelist *1889, seit 1929 verschollen.
2 Stefan Zweig, »Der Weg Hermann Hesses« in ›Neue Freie Presse‹, Wien v. 6. 2. 1922. Vgl. Mat. ›Siddhartha‹, Bd. 2, S. 26ff.

Stefan Zweig

mian das erste wesentlich neue Werk folgt. Aber daran liegt nichts, ich sage es nur, um Ihnen zu zeigen, daß ich aufmerksam gelesen habe.

Von mir aus gesehen, würde mein Weg etwa so lauten:

In der frühen Jugend gelang es mir nicht, aus Trotz gegen Elterliches innerhalb der religiös geistigen Welt, in der ich aufwuchs, mich zu entwickeln, d. h. auf meine Art und ohne Verlust meiner Persönlichkeit ein Christ zu werden. Dagegen war es leicht, ein

189

Dichter zu werden, und es blieb mir die Poesie lange Jahre hindurch ein Paradies, in das ich die Konflikte meines persönlich-geistigen Lebens nie ganz herein ließ. Schon sehr früh wandte ich mich indischen Studien zu, auch indischen Lebensmethoden, und fand innerhalb indischer und chinesischer Bildersprache meine Religion, d. h. die, die mir in Europa zu fehlen schien. Daß sie im Siddhartha noch indisch gekleidet geht, heißt nicht, daß das Indische daran mir noch wichtig sei, aber erst, als eben dies Indische anfing, mir nicht mehr wichtig zu sein, wurde es für mich darstellbar, wie ich denn immer das darstellbar finde, was im Leben gerade von mir Abschied nimmt und weggeht.

Das ist schlecht formuliert und natürlich nur ganz unter uns gesagt.

(Aus einem Brief vom 10. 2. 1923 an Stefan Zweig)

Im Siddhartha habe ich, konzentriert in der Arbeit von drei Jahren, etwas formuliert, was nicht für viele ist, was mich aber seit bald zwanzig Jahren beschäftigt.

(Aus einem Brief vom 10. 3. 1923 an Volkmar Andreä)

Ich habe mich über die Art gefreut, wie Du den Siddhartha aufgenommen hast. Natürlich ist das Indisch-Brahmanische dran nur Kleid, und ist mit Siddhartha nicht ein Hindu, sondern der Mensch gemeint. Doch ist »Kleid« hier immerhin mehr als Kostüm. Auf dem indischen Weg und in indischen Formen habe ich das kennengelernt, was uns unsere heimatliche Religion sein sollte, was sie mir aber nie war.

(Aus einem Brief vom 12. 3. 1923 an Fritz Gundert)

Sie wissen, daß ich Schüler asiatischer Methoden bin, und so habe ich in Sachen Propaganda etc. stets mich völlig passiv verhalten. Weder für die Verbreitung noch die Kritik noch die Übersetzung meiner Schriften habe ich je einen Finger gerührt.

Aber wenn Sie gelegentlich jenem englischen Verleger einen Wink geben mögen, so tun Sie es bitte. Ich glaube, daß am besten ein Roman wie »Roßhalde« oder so in Betracht käme.

Demian erscheint im Frühling für Amerika englisch, vielleicht käme Ihr Verleger für die England-Ausgabe in Betracht? Siddhartha ist noch in keine Sprache übersetzt, doch interessiert sich der amerikanische Verleger (ich weiß den Namen leider nicht) auch dafür.

(Aus einem Brief vom März 1923 an Hans Morgenthaler)

Ich begreife wohl, daß Demian Ihnen wenig verdaulich schien. Er handelt von etwas ganz andrem als Siddhartha, er handelt vom Individuum, vom Menschwerden des Einzelnen, während Siddhartha von der Rückkehr des Einzelnen zu Gott, zum Ganzen, handelt. Auch diese Rückkehr freilich kann auf unendliche viele Arten erlebt werden, ist aber doch eben, in allen Religionen der Welt, im Endziel stets dasselbe.

(Aus einem Brief, März 1923 an Berthi Kappeler)

Mein lieber Freund, es ist sträflich von mir, Ihnen nicht schon früher über Siddhartha geschrieben zu haben. Doch für ein solches Buch konnte ich Ihnen nicht mit Dankesworten banaler Höflichkeit antworten. Ich mußte mich erst sammeln und bereue es nicht, gewartet zu haben.

Wie schön und tief ist der Schluß des Werkes! Welche faszinierende Vision dieser Sturzbach des Universums unter dem Schleier von Buddhas Lächeln, – eines »Vollendeten«. Sie umgibt mich ständig, im Hin und Her des Tages. Aber ich habe mich gefragt: wie viele unserer heutigen Schriftsteller sind fähig, sie zu erfassen, außer unter ihrem pittoresken Aspekt? Wie viele, Freund Hesse, blicken über das neue Kostüm der literarischen Einkleidung hinaus zu Ihnen – bis zum OM, das Ihr Geist ebenso wie der Fluß anstimmt? Wieviele, selbst von denen, die Ihnen nahe kommen, die Sie bewundern und die Sie lieben, ahnen etwas von Ihrem wahren Ich? – solche fänden Sie gewiß eher in Indien als in Europa; das Buch muß von unserem Freund Nag ins Bengali übersetzt werden.

Ich möchte auch Bazalgette dazu veranlassen, daß er Sie um die Genehmigung bittet, es für die Reihe, die er in Paris leitet, ins Französische übersetzen zu lassen. Doch ob sie, diese alten Kinder in Paris, reif genug sein werden, die magische Schönheit eines solchen Werkes zu begreifen? Ich bin davon durchdrungen

und glücklich, daß in einer solchen Zeit seine Strahlen von der Collina d'Oro und dem weisen, mir so teuren Freund gekommen sind. Glauben Sie an meine treue Zuneigung.
(Aus einem Brief Romain Rollands an Hesse vom 5. 4. 1923)

Noch mit keinem Buche haben mich die persönlichen Freunde so im Stich gelassen wie mit dem Siddhartha, kaum einer von ihnen hat sich die Mühe genommen, mir das Buch auch nur mit einer Zeile zu quittieren. Desto erfreulicher war mir heut früh Ihr lieber schöner Brief!

Sie haben recht: es sind unter meinen Kollegen äußerst wenige, die den Siddhartha goutieren und verstehen können. Von der öffentlichen Kritik habe ich bis jetzt noch nichts anderes gehört als Äußerungen achtungsvoller Verlegenheit.

Dagegen sind einige wenige Menschen da, denen der Siddhartha – und zwar sowohl das Indische und Menschliche daran wie meine ganz private Mythologie – völlig offen und zugänglich und lieb ist, und die ihn einatmen wie Heimatluft. Der Beste von ihnen ist Jener, der mit Ihnen sich in die Widmung des Buches teilt, mein Vetter in Japan. Er hat in mehr als 15 Jahren ostasiatischen Lebens und in langem vertrauten Umgang mit den japanischen Bonzen allerlei gelernt.

Also haben Sie Dank für Ihr liebevolles Eingehen auf mein Buch. Und auch für die Idee, es nach Paris für eine französische Ausgabe zu empfehlen. Ich würde dies sehr begrüßen. Je weniger dies Buch für die Menge ist, desto mehr liegt mir daran, es da und dort wenigstens den wenigen Einzelnen zugänglich zu sehen, an welchen mir gelegen ist, dazu wäre eine französische und englische Ausgabe notwendig.

Ihre Frage nach meinem Buch »Aus Indien« bringt mich etwas in Verlegenheit. Nun, ich will Ihnen darüber alle Auskunft geben. Zeichnungen enthält es nicht, nur Text. Es steht darin eine eigentümliche kleine Erzählung, aus der englisch-indischen Welt[1], die mir damals (1911) viel Freude machte, und die ich noch jetzt für gut halte. Aber der Hauptteil des Inhaltes, Notizen von meiner damaligen Reise in Malakka, Sumatra und Ceylon, ist leider keiner Empfehlung wert. Das Buch ist dürftig, und die Reise

1 »Robert Aghion«. vgl. S. 303ff.

selbst war eigentlich eine Enttäuschung – d. h. für den Moment; denn für die Folge trug sie die schönsten Früchte. Aber damals, im Augenblick, wo ich europamüde nach Indien floh, fand ich drüben nichts als den Reiz der Exotik. Vom indischen Geist, den ich schon damals kannte und suchte, hat mich, während der Reise selbst, diese materielle Exotik mehr getrennt als ihm zugeführt.

(Aus einem Brief vom 6. 4. 1923 an Romain Rolland)

Siddhartha von Hermann Hesse, dessen erster Teil mir gewidmet ist, ist eines der tiefsten Werke, die ein europäischer Schriftsteller über die Hindu-Philosophie verfaßt hat. Kalidas Nag war voll Bewunderung dafür, als er es in Lugano las. Die fünfzehn bis zwanzig letzten Seiten können sich dem Schatz der Hindu-Weisheit zugesellen: denn sie begnügen sich nicht damit, zu paraphrasieren, sie komplettieren sie. Hesse schreibt mir, daß keines seiner Werke so wenig Resonanz gefunden habe. Seine Freunde haben sich nicht einmal die Mühe gemacht, ihm dafür zu danken.

(Aus dem Tagebuch Romain Rolland, Anfang April 1923)

Dieser Tage sagte mir ein Schriftsteller, der mich besuchte: Keyserling habe ihm erzählt, er sei auf seiner indischen Reise einmal in einem Hotel auf Ceylon gewesen, da habe er mich abends sitzen gesehen und erkannt, nach Bildern, habe aber den Eindruck gehabt, daß ich lieber allein sein wolle.

(Aus einem Brief vom 26. 4. 1923 an Alice Leuthold)

Es freute mich, Ihre Notizen über den einstigen »März«[1] zu lesen. Vieles an ihm war hübsch und lebendig, und daß wir von 1905 an sehr deutlich gegen den Kaiser Wilhelm Front gemacht haben, freut mich gelegentlich noch. Heute möchte ich nicht mehr bei so etwas mittun, ich sehe für mich inmitten des Chaos nur darin einen Sinn, d. h. eine Aufgabe, das Wenige, was ich noch

---

1 Die liberale, gegen das persönliche Regiment Wilhelms II. gerichtete Zeitschrift »März«, Verlag Albert Langen, München, als deren Mitherausgeber Hesse (neben Ludwig Thoma u. A. Langen) bis 1912 zeichnete.

schreibe, mit dreifach geschärfter Aufmerksamkeit und Konzentriertheit zu machen. Am Siddhartha habe ich drei Jahre gearbeitet und seither nichts geschrieben als das ganz kleine Piktormärchen. Mit Siddhartha, der bei uns bisher von sehr wenigen verstanden wurde, erlebte ich die Freude, daß durch ihn ein gelehrter Hindu mein lieber Freund wurde.

Sie haben recht: unsre Art von Wirklichkeit ist vermutlich realer, jedenfalls mir unendlich lieber als die der Leute, denen die »Welt« gehört. Ohne Verbindung mit dem Jenseits der »Welt« würde diese Welt mir wertlos sein.

(Aus einem Brief vom 1. 5. 1923 an Carl Seelig)

Wenn Sie den Siddhartha lesen, so sehen Sie, welche Form meine Gedanken in den letzten Jahren angenommen haben. Seither habe ich nichts mehr geschrieben (zum Siddhartha habe ich drei Jahre gebraucht), aber viel gemalt, das zeige ich Ihnen dann, wenn Sie kommen.

Die Nöte Ihres Lebens kann ich mir denken, zum Teil hatte ich sie erwartet, aber Sie haben die Kinder, und damit hat Ihr Leben das, was der Mensch braucht, einen Sinn und Mittelpunkt. Mir fehlt das, wenn ich auch zu Zeiten meine Schreiberei für einen solchen Sinn gehalten habe – er hat nicht genügt, und ich habe darum keine frohen Tage. Zu Zeiten freilich kommt der alte Traum wieder, und ich lasse, pfeifend auf die ganze Welt, einsam und stolz meine Raketen steigen. Neulich sagte mir eine Wahrsagerin, die nicht das Geringste von mir wußte: »Sie sind durch und durch asiatisch. Sie haben in einem frühern Leben viele Jahre als Eremit im Himalaya gelebt. Ich sehe Sie in einer Landschaft sehr, sehr hoch, alles ist aus Granit, aber zuweilen haben Sie Zaubermacht, und der Stein wird für Sie zu Blumen. Der stärkste Zug, den Sie haben, ist Ihr fanatisches Bedürfnis nach Unabhängigkeit.«

(Aus einem Brief, Mitte Mai 1923 an Hilde Jung-Neugeboren)

Lieber alter Freund, hast du denn nie eine Zeile von mir gelesen? Sonst müßtest du wissen, daß ich nicht bloß mit der Psychoanalyse alle »nervösen« Krankheiten für rein seelisch bedingt halte, sondern, daß ich überhaupt jedes körperliche Geschehnis, auch den Beinbruch und eine Lungenentzündung, nicht minder von der Seele gerufen und diktiert halte. Hierüber habe ich nichts Neues zu sagen und zu lernen. Den tiefsten Ursprung meiner ganzen Lebenskrankheit kenne ich nur allzu gut. Er liegt darin, daß in den Jugendjahren, für's Leben bestimmend, all meine Anlagen, Wünsche und all meine Selbsterziehung sich rein auf das Seelisch-Dichterische gerichtet hat, und daß ich mit der Zeit immer klarer erkennen mußte, daß ich damit in unserer Zeit ein hoffnungsloser Outsider sei. Wäre dies nicht, so könnte ich meine Bücher ebenso hemmungslos herstellen, wie du deine Zigaretten[1] und hätte weder die Qual, mein Sein und Tun meistens als unnütz und hoffnungslos zu empfinden, noch hätte ich den Antrieb gehabt, zu meiner inneren Rechtfertigung die Qualität meiner Produktion so zu steigern, wie ich es getan habe. Denn wenn ich auch von unsrer ganzen Literatur und mir selber wenig halte, so weiß ich doch, daß an seelischer und dichterischer Intensität und Reinheit unsere Zeit sehr wenig hervorgebracht hat, was den besten meiner Dichtungen gleichsteht.

(Aus einem Brief vom 26. 6. 1923 an Emil Molt)

So wohlbekannt und fast populär bei uns der Buddhismus und die Anschauungen des sogenannten Vedanta sind, so wenig gekannt, so gemieden und gescheut bei Gelehrten wie Religiösen ist jene indische Hauptreligion, die man Hinduismus nennt. Es ist jene Religion, deren vielarmige und elefantenköpfige Götzen einst Goethe in einer Stunde schlechter Laune gegen sein eigenes tieferes Ahnen heftig abgelehnt hat. Diese Götter und Götzen kommen nun aber wieder, sie kamen schon seit zehn Jahren auf dem Wege der Kunst, denn plötzlich hatte das Abendland gemerkt, daß, was für Japan recht ist, für Indien billig sein muß, und es wurde auch die indische Kunst entdeckt. Und nun kommt die indische Götterwelt, mit ihren vielarmigen Götzen, mit ihren vielbrüstigen Göttinnen, mit ihren steinernen und uralt-lächelnden Gottheiten und Heiligen unaufhaltsam hereingebrochen, auf vielen Wegen, auf den Wegen des Okkultismus und der Sektiererei, auf den Wegen der Sammler und Kunst- und Raritätenlieb-

---

1 Emil Molt war Direktor der Zigarettenfabrik Waldorf-Astoria

haber, auf den Wegen der Wissenschaft. Ein Dokument sei heute auszeichnend genannt, das Buch »Der Hinduismus« von Helmuth v. Glasenapp (Kurt Wolff, Verlag, München).

Glasenapp gibt zum Glück nicht irgend eine geschichtsphilosophische oder theologische Aufmachung, der verzichtet sogar in fast puritanischer Nüchternheit auf Ausdeutung des Mythischen und Kultlichen, er hält sich an die Hauptsache, an seine Aufgabe, an das Sammeln und möglichst sichtbare Zeigen des Materials. Dies Material, die Zeugnisse des Hinduismus, von den Veden und Tantras bis zu heutigen Gebräuchen und Kulturen, hat Glasenapp in seinem ungeheuer ergiebigen, satt gefüllten Werk gesammelt und ausgezeichnet klug geordnet, es ist eine Lust, das alles nun so nah und klar beisammen zu haben, was man bisher aus so viel entlegenen und zum Teil trüben Quellen holen mußte. Eine sehr schöne, sehr mit Sinn fürs Charakteristische begabte Auswahl von Abbildungen gehört mit zu dem Buche, auch sie verdient Anerkennung und frohen Dank. Es ist bisher das einzige deutsche Werk, das in nicht dilettantischer Weise über Religion und Sitte Indiens Auskunft gibt.

Das religiös genialste Volk der Erde haben wir bisher beinahe nur durch philosophische Brillen gesehen, wir kannten beinahe nur jene Systeme und Theorien des alten Indien, welche die religiösen Probleme intellektuell zu lösen suchen. Die eigentliche Religion des Volkes, den Hinduismus, diese genialste, an Plastizität beispiellose Religion beginnen wir erst allmählich in ihrer Größe und Wunderbarkeit zu ahnen.

Jenes Problem, das den Abendländer, wenn er sich auf Indisches einläßt, immer am meisten plagt und vor den Kopf stößt, daß nämlich für die Inder Gott zugleich transzendent und immanent sein könne, ist das eigentliche Herz der indischen Religion. Für den Inder, der sowohl im religiösen Gefühl wie im abstrakten Denken so merkwürdig genial ist, besteht jenes Problem gar nicht als solches, ihm ist von Anfang an ausgemacht und klar, daß alle menschliche Erkenntnis und Denkkunst lediglich der niedren Welt, der Menschenwelt, gerecht zu werden vermöge, daß wir dem Göttlichen dagegen einzig mit Hingabe, mit Verehrung, mit Meditation, mit Andacht entgegen treten dürfen. Und so beherbergt der Hinduismus, welcher heute wie vor dreitausend Jahren die herrschende Religion Indiens ist, friedlich in paradiesischer Buntheit die ungeheuersten Gegensätze, die widersprechendsten

Formulierungen, die denkbar gegensätzlichsten Dogmen, Riten, Mythen und Kulte in sich, das Zarteste neben dem Rohesten, das Spirituellste neben dem massig Sinnlichsten, das Gütigste neben dem Grausamen und Wilden.

Die Wahrheit, das Ewige, ist nicht in diesen Gestaltungen, auch nicht in den feinsten und edelsten, die Wahrheit ist hoch darüber. Und so mag der Brahmane Gottesgelehrtheit treiben, der Sinnliche den zeugungsfrohen Krishna lieben, der Einfältige die mit Kuhmist bestrichene Steinfratze anbeten – es ist vor Gott alles dasselbe, es ist eine nur scheinbare Mannigfaltigkeit, es sind nur scheinbare Gegensätze.

Glasenapps Buch in seiner Sachlichkeit und treuen Sorgfalt gibt ungeheuer viel. Und es ist beinahe völlig frei von jenen Europäismen, jenem hochmütigen oder spöttischen Besserwissen, mit welchem speziell deutsche Gelehrte oft von asiatischen Dingen reden.

(»Hinduismus«, Rezension über Helmuth v. Glasenapp, »Der Hinduismus«, Verlag Kurt Wolff, München, in »Die neue Rundschau«, 34, Juli 1923)

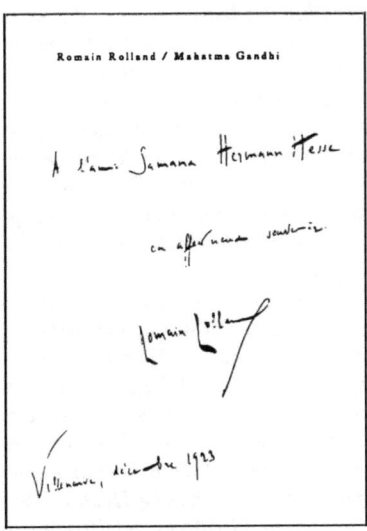

»Dem Freund Hermann Hesse, dem Samana, in herzlicher Erinnerung«. Widmung Romain Rollands in seinem Buch über Mahatma Gandhi, 1923.

197

Wir sprachen von Büchern, und ich sagte, daß ich in diesen Tagen Siddhartha wieder gelesen hätte, und daß er mir merkwürdig sei, was ich alles diesmal darin gefunden, was ich ganz bestimmt vor einem Jahr noch nicht gesehen, oder, wenn gesehen, nicht begriffen hätte. Als hätte ich ein Vergrößerungsglas für das Große darin.

Da sagte sie[1]: »Der Siddhartha ist ein so großes Werk, daß es in seiner Art ein ›Faust‹ ist. Es spielt in Indien, könnte aber überall sein, bei uns, überall. Es ist ein herrliches Werk, steht weit über allem, was Hesse geschrieben und was überhaupt jetzt geschrieben wird [...] Ich habe ihn nun dreimal gelesen, und dreimal bin ich davon begeistert worden. So vieles ist darin, was ich selbst empfinde, z. B. daß eine Lehre nicht zur Weisheit führen kann. Ich habe mein Buch verschenkt, und da kam mein siebzehnjähriger Sohn von einer Reise heim und brachte mir als Geschenk den Siddhartha. Ich dachte, daß er ihn noch nicht hätte verstehen können und redete mit ihm darüber. Ich sagte: ›Aber wenn auch Siddhartha nicht lernen will, von Lehrern keine Lehre annehmen, so hat er doch beim Fluß gelernt und seine Lehre angenommen.‹ Da sagte mein Bub: ›Er hat nicht beim Fluß gelernt und seine Lehre angenommen. Was der Fluß ihn lehren konnte, das wußte der Siddhartha schon.‹ Da merkte ich, daß er ihn verstanden hatte.«

Sie war ganz begeistert und »des Gottes voll«. Darauf sagte sie, daß Hesse den Gottfried Keller-Preis haben sollte, vor allen anderen. Es hätte auch Fritz von Unruh irgendeinen Preis erhalten und sei ein Ausländer. Sicherlich wird sie die Sache anregen. Sie hätte gern Hesse selber geschrieben, aber Du weißt ja, man tut es nicht [...] Ich versprach zu schreiben und Hesse zu sagen, was sie mir gesagt, kann's aber nicht so direkt tun. Vielleicht liest Du ihm das, dann weiß er's ja auch.

Sie fuhr aber fort, und das ist nun für Dich allein, also nicht zum weiter Vorlesen. Sie fragte, Du weißt, wie diskret sie ist, und daß ich nie auch nur gemuckst habe: »Wann wird sich nun Ihre liebe Tochter mit Hesse verheiraten?« Ich sagte: »Wer hat Ihnen das gesagt?« »Niemand, das wußte und hoffte ich schon lange.« Ich sagte: »Hoffte?« »Ja«, sagte sie. »Ihre Tochter ist ein Mensch, der Großes leisten möchte und will. Ihre Talente kann ich nicht beurteilen. Aber wenn sie den Lebensweg Hesses teilen will, so leistet sie so Großes, wie nicht Größeres geleistet werden kann.« Ich

1 Die Schriftstellerin Maria Waser.

sagt: »Das ist schwer, könnten Sie es? Meine Tochter ist erst 25 Jahre alt.« »Ja«, sagte sie, »ich könnte es. Aber es ist leichter für Ihre Tochter als für Sie, die Mutter. Für Sie ist es schwer. Ich kenne Hesses Leben und seine Ehe. Ich weiß, daß Ihre Tochter es nicht leicht haben wird. Aber wie viele Frauen haben es nicht leicht, und für wen? Nicht für einen Großen [...] Hesse wird wachsen. Hesse wird an seiner ersten Liebe wachsen, denn erst jetzt lernt er das kennen, was Liebe ist. Vorher kannte er das ja nicht. Schon hat er, seit er Ihre Tochter kennt, den ›Klingsor‹ geschrieben. Da hält er sich noch nicht für gut genug für sie. Jetzt hat er den ›Siddhartha‹ geschrieben, und es muß eine unendliche Freude und innere Genugtuung sein für Ihr Kind, daß er das konnte, seit er ihr verbunden ist, und vorher nicht. Und es wird weitergehen. Noch ist Kamala ein Übergang, noch ist da nicht die Liebe, im Sohne ahnt er sie, lernt er sie kennen. Aber es hat mir einmal ein Dichter gesagt, Bücher würden aus zwei inneren Gründen geschrieben: um das, was man erlebt, niederzulegen, oder um das, was man erleben wird, prophetisch festzuhalten. In seinem nächsten Buch wird man es spüren, was Hesse gelernt hat. Es wird eine schwere und große Aufgabe. Ihre Tochter gehört zu den Menschen, die nicht ›glücklich‹ werden, wie wir beide dieses Wort verstehen. Sie wird mehr werden. An Hesse wird sie eine große Aufgabe erfüllen, und er ist es wert.« [...] Ich habe gedacht, ich wolle Dir das genau, wie ich es noch konnte, schreiben, es muß Dir doch eine Freude sein, so beurteilt zu werden, zu hören, daß eine Frau, wie Frau Waser, Dir das zutraut.

(Aus einem Brief der Schriftstellerin Lisa Wenger vom 1. September 1923 an ihre Tochter Ruth, Hesses späterer Frau.)

Die Übersetzungen buddhistischer Texte durch Karl Eugen Neumann stellen ein Werk dar, dessen Wirkung schon seit bald zwanzig Jahren da und dort im geistigen Leben spürbar wurde. Inzwischen hat, nach der esoterischen, auch die sichtbare, breite Wirkung auf Tausende und Zehntausende begonnen und geht rasch weiter.

Was ich an Neumanns schönen Übertragungen aus dem Pali besonders hochschätze, ist die Andacht und Reinheit des Tones, die ehrfürchtige Bemühung um eine Wiederherstellung des echten indischen Tones in deutscher Sprache. Hierin kommt keine frühere oder spätere Übersetzung denen Neumanns irgend gleich. Der sanfte, feierliche, würdige Tonfall der Reden des Buddha ist in diesen Verdeutschungen wunderbar echt und lebendig geblieben.

(Aus dem Almanach des Verlages R. Piper & Co, München, November 1923)

Wenn Sie je ein Buch von mir, etwa den Siddhartha, gelesen haben, so wissen Sie, daß ich in klugen Gedanken lediglich ein Spiel sehe, und daß ich dem Leben gegenüber nichts andres anerkenne als Ausessen, Sichunterwerfen, Schicksal auf sich nehmen. Dies tue ich, indem ich heirate, da die Umstände es so ergeben haben. Ich vollziehe die Heirat ebensowenig aus eigener Wahl und in der Absicht, dabei glücklich zu werden, als ich vor einem halben Jahr meine Scheidung mit solchen Gedanken vollzogen habe. Ich heirate ungerne und mit tausend Bedenken, obwohl ich meine Braut sehr liebe, aber ich tue es nicht aus mir heraus und aktiv, sondern indem ich Schicksal erfülle.

(Aus einem Brief vom 28. 12. 1923 an Carl Seelig)

Groß war auch die Welle, welche sich vor einigen Jahren um den Grafen Keyserling (nicht den Dichter, sondern den Philosophen) erhob, doch ist diese Welle rasch kleiner geworden. Ebenso wie Spengler für viele Deutsche ein Anstoß zum Nachdenken über Weltgeschichte und ihre Symbolsprache wurde, so wurde Keyserling vielen zum Anlaß einer Beschäftigung mit den geistigen und seelischen Methoden des alten Asien. Aber die einen wandten sich von diesem Gebiet bald wieder ab, da es eine für hungernde Europäer nicht aufzubringende Konzentration erforderte, andere machten es ebenso wie manche frühere Anhänger der Theosophie: sie vertieften sich in die östlichen Quellen und fanden diese so tief, kühl und schmackhaft, daß sie jene daraus abgeleiteten europäisierten Verdünnungen nicht mehr schätzen konnten.

(Aus einem Brief vom Januar 1924 an Italo Zaratin)

Die Frage Ihres Briefes, die ich als wichtig und brennend empfinde, ist die, »ob man der Stimme im Innern überhaupt folgen darf,« d. h. ob alles, was wir Persönlichkeit nennen, nicht eitle Torheit sei. Diese Frage steht auch vor mir immer neu auf, ich habe sie im »Demian« ganz anders beantwortet als in »Siddhartha«. Ich könnte zum Beispiel die Frage auf Ihren Fall anwenden und sagen: Das Höchste und Wünschenswerteste, was Sie bestenfalls im Leben sich erwerben können, wäre die Heimkehr zu einer vertrauensvollen, frommen katholischen Gläubigkeit – aber mit dem Plus einer individualisierten, differenzierten, reiferen Seele, die Sie sich durch die Unruhe und Qual des Zweifels und der Revolution erworben und erlitten haben.

Es ist für mich kein Zweifel, daß unsre heutige Kultur eine arme und klägliche, unser Leben entartet und unsre geistigen und sittlichen Leistungen unendlich klein sind, daß jede klar und einfach zentrierte, gläubige, gesunde Lebensordnung und Gläubigkeit, wie etwa die des Mittelalters, unendlich viel besser, reiner, wünschenswerter ist.

Aber was helfen solche Feststellungen? Gar nichts, sie sind nur Worte, sind sogar eitle Worte, also Sünde. Denn jeden von uns trifft das Leben in der Gestalt seiner Zeit an, jeder von uns steht vor Aufgaben und Problemen, die einmalig und vergänglich sind, für uns aber das ganze Leben bedeuten, weil es eben nicht allgemeine und gelehrte, sondern unsre eigenen, brennenden Probleme sind. Und diese Probleme, möchte ich sagen, sind nicht da, um »gelöst« zu werden, sondern um erlitten und erlebt zu werden, sie sind das uns gegebene Leid, und Leid wird zu Leben und Freude und Wert nur auf dem schmerzlichen Wege des Erleidens, des Ausfressens.

Ich kann Ihnen nicht mehr sagen, jedes allgemeine Wort wird da sofort zum Geschwätz. Ich bitte Sie auch, keinen Briefwechsel mit mir anzufangen. Vielleicht hilft Ihnen eines meiner Worte, oder der »Siddhartha« in Ihrer jetzigen Lebensstunde.

(Aus einem Brief vom 25. 2. 1924 an Eduard Schröder)

Es freut mich, daß der Siddhartha Dich erreicht hat und Dir lieb ist. Von zwanzig Jahren der Beschäftigung mit Asiatischem, und vier Eremitenjahren im Tessin ist dies nun übrig geblieben, für mich keine bequeme Frucht, da seine Forderung mich selber immer wieder kämpfend und unterlegen trifft, aber mir doch lieb ist wie ein eigenes Kind.

(Aus einem Brief vom 11. 5. 1924 an Wilhelm Schäfer)

›Siddhartha‹ ist ein sehr europäisches Buch, trotz seines Milieus, und die Siddhartha-Lehre geht so stark vom Individuum aus und nimmt es so ernst, wie keine asiatische Lehre es tut. Ich möchte, im Gegensatz zu Ihrer Nomenclatur geradezu sagen, ›Siddhartha‹ ist der Ausdruck meiner Befreiung vom indischen Denken. Ich habe zwanzig Jahre lang indisch gedacht, wenn auch in meinen Büchern dies nur hinter den Zeilen stehen blieb, und ich war im Alter von dreißig Jahren Buddhist, natürlich nicht in einem kirchlichen Sinn. Der Weg meiner Befreiung aus jedem Dogma, auch dem indischen, führt bis ›Siddhartha‹ und geht natürlich weiter, wenn ich am Leben bleibe.

(Aus einem Brief vom 18. 1. 1925 an Hans Rudolf Schmidt)

Schau, Ugel, die Chinesen, die ja ein erstaunlich kluges Volk sind, hatten Jahrtausende lang die feierliche Gewohnheit, daß jedes öffentliche Ereignis, z. B. Regierungsänderungen, Revolutionen, Siege, Hungersnöte etc., offiziell immer um 25 Jahre zurückdatiert wurden. Denn, so sagten sich die Chinesen, die Revolution oder der Bankrott findet zwar in der Tat heute statt, um ihn aber zu verstehen, seine Wurzeln zu erkennen und möglicherweise künftig klüger zu werden, muß man um 25 Jahre zurückschauen, denn nach jahrtausendalter Erfahrung ist in solchen Angelegenheiten 25 Jahre grade so etwa die übliche Zeit, die es braucht, bis gute oder böse Ursachen, Sitten etc. äußerlich ihre Resultate zeigen.

So machen das die schlauen Chinesen. Und ich erzähle Dir heut davon, weil man immerhin etwas dabei lernt, es auch hübsch und witzig ist, und weil ich Dir davon, wie es mir geht und in welcher beschissenen Lebenslage ich grade bin, lieber nicht schreiben mag. *(Aus einem Brief vom 27. 3. 1925 an Ludwig Finckh)*

Ich sah in einer Züricher Buchhandlung die französische Ausgabe meines »Siddhartha« liegen, eines Buches, in dem ich versucht habe, die alte asiatische Lehre von der göttlichen Einheit für unsere Zeit und in unserer Sprache zu erneuern. Ich hatte zwar gewußt, daß diese Übersetzung vorbereitet wurde, hatte das Buch selbst aber noch nicht zu Gesicht bekommen, ich ging also in den Laden und kaufte es. Vorn in meinem Buch nun steht eine Widmung an Romain Rolland, der mir während der Kriegsjahre wichtig und wertvoll wurde, den ich als Gesinnungsgenossen und Freund liebe, und der gerade am »Siddhartha« vermutlich Freude haben konnte, denn eine meiner wertvollsten persönlichen Verbindungen mit dem modernen Indien verdanke ich ihm. Die Widmung war also nicht eine zufällige, sie hatte ihre Bedeutsamkeit. Der Pariser Verleger aber hat diese Widmung einfach weggelassen. Denn Romain Rolland, dessen sechzigster Geburtstag zurzeit von der ganzen Welt (mit Ausnahme von Paris) gefeiert wird, ist im siegreichen Frankreich, das Fritz von Unruh und Thomas Mann einlud und feierte, noch heute verfehmt und boykottiert.

(Aus »Gedanken über Lektüre«, »Berliner Tageblatt« v. 6. 2. 1926)

Inzwischen fängt mein »Siddhartha« langsam an in Asien bemerkt zu werden. Die paar Stimmen, die ich bis jetzt über die japanische Ausgabe hörte, von japanischen Gelehrten, zeigen, daß das Buch dort brüderlich und freundlich aufgenommen wird, sie zeigen auch ein Erstaunen über die Herkunft des Buches, das in den asiatischen Geist weiter als alle bisherigen Versuche von Europäern vorgedrungen sei. Wenn erst eine englische Ausgabe kommt, werde ich auch aus Indien Urteile hören, die mir noch wichtiger wären. Schade, daß solche Bestätigungen immer ein paar Jahre zu spät kommen, wenn ich längst in anderen Problemen stecke. Aber auch so freut es mich, diese Stimmen zu hören. Ein Professor in Tokio schreibt, jeder seiner Studenten müsse das Buch lesen.

(Aus einem Brief vom 26. 2. 1926 an Georg Reinhart)

Sie sind mir seit langem lieb und wichtig. Ich verdanke Ihnen so ziemlich alles, was ich an Beziehungen zum Chinesischen habe, das mir, nach einer vieljährigen mehr indischen Orientierung, sehr wichtig wurde.

Für manchen Ihrer Aufsätze, vor allem aber für Ihren Lao Tse, Ihren Dschuang Dsi etc. etc. bin ich Ihnen seit langem vielen Dank schuldig, den ich nun auch einmal aussprechen möchte. Daß wir in meinem Vetter Gundert in Mito auch einen gemeinsamen Freund haben, darüber habe ich mich schon oft gefreut.

Von Ihrer heutigen Tätigkeit weiß ich nicht so sehr viel, ich lebe als Outsider, und habe der aktuellen geistigen Welt (wie sie etwa von Keyserling etc. repräsentiert wird) den Rücken gekehrt. Dagegen finde ich bei China-Freunden wie Reinhart wieder gemeinsame Beziehungen zu Ihnen. Die Zürcher Psychoanalytiker stehen mir ferner, sie scheinen mir mit Ausnahme von Jung alle liebenswerte, aber flache, wohlangepaßte Erfolgsmenschen zu sein, durchdrungen von der Aufgabe, das Leben im bürgerlichen Sinn zu bejahen, und sich um seine Tragik zu drücken. So habe ich auch diese Beziehungen einschlafen lassen.

Ihre chinesische Welt zieht mich mit ihrer magischen Seite an, während ihre prachtvolle moralische Ordnung mir, dem Unsozialen, bei aller Bewunderung fremd bleibt. Leider ist mir dadurch auch das I Ging nur teilweise zugänglich, ich betrachte zuweilen seine tiefe, satte Bilderwelt, ohne zur Ethik der Kommentare eine eigentliche Beziehung zu haben. Auf dem dürren Ast, auf dem ich sitze, blüht die Blume der staatlichen, familiären und gesellschaftlichen Beziehungswelten leider nicht.

Desto dankbarer bin ich für die stillen geistigen Liebesbeziehungen, die mir das Leben trotzdem gebracht hat, und zu ihnen gehört das China, das ich durch Sie kennen lernte, und damit die Dankbarkeit gegen Sie und Ihr Werk. Sie einmal aussprechen zu dürfen, ist mir eine Freude.

(Aus einem Brief vom 4. 6. 1926 an Richard Wilhelm)

Ich freue mich, wenn ich Ihnen im Leben irgendwo begegne, sei es in Ihren Büchern oder bei Freunden wie Georg Reinhart oder Gundert [...]

Lassen Sie sich durch meine Verbindung mit Keyserling nicht irre machen. Und auch nicht durch mein »Weltwesen«. Wenn man die Welt so durchschaut hat wie Sie und ich, so kann man sich auf doppelte Art verbergen: in der Einsamkeit, wie Sie, und in

der – Welt, wie ich. Aber ich glaube, wir werden uns verstehen,
und ich kann Ihnen aus dem alten China mehrere Herren vorstellen
wie Tschuangtse u. a. die gänzlich unsozial waren. Meister Kung
hat viel unter ihnen zu leiden gehabt und verstand sie nur zu gut.
(Besser als er sich seinen Jüngern gegenüber den Anschein gab).
(Aus einem Brief Richard Wilhelms an Hesse vom 8. 6. 1926)

Der chinesische Philosoph Laotse, vorher zwei Jahrtausende hindurch in Europa unbekannt, wurde in den letzten 15 Jahren in alle Sprachen Europas übersetzt und sein Tao-te-king ein Modebuch. In Deutschland war es Richard Wilhelm, dessen Übersetzungen und Einführungen die klassische Literatur und Weisheit Chinas in einem bisher unbekannten Umfang eingeführt haben. Und während China politisch schwach und zerrissen ist und den westlichen Mächten beinahe nur noch als ein großes, reiches, höchst vorsichtig zu behandelndes Ausbeutungsgebiet erscheint, hält altchinesische Weisheit, altchinesische Kunst ihren Einzug nicht nur in die Museen und Bibliotheken des Abendlandes, sondern auch in die Herzen der geistigen Jugend. Auf die vom Krieg aufgewühlte studierende Jugend Deutschlands hat, nächst Dostojewski, in den letzten zehn Jahren gewiß kein anderer Geist so stark gewirkt wie Laotse. Daß diese Bewegung sich in einer ziemlich kleinen Minorität abspielt, nimmt ihr nichts von ihrer Bedeutung: die von ihr ergriffene Minorität ist gerade die, auf welche es ankommt: der begabteste, bewußteste, verantwortungsbereiteste Teil der studierenden Jugend.

Unseren modernen abendländischen Kulturidealen ist das chinesische so entgegengesetzt, daß wir uns freuen sollten, auf der anderen Hälfte der Erdkugel einen so festen und ehrwürdigen Gegenpol zu besitzen. Es wäre töricht, zu wünschen, die ganze Welt möchte mit der Zeit europäisch, oder sie möchte chinesisch kultiviert werden; wir sollten aber vor diesem fremden Geist jene Achtung haben, ohne welche man nichts lernen und in sich aufnehmen kann, und sollten den fernsten Osten mindestens ebenso zu unseren Lehrern rechnen, wie wir es (man denke nur an Goethe!) seit langem mit dem westasiatischen Orient getan haben. Und wenn wir in den überaus anregenden, von Klugheit funkelnden Gesprächen des Konfuzius lesen, so sollen wir sie nicht als ein verschollenes Kuriosum aus vergangenen Zeiten betrachten, sondern daran denken, daß nicht nur die Lehre des Konfuzius dies riesige Reich durch zwei Jahrtausende erhalten und gestützt hat, sondern daß heute noch die Nachkommen des Konfuzius in China leben, seinen Namen tragen und mit Stolz von ihm wissen – woneben auch der allerälteste und kultivierteste Adel Europas kindlich jung erscheint. Laotse soll uns nicht das Neue Testament ersetzen, aber er soll uns zeigen, daß Ähnliches auch unter anderem Himmel und in noch früheren Zeiten gewachsen ist, und das soll unseren Glauben daran stärken, daß die Menschheit, sei sie noch so sehr in einander fremde und feindliche Rassen und Kulturen zerspalten, dennoch eine Einheit ist und gemeinsame Möglichkeiten, Ideale und Ziele hat.

Es herrscht bei uns, trotz jener jungen China-Begeisterung, noch immer in weitesten Kreisen die Meinung, die Seele des Chinesen sei der unseren doch eigentlich vollkommen fremd. Seine Tugenden, vor allem seine unermüdliche Geduld und sein stiller, zäher Fleiß, seien eigentlich mehr passiver Natur, und seine Laster, vor allem die berühmte chinesische Grausamkeit, seien uns im Grunde weltenfern und völlig unverständlich. In Wahrheit sind das dumme Vorurteile. Der Chinese kann grausam sein, genau wie der Abendländer es auch sein kann, und er kann fromm und aufopfernd sein, genau wie auch der Europäer es gelegentlich sein kann. Wenn wir aus der Geschichte Beispiele chinesischer Grausamkeit hervorziehen, so sollten wir daneben auch jene Geschichten stellen, in denen China und sein Heldentum uns ebenso vorbildlich erscheinen müssen wie etwa die in unseren Schulen geläufigen heroisch-edlen Erzählungen aus der Bibel oder aus dem klassischen Altertum.

(Aus »Chinesisches«, Vossische Zeitung, Berlin v. 18. 7. 1926)

1916 auf 17 ist in Bern der Demian geschrieben – Du kannst ja nicht im Ernst glauben, daß gleichzeitig schon der erste Teil des Siddhartha entstanden sei – abgesehen davon, daß ich niemals, auch in produktiven Perioden nicht, an zwei größern und wichtigern Werken zugleich gearbeitet habe.

Der erste Teil des Siddhartha ist begonnen in Montagnola im Winter 1919 auf 20, nach dem plötzlichen Erlöschen der sommerlichen Klingsorzeit, während ich wieder einmal sehr einsam, asketisch und asiatisch lebte. Dann gab es eine Pause, und das

Manuskript blieb etwa anderthalb Jahre liegen, bis ich den zweiten Teil schreiben konnte. Die Unterbrechung war grade zwischen dem ersten und zweiten Teil des Buches. Ich ließ den ersten damals in der Neuen Rundschau erscheinen, mit der Widmung an Rolland, weil ich an das Fertigwerden des Ganzen nicht mehr glaubte.

(Aus einem Brief vom 22. 3. 1927 an Hugo Ball)

Ich entdeckte den asiatischen Einheitsgedanken in seiner indischen Gestalt. Von da an hörte ich auf, jene wichtigtuenden Schriftchen über Karma und Wiedergeburtslehre zu lesen und mich über ihre Enge und Schulmeisterei zu ärgern; statt dessen suchte ich mir anzueignen, was mir an echten Quellen erreichbar war. Ich lernte Oldenbergs und Deußens Bücher und ihre Übersetzungen aus dem Sanskrit kennen, Leopold Schröders Buch »Indiens Literatur und Kultur«, einige ältere Übersetzungen indischer Dichtungen. Zusammen mit der Gedankenwelt Schopenhauers, die mir in jenen Jahren wichtig geworden war, haben diese altindischen Weisheiten und Denkarten einige Jahre lang mein Denken und Leben stark beeinflußt. Indessen war immer ein Rest von Unbefriedigtsein und Enttäuschung dabei. Es waren erstens die Übersetzungen indischer Quellen, die ich auftreiben konnte, beinahe alle sehr mangelhaft, einzig Deußens »Sechzig Upanishaden« und Neumanns deutsche »Reden Buddhas« gaben mir einen reinen, vollen Geschmack und Genuß der indischen Welt. Aber es lag nicht allein an den Übersetzungen. Ich suchte in dieser indischen Welt etwas, was dort nicht zu finden war, eine Art von Weisheit, deren Möglichkeit und deren Vorhandensein, ja Vorhandenseinmüssen ich ahnte, die ich aber nirgends im Wort verwirklicht antraf.

Da brachte, wieder um manche Jahre später, ein neues Bücher-Erlebnis mir die Erfüllung – soweit in diesen Dingen von Erfüllung die Rede sein kann. Schon vorher hatte ich, durch meinen Vater auf ihn hingewiesen, den Lao-tse kennengelernt, zuerst in der Übersetzung von Grill. Und nun begann eine chinesische Bücherreihe zu erscheinen, die ich für eins der wichtigsten Ereignisse im jetzigen deutschen Geistesleben halte: Richard Wilhelms Übersetzungen der chinesischen Klassiker. Eine der edelsten und höchstentwickelten Blüten menschlicher Kultur, bisher für deutsche Leser nur als ungekanntes belächeltes Kuriosum vorhanden, wurde uns zu eigen gegeben, nicht auf dem üblichen Umwege über Lateinisch und Englisch, nicht aus dritter und vierter Hand, sondern unmittelbar, übersetzt von einem Deutschen, der sein halbes Leben in China gelebt und im geistigen China unglaublich zu Hause war, der nicht nur Chinesisch, sondern auch Deutsch konnte, und der die Bedeutung der chinesischen Geistigkeit für das heutige Europa an sich erlebt hatte. Die Bücherreihe begann, bei Diederichs in Jena, mit den Gesprächen des Konfuzius, und ich werde nicht vergessen, wie erstaunt und märchenhaft entzückt ich dieses Buch in mich aufnahm, wie fremd und zugleich wie richtig, wie vorgeahnt, wie erwünscht und herrlich mir dies alles entgegenklang. Seither ist diese Bücherreihe stattlich geworden, dem Konfuzius sind der Lao-tse, der Dschuang Dsi, der Mong Dsi, der Lü Bu We, die chinesischen Volksmärchen gefolgt. Gleichzeitig haben mehrere Übersetzer sich neu um die chinesische Lyrik bemüht und, mit größerem Gelingen, auch um die volkstümliche Erzählungsliteratur Chinas, da haben Martin Buber, H. Rudelsberger, Paul Kühnel, Leo Greiner und andre Schönes geleistet und Richard Wilhelms Werk angenehm ergänzt.

An diesen Chinesenbüchern nun habe ich seit Jahrzehnten meine immer zunehmende Freude, eines von ihnen liegt meistens neben meinem Bett. Was jenen Indern gefehlt hatte: die Lebensnähe, die Harmonie einer edlen, zu den höchsten sittlichen Forderungen entschlossenen Geistigkeit mit dem Spiel und Reiz des sinnlichen und alltäglichen Lebens – das weite Hin und Her zwischen hoher Vergeistigung und naivem Lebensbehagen, das alles war hier in Fülle vorhanden. Wenn Indien in der Askese und im mönchischen Weltentsagen Hohes und Rührendes erreicht hatte, so hatte das alte China nicht minder Wunderbares erreicht in der Zucht einer Geistigkeit, für welche Natur und Geist, Religion und Alltag nicht feindliche, sondern freundliche Gegensätze bedeuten und beide zu ihrem Rechte kommen. War die indischasketische Weisheit jugendlich-puritanisch in ihrer Radikalität des Forderns, so war die Weisheit Chinas die eines erfahrenen, klug gewordenen, des Humors nicht unkundigen Mannes, den die Erfahrung nicht enttäuscht, den die Klugheit nicht frivol gemacht hat.

(Aus »Eine Bibliothek der Weltliteratur«, geschrieben 1927)

Soeben erschien
die 29. bis 33. Auflage von

Hermann Hesse
Siddhartha

Eine indische Dichtung

Das schönste, reichste und weiseste Buch,
das wir auffanden, ist Hermann Hesses
neue Erzählung „Siddhartha". Hesse
führt nach dem Indien Gotamo Buddhas
und erzählt in herrlichem, reinem Deutsch
den Lebensgang Siddharthas, von reinem, ekstatischem Knabentum an bis zur
hohen Weisheit des Greises, der weiser
wird, als selbst der Buddha es war. In
seiner Schlichtheit ist dieses Buch groß
und weit, eine Weiterführung der Ideen
des „Demian".   Vorwärts

S. Fischer Verlag, Berlin

Schutzumschlag der Neuausgabe von 1929

Daß Sie nun statt des Lü Bu We den Dschuang Dsi erwischt haben, ist natürlich das Gegenteil von einem Unglück. Der Dschuang Dsi ist eins der herrlichsten Bücher Chinas und kommt in meiner Schätzung gleich nach den großen Schöpfern und Weisen, dem Kung und dem Lao Tse. Es gibt in Europa (von Amerika nicht zu reden) manche Nation, die in ihrer ganzen Geschichte nie ein Werk vom Rang des Dschuang Dsi hervorgebracht hat. Aber eigentlich ist das sehr dumm gesagt: »Nationen« gibt es ja erst neuerdings, das ist eine moderne Mode, und während des ganzen Mittelalters konnte irgendein mönchischer Dichter oder Weiser auf Latein die herrlichsten Sachen schreiben und in ganz Europa wußte niemand, ob er Spanier, Germane, Byzantiner, Italiener oder Pole sei. Also ich gratuliere Ihnen zum Dschuang Dsi, Sie werden ihn in kleinen Raten zu sich nehmen und fürs Leben um einen Freund und eine hohe Quelle reicher sein.

(Aus einem Brief vom Juli 1929 an Heinrich Wiegand)

Wenn ich die paar großen, nachwirkenden geistigen Erlebnisse beichten sollte, die mir geworden sind, so wäre es Nietzsche, Indien (Bhagavad Gita und Upanishaden), Ihr Chinawerk und etwa noch die Berührung mit den Anregungen Freuds und Jungs.

(Aus einem Brief vom Dezember 1929 an Richard Wilhelm)

Sie schreiben, es gebe für Sie einen Großen und Wissenden, es sei der, der den Spruch vom ewigen Rad der Wiederkehr getan habe. Ich weiß nicht, wen Sie meinen, vermute aber, es sei Buddha. Nun ist aber die Lehre und das Gleichnis vom Rad der ewigen Wiederkehr keine Erfindung Buddhas, sondern ist lang vor ihm dagewesen. Und das, worum Buddha sich in seinen Hunderten von Predigten bemüht hat, ist nicht die Lehre vom Rad der Wiederkehr, die jedem bekannt war, sondern eine neue Lehre von der *Erlösung* aus der ewigen Wiederkehr, vom Weg zu Nirwana.

Ich habe, offen gestanden, den Eindruck, daß Ihr jungen Menschen heute es Euch allzu leicht macht. Ihr sprecht von Buddha und liebt ihn für Gedanken, die gar nicht seine sind, und seht das an ihm nicht, weswegen er gelebt und sich bemüht hat. Ihr seid mit allem schnell fertig, mit den Religionen und Weltanschauungen treibt Ihr großen und raschen Verbrauch, Buddha oder Nietzsche sind Euch gerade recht, um ihnen nach flüchtigem Lesen eine Zensur zu geben. Ich halte, muß ich sagen, nicht das mindeste von dieser Art. Ihr habt für ein Ruder- oder Schwimmtraining das Hundertfache an Sorgfalt, Hingabe und Fleiß übrig wie für Geistiges. Gut, aber dann bleibt beim Sport, und laßt das Geistige.

Ihr seid voll Streben, Ihr habt viel Sehnsucht, Ihr habt viel dunklen Trieb, der sich irgendwie sublimieren möchte. Was Ihr nicht habt, ist *Ehrfurcht*. Ihr könnt nichts dafür. Aber ohne Ehrfurcht ist aller Geist böser Geist, und die Gläubigkeit, mit der ein guter dummer amerikanischer Boy seine Rudervorschriften etc. verehrt, ist fruchtbarer als die distanzlose, ehrfurchtslose Blasiertheit und der böse Nihilismus, mit dem Ihr alles Geistige an Euch reißt und sofort wieder wegwerft. Ich halte nichts davon.

(Aus einem Brief vom 15. 7. 1930 an eine Studentin)

Ich kenne keine Weisheit, die mir das Leben erleichtern würde. Das Leben ist nicht leicht, nie, aber danach, ob es leicht sei oder nicht, haben wir gar nicht zu fragen. Wir müssen entweder am Leben verzweifeln, das steht jedem frei, oder wir müssen es ebenso machen wie die scheinbar Gesunden und Tüchtigen, die scheinbar Problem- und Seelenlosen: wir müssen versuchen, unsre Natur als das einzig Richtige zu nehmen, unsrer Seele alle Rechte zuzugestehn.

Ich gebe da Ratschläge und glaube doch eigentlich nicht an ihren Wert. Sie werden davon so viel in sich einlassen, als Ihre Natur erlaubt, nicht mehr noch weniger. Wir können uns nicht ändern. Aber wir sind um so stärker, je mehr wir das Leben anerkennen, je mehr wir im Innersten mit dem einig sind, was uns von außen geschieht.

(Aus einem Brief vom 21. 7. 1930 an G. D.)

Ich halte zwar Nichtleben nicht für besser als Leben, aber ich teile die Auffassung aller Weisen der Vorzeit: daß eine gewisse Überlegenheit über Schmerz und Sorge nur aus dem inneren »Erwachen« kommen kann, aus der Einsicht oder vielmehr dem

Erlebnis, daß Sinnenwelt und äußeres Geschehen unwesentlich und traumhaft sind, und daß wir weder durch Hingabe an die Kindereien und Sorgen des Lebens noch durch asketische Abwendung von ihnen erlöst werden können, sondern nur durch die für Zeiten immer wieder erlebbare Einsicht in die Einheit Gottes, die hinter dem bunten Schleier der Lebensvorgänge steht. Das Erlösende an dieser Einsicht ist nicht nur eine größere Ruhe gegenüber den Ansprüchen der Welt und der eigenen Begierden, sondern auch eine Ergebung in die Unerfüllbarkeit unsrer moralischen Ansprüche, denn wir *werden* gelebt, wir sind Fäden im Schleier, nichts weiter. So etwa sieht der Glaube und Trost meiner besinnlichen Stunden aus.

Diesen Glauben anderen zu predigen, habe ich jedoch kein Bedürfnis. Wo das Leben mir Menschen in sehr großer Not zuführt, versuche ich wohl ein Wort zu sagen, sonst aber nie, auch nicht zu meinen eigenen Söhnen...

...Die eigentlichen Weisheiten aber und Erlösungsmöglichkeiten sind nicht zur Belehrung und auch nicht zur Unterhaltung da, sondern nur für die, denen das Wasser an den Hals geht.
(Aus einem Brief vom 24. 11. 1930 an St. B.)

Es besteht eine Einheit der indischen Lehre nicht minder, als es eine Einheit der christlichen Lehre gibt; die Spaltungen und Nuancen sind Brechungen desselben Strahls. Dem einen ist dieser herrliche indische Geist nur lebendig und wirksam in den alten heiligen Quellen, den Upanishaden des Vedanta, dem andern nur in den dichterischen Offenbarungen der Bhagavad-Gita, dem andern in buddhistisch-asketischer Form. In Ramakrishna (gestorben 1886) ist es ein Geist der Liebe und praktischen Heiligung des Lebens, beinahe ganz von Theologie befreit.
(Aus der Rezension über »Worte des Ramakrishna«, Rotapfel Verlag, Erlenbach, 1930)

Ich bin doch der Missionarssohn geblieben, trotz aller Auflehnung, trotz dem ich seit der Konfirmation in keinem Gottesdienst mehr war und den Weg durch Nietzsche, Schopenhauer, durch die indischen und chinesischen Lehren gegangen bin. Immerhin hilft der indische Einschlag mir heute, mit allem eher fertig zu werden, im Sinne des Siddhartha.

(Aus einem Brief vom 24. 12. 1930 an seine Schwester Adele)

Ich bin kein Vertreter einer festen, fertig formulierten Lehre, ich bin ein Mensch des Werdens und der Wandlungen, und so steht neben dem »Jeder ist allein« in meinen Büchern auch noch andres, zum Beispiel ist der ganze »Siddhartha« ein Bekenntnis zur Liebe, und dasselbe Bekenntnis steht auch in andern meiner Bücher.

Mehr Lebensglauben zu zeigen, als ich selber habe, das werden Sie gewiß nicht von mir verlangen. Ich habe mehrmals mit Leidenschaft ausgesprochen, daß ein echtes, wirklich lebenswertes Leben innerhalb unsrer Zeit und ihres Geistes vollkommen unmöglich sei. Daran glaube ich unbedingt. Daß ich dennoch lebe, daß diese Zeit, diese Atmosphäre von Lüge, Geldgier, Fanatismus, Roheit mich nicht getötet hat, das verdanke ich zwei glücklichen Umständen: dem großen Erbe von Naturhaftigkeit, das ich in mir habe, und dem Umstand, daß ich, wenn auch als Ankläger und Gegner meiner Zeit, doch produktiv sein kann. Ohne dies könnte ich nicht leben, und auch so ist mein Leben oft eine Hölle.

Es wird sich an meiner Stellung zum Heute kaum mehr vieles ändern. Ich glaube nicht an unsre Wissenschaft, nicht an unsre Politik, nicht an unsre Art zu denken, zu glauben, sich zu vergnügen, ich teile nicht ein einziges der Ideale unsrer Zeit. Aber ich bin darum nicht glaubenslos. Ich glaube an Gesetze des Menschentums, die tausendjährig sind, und ich glaube, daß sie den ganzen Trubel unsrer Zeit überdauern werden.

Einen Weg zu zeigen, wie man die von mir für ewig gehaltenen Menschenideale festhalten, und doch zugleich an die Ideale, Ziele und Tröstungen unsrer Zeit glauben könnte, das ist mir nicht möglich. Ich habe auch nicht die geringste Lust dazu. Dagegen habe ich mein Leben lang viele Wege versucht, auf denen man die Zeit überwinden und im Zeitlosen leben kann (diese Wege habe ich teils in spielerischer, teils in ernsthafter Form häufig auch dargestellt). [...]

Es ist aber damit nichts getan, daß man Krieg, Technik, Geldrausch, Nationalismus etc. als minderwertig ankreidet. Man muß an Stelle der Zeitgötzen einen Glauben setzen können. Das habe ich stets getan, im »Steppenwolf« sind es Mozart und die Unsterblichen und das magische Theater, im »Demian« und im »Siddhartha« sind dieselben Werte mit andern Namen genannt.

Mit dem Glauben an das, was Siddhartha die Liebe nennt, und mit Harrys Glauben an die Unsterblichen kann man leben, dessen bin ich sicher. Man kann mit ihm nicht nur das Leben ertragen, sondern auch die Zeit überwinden. [...]

Kehren Sie lieber, wenn Sie meinen Brief gelesen haben, zu irgend einem meiner Bücher zurück, und schauen Sie nochmals nach, ob wirklich nicht hier und dort Sätze eines Glaubens stehen, aus dem heraus sich leben läßt. Finden Sie nichts davon, so werfen Sie meine Bücher fort. Finden Sie etwas, so suchen Sie von dort aus weiter.

Vor kurzem fragte mich eine junge Frau, wie ich denn das mit dem magischen Theater im »Steppenwolf« gemeint habe, es habe sie schwer enttäuscht, daß ich mich da in einer Art Opiumrausch über mich selbst und alles lustig mache. Ich sagte ihr, sie möchte jene Seiten noch einmal lesen, und zwar mit dem Wissen, daß nichts, was ich je gesagt habe, mir so wichtig und heilig war wie dies magische Theater, daß es Bild und Hülle sei für das, was mir zutiefst wertvoll und wichtig ist. Sie schrieb mir etwas später, jetzt habe sie begriffen.

Ich verstehe Ihre Frage wohl, Herr B., und es mag auch recht wohl so stehen, daß zur Zeit für Sie meine Bücher gar nicht gut sind, daß Sie sie erst einmal wieder wegwerfen und das, was Sie an sie band, überwinden müssen. Darin kann ich Ihnen natürlich nicht raten. Ich kann nur zu dem stehen, was ich gelebt und geschrieben habe, auch zu den Widersprüchen, auch zum Zickzack und der Unordnung. Meine Aufgabe ist nicht, andern das objektiv Beste zu geben, sondern das Meine (und sei es nur ein Leid, nur eine Klage) so rein und aufrichtig wie möglich.

(Aus einem Brief vom 4. 5. 1931 an R. B.)

Der »Siddhartha« wurde im Winter 1919 begonnen; zwischen dem ersten und dem zweiten Teile lag eine Pause von nahezu anderthalb Jahren. Ich machte damals – nicht zum erstenmal natürlich, aber härter als jemals – die Erfahrung, daß es unsinnig ist, etwas schreiben zu wollen, was man nicht gelebt hat, und habe in jener langen Pause, während ich auf die Dichtung »Siddhartha«

schon verzichtet hatte, ein Stück asketischen und meditierenden Lebens nachholen müssen, ehe die mir seit Jünglingszeiten heilige und wahlverwandte Welt des indischen Geistes mir wieder wirklich Heimat werden konnte. Daß ich in dieser Welt nicht weiterhin verharrte, wie ein Konvertit in seiner Wahlreligion, daß ich diese Welt oft wieder verließ, daß auf den »Siddhartha« der »Steppenwolf« folgte, wird mir von Lesern, welche den »Siddhartha« lieben, den »Steppenwolf« aber nicht gründlich genug gelesen haben, oft mit Bedauern vorgeworfen. Ich habe keine Antwort darauf zu geben, ich stehe zum »Steppenwolf« nicht minder als zum »Siddhartha«; für mich ist mein Leben ebenso wie mein Werk eine selbstverständliche Einheit, welche eigens zu beweisen oder zu verteidigen mir unnütz scheint.

Aus praktischen Gründen wurde nicht nur die Reihenfolge der einzelnen Dichtungen in diesem Bande etwas geändert. Es sind auch die beiden Widmungen des »Siddhartha« weggeblieben. Der erste Teil war Romain Rolland gewidmet, der zweite Teil meinem Freunde und Vetter Wilhelm Gundert in Japan. Mit Rolland verband mich seit dem Herbst 1914 nicht bloß die Sympathie und Hochachtung für den älteren Kollegen, sondern noch mehr eine innere Kameradschaft, denn es waren in jenen Tagen der ersten Kriegswut die Dichter auf deutscher wie auf französischer Seite recht selten, welche der Haßpsychose Widerstand zu leisten und das bedrohte Menschentum den einander bedrohenden Nationen voranzustellen bereit waren. Wir sind, Rolland und ich, dieser Idee und Kameradschaft treu geblieben, haben ihr einige Jahre lang manches Opfer gebracht und haben beide am Ende des Krieges, als die Haßdichter aller Nationen plötzlich human und internationalistisch wurden, ohne Bedauern den Leuten mit den lauteren Stimmen das Feld geräumt. Darin weiß ich mich dem verehrten Freund Rolland noch heute innig verbunden. – Die zweite Widmung aber, an meinen Vetter Gundert, galt demjenigen meiner Freunde, der am tiefsten in das Denken des Ostens eingedrungen ist und am längsten in seiner Luft gelebt hat.

(Aus dem Nachwort zur ersten Ausgabe des Sammelbandes »Weg nach Innen«, 1931)

In Deinem letzten Brief interessierte mich, was Du über Wahrheit und Liebe sagst, und daß Du im Begriff bist, das erste Ideal mit dem zweiten zu tauschen. Das ist gut gesagt, es ist nämlich ein typischer und allen Menschen notwendiger Vorgang: die Wahrheit ist ein typisch jugendliches Ideal, die Liebe dagegen eins des reifen Menschen und dessen, der wieder zum Abbau und Sterben bereit zu sein sich bemüht. Bei den Denk-Menschen hört das Schwärmen für die Wahrheit erst dann auf, wenn sie gemerkt haben, daß der Mensch für das Erkennen objektiver Wahrheit außerordentlich schlecht begabt ist, so daß also Wahrheitssuchen nicht die eigentlich humane, menschliche Tätigkeit sein kann. Aber auch die, die gar nie zu solchen Einsichten kommen, machen im Lauf der unbewußten Erfahrung die gleiche Wendung durch. Wahrheit haben, Recht haben, Wissen, Gut und Böse genau unterscheiden können, infolgedessen richten, strafen, verurteilen, Krieg führen können und dürfen – das ist jugendlich und steht der Jugend auch gut an. Wird man älter und bleibt bei diesen Idealen stehen, so verwelken die ohnehin nicht heftigen Fähigkeiten zum »Erwachen«, zum Ahnen der übermenschlichen Wahrheit, die wir Menschen haben.

Ich glaube, daß der Siddhartha für den heutigen Tag die beste Form ist, welche der indische Grundgedanke in deutscher Sprache und Umgebung finden konnte. Aber die indischen Quellen sind unvergleichlich reiner und kräftiger: die Bhagavad Gita, die Upanischaden, die Reden Buddhas, die Legenden, die Gedichte. Sie sind für mich der Weg zum Erwachen gewesen, obwohl im späteren Leben mir die weniger philosophische, naivere, aber irgendwie männlichere Weisheit der Chinesen noch wichtiger wurde.

(Aus einem Brief, Anfang Juni 1931 an Fanny Schiler)

Auf den drei ersten Seiten des Demian steht, was ich etwa weiß, es gehört dann noch mein Buch »Siddhartha« dazu. Es handelt sich bei diesen Versuchen nicht darum, »in schöner Sprache Romane zu schreiben«, wie Sie glauben, sondern darum, die Grundlagen zu einem Glauben zu legen, der wieder für eine Weile jungen Menschen das Leben leben helfen kann. Sie müssen diese Worte, ebenso wie die Bibel oder jeden anderen Versuch einer Formulierung des Wichtigsten, nicht als »schöne Sprache« nehmen, sondern *so wörtlich wie nur möglich,* Wort für Wort genau ergründen.

Das Leben ist sinnlos, grausam, dumm und dennoch prachtvoll – es macht sich nicht über den Menschen lustig (denn dazu gehört Geist), aber es kümmert sich um den Menschen nicht mehr als um den Regenwurm. Daß ausgerechnet der Mensch eine Laune und ein grausames Spiel der Natur sei, ist ein Irrtum, den der Mensch sich erfindet, weil er sich zu wichtig nimmt. Wir müssen erst sehen, daß wir Menschen es keineswegs schwerer haben als jeder Vogel und jede Ameise, sondern eher leichter und schöner. Wir müssen die Grausamkeit des Lebens und die Unentrinnbarkeit des Todes erst in uns aufnehmen, nicht durch Jammern, sondern durch Auskosten dieser Verzweiflung. Erst dann, wenn man die ganze Scheußlichkeit oder Sinnlosigkeit der Natur in sich aufgenommen hat, kann man beginnen, sich dieser rohen Sinnlosigkeit gegenüber zu stellen und sie zu einem Sinn zu zwingen. Es ist das Höchste, wozu der Mensch fähig ist, und es ist das *Einzige,* wozu er fähig ist. Alles andere macht das Vieh besser.

Tragen Sie das Leid, kosten Sie die Verzweiflung, aber lernen Sie das Nichtverstehen, das Leid, die Sinnlosigkeit als Vorbedingung für alles erkennen, was der Mensch wert sein kann. *Wie* Sie nachher Ihren Glauben formulieren, ob christlich oder sonstwie, ist einerlei. Es gibt ja auch keine andern Regierungen, Gesetze und Moralen, als sie der Mensch sich macht. Das tun die Völker im Großen, und das tut jeder Einzelne im Kleinen. Er gibt dem Sinnlosen einen Sinn, er stellt seine Ahnung, sein Bedürfnis nach Sinn dem Chaos entgegen und lernt leben, als gebe es einen Gott und als habe das Ganze einen Sinn. Mehr ist nicht vonnöten, um leben zu können.

Daß die meisten Menschen, auch die jungen, sich meistens diese Fragen gar nicht stellen, ist wieder eine andere Frage. Für die meisten ist die Sinnlosigkeit gar kein Leid, so wenig wie für den Regenwurm. Aber eben die Wenigen, die vom Leid ergriffen werden und nach dem Sinn zu suchen beginnen, machen den Sinn der Menschheit aus.

(Aus einem Brief, 1931 an Hilde Saenger)

Wenn ich den Glauben an allein richtige, allein seligmachende Dogmen nicht teilen kann, so kenne ich doch das Erlebnis der

Versöhnung und der Hingabe an einen Glauben aus mir selbst und komme mir damit gar nicht unselig und verirrt und protestantisch vor, sondern freue mich und bin damit dankbar einverstanden, daß das Unsagbare auf so viele Arten erlebt und gedeutet werden kann.

(Aus einem Brief vom Juni 1931 an Emmy Ball-Hennings)

Ich lese nicht mehr viel *über* Indien und indischen Geist. Beim Lesen Ihrer schönen Seiten wurde mir heftig bewußt, wie anders Sie und heutige Indologen eingestellt sind als die jener Zeit, in der ich einst, bald nach 1900, meine kleinen indischen Studien begann. Damals gab es, außer Schröder, hauptsächlich Oldenberg und einige kleinere, und sie sprachen über den Osten immer mit einem Beiklang von Besserwissen, ja Herablassung, der manchmal (oft z. B. bei Garbe) mich damals irritierte oder abschreckte. Der Vergleich mit jener Lektüre, die um 20 und 25 Jahre zurückliegt, mit ihrem Vortrag und ihren Büchern zeigt mir, außer einem inzwischen entstandenen Relativitätsbewußtsein, einen mir höchst sympathischen und verwandten Geist, den der Ehrfurcht.

(Aus einem Brief, Ende August 1931 an Heinrich Zimmer)

Die sich an mich wenden, die bei mir »Weisheit« suchen, sind beinahe ohne Ausnahme Menschen, denen kein überlieferter Glaube helfen konnte. Viele von ihnen habe ich auf die alten Weisen und Lehren verwiesen, habe namentlich auch die Schriften einiger heutiger Katholiken von Rang mit Nachdruck empfohlen. Die Mehrzahl meiner Leser aber ist eben darin mir ähnlich, daß sie einen verhüllten Gott verehren muß. Vielleicht sind es nur die Kranken, die Neurotiker, die Unsozialen, die sich zu mir und meinen Schriften hingezogen fühlen, vielleicht ist der einzige Trost, den manche von ihnen bei mir finden, der, daß sie bei mir, dem Mann von Namen, ihre eigene Schwäche und Not wiederfinden. Mir liegt nicht ob, mich zu irgend einer Sendung zu »entschließen«, wie Sie es fordern, sondern an dem Ort, an den mich das Geschick gestellt hat, das mir Mögliche zu tun. Dazu gehört unter manchem anderen: nicht mehr zu geben (oder zu versprechen), als ich habe. Ich bin ein Leidender unter der

Not unserer Zeit, nicht aber ein Führer aus ihr heraus, ich bin gewillt, sie wie eine Hölle zu durchschreiten, in der Hoffnung, jenseits eine neue Unschuld und ein würdigeres Leben zu finden, aber dieses Jenseits schon für ein Jetzt und Hier auszugeben, dazu bin ich nicht imstande. Ich glaube darum nicht, daß mein Leben ohne Sinn, daß ich ganz ohne Mission wäre. Das Ausharren inmitten des Chaos, das Wartenkönnen, die Demut vor dem Leben, auch wo es durch anscheinende Sinnlosigkeit beängstigt, auch sie sind Tugenden, zumal in einer Zeit, wo neue Erklärungen der Weltgeschichte, neue Sinngebungen des Lebens, neue Programme jeder Art so wohlfeil sind.

(Aus einem Brief, 1932 an M. A. Jordan)

Der Siddhartha ist *keine* Buddha-Dichtung, obgleich Buddha flüchtig in ihm vorkommt. Er hat mit Historischem und Religionsgeschichtlichem gar nichts zu tun. [...]
Sie lesen so gut und genau, während die anderen Leser meistens nur so ganz obenhin lesen, oder dann, namentlich wenn sie sehr jung sind, im Dichter einen »Führer« suchen, der ihnen das eigene Denken erspart und dessen Lehren sie gern wörtlich übernehmen würden. Mit dieser Art von Lesern kann ich gar nichts anfangen.

(Aus einem Brief vom 18. 1. 1932 an Alfred Haering)

Ich möchte es gern einmal wieder so gut haben wie die andern Unterhaltungsschriftsteller, und wie ich selber es etwa bis zum Jahr 1914 gehabt habe: daß die Pläne, die einem einfallen, immer dem Leser so angenehm und dem Dichter so in die Hand passen, so bequem und leicht auszuführen sind. Seither hat es sich immer so getroffen, daß gerade das, was auszuführen mir ganz unmöglich schien, mir zum Problem wurde, es begann mit einigen der Märchen und dann dem Demian, und das Schwierigste waren Siddhartha und Steppenwolf. Jedesmal war es entweder fast unmöglich, die Form dafür zu finden (z. B. beim Steppenwolf und der Morgenlandfahrt), oder es wurde, um wirklich ins Innere des Stoffes zu kommen, so viel Erleben, so viel Hingabe, so viel Opfer gefordert (am stärksten in den vielen Monaten, die zwischen dem 1. und 2. Teil des Siddhartha liegen), daß ich unendlich oft Lust

hatte, davonzulaufen und den schönen Stoff liegen zu lassen.
(Aus einem Brief vom 3. 4. 1932 an Helene Welti)

Sie haben in Büchern von mir die Ahnung einer Denkart gefunden, für deren Lehrer Sie mich halten. Es ist aber die Denkart aller Geistigen, und sie ist allerdings der Denkart der Politiker, der Generäle und »Führer« genau entgegengesetzt. Sie steht wunderbar genau (so weit dies überhaupt möglich ist) ausgedrückt in den Evangelien, in den Sprüchen der chinesischen Weisen, vor allem des Konfuzius und des Lao Tse und den Fabeln des Dschuang Dsi, in einigen indischen Lehrgedichten wie der Bhagavad-Gita. Heimlich geht diese Denkart durch die Literatur aller Völker.

Sie werden aber vergeblich einen Führer zu dieser Denkart suchen, da keiner von uns den Ehrgeiz oder auch nur die Möglichkeit hat, »Führer« zu sein. Wir halten vom Führen nicht viel, vom Dienen alles. Wir pflegen vor allen anderen Tugenden die Ehrfurcht, aber wir bringen diese Ehrfurcht nicht Personen dar.

Unsre anonyme Brüderschaft kennt zwar auch das Heldentum und stellt es sehr hoch, sie schätzt aber nur den, der für seinen Glauben stirbt, nicht den, der andre für seinen Glauben sterben macht. Das, was Jesus das Reich Gottes, was die Chinesen Tao nennen, ist nicht ein Vaterland, dem auf Kosten andrer Vaterländer gedient werden soll: es ist die Ahnung vom Ganzen der Welt, samt allen ihren Widersprüchen, ist die Ahnung von der geheimen Einheit alles Lebens. Diese Ahnung oder Idee wird in vielen Bildern ausgedrückt und verehrt, sie hat viele Namen, einer von ihnen ist der Name: Gott.

(Aus einem Brief vom 8. 4. 1932 an einen jungen Mann in Deutschland)

Für mich ist z. B. Ihr Verhältnis, oder Ihr Mangel an einem Verhältnis zu Buddha ein Zeichen dafür, daß Sie in dem Versuch, sich einen »historischen« Buddha aus der Legende und der Benarespredigt zu machen, gescheitert sind, es blieb nichts übrig als ein höchst primitives Wesen, dessen Gedanken kaum der Beachtung wert sind. Für mich, den Künstler, ist von Buddha die Gestalt nicht zu trennen, die er in der indischen Dichtung und der Plastik ganz Asiens im Lauf der Zeiten angenommen hat, eine der sublimsten Figuren im ganzen Bilderschatz der Menschheit, zu vergleichen nur mit dem Heiland und ein wenig auch mit der Muttergottes. Da sprechen unsäglich tiefe, rührende und großartige Züge, und ob ein etwaiger historischer Buddha hinter ihnen stehe oder nicht, kann mir einerlei sein. Ihre Ablehnung der Meditation gehört mit dazu: Sie streben auf anderen Wegen vom Zeitlichen und Materiellen weg, aber Ihr Weg mag noch so gut sein, der einzige ist er doch nicht, und Ihr Versuch, Buddha gedanklich zu erledigen, mag noch so logisch sein, so geht er doch um eine ganze Welt von Werten und Wirklichkeiten herum, die er nicht sieht.

(Aus einem Brief vom Sommer 1932 an Christoph Schrempf)

Sie gehören, das sehe ich, zu den »Berufenen«, also zu den Menschen, denen es erlaubt oder auferlegt ist, ihrem Leben einen höheren Sinn zu geben als den des Glückes. Ob Sie nun damit zufrieden oder darüber verzweifelt sind, ändert an der Lage nichts. Sie werden nicht mehr losgelassen werden. Sie werden die Stimme wieder und wieder hören, und ihr nicht zu folgen, wird Ihnen schwer werden und wird Sie nicht glücklich machen.

Ihr Todeserlebnis ist das gleiche wie das des jungen Buddha: der Anblick von Krankheit, Alter und Tod war es, der den blühenden Prinzen Buddha zuerst auf den Weg brachte, der manche Jahre lang so sehr voll Qual war und dann unterm Bo-Baum hell wurde.

Noch eine andere literarische Erinnerung kam mir bei Ihrem Brief. Ich mußte an gewisse Sätze bei Christoph Schrempf denken, der trotz der nüchternen Außenseite ein echter Weiser ist, und zwei dieser Sätze konnte ich auch auffinden. Sie stehen in seiner Schrift »Vom öffentlichen Geheimnis des Lebens«.

Schrempfs erster Satz handelt vom »dämonischen Erlebnis«, also dem Erlebnis des Geweckt- oder Gerufenwerdens, und heißt:

»Das dämonische Erlebnis ist weder Lust noch Schmerz; es ist jenseits von Lust und Schmerz. Es ist erfreulich, sofern aller Schmerz darin untergeht; es ist schrecklich, sofern alle Lust darin untergeht. Es ist Erleben des Lebens mit dem Schauder des Todes.«

Der zweite Satz im gleichen Buch heißt:

»Wenn man mich mit der verdammten Pflicht: glücklich zu sein, verschont, kann ich ganz leidlich leben.«

Vielleicht haben die Sätze irgend einen Wert für Sie. Wenn nicht, so war es für mich von Wert, mich ihrer zu erinnern.

(Aus einem Brief, ca. 1932 an A. B.)

Deine Zustände... sind dem Verstand zwar nicht untertan und nicht mit ihm allein zu regieren, aber immerhin sind sie ihm zugänglich und von ihm etwas beeinflußbar. Am vollkommensten war das ausgebildet im indischen Samkhya-System, dem wahrscheinlich Buddha nahestand. Die verstanden es, das erkennende Ich vom begehrenden (und darum leidenden) Ich so vollkommen zu trennen, daß sie wirklich Nirwana erreichten. Wir Heutigen sind dafür allzu zuchtlos. Die indische Selbstkontrolle ist zwar auch Verdrängung der Triebe, aber sie führt bis zu ihrer Sublimierung. Wir fühlen uns dazu nicht stark und gläubig genug, darum müssen wir den umgekehrten Weg nehmen und immer wieder unserer Not und Verzweiflung ins Gesicht sehen. Es zeigt sich dann, daß wir jedem Leid, wenn es wirklich unerträglich wird, entfliehen können. Durch den Tod, indem der Körper selber genug hat. Durch den Selbstmord, wenn es nimmer auszuhalten ist. Da nun also diese Tür immerzu offen steht, haben wir, solang wir dennoch in der Qual bleiben, das Recht zu vermuten: Irgend etwas muß uns doch hier zurückhalten? Das Innerste in uns muß doch Leben wollen? Nun ja, und meistens zeigt sich dann auch, daß das Leiden desto weher tut, je mehr man sich dagegen wehrt, je mehr man sich selber oder das Schicksal anklagt und ändern will. Nachgeben, sich sinken lassen, gar nicht mehr denken und suchen, sondern sich untersinken lassen im Leid, das ist nicht der schlechteste Weg, um zu finden, daß jedes Leid einen Boden hat.

(Aus einem Brief vom Januar 1933 an seine Schwester Marulla)

Von Lao Tse besitze ich 4 oder 5 Ausgaben, am meisten benütze ich die Übersetzung von R. Wilhelm, weil ich an dessen Ton von seinen anderen Übersetzungen her gewohnt bin, und weil ich ihn und sein Deutsch gern habe. Leider lebt er nicht mehr, er ist seit etwa 3 Jahren tot, das letzte Briefchen, das er schrieb, war an mich.

Den Lao Tse (in andern alten Chinesenbüchern heißt er auch oft »Lau Dan«) von Ular las ich einst vor wohl 25 Jahren, in dieser Form lernte ich das Buch zuerst kennen, habe aber die Erinnerung dran so ziemlich verloren und besitze es nicht mehr. Unter meinen Übersetzungen ist auch eine von Grill, der war Mitte der 70er Jahre Stadtpfarrer in Calw und später Professor in Tübingen, ich kannte ihn noch im hohen Alter.

Von dem, was ich über Lao Tse einst gelesen habe, hat mir außer R. Wilhelm ein kleines Büchlein von O. Ewald gefallen, etwa 80 Seiten, der Titel heißt:

Lao Tse von Oskar Ewald, München, 1928, bei Georg Müller.
(Aus einem Brief vom Oktober 1933 an Fanny Schiler)

Also du fragst nach dem Inayat Khan. Der Name ist echt, und vermutlich ist es wirklich ein Inder, es gibt viele solche. Ihre geistige Erbschaft ist zwar indisch, ist verdünnter Brahmanismus oder Buddhismus (dies seltener), aber sie haben alle viel zu gut Englisch gelernt, um noch die Kraft des alten indischen Wesens zu haben. Als Schriftsteller gehört auch Gandhi dazu, seine Autobiographie z. B. könnte fast von einem Engländer sein. Mit Tagore ist es ebenso, und auch mit der jetzigen indischen Malerei, sie bestrebt sich, indisch zu sein, ist aber doch nur ein dünner Tee.

Der Gedanke, der dich bei Inayat K. gefesselt hat, vom Leerwerden des Herzens, ist einer der Grundgedanken jeder Mystik, auch die chinesischen Weisen sprechen stets davon, übrigens auch fast alle christlichen Mystiker. Er gehört zu den paar prinzipiellen Anfangssätzen aller Mystik. Und der Zweck aller indischen Geistesübungen, Meditation etc. etc., ist nichts andres als das Leermachen des Herzens, dies zum leeren Gefäß Werden für das Andre, das Göttliche.

(Aus einem Brief vom Oktober 1933 an Fanny Schiler)

Haben Sie Dank dafür und für Ihren Brief, den meine Frau mir studieren half, und aus dem ich vor allem erfahre, daß Sie in einer Woge von Produktion und neuem Wagnis schwimmen. Das ist gut, und wenn auch das Produzieren ein Zeugen ist, das aus Angst kommt und zu ihr zurückführt – ich bin doch mehr und mehr des abendländischen Glaubens, daß der Mensch nicht bloß sein »Schicksal«, sondern auch seine Triebe, Ängste und Nöte annehmen und bejahen darf. Wem es gelang, sie zu durchstrahlen wie Gotama, wohl ihm, er ist vollendet. Aber wer bloß den Trieb und die Gier entwertet, anklagt und sich selber lähmt, ohne doch davon los zu kommen, der ist wie einer, der mit einer Frau lebt und sich jeden Tag an ihr rächt, indem er sie beschimpft.

(Aus einem Brief vom April 1934 an Alfred Kubin)

Ich habe zeitlebens die Religion gesucht, die mir zukäme, denn obwohl ich in einem Hause von echter Frömmigkeit aufgewachsen bin, konnte ich doch den Gott und den Glauben, der mir dort angeboten wurde, nicht annehmen. Das geht bei manchen Jungen leichter oder schwerer, je nach dem Grad von Persönlichkeit, zu dem sie fähig und bestimmt sind. Mein Weg war es, zuerst ganz individuell suchen zu müssen, das heißt vor allem mich selber suchen und mich, soweit mir das gegeben war, zur Persönlichkeit bilden zu müssen. Dazu gehört das im »Demian« Erzählte. Später habe ich manche Jahre die indischen Gottesvorstellungen besonders geliebt, dann allmählich die Klassiker der Chinesen kennen gelernt, und ich war schon lange nicht mehr jung, als ich allmählich begann, mich wieder mit dem Glauben vertrauter zu machen, in dem man mich erzogen hatte. Dabei hat das klassische katholische Christentum eine Rolle gespielt, aber ich fand mich getrieben, auch die protestantischen Formen des Christentums neu kennen zu lernen, und manches Gute und Fördernde ist mir dann auch aus der jüdischen Literatur zugekommen, namentlich aus den chassidischen Büchern und aus neuen jüdischen Werken wie etwa Bubers »Königtum Gottes«. Irgend einer Gemeinschaft, Kirche oder Sekte gehörte ich nie an, halte mich aber heute nahezu für einen Christen. Ein Bekenntnis, in dem ich möglichst genau die Grundlagen meines jetzigen Glaubens darzustellen versuchte, ist das Gedicht »Besinnung«, es ist Ende 1933 geschrieben und steht am Schluß des Gedichtbändchens in der Inselbücherei.

(Aus einem Brief vom 23. 2. 1935 an eine Leserin)

BESINNUNG

Göttlich ist und ewig der Geist.
Ihm entgegen, dessen wir Bild und Werkzeug sind,

224

Geht unser Weg; unsre innerste Sehnsucht ist:
Werden wie Er, wandeln in Seinem Licht.

Aber irden und sterblich sind wir geschaffen,
Träge lastet auf uns Kreaturen die Schwere.
Hold zwar und mütterlich warm umhegt uns Natur,
Säugt uns Erde, bettet uns Wiege und Grab;
Doch befriedet Natur uns nicht,
Ihren Mutterzauber durchstößt
Des unsterblichen Geistes mahnender Funke
Väterlich, macht zum Manne das Kind,
Löscht die Unschuld und weckt uns zu Kampf und Gewissen.

So zwischen Mutter und Vater,
So zwischen Leib und Geist
Zögert der Schöpfung gebrechlichstes Kind,
Zitternde Seele Mensch, des Leidens fähig
Wie kein andres Wesen, und fähig des Höchsten:
Gläubiger, hoffender Liebe.

Schwer ist sein Weg, Sünde und Tod seine Speise,
Oft verirrt er ins Finstre, oft wär' ihm
Besser, niemals erschaffen zu sein.
Ewig aber strahlt über ihm seine Sehnsucht,
Seine Bestimmung: das Licht, der Geist.
Und wir fühlen: ihn, den Gefährdeten,
Liebt der Ewige mit besonderer Liebe.

Darum ist uns irrenden Brüdern
Liebe möglich noch in der Entzweiung,
Und nicht Richten und Haß,
Sondern geduldige Liebe,
Liebendes Dulden führt
Uns dem heiligen Ziele näher.

(entstanden am 20. 11. 1933)

Der tapfere Albert Schweitzer, ein vorbildlicher Abendländer,
betrachtet in einem lebendigen, kraftvollen und äußerst anregenden Buch »Die Weltanschauung der indischen Denker« (bei C.

H. Beck, München), und zwar geht er, charakteristisch für ihn, dabei den historischen Weg, indem er die Entwicklung des indischen Denkens aufzuzeigen sucht. Er tut es mit Energie und mit großer Reinlichkeit, auch ohne allen Gelehrtenhochmut, streng um Objektivität bemüht – was nicht hindert, daß wir seine Methode gelegentlich als allzu rationalistisch und seinen Standpunkt dennoch als einseitig empfinden können. Wenn er zum Beispiel von »natürlichem Empfinden« spricht, so vergißt er hinzuzufügen »des Abendlandes«. Er überbetont die »Weltverneinung« als eine rein indische Angelegenheit und hat für den kontemplativen Grundsatz des »Nichttuns« (den auch die gar nicht weltverneinenden Chinesen so wohl kennen) zwar Verständnis und intellektuelle Anerkennung, nicht aber das eigentliche Einfühlungsvermögen. Kurz, er ist durch und durch Nichtinder, ist ganz Aktion und ethische Forderung, und das Erstaunliche und wahrhaft Liebenswerte an seinem Buche ist, daß er damit trotzdem so hingebender Liebe und so großer Gerechtigkeit gegen das Indische fähig war. Die Trennungslinien, die er zwischen Ost und West, zwischen vita activa und vita contemplativa zieht, sind von einer Schärfe, die nicht überall überzeugt – man könnte diese Trennungslinien auch in anderer Richtung durch die Völker und die Geschichte ziehen. Aber mag Schweitzers blutvoll energische Art ihm den Zugang zu einigen Nuancen des Indertums erschweren, im ganzen tut er der indischen Geistesgeschichte nicht mehr Zwang an, als jede Geschichtsschreibung es tun muß – immer wird der Europäer die Zeit und den Entwicklungsgedanken ebenso überbetonen, wie der Inder sie vernachlässigt. Das so persönliche und frische Buch erreicht vielmehr einen Grad von Objektivität, der es unmittelbar zum Lehrbuch geeignet macht, denn Schweitzer hat etwas vom genialen Lehrer, und gerade für viele von denen, die mit indischen Vorstellungen liebäugeln und sich gern solche Worte wie ahimsa oder Karma ins Knopfloch stecken, wäre das Studium des Buches eine reinigende Kur.
(Aus »Notizen zu neuen Büchern« in »Neue Rundschau«, März 1935)

Das neue Buch von Heinrich Zimmer[1] bekam ich auch in die

---

1 Heinrich Zimmer, »Indische Sphären«, 1935.

Hände und finde das meiste darin ganz ausgezeichnet, die Formulierungen zum Teil glänzend, da und dort fast zu virtuos. Die ästhetische Seite des Indischen, die morallose, rein spielende Hingegebenheit an das Schauspiel, an den ewigen Fluß der Bilder, ist auf deutsch wohl noch nirgends so ausgedrückt worden.

(Aus einem Brief vom Frühsommer 1935 an Alfred Kubin)

Wenn Sie sich für eine Stunde von sich selbst emanzipieren könnten, so würden Sie aber plötzlich sehen, daß zum Beispiel der »Steppenwolf« keineswegs bloß von Haller handelt, sondern ebensosehr von Mozart und den Unsterblichen. Und Sie würden in meinen früheren Erzählungen im »Knulp«, im »Siddhartha« etc. einen zwar nicht dogmatisch durchformulierten, aber doch eben einen Glauben entdecken. Zu formulieren versucht habe ich ihn auf dichterische Weise erst in der »Morgenlandfahrt« und auf direkte Weise in dem Gedicht, das am Schluß meines Gedichtbüchleins im Insel-Verlag steht.[1] Seit bald vier Jahren meditiere ich an einem Plan, der noch weiter führen und deutlicher bekennen soll.

Im Grunde freilich halte ich es für unnötig, den Kern jedes echten Glaubens immer wieder neu und subjektiv zu formulieren. Was der Mensch ist und sein könnte, auf welche Weise er sich und sein Leben mit Sinn erfüllen und heiligen kann, das haben alle Religionen verkündigt, das steht bei Konfuzius ebenso wie bei seinem scheinbaren Antipoden Lao Tse, steht in der Bibel genauso wie in den Upanishaden. Dort steht alles, woran der Mensch glauben und sich halten kann.

(Aus einem Brief vom 19. 11. 1935 an H. M.)

Nach der indischen Vorstellung, die ich immer geliebt habe, ist das ganze Reich der Zeit und der Zahl, das Reich der Materie und der Quantität, nur »Maya«, Oberfläche und Scheinbild. Das wirklich Seiende steht dahinter. Dorthin ziele ich.

(Aus einem Brief vom 13. 8. 1936 an Arthur Stoll)

---

1 »Besinnung« in »Vom Baum des Lebens«, Insel-Bücherei, Nr. 454.

Die Mythologie, deren Verständnis in der zweiten Hälfte des neunzehnten Jahrhunderts einen Tiefstand erreicht hatte, ist wieder zu einer Wissenschaft geworden, und den neuen Schlüssel zu ihren Geheimnissen bekam sie von einer gleichfalls sehr alten und wieder jung gewordenen, einer gleichfalls tief verachteten und wieder zu Ehren gekommenen Wissenschaft: der Traumdeutung. Unter ihrem Zeichen, vor allem unter dem Patronat des Psychologen C. G. Jung, steht auch das Buch, das ich zuletzt gelesen habe und das mich noch oft beschäftigen wird: »Maya« von Heinrich Zimmer (Deutsche Verlagsanstalt). Der Indologe Zimmer, längst als ein Autor von Rang und Geschmack bekannt, blättert in diesem Mythenbilderbuch den Urwald der indischen Sagen auf, dem Goethe einst so nahe war und vor dem er, erschreckt durch die Götterbilder mit Tierköpfen und mit den vielen Gliedmaßen, wieder zurückfloh. Vielleicht war in der Tat für Goethe, dessen Wesen dem Geist Indiens oft so verwandt scheint, diese indische Bilderwelt in demselben Sinne eine Gefahr, in dem sie es für das indische Volk selbst ist. Denn wie für uns Abendländer der bilderfeindliche Intellektualismus, so ist das Untersinken im ewig rauschenden Bilderstrom für den Inder die große Gefahr. Zimmers Buch erzählt die indischen Götter- und Schöpfungssagen in einer so leicht zugänglichen Form und mit so beredten Deutungen, daß wohl auch ein mit indischem Wesen noch nicht vertrauter Leser durch diese Darstellung mitten in die indische Seelen- und Bilderwelt geführt werden kann. Daß und wie diese paradiesisch-süße, verspielte, naiv-grausame Bilderwelt zusammenhängt mit der indischen Sehnsucht nach Erlösung aus dem Strom der Maya, mit der großartigen Systematik der indischen Abstraktion und des Yoga, wird oberflächlichen Lesern weniger leicht aufgehen. So wird das ungeheuer reiche Buch, eine richtige indische Tausendundeine Nacht, den Lesern vieler verschiedener Stufen Nahrung bringen oder Genuß oder Berauschung, je nachdem. Es gibt kaum ein andres Buch, das eine solche Fülle mythologischen Materials enthält. Belesene werden sich durch das Werk des Heidelberger Gelehrten auch seines Vorgängers erinnern, Adolf Holtzmanns, der das Vorwort zu seinen »Indischen Sagen« vor achtzig Jahren ebenfalls in Heidelberg geschrieben hat.

(Aus »Anmerkungen zu Büchern«, in »Neue Rundschau«, September 1936)

Ich kann Ihnen nichts über die Fragen sagen, die Sie stellen, über Seele, Tod und Fortleben. Wäre es mir gegeben gewesen, eine der religiösen Formulierungen übernehmen zu können, so wäre ich Priester geworden, nicht Schriftsteller. Ich habe meinen Glauben, einen ganz bestimmten, aber er ist ein persönlicher, einmaliger und läßt sich nicht lehren. Er sah früher sehr indisch aus, heut hat er sich dem christlichen wieder mehr genähert. Einiges davon steht im »Siddhartha«.

Dieser Glaube ist nicht dogmatisch sondern persönlich, kaum formulierbar, mehr Erlebnis als Wissen, mehr Vertrauen als Gehorsam. Sie werden zu diesem Glauben, dem Besten, was Sie haben, immer mehr stehen, und wenn Sie ihn auch nie werden in Worten ausdrücken können, so wird er doch aus Ihrem Tun und Ihrem Wesen zu spüren sein und seine Bestimmung erfüllen.

(Aus einem Brief vom 26. 5. 1937 an Lu de Giacomi)

Sie haben recht mit dem, was Sie über den Glauben sagen! Aber, wenn man den Glauben ganz ernst und voll nimmt, dann ist es ja nicht der Glaube an uns, der Glaube an unsre Gesinnung, unsre Treue, Tapferkeit etc., auf den es ankommt, sondern nur das Glauben an die wartende, die mögliche Gnade, die wir nie verdienen, aber immer hoffen können. Was den schwachen Petrus zum Fels machte, kann jeden zum Felsen machen. Das ist es, was wir glauben sollen. Das andre, nämlich daß wir Menschen nur zur Hälfte Viecher und jeder Dummheit und Feigheit fähig sind, brauchen wir ja nicht zu glauben, wir wissen es, es genügt ein Blick in den Alltag, ein Blick in die Geschichte, ein Blick ins eigene Leben und Herz. Diesem traurigen Wissen steht der befreiende Glaube gegenüber, darum ist er »höher als alle Vernunft«.

(Aus einem Brief vom 2. 1. 1939 an Eugen Link)

Danke für Plat's Brief. Es ist schön, daß der Siddhartha eine Tradition erhalten hilft. Wenn Gedanken besonders stark auf Menschen wirken, so sind es meist alte Gedanken, wenn auch in neuen Kleidern. Ninon[1] fand neulich bei Empedokles, dem

1 Ninon Hesse, geb. Ausländer, seit 1931 mit H. H. verheiratet.

griechischen Philosophen um 500 vor Chr., zwei Zeilen, die mit zwei Zeilen eines Gedichts von mir fast wörtlich übereinstimmen. »Geistiges Eigentum« gibt es im Grunde ja gar nicht.

(Aus einem Brief vom Februar 1939 an Gunter Böhmer)

Dein Sohn hat Recht: warum lernen wir nicht meditieren? Das Schwierige daran ist das: die Schule des Meditierens, im indischen Yoga, in China, Japan etc. hoch ausgebildet, ist uns Abendländern nicht bloß durch unsre Art und unsre schlechte Erziehung erschwert, sondern besonders auch dadurch, daß wir die Bilder- und Gedankenreihen der asiatischen Vorbilder immer bloß halb verstehen und uns aneignen können. Der Psycholog C. G. Jung weiß viel darüber.

Die beiliegenden Bildchen, die ich euch schenke, sind z. B. aus der Vorstellungswelt chinesischer Meditationen entstanden. Sie stammen aus dem eben erschienenen Buch: Suzuki, Die große Befreiung[1] – aber es ist einfacher, wenn ich dir gleich den Prospekt des Buches beilege: ich erbitte ihn gelegentlich zurück.

(Aus einem Brief vom August 1939 an Ernst Morgenthaler)

Für Ihren Standpunkt ist das Magische in der Religion etwas Überwundenes und Dummes, so etwa wie für den reinen Buddhisten die Götter und Mythologien Torheit sind. Aber ich habe es an mir erlebt, daß man von der reinsten Philosophie und Moral gern und mit guten Ergebnissen zu den Göttern und Götzen zurückkehren kann. Die stille, bildlose, götterlose Weisheit Buddhas bedarf des Gegenpols, und die wilde wütende Größe Shivas und das Kinderlächeln Vishnus sind nicht minder gute Schlüssel zum Geheimnis der Welt als die moralisch-kausale Erkenntnis Buddhas.

(Aus einem Brief vom Oktober 1939 an Kuno Fiedler)

Können Sie sich an den Räuber im »Siddhartha« erinnern, der den Buddha in sich hat? So hat die indische Mythologie, mit

---

1 D. T. Suzuki »Die große Befreiung« Einführung in den Zen-Buddhismus mit einem Geleitwort von C. G. Jung, Weller, Leipzig, 1939.

ihren oft massiven Bildern von Vishnu und Shiva, von den vier Weltzeitaltern, dem Weltuntergang und der ewigen Neuschöpfung, nicht nur kindlich-primitive Züge, sondern enthält in sich, dem Weisen spürbar, auch alle Esoterik. Wie der Räuber Buddha ist, so ist der Demiurg das Eine, und ist Untergang und Neuschöpfung Eins – hinten nämlich, im Hintergrund, tief im Welthintergrund. Vorn aber, auf der Schiefertafel für Schüler, in der mythologisch-poetischen Niederschrift mit spielerischen Buchstaben, ist das Gedicht bloß Gedicht, etwas Zwei- und Vieldeutiges, etwas, was auf die meisten wie eine dumme Kinderei wirkt und auf Spinozisten wie ein rotes Tuch zu wirken vermag. Und zwischen diesem Vorn und Hinten, zwischen dem primitiven Demiurgen oder Dichter und dem esoterischen Spinoza-Gott schwingt und musiziert die ganze Welt. Nur muß man ein wenig zuhören; mit der Trommel kommt man ihr nicht bei, die Trommel baut nur eine Mauer zwischen Gedicht und Leser, zwischen Musik und protestierenden Hörer [...]

Dichter hören so gut, daß man gar nicht auf den Tisch zu hauen braucht, sie sind Seismographen. Ich wollte Sie nur grüßen und Sie ein wenig hänseln, und damit vielleicht erreichen, daß Sie künftig gewärtig sind, auch hinter Gedichten, hinter Mythologien und Demiurgen das Geheimnis zu wittern und zu respektieren.

Yin und Yang sollen miteinander spielen, nicht miteinander streiten. Das Leid der Welt soll uns im Innersten unzerstörbar, aber es soll uns nicht kraft einer perfekten Philosophie zugeknöpft finden.

(Aus einem Brief, ca. 1940 an G. G.)

In den Mythologien vieler, ja eigentlich aller hochstehenden Völker gibt es eine Sage, eine Vision, welche genau das Gegenteil von dem sagt, was man »Fortschrittsglaube« nennt, das ist die Sage von den Weltzeitaltern, meistens sind es vier (bei Griechen und Indern z. B.), und stets beginnt die Welt nicht arm und schäbig, um allmählich sich zu Glanz und Herrlichkeit empor zu »entwickeln«, sondern stets fängt es mit einem seligen, goldenen Zeitalter an, wo der Mensch mit Erde und Gestirnen in Frieden lebt, noch keine Schuld kennt, fromm den Göttern opfert, um dann allmählich vom goldenen bis zum eisernen oder tönernen Zeitalter herunter zu sinken, und am Ende ist alles so versaut

und satanisch, daß nichts übrig bleibt, als das Ganze wieder aus-
zulöschen – bei den Indern besorgt das der gefürchtetste der
Götter, Schiva, durch seinen triumphierenden Tanz, in dem er
die Welt zertrampelt. Irgendwo aber liegt der oberste der Götter,
Vishnu, schläft und träumt und lächelt sein unschuldiges Götter-
lächeln und schafft im Spiel alsbald eine neue Welt, und der
Kreislauf beginnt von vorne.

(Aus einem Brief vom Frühjahr 1940 an Bruno Hesse)

Die indische Mythologie, kindlicher und zugleich tapferer, läßt
die Welt immer wieder von Zeitalter zu Zeitalter verkommen,
verderben und ausgelaugt werden, bis Shiwa sie in Splitter tanzt
und Vishnu, irgendwo auf der Wiese liegend, oder auf den blauen
Wogen, lächelnd aus seinen Träumen eine junge, schöne, un-
schuldige und selige Welt werden läßt.

Übrigens, Ihre indische Legende[1] hat mir, wie Sie ja denken
können, sehr viel Freude gemacht, ihr Spiel zwischen Ernst und
Mutwille ist einzigartig, einigemal geht es aus der urbanen Sphäre
so munter ins nahezu Rabelaisische hinüber.

(Aus einem Brief vom 2. 4. 1941 an Thomas Mann)

In dem Gedicht, das ich Ihnen mitgab[2], ist ein Ausdruck, der
vielleicht der Erklärung bedarf (was freilich gegen das Gedicht
spricht, leider). Es ist darin vom »Mittleren Pfad« die Rede. Das
ist die traditionelle Bezeichnung für die Lehre und Lebensregeln
des nördlichen Buddhismus. »Pilger des mittleren Pfades« nennen sich die buddhistischen Mönche.

(Aus einem Brief, Anfang Dezember 1941 an Arthur Stoll)

Was ein Dichter sagt, wenn er nicht ganz des Teufels ist, ist
ja meistens nicht so wichtig; es kommt auf die Gebärde, die
Stimme, den Tonfall an. So hat mir einst eine Geschichte von
einem jüdischen Weisen der Chassidenzeit sehr gefallen. Da pil-
gert ein Frommer zum berühmten Rabbi und begehrt nicht des-

1 Thomas Mann, »Die vertauschten Köpfe«. Eine indische Legende. Bermann-
Fischer, Stockholm, 1940.
2 Bericht des Schülers

sen Theologie zu hören oder seinen Rat und Trost, sondern er möchte nur sehen, wie er seine Schuhriemen schnürt. Er sah es, und es genügte ihm. Ich glaube, es steht etwas ähnliches auch in meinem »Siddhartha«.

(Aus einem Brief, Anfang April 1942 an Ernst Kappeler)

Sie sprechen vom »Ich«, als sei es eine bekannte, objektive Größe, die es eben nicht ist. In jedem von uns sind zwei Ich, und wer immer wüßte, wo das eine beginnt und das andre aufhört, wäre restlos weise.

Unser subjektives, empirisches, individuelles Ich, wenn wir es ein wenig beobachten, zeigt sich als sehr wechselnd, launisch, sehr abhängig von außen, Einflüssen sehr ausgesetzt. Es kann also nicht eine Größe sein, mit der fest gerechnet werden kann, noch viel weniger kann es Maßstab und Stimme für uns sein. Dies »Ich« belehrt uns über gar nichts, als daß wir, wie die Bibel oft genug sagt, ein recht schwaches, trotziges und verzagtes Geschlecht sind.

Dann ist aber das andere Ich da, im ersten Ich verborgen, mit ihm vermischt, keineswegs aber mit ihm zu verwechseln. Dies zweite, hohe, heilige Ich (der Atman der Inder, den Sie dem Brahma gleichstellen) ist nicht persönlich, sondern ist unser Anteil an Gott, am Leben, am Ganzen, am Un- und Überpersönlichen. Diesem Ich nachzugehen und zu folgen, lohnt sich schon eher. Nur ist es schwer, dies ewige Ich ist still und geduldig, während das andre Ich so vorlaut und ungeduldig ist.

Die Religionen sind zum Teil Erkenntnisse über Gott und Ich, zum Teil seelische Praktiken, Übungssysteme zum Unabhängigwerden vom launischen Privat-Ich und dem Näherkommen an das Göttliche in uns.

Ich glaube, eine Religion ist ungefähr so gut wie die andre. Es gibt keine, in der man nicht ein Weiser werden könnte, und keine, die man nicht auch als dümmsten Götzendienst betreiben könnte. Aber es hat sich in den Religionen fast alles wirkliche Wissen angesammelt, zumal in den Mythologien. Jede Mythologie ist »falsch«, wenn wir sie anders als fromm ansehn; aber jede ist ein Schlüssel zum Herzen der Welt. Jede weiß von den Wegen, aus dem Götzendienst am Ich einen Gottesdienst zu machen.

Genug, ich bedaure, daß ich nicht Priester bin, aber vielleicht müßte ich dann gerade das von Ihnen verlangen, was Sie zur Zeit nicht leisten können. Und so ist es besser, ich rufe Ihnen einfach den Gruß eines Wanderers zu, der gleich Ihnen im Dunkel geht, aber vom Licht weiß und es sucht.

(Aus einem Brief vom Mai 1943 an einen jungen Menschen)

Leid tut mir, daß ich dich wegen des Guru enttäuschen muß. Ich habe nie einen andern gehabt als das, was ich mir aus der Beschäftigung mit den Indern und noch mehr den Chinesen ansammelte. Und dann war ich eben nie etwas anderes als Künstler; was ich an Läuterungs- und Sublimierungsversuchen trieb, geschah immer mit Hilfe der künstlerischen Arbeit.

(Aus einem Brief, 1944 an Mathilde Boehringer-Bernoulli)

Lieber Kollege! Ihr langer Brief vom Januar, der mich zur Zeit der Kirschblüte erreicht hat, war in der Tat nach Jahren des Schweigens der erste Gruß aus Ihrem Lande, der den Weg zu mir gefunden hat. Und aus manchen Zeichen kann ich sehen, daß wirklich, wie Sie sagen, Ihr Gruß und Zuruf aus einer heftig erschütterten Welt, aus einer scheinbar ins Chaos zurückgefallenen Welt kommt. Er vermutet und sucht bei mir und in meinem Lande, der beneideten »Friedensinsel«, eine noch unzerstörte Welt des Geistes, eine anerkannte und gültige Hierarchie der Werte und Kräfte. Und in mancher Hinsicht haben Sie recht. Ihr leidenschaftlicher, zugleich gläubiger und angstvoller Brief ist zwischen den Ruinen einer zerstörten Großstadt geschrieben, wo es schon Mühe machte, das Papier und den Umschlag dazu aufzutreiben, und er landet hier, von einer freundlichen ländlichen Briefträgerin gebracht, in der Ruhe eines unzerstörten Hauses und Dorfes, wo die Kirschblüte das grüne Tal überflutet und den ganzen Tag der Kuckuck zu hören ist. Und da Ihr Brief der eines Jünglings an einen Alten ist, trifft er auch im Geistigen kein Chaos, sondern eine gewisse Ordnung und Gesundheit an, doch ist es freilich nicht eine Ordnung und Stabilität, die von der abendländischen Gesamtlage, von einem mehr oder minder wohlerhaltenen Erbe an Glauben und gutem Herkommen im geistigen Leben getragen wird, sondern es ist die insulare Existenz eines Einzelnen, in welcher hier mitten im Chaos eine unzerstört gebliebene Tradition fortlebt. Solcher Einzelner, solcher geistig anständig erzogener alter Leute, gibt es hierzulande viele, sie werden auch, im großen ganzen, nicht etwa verachtet, verspottet oder gar verfolgt, im Gegenteil, man schätzt sie, man freut sich ihrer, man hält sie inmitten der Werte-Dämmerung, wie man aussterbende Tiere sorgfältig in Reservat-Gebieten hält, man ist sogar gelegentlich stolz auf sie und rühmt sich ihrer als einer rein abendländischen Erbschaft, welcher weder das aufstrebende Rußland noch das aufstrebende Amerika sich rühmen könne. Aber wir alten Dichter, Denker und Fromme sind weder das Herz noch der Kopf der abendländischen Welt mehr, wir sind Reste einer sterbenden Rasse, ernstgenommen werden wir höchstens von uns selber, es fehlt an Nachwuchs.

Und nun zu Ihrem Brief. Sie machen sich darin Sorgen, die mir unnötig scheinen. Sie ereifern sich ein wenig darüber, daß Ihre dortigen Mitstudenten in mir nicht einen Helden und Märtyrer der Wahrheit sehen, wie Sie es tun, sondern nur einen kleinen sentimentalen Poeten aus Süddeutschland. Ihr habet beide recht und unrecht, es lohnt sich nicht, diese Formulierungen ernst zu nehmen. Oder vielmehr: Es lohnt sich nicht, das Urteil Ihrer Kameraden über mich zu korrigieren, denn es wird durch dies Urteil, sei es nun richtig oder nicht, niemandem geschadet. Dagegen die Art, wie Sie, lieber Kollege, mich beurteilen und einschätzen, bedarf recht wohl der Korrektur und Kontrolle, denn hier könnte Schaden entstehen. Sie sind ja nicht nur ein junger Leser, dem während einer besonders empfänglichen Zeit einige Bücher in die Hand geraten sind, die er nun liebt, denen er dankbar ist, die er schätzt und überschätzt. Dazu hat jeder Leser das Recht, er darf nach Herzenslust das Buch zum Objekt seiner Anbetung oder seiner Verachtung machen, mit all dem wird kein Schaden angerichtet. Aber Sie sind ja nicht nur ein begeisterter junger Leser, Sie sind, wie Sie mir schreiben, ein junger Kollege von mir, ein Literat ganz am Anfang seiner Laufbahn, ein Jüngling, der das Schöne und die Wahrheit liebt, und sich dazu berufen fühlt, den Menschen Licht und Wahrheit zu bringen. Und was einem naiven Leser erlaubt ist, das ist einem angehenden Literaten, einem der selber Bücher schreiben und herausgeben wird, nach meiner Meinung nicht erlaubt: er darf nicht die Bücher und Autoren, die ihm gerade Eindruck machen, kritiklos anbeten oder sie gar zu seinen Vorbildern machen. Ihre Liebe zu meinen

Büchern ist gewiß keine Sünde, aber sie entbehrt der Kritik und des Maßes, und wird Sie, den Literaten, also wenig fördern können. Sie sehen in mir das, was Sie selbst zu werden wünschen und für nachahmens- und erstrebenswert halten: Sie sehen in mir einen Kämpfer für die Wahrheit, einen Heros und Fackelträger, einen gottbegeisterten Lichtbringer, ja beinahe das Licht selbst. Und das ist, wie Sie bald einsehen werden, nicht nur eine Übertreibung und knabenhafte Idealisierung, es ist ein grundsätzlicher Irrtum und Fehler. Mag sich der naive Leser, für den die Bücher überhaupt nicht so große Wichtigkeit haben, den Bücherschreiber vorstellen, wie er wolle, so kann uns das gleichgültig sein; es ist so, wie wenn ein Mensch, der niemals in seinem Leben ein noch so kleines Häuschen bauen wird, über Architektur urteilt und mitredet: es ist Wind, es ist Geschwätz. Aber ein leidenschaftlich in seine Autoren verliebter junger Schriftsteller, voll Idealismus und wahrscheinlich unbewußt auch voll Ehrgeiz, der sich über Bücher und Literatur grundsätzlich falsche Vorstellungen macht, der ist nicht harmlos, er ist eine Gefahr, er kann Schaden anrichten und, vor allem, er kann selbst zu Schaden kommen. Darum beantworte ich Ihren so lieben und rührenden Brief nicht mit einer freundlichen Bildpostkarte, sondern mit diesen Zeilen. Als künftiger Literat haben Sie eine Verantwortung, gegen sich selbst wie gegen Ihre künftigen Leser.

Der Heros und Lichtbringer, für den Sie Ihren jeweiligen Lieblingsautor halten und der Sie selbst zu werden vorhaben, ist eine Figur, die mir nicht gefällt. Sie ist mir zu schön, zu leer, zu pathetisch, und namentlich ist sie mir allzu abendländisch, als daß sie auf Ihrem eigenen, östlichen Boden gewachsen sein könnte.

Der Dichter, dem Sie eine Erkenntnis oder Erweckung verdanken, ist weder ein Licht noch ein Fackelträger, er ist bestenfalls ein Fenster, durch welches das Licht zum Leser gelangen kann, und sein Verdienst hat mit Heldentum, edlem Wollen und idealen Programmen nicht das mindeste zu tun; sein Verdienst kann lediglich darin bestehen, daß er Fenster ist, daß er dem Licht nicht im Wege steht, sich ihm nicht verschließt. Hat er den glühenden Wunsch, ein überaus edler Mann und ein Wohltäter der Menschheit zu werden, so ist es sehr wohl möglich, daß gerade dieser Wunsch ihn zu Fall bringt und ihn hindert, das Licht durchzulassen. Was ihn leitet und antreibt, darf weder Hochmut noch angestrengtes Streben nach Demut sein, sondern einzig die Liebe zum Licht, das Offenstehen für die Wirklichkeit, die Durchlässigkeit für das Wahre.

Es sollte nicht nötig sein, Sie daran zu erinnern, denn Sie sind ja weder ein Wilder noch ein Verbildeter, sondern sind ein Anhänger des Zen-Buddhismus, haben also einen Glauben und die Ahnung einer seelischen Disziplin, die wie wenige andre den Menschen zum Einlassen des Lichtes, zum Stillhalten gegenüber der Wahrheit erziehen. Diese Führung wird Sie weiter bringen als all unsre abendländischen Bücher, von denen manche zur Zeit so viel Zauber für Sie haben. Vor Zen habe ich einen großen Respekt, einen weit größern als vor Ihren etwas europäisch illuminierten Idealen. Zen ist, das wissen Sie besser als ich, eine der wunderbarsten Schulen für Geist und Herz, wir haben hier im Abendland nur ganz wenige Traditionen, die sich mit ihm vergleichen dürften, und sie sind bei uns weniger wohlerhalten geblieben. Und so blicken nun wir beiden, Sie junger Japaner und ich alter Europäer, etwas wunderlich einer zum andern hinüber, jeder mit Sympathie für den andern, jeder auch ein klein wenig vom exotischen Reiz gestreift, den der andere für ihn hat, und jeder beim andern etwas vermutend, was ihm selbst nie ganz erreichbar war. Ihr Zen wird Sie, so vertraue ich, vor dem Exotismus wie vor dem falschen Idealismus schützen, so wie mich die gute Schule der Antike und des Christentums davor schützt, mich etwa aus Verzweiflung über unsre geistige Situation unter Verzicht auf meine bisherigen Stützen irgend einem indischen oder anderen Yogasystem in die Arme zu werfen. Denn zu Zeiten besteht, das ist nicht zu leugnen, eine solche Verführung. Aber meine europäische Erziehung lehrt mich, gerade dem von mir unverstandenen oder nur halbverstandenen Teil der asiatischen Disziplinen trotz allem Zauber zu mißtrauen und mich an das zu halten, was mir an ihnen wirklich verständlich geworden ist. Und gerade dies ist den Lehren und Erfahrungen meiner eigenen geistigen Heimat durchaus verwandt.

Der Buddhismus in der Ihnen vertrauten Form des Zen wird zeitlebens Ihr Führer und Ihre Stütze bleiben. Er wird Ihnen helfen, in dem Chaos, das über Ihre Welt hereingebrochen ist, nicht unterzugehen. Aber er wird Sie vielleicht einst in Konflikt mit Ihren literarischen Plänen bringen. Wer eine gute religiöse Erziehung hat, für den ist die Literatur ein gefährlicher Beruf. Der Literat soll an das Licht glauben, er soll von ihm durch unumstößliche Erfahrung wissen und ihm so oft und so weit wie möglich offen stehen, aber er soll sich nicht für einen Lichtbringer oder gar selber für ein Licht halten. Sonst geht das Fensterchen zu, und das Licht, das auf uns keineswegs angewiesen ist, geht andere Wege.

(Nachschrift, einige Tage später)

Ein Päckchen Drucksachen, die ich an Sie abgesandt hatte, sowie das Original dieses Briefes sind mir soeben von der Post zurückgereicht worden, als nicht zulässig. Die Welt sieht heute wunderlich aus. Sie, der Einwohner eines besiegten und vom Sieger besetzten Landes, konnten mir einen Brief von anderthalb Dutzend Seiten senden; ich aber, der ich nur Einwohner eines neutralen Ländchens bin, darf Ihnen nicht antworten. Aber vielleicht erreicht Sie irgend einmal dieser Gruß auf dem Weg der Zeitung.
(»An einen jungen Kollegen in Japan«, geschrieben 1946, Erstdruck in der »Neuen Zürcher Zeitung« vom 2. 6. 1947)

Das Licht aus dem Osten, die Weisheit Indiens vor allem, verträgt sich mit der eigentlichen Lehre Christi viel besser als die Priester zugeben wollen.
(Aus einem Brief, 1946/47 an F. Seiffert)

Sie sehen in mir viel mehr als ich wirklich bin, das ist das Recht des Jünglings. Ich bin für Sie ein Fenster, durch das Sie das Licht erblickt haben. Dabei hat das Fenster aber kein andres Verdienst, als daß es dem Licht den Durchgang nicht versperrt hat.

Da Sie Anhänger von Zen sind, bedürfen Sie einer anderen Führung kaum mehr. Ich habe von Zen nur eine leise Ahnung, aber hinter dem, was ich darüber gelesen habe, fühle ich eine äußerst durchgebildete geistige Welt und eine bewundernswerte seelische Disziplin walten. Da sind Sie wohlgeborgen, und das Chaos des heutigen Japan wird Sie nicht krank machen können. Eher könnte ich mir denken, daß Zen mit Ihren literarischen Plänen in Konflikt geraten könnte. Die Literatur ist ein gefährlicher Beruf, ebenso gefährlich wie das Priestertum. Der gute Literat soll sich nicht für ein Licht halten oder ein Lichtbringer zu sein glauben. Er soll nur Fenster sein, durch das in günstiger Stunde das ewige Licht Durchgang findet.

(Brief, Mitte April 1947, an Rin Jubishi)

Es ist auch in China die ererbte Kultur in voller Auflösung begriffen, und die große Mehrzahl der heutigen Chinesen kennt weder 40 000 noch 10 000 noch 1000 Schriftzeichen, sondern überhaupt keine, oder doch nur das englische Alphabet. Sie werden bald alle in der Lage sein, ihre flachgewalzten Regungen und Gedanken in ebenso flachgewalzten internationalen Bezeichnungen auszudrücken.

(Aus einem Brief vom Mai 1947 an seinen Sohn Heiner)

Daß es dir wohl ist im Maya-Leben, das freut mich und schadet nichts, es genügt, wenn der Mensch so weit wach geworden ist, daß er sein Wohlergehen nicht für das einzig Wichtige hält und es nicht durch Vergewaltigung anderer zu erwerben sucht.

Ein Mensch, dem es im Leben wohl ist und der sich in Harmonie mit der Welt fühlt, ist für die Welt bekömmlicher als ein mißvergnügter Tugendstreber. Auch das Annehmen, Bejahen und Genießen der Maya-Welt kann wie Gottesdienst gelebt werden.

(Aus einem Brief, undatiert, an Isa Hesse)

Der »Siddhartha« dürfte Sie wohl von meinen Prosadichtungen am ehesten interessieren. Ihre Annahme, daß ich mich auch viel mit Philosophie beschäftigt habe, stimmt nur zum Teil. Ich habe allerdings stets ein gewisses philosophisches Bedürfnis gehabt und manches gelesen, vor allem war ich manche Jahre ein Leser des indischen, und später des chinesischen Schrifttums. Aber selbständig und wissenschaftlich gearbeitet habe ich auf diesem Gebiet nicht. Philosophisch arbeiten heißt ja vor allem Abstrahieren, während die Aufgabe des Dichters vor allem Versinnlichen heißt, das sind unvereinbare Gegensätze. Doch wohnen sie freilich nicht selten in einem Menschen beisammen, aber als Sehnsucht und Trieb, nicht als Leistung. So bin ich, wie Sie es in Ihren Gedichten sind, stets mehr Gestalter oder Sänger als Denker gewesen.

(Aus einem Brief, undatiert, an Prof. F. Luger)

Die eigentlichen indischen Yoga-Übungen kann man nur durch einen indischen Lehrer, einen Guru, lernen. Ich habe nie einen gehabt. Ich habe auch nie die genaue Verbindung von Atemübungen mit Meditation gelernt. Dagegen habe ich in jüngeren Jahren über die indischen Methoden manches gelesen, leider besitze ich fast nichts mehr von jener Literatur, doch fand ich noch das beiliegende Büchlein, das Du Dir einmal ansehen kannst. Ich erbitte es dann zurück.

(Aus einem Brief, undatiert, an Isa Hesse)

Ihre Gedanken gefallen mir, es wäre gut, wenn viele so dächten. Ich selber habe es von den indischen Denkern gelernt, zwischen Sein und Tun zu unterscheiden, und im »Verbrecher« den möglichen Heiligen zu sehen. Es gibt Tausende, denen diese Gedanken durch meine Bücher, besonders den »Siddhartha«, vertraut geworden sind.

Aber mit der Auffassung, daß es nur auf das Wollen, nicht auf das Tun ankomme, sollte man vorsichtig sein. Sie ist gut und richtig für reife Menschen und Völker, nicht für unreife. Die Bagatellisierung der »guten Werke«, die alleinige Rechtfertigung »durch den Glauben«, war schon bei Luther ein gefährliches, ja freches Wagestück, und hat unsäglich Schlimmes anrichten helfen. Die Deutschen, und gar die von heute, sind wahrlich nicht ein Volk, dem man predigen darf, auf das Tun komme es nicht an, da sei alles entschuldbar, wenn nur der Wille gut sei. Der »Wille« wird bei den meisten der eines echten oder vorgegebenen Patriotismus sein, und im Namen des Vaterlandes etc. wäre man morgen wieder für die gleichen Verbrechen bereit, deren Folgen heute das Volk zu vernichten drohen.

(Aus einem Brief vom 10. 1. 1948 an J. H.)

Zwischen Nachsinnen und Meditation sehe ich den Unterschied, daß Nachsinnen etwas Aktives, Meditation aber in einem passiven Zustand und einem wartenden Offenstehen ihren Grund hat. Sie erfordert ein Neutralisieren des Persönlichen, eine möglichst große Unabhängigkeit von den körperlichen Funktionen. Die beste Vorbereitung dazu sind Atemübungen, die jedoch nicht in einem Überanstrengen der Atemorgane bestehen dürfen, sondern hauptsächlich darin, daß der Übende einfach seine Aufmerksamkeit ganz auf den Vorgang des Atmens richtet, bewußt und sorgfältig ein- und ausatmend, das Einatmen mit dem Bauch beginnend, aber nie forcierend. Wenn man eine Weile so geatmet hat, kann man auch sich der Vorstellung hingeben, daß man im Einatmen die Welt in sich aufnimmt, beim Ausatmen sie wieder entläßt, daß man in diesem Ein und Aus teilhat am göttlichen All. Man erreicht damit eine Entspannung und Lockerung, eine Art von Entpersönlichung, man wird zum Objekt, zum Gefäß für das Aus- und Einströmende.

All das ist nicht Meditation, aber es ist ihre Vorbereitung. Welche Gegenstände meditierbar seien und welche nicht, kann ich nicht sagen. Die meisten Menschen bleiben beim Meditieren innerhalb des Sichtbaren, der Bilderwelt. Aber man kann auch etwa einen musikalischen Vorgang meditieren.

Mehr fällt mir zur Stunde nicht dazu ein, und namentlich weiß ich gar nichts darüber, wie weit diese Dinge innerhalb Ihres jetzigen Lebens und Tageslaufes praktikabel sind. Ich selbst habe damit stets viel Zeit verbraucht, so wie man auch als Künstler immer ein Krösus an Zeit sein muß, um etwas Rechtes machen zu können.

(Aus einem Brief vom April 1948 an Hans Dumanski)

Indisch aufgefaßt, d. h. im Sinn der Upanishaden und der ganzen vorbuddhistischen Philosophie, ist mein Nächster nicht nur »ein Mensch wie ich«, sondern er ist Ich, er ist mit mir eins, denn die Trennung zwischen ihm und mir, zwischen Ich und Du, ist Täuschung, Maya. Mit dieser Deutung ist auch der ethische Sinn der Nächstenliebe völlig ausgeschöpft. Denn wer erst eingesehen hat, daß die Welt eine Einheit ist, dem ist ohne weiteres klar, daß es sinnlos ist, wenn die einzelnen Teile und Glieder dieses Ganzen einander wehtun.

(Aus einem Brief, Ende April 1948 an W. S.)

Was du im Leben leistest, und zwar nicht nur als Künstler, sondern ebenso als Mensch, als Mann und Vater, Freund und Nachbar etc., das wird vom ewigen »Sinn« der Welt, von der ewigen Gerechtigkeit nicht nach irgend einem festen Maß gemessen, sondern nach Deinem einmaligen und persönlichen. Gott wird Dich, wenn er Dich richtet, nicht fragen: »Bist Du ein Hodler geworden, oder ein Picasso, oder ein Pestalozzi oder Gotthelf?« Sondern er wird fragen: »Bist Du auch wirklich der J. K. gewesen und geworden, zu dem Du die Anlagen und Erbschaften mitbekommen hast?« Und da wird niemals ein Mensch ohne Scham oder Schrecken seines Lebens und seiner Irrwege gedenken, er wird höchstens sagen können: »Nein, ich bin es nicht geworden, aber ich habe es wenigstens nach Kräften versucht.« Und wenn er das aufrichtig sagen kann, dann ist er gerechtfertigt und hat die Probe bestanden.

(Aus einem Brief vom 5. 1. 1949 an einen jungen Künstler)

Es gibt dann über Stifter weit hinaus, allerdings nicht mehr in der Sphäre des Künstlerischen, noch Stufen der Gelassenheit, des Zeithabens, der weisen Geduld, der langsamen, langsam tröpfelnden Überredung, nämlich in der buddhistischen Welt. Da werden zum Beispiel in Buddhas Reden nicht nur die Grundwahrheiten immerzu wiederholt, vor allem die vom achtfachen Pfad, sondern es geht die ganze Rede in diesem festgelegten, übrigens wunderbar skandierten Tonfall der Litanei, etwa:

»In einer solchen Heilsordnung, ihr Mönche, kann die Liebe zum Meister vollkommen sein, kann die Erfüllung der Regel vollkommen sein, kann die Werthaltung Rechtschaffener vollkommen sein, und warum das? Die Sache, Ihr Mönche, verhält sich eben so, wie's zu erwarten ist bei einer wohlverkündigten Heilsordnung bei einer wohldargelegten, anziehenden, Ruhe schaffenden, die ein vollkommen Erwachter kundgetan hat.«

Hier ist jene Ruhe, die in unsrer Dichtung beinah nur bei Stifter vorkommt, Ziel einer Sprechweise geworden, die zwar oft äußerst subtile und differenzierte Untersuchungen vornimmt, stets aber Zeit hat, stets gelassen und ohne Scheu vor Wiederholungen wandelt, einer überpersönlichen, einer heilenden und »Ruhe schaffenden« Sprache.

(Aus einem Brief vom April 1949 an Ursula Habel)

Ich habe im »Glasperlenspiel« die Welt der humanistischen Geistigkeit dargestellt, die vor den Religionen zwar Respekt hat, aber außerhalb derselben lebt. Ebenso habe ich vor dreißig Jahren im »Siddhartha« den Brahmanensohn dargestellt, der aus der Tradition seiner Kaste und Religion hinaus seine eigene Art von Frömmigkeit oder Weisheit sucht.

Mehr als dies habe ich nicht zu geben. Über die Werte und Segnungen der christlichen Religion wird Ihnen jeder Priester und jeder Katechismus mehr sagen, als ich Ihnen sagen könnte.

Mir ist das humanistische Ideal nicht ehrwürdiger als das religiöse, und auch innerhalb der Religionen würde ich nicht einer vor der andern den Vorzug geben. Eben darum könnte ich keiner Kirche angehören, weil dort die Höhe und Freiheit des Geistes fehlt, weil jede sich für die beste, die einzige, und jeden ihr nicht Zugehörenden für verirrt hält.

[...] Sie müssen also selbst wählen. Der Weg in die Kirchen ist leicht zu finden, die Tore stehen weit offen, an Propaganda fehlt es auch nicht.

(Aus einem Brief vom 2. 8. 1949 an einen Leser)

Sie haben mir ein paar erbauliche Schriften zugeschickt und dazu geschrieben: »Es gibt einen lebendigen Gott. Wo steht es geschrieben, daß ich nicht auch Ihnen dies mitteilen darf? Die anderen Götter sind alle tot.«

Es steht natürlich nirgends geschrieben, daß Sie mir diese Mitteilung nicht machen dürfen. Nur mutet sie mich, wie alle ins Blaue unternommenen Bekehrungsversuche, etwas wunderlich und im Grunde unnötig an. Sie teilen ihr Wissen um die Existenz Gottes einem alten Manne mit, dessen Eltern und Großeltern nicht nur dem Namen nach, sondern in Leben und Tat Christen waren und ihr ganzes Leben in den Dienst des Reiches Gottes gestellt haben. Von ihnen bin ich erzogen, von ihnen habe ich die Bibel und Lehre vererbt bekommen, ihr nicht gepredigtes, sondern gelebtes Christentum ist unter den Mächten, die mich erzogen und geformt haben, die stärkste gewesen. Darum klingt Ihre Mitteilung mir ein wenig überflüssig, etwa so, wie wenn jemand mir im April mitteilen würde, es sei jetzt Frühling, und im Oktober, es sei jetzt Herbst geworden.

Das ist das eine, was mich an Ihrem so gut und freundlich gemeinten Gruß ein wenig befremdet hat. Aber es ist in Ihren wenigen Zeilen nicht das einzige, und es hätte längst nicht genügt, um mich zu einer Antwort zu bewegen.

Nein, da steht in Ihrem winzigen Briefchen noch ein anderer Satz, ein falscher und nicht zu verantwortender Satz, und der nötigt mich zu einer Anwort. Der Satz lautet: »Die andern Götter sind alle tot.«

Ich weiß nicht, in wie vielen Ländern der Welt Sie gelebt haben, wie viele Völker, Sprachen und Literaturen Sie kennengelernt haben. Aber auch wenn Sie zehn oder zwanzig Sprachen, Religionen und Literaturen bis zum Grunde erforscht hätten, wären Sie zu diesem falschen, törichten und überheblichen Satz nicht berechtigt.

Sie stellen fest: »Es gibt einen lebendigen Gott«, und ich gebe Ihnen darin recht. Aber welcher Gott es sei, den Sie den allein lebendigen nennen, während alle andern tot seien, das sehe ich aus den Traktätchen, die Sie mir zusandten. Es ist der Gott protestantischer Christen, bestenfalls der einer Kirche, vielleicht auch nur einer Sekte, einer kleinen Gemeinschaft von Frommen, denen es mit ihrem Christentum ernst ist. Dieser Gott ist für Sie der »lebendige«, und alle andern erklären Sie, hoch von oben herab, für tot.

Nun, es gibt außer Ihrer Gemeinschaft, oder wenn Sie wollen, außer der Kirche, der Sie angehören, noch viele hundert Millionen von Menschen aller Rassen und Sprachen, die ebenfalls an einen lebendigen Gott glauben und ihm dienen. Der Gott dieser Gläubigen, die an Zahl denen Ihrer Kirche um das Vielfache überlegen sind, ist wahrscheinlich für viele seiner Diener (nicht für alle) genau so wie der Ihre ein Gott, der einzig lebendig und gültig ist, und neben dem alle anderen Götter, also auch der Ihre, verehrte Schwester, »tot« und ungültig sind.

Der Gott der frommen Juden zum Beispiel ist keineswegs der Ihre, denn er ist zwar das Vorbild, nach dem der Ihre geformt ist, aber er ist keineswegs jener Gott, der seinen Sohn hat Mensch werden lassen. Und so sind die Götter alle, die von frommen Mohammedanern, von frommen Indern, Tibetanern, Japanern verehrt werden, von dem Ihrem sehr verschieden, und dennoch ist jeder von ihnen sehr lebendig, sehr wirksam, jeder von ihnen hilft Unzähligen das Leben zu ertragen, das Leben heiligen, sich ins Leiden zu ergeben und den Tod gut zu bestehen.

Allen diesen Millionen von frommen, trostsuchenden, nach Würde und Heiligung für ihr armes Leben strebenden Gläubigen, denen sich der eine lebendige Gott auf etwas andre Weise offenbart hat als Ihnen und Ihrer Kirche, sprechen Sie unerschrocken und allwissend ihre Götter, ihre Lehren, ihre Glaubensformen ab. Dazu gehört ein Mut ohnegleichen, um den ich Sie bewundern könnte, wenn es nicht ein trauriger und billiger Mut wäre. Er beruht nicht auf Überlegenheit, sondern auf Unkenntnis der Wirklichkeit, auf Parteigeist.

Ich werde, verehrte Schwester Luise, nach wie vor an den lebendigen Gott glauben, und werde von seiner Existenz gerade darum stets überzeugt sein, weil er sich nicht einmal und irgendwo offenbart hat, sondern hundertmal und in hundert Formen, Bildern und Sprachen.

Nein, die andern Götter (die, die anders aussehen als Ihrer) sind nicht tot, dessen kann ich Sie versichern. Gott sei Dank leben sie, und wenn eine dieser vielen Erscheinungsformen des Einen verbraucht und altersmüde wird, dann hat der Lebendige längst schon neue Gestalten bereit, in denen er erscheinen kann. Er überlebt die Völker, er überlebt Religionen und Kirchen, auch die Ihre.

(Aus einem Brief, 1950 an Schwester Luise)

Sie stellen eine Frage an mich, die immer wieder an mich gelangt: Wie kann man das Meditieren lernen?

Es ist kein Zufall, daß im heutigen Deutschland dies Bedürfnis sich so stark meldet, wie es ja auch kein Zufall ist, daß von den paar Büchern, die als Anweisung dienen könnten, in Deutschland wohl kein einziges mehr aufzutreiben sein wird. Ich nenne Ihnen, da Sie es wünschen, einige Titel:

Swami Vivekananda, Karma Yoga. Leipzig 1901.

Die Yoga-Aphorismen des Patanjali, interpretiert von Judge. Berlin 1904.

Eher erreichbar dürfte Ihnen sein: Sri Ramakrishna.

Worte, Lehren, Sinnsprüche etc., von seinem Schüler Swami Brahmananda. Verlag Rascher, Zürich.

Ramakrishna war einer der letzten großen Weisen und Lehrer Indiens. Über ihn und über das Thema überhaupt steht einiges auch in Albert Schweitzers Buch »Die Weltanschauung der indischen Denker«, München 1935.

In Indien glaubt niemand daran, daß Meditation ohne Guru,

ohne persönlichen Lehrer, erlernbar sei. Vermutlich glaubt auch niemand dort, daß jemals ein Abendländer über die untersten Stufen des Yoga hinauskommen werde. Aber das hindert nicht, daß wir uns wenigstens um diese untersten Stufen bemühen können. In Amerika haben gewisse Kreise das erkannt, und dort gibt es einige indische Lehrer. Aldous Huxley würde Ihnen darüber Auskunft geben können.

Ich selbst habe weder einen Guru gehabt, noch bin ich auf höhere Stufen gelangt. Aber die eine Erfahrung habe ich machen können, daß die größte äußere Mithilfe zur Erreichung eines Zustandes von Konzentration und innerer Ruhe in der Tat in den Atemübungen besteht, über die sich das Abendland eben lustig gemacht hat wie über das Nabelbeschauen. Machen Sie Atemübungen, wie jeder bessere Heilgymnastiker sie kennt, und achten Sie darauf, daß Sie wohl das Ausatmen, niemals aber das Einatmen forcieren dürfen, Sie schaden sich sonst. Das Wesentliche bei den Atemübungen ist, daß man dabei auf gar nichts als auf ein möglichst vollkommenes Tiefatmen achtet, daß man sich auf diese eine Funktion konzentriert. Es hilft viel. Es hilft Distanz gewinnen vom Aktuellen, es bereitet vor zur Ruhe, zur Sammlung. Und wenn Sie diese Übungen im Atmen schon mit einer Vorstellung verbinden, ihnen schon eine Art von geistiger Bedeutung, einen Inhalt geben wollen, so stellen Sie sich vor, Sie atmen nicht Luft ein, sondern Brahman, Sie lassen mit jedem Atemzug das Göttliche in sich ein und entlassen es wieder, es wird Ihnen auch der »Westöstliche Divan« dabei einfallen.

Mögen Sie nun mit Ihren Übungen weit oder nicht weit kommen, so werden Sie doch, wenn Sie es ernst meinen, sich dabei einer Seelenstimmung nähern, die wir Abendländer sonst nur noch im religiösen Gebet oder bei der Hingabe an das Schöne zu erleben fähig sind. Sie werden nicht mehr nur Luft atmen, sondern das All, sondern Gott, und werden nicht auf intellektuellem, sondern auf leiblichem und unschuldigem Wege etwas von der Freiheit, Seligkeit und Frömmigkeit der Hingabe und Willensentspannung erleben.

Jener Ramakrishna erzählt in seinen Gleichnissen zuweilen Geschichten, welche ebensogut in den Anekdoten des Dschuang Dsi stehen könnten. Die Weisheit aller Völker ist eine und dieselbe, es gibt nicht zwei oder mehr, es gibt nur eine. Das einzige, was ich etwa gegen die Religionen und Kirchen einzuwenden habe, ist ihre Neigung zur Unduldsamkeit: Weder Christ noch Mohammedaner wird gerne zugeben, daß sein Glaube gut und heilig zwar, nicht aber privilegiert und patentiert sei, sondern ein Bruder all der andern Glaubensarten, in denen die Wahrheit sich sichtbar zu machen sucht.

Eine der kleinen Geschichten, die von Ramakrishna überliefert werden, und die ganz wohl auch bei Dschuang Dsi stehen könnte, lautet:

Ein Weiser sah eines Tages einen Hochzeitszug mit großem Gepränge unter Trommel- und Trompetenklang über eine Wiese ziehen. Nahebei beobachtete er einen Jäger, der so in das Zielen auf einen Hasen vertieft war, daß er weder den Lärm der Musik hörte, noch den Zug wahrnahm. Der Weise begrüßte den Jäger und sprach: »Verehrter, Ihr seid mein Guru. Mögen sich meine Gedanken, wenn ich meditiere, so auf den Gegenstand meiner Andacht richten, wie die Euren auf diesen Hasen.«

Möge Ihnen ein Jäger begegnen und Ihr Lehrer werden! Möge Ihr Streben nach dem Einswerden mit der Wahrheit so unablenkbar werden wie das Zielen des Jägers!

(Aus einem Brief vom 12. 2. 1950 an einen Studenten)

Ja, wenn man den Staatsmännern von heute den Kung Tse, den Lau Dan oder Meng Dsi nicht nur in die Hand geben, sondern ihnen auch die Fähigkeit, diese Luft zu atmen, einflößen könnte, wäre allerlei zu hoffen. Doch haben jene großen Chinesen ohne Ausnahme von Verfall und Korruption zu berichten gehabt und von der Zeit der großen Herrscher als von einem versunkenen Paradies gesprochen. Uns muß es genügen, vom Ideal zu wissen und die Vorstellung des Vollkommenen und die Sehnsucht danach in uns zu tragen.

(Aus einem Brief vom Dezember 1950 an Salome Wilhelm)

Ich nehme Ihre Siddhartha-Lektüre nicht so sehr ernst. Wenn Sie einem 74 jährigen seit Jahren leidenden und seit Jahren jeden Tag bis zur Erschöpfung überbürdeten Autor Vorschriften für seine Lebensführung machen können, haben Sie noch keinen Schritt in die Welt getan, von der Siddhartha handelt.

(Aus einem Brief vom Juli/August 1951 an eine Leserin)

Mach dir wegen deiner Reise nicht zuviel Skrupel! Tritt sie mit möglichst wenig Absichten an und laß an dich herankommen, was sie bringt! Ich habe da z. B. mit meiner indischen Reise eine unvergeßliche Erfahrung gemacht. Sie war zunächst eine richtige Enttäuschung, ich kam niedergeschlagen zurück. Aber fast zehn Jahre später, als ich den Siddhartha schrieb, waren auf einmal die indischen Erinnerungen überaus wertvoll und positiv und die ganze, nicht kleine Enttäuschung von damals war ausgelöscht.

(Aus einem Brief vom Januar 1952 an seinen Sohn Bruno)

Albert Schweitzer ist in der Tat eine herrliche Erscheinung. Seine Jugenderinnerungen liebe ich besonders. Über Indien denke ich etwas anders als er, er vereinfacht dies Phänomen zu sehr. Die indische Frömmigkeit ist keine Idee oder Abstraktion, sie ist ebenso real und viele ihrer Formen sind ebenso gottgläubig wie die abendländischen.

(Aus einem Brief vom März 1952 an Th. Gehring)

Danke für Ihren schönen Brief, er hat mir Freude gemacht. Antworten kann ich Ihnen darauf nicht viel, ich bin alt und leidend, und es sind dreißig Jahre her, seit ich den »Siddhartha« geschrieben habe.

Mir scheint, Sie haben mit Ihren Einwänden gegen die Entwicklung Siddharthas ganz recht, wenn Sie nämlich in meiner Erzählung etwas Paradigmatisches und Erzieherisches sehen, eine Art von Anweisung zur Weisheit und zum richtigen Leben. Aber das ist meine Erzählung nicht. Wenn ich einen Siddhartha hätte schildern wollen, der Nirvana oder die Vollkommenheit erreicht, dann hätte ich mich in etwas hinein phantasieren müssen, was ich nur aus Büchern und Ahnungen, nicht aber aus eigenem Erleben kannte. Das konnte und wollte ich aber nicht, sondern ich wollte in meiner indischen Legende nur solche inneren Entwicklungen und Zustände darstellen, die ich wirklich kannte und wirklich selbst erlebt hatte. Ich bin nicht ein Lehrer und Führer, sondern ein Bekenner, ein Strebender und Suchender, der den Menschen nichts anderes zu geben hat als das möglichst wahrhaftige Bekenntnis dessen, was ihm in seinem Leben geschehen und wichtig geworden ist.

Als ich den »Siddhartha« schrieb, in einer ernsten und intensiven Zeit meines Lebens, war es mir ein Herzenswunsch, das kleine Buch möchte auch in Indien gelesen und beurteilt werden. Es hat dreißig Jahre gedauert, bis er erfüllt wurde. Daß ich es im hohen Alter doch noch erlebt habe, danke ich Ihnen.

(Aus einem Brief vom April 1953 an Vasant Ghaneker)

Ich kann Ihrem Brief in allem zustimmen. Irrig ist nur Ihre Annahme, meine Quelle für das Wissen um Meditation etc. sei Ekkehart. Dem ist nicht so. Ich habe zwar in meiner Jugend (ich bin 76 Jahre alt) auch Auszüge aus E. kennengelernt, aber er ist nicht der einzige Wissende und nicht der einzige Lehrer auf diesem Gebiet, wenn auch innerhalb der deutschchristlichen Welt der größte. Die Versenkung ist manche Jahrhunderte, ehe es ein Deutschland und ehe es ein Christentum gab, in zahlreichen Formen und Schulen Indiens, Chinas, Japans gelehrt und geübt worden, sie ist eine der fundamentalen Möglichkeiten des Menschengeistes, unabhängig von Nation und Religion, sie wird heute noch in Indien und Japan, neuerdings auch unter indischen Lehrern in Amerika gelehrt und gepflegt.

(Aus einem Brief vom Oktober 1953 an H. G. Sch. R.)

Nach meiner Meinung sind in meiner Generation weit mehr Menschenleben durch allzugroße Einschnürung und Hemmung des Trieblebens verpfuscht worden als durch das Gegenteil. Darum habe ich in einigen meiner Bücher mich zum Anwalt und Helfer dieses unterdrückten Trieblebens gemacht – aber nie, ohne die Ehrfurcht vor den hohen Forderungen beiseite zu lassen, die von den Weisen und von den Religionen gestellt werden. Unser Ziel ist auch nicht: auf Kosten unsrer Natur zu lauter Geist zu werden. Unser Ziel ist auch nicht: auf Kosten der Güte, der Liebe und Menschlichkeit ein möglichst wildes Willkürleben zu führen. Sondern wir müssen zwischen den beiden Forderungen, denen der Natur und denen des Geistes, unsern Weg suchen, aber nicht einen starren Mittelweg, sondern jeder seinen eigenen, elastischen, auf welchem Freiheit und Bindung abwechseln wie Einatmen und Ausatmen.

(Aus einem Brief vom Januar 1954 an G. R.)

Als ich vor dreißig Jahren den »Siddhartha« schrieb, habe ich bei der Gestalt des Fährmanns Vasudeva niemals an einen mir persönlich bekannten Menschen gedacht, und bestimmt nicht an Julius Baur.[1] Und doch scheint es mir heute, ich sei in Baurs Gestalt einmal im Leben dem weisen Fährmann wirklich begegnet und sei nur zu unreif gewesen, um es zu merken. Alles, was wir erleben, kann ja Sinn gewinnen.

(Aus »Beschwörungen«, Februar 1954)

Es tut mir sehr leid, daß Sie mich nicht angefragt haben, ehe Sie sich die Mühe machten, das Hörspiel aus »Siddhartha« zusammenzustellen. Denn die Erlaubnis zur Sendung dieses Spiels kann ich nicht geben, es ginge gegen alle meine Grundsätze. Ich suche nicht eine Vergrößerung meines Wirkungskreises, und halte es für notwendig, daß der, der etwas an »Siddhartha« haben will, sich die Mühe der langsamen und womöglich mehrmaligen Lektüre mache. Meine Worte in gekürzter Form von Leuten des Rundfunks sprechen zu lassen, wäre mir ein Greuel. Und daß die Hörer etwas Ernstliches davon haben könnten, wenn sie statt der Vertiefung in ein Buch inmitten des üblichen Unterhaltungsprogramms sich das Spiel anhören, glaube ich nicht. Ich glaube nicht an die Quantität und glaube nicht an den Wert von Überschwemmungen des Volkes mit denkerischen oder dichterischen Werken. Kurz, ich kann die Erlaubnis zur Sendung nicht geben.

(Aus einem Brief vom März 1954 an F. v. Peschke)

Soviel ich aus Ihrem Brief sehen kann, leiden Sie an einer Einseitigkeit des Strebens, nämlich an dem Bemühen, die Rätsel der Welt und Wirklichkeit auf rationalem Weg, durch Denken, zu lösen. Wir kommen dem Geheimnis aber so nicht bei, wir müssen und sollen zwar unsern Verstand gebrauchen und üben, aber nicht allein auf ihn hören. Die einfachen gesunden Menschen, das »Volk«, werden mit dem Leben und seinen Abgründen dadurch fertig, daß sie sich in den Aufgaben und Freuden des Tags und der Stunde ausleben. Die Geistigen, die mit dem Zwang zum Denken, können in diese Unschuld nicht heimkehren. Sie

---

1 H. H.'s Lateinlehrer in Göppingen

brauchen ein Gegengewicht gegen die Intelligenz und ihre Eitelkeit, und dieses Gegenmittel ist die Befreundung mit der Natur. Die meisten »Gebildeten« benützen dazu, soweit sie nicht selbst Künstler sind, die Kunst, sie finden im Betätigen oder Genießen von Malerei, Musik, Dichtung die Verbindung mit den Urkräften. Wem dies nicht genügt, um ein Gegengewicht zu finden, der bedarf der Meditation, der Betrachtung und Versenkung. Der Weg dazu ist Yoga. Es gibt tausend Bücher darüber, die ich nicht gelesen habe, und es gibt, z. B. in Nordamerika, auch Yogaschulen, zum Teil mit indischen Lehrern. Auch sie kenne ich nur vom Hörensagen. Was ich zu gewissen Zeiten meines Lebens an Meditation nötig hatte, habe ich mir selbst erfunden, es ist nicht lehrbar und mitteilbar. Aber über jene Bücher und Schulen werden Sie gewiß manches erfahren können. Ich glaube, es wäre gut für Sie. Und auch von Ihrem Töchterchen, glaube ich, können sie lernen. Sie haben sich ein hohes und edles Ziel gesteckt, aber darüber sehen Sie oft nicht, wie blau der Himmel ist.

Ich habe ungern geantwortet. Auch die besten Weisheiten werden beim Formulieren und Aussprechen leicht banal.

(Aus einem Brief vom März 1954 an eine Leserin)

Es ist ja drollig: gerade wenn man ein paar Atemzüge Osten und Buddhismus getan hat, meldet sich der Gegenpol wieder mit neuer Stärke, fast wie in Notwehr oder in Eifersucht. Eben noch wußte man genau, daß Rose, Weide und Rabe »nur« Namen und Spiel sind, daß sie wie alle Namen und Erscheinungen vertauschbar und Eins sind, und gleich darauf besteht unser Gefühl (bei mir ist es das des Künstlers, das ästhetische) mit doppelter Hartnäckigkeit darauf, daß trotzdem eben doch die Rose rot sei und der Rabe kra kra mache. Denn, so scheint uns dann, wir lieben ja den Raben nicht, weil er gar kein Rabe sondern nur eine der tausend Hieroglyphen ist, die alle das Gleiche bedeuten, sondern wir lieben ihn und haben Freude an ihm, weil er ein Rabe und schwarz ist und kra kra macht. Wir sind, für Momente, der Einsicht in das Geheimnis der Einheit fähig, unsre Liebesfähigkeit aber beruht auf unsrer Fähigkeit, zu werten, subjektiv zu werten, ohne sie gibt es weder Kunst noch Liebe. Und wenn ich mich besinne, warum ich Dich gern habe und hoch werte, so sind es drei Gründe, die ich entdecke: die Gemeinsamkeit vieler früher Erinnerungen, die Gemeinsamkeit unsrer Liebe zum Osten, und dann der Umstand, daß ich unter allen Gundertnachkommen, die ich kenne, einzig bei Dir das Fortleben einer Art von Geistigkeit und Begabung finde, die ich am Großvater verehre. Von seinen Kindern, soweit ich sie kannte, hatte nur meine Mutter etwas davon, anders im Temperament und anders in der Art sich zu äußern, aber immerhin war das Erbe unverkennbar. Und daß nun von allen den Enkeln wenigstens einer an diesem Erbe teilhat, ist für mich eine Freude und ein Plus im Leben.

(Aus einem Brief vom September 1954 an Wilhelm Gundert)

Mein Vater war nicht lange in Indien, im Dienst der Basler Mission. Mein Großvater Dr. Gundert aber, ebenfalls Missionar und ein großer Philologe, hat Jahrzehnte in Indien gelebt und eine Reihe indischer Sprachen beherrscht, vor allem Sanskrit, dann Malayalam, Telugu, Hindi, Kanaresisch etc. Meine Mutter ist 1842 in Tellicherry geboren und war in ihrer Jugend auch in Indien in der Mission tätig.

Ich selbst habe von Ihrem Lande nur die Insel Ceylon gesehen, auf einer Reise im Jahr 1911, die mich bis Singapore und Sumatra führte.

Wenn mein »Siddhartha« in Hindi übersetzt wird, so bitte ich um Vorschläge eines dortigen Verlegers, doch möchte ich selbst nicht die Initiative ergreifen.

(Aus einem Brief vom 25. 10. 1954 an Vasant Ghaneker)

Ein bibliographisches Kuriosum sei Ihnen doch kurz berichtet: Als vor etwa 30 Jahren mein Siddhartha erschien, wünschte ich nichts so sehr, als daß er in eine der Sprachen Indiens übersetzt und dort einer kleinen Elite von Gebildeten zugänglich werde. Es rührte sich aber natürlich nichts. Aber jetzt, 30 Jahre später, haben schon vier indische Sprachen das Buch übersetzt, eine der Ausgaben (in Bengali) ist schon erschienen, die andern in Arbeit.

(Aus einem Brief vom 20. 11. 1954 an Wilhelm Hoffmann)

Siddhartha-Illustrationen aus indischen Ausgaben

Als der Siddhartha erschien, war es mein größter Wunsch, er möchte einmal in eine von den indischen Sprachen übersetzt werden. Und jetzt nach dreißig Jahren, wo meine Wünsche nicht mehr heftig sind, ist er richtig in zwei indische Sprachen (Bengali und Oriya) übersetzt, und zwei weitere (Telugu und Maratta) sind im Begriff, nachzufolgen.

(Aus einem Brief vom November 1954 an Max Wassmer)

Ich sehe die Dinge anders als Sie, gewiß, aber nicht in dem Sinn Ihres Briefes: daß Sie sich dem aktiven, ich mich dem kontemplativen Leben zugewandt und verpflichtet hätte. Für mich, der ich zwar christlich-protestantisch erzogen, dann aber an Indien und China geschult bin, sind alle diese Zweiteilungen der Welt und der Menschen in Gegensatzpaare nicht vorhanden. Für mich ist erster Glaubenssatz die Einheit hinter und über den Gegensätzen. Natürlich leugne ich nicht die Möglichkeit, solche Schemata aufzustellen wie »aktiv« und »kontemplativ«, und leugne nicht, daß es nützlich sein kann, die Menschen auf Grund solcher Typenlehren zu beurteilen. Es gibt Aktive und es gibt Kontemplative. Aber dahinter steht die Einheit, und wirklich lebendig und im günstigen Fall vorbildlich ist für mich nur der, der beide Gegensätze in sich hat. Ich habe nichts gegen den rastlosen Arbeiter und Schaffer, und habe auch nichts gegen den nabelbeschauenden Einsiedler, aber interessant oder gar vorbildlich kann ich beide nicht finden. Der Mensch, den ich suche und erwünsche, ist der, der sowohl der Gemeinschaft wie des Alleinseins, sowohl der Tat wie der Versenkung fähig ist. Und wenn ich in meinen Schriften, wie es scheint (ich selbst kann mich ja nicht von außen sehen), dem beschaulichen Leben den Vorzug vor dem tätigen gebe, so ist es vermutlich deswegen, weil ich unsre Welt und Zeit voll von aktiven, tüchtigen, rührigen, der Kontemplation aber unfähigen Menschen sehe. In jüngeren Jahren nannte ich diesen einseitig aufs Aktive gerichteten Menschentyp abendländisch, aber es ist ja längst auch der Osten »erwacht« und aktiv geworden. Neulich schrieb mir ein Chinese, er möchte Bücher von mir übersetzen und in China einführen. Ich schrieb zurück: das jetzige China hat Konfuzius und Lao Tse verboten oder doch für unerwünscht erklärt, und in einem Land, das zur Zeit seine eigenen Klassiker nicht ertrage, möchte ich kein Buch von mir übersetzt sehen.

(Aus einem Brief vom Dezember 1954 an Karl F. Borée)

Sie sind Christ in dem Sinne, daß Sie an die Einzigkeit und das Alleinseligmachende des Christentums glauben. Für Sie sind die Gläubigen andrer Religionen zu bedauern, weil sie keinen Heiland und Erlöser haben. Dies ist aber, wenigstens nach meiner Meinung und Erfahrung, durchaus ein Irrtum. Der japanische Buddhistenmönch oder der krishnagläubige Hindu lebt und stirbt in seinem Glauben ebenso so fromm und vertrauend und geborgen wie der Christ. Und dann haben jene östlichen Religionen etwas für sich: sie haben weder Kreuzzüge noch Ketzerverbrennungen noch Judenpogrome hervorgebracht, das war den Christen und dem Islam vorbehalten. Luther hat über die Juden Worte geschrieben, die an Brutalität und mordlustiger Rechthaberei von keinem Hitler und keinem Stalin übertroffen wurden. Gewiß, daran ist Jesus nicht schuld. Aber man kann Jesus lieben und doch die andern Wege zur Seligkeit, die Gott den Menschen gewiesen hat, in ihrem vollen Wert gelten lassen.

(Aus einem Brief, ca. 1954/55 an Herrn Sadecki)

Nun zu Ihrer Frage. Sowohl Narziß und Goldmund wie Siddhartha und Josef Knecht sind durch keinerlei Vorbilder angeregt. Carlo Ferremonte erinnert an einen Freund und Verwandten von mir, der im Krieg verscholl, und Pater Jakobus ist eine Huldigung an Jakob Burckhardt.

(Aus einem Brief, fünfziger Jahre an Hans Görensen)

Das interessanteste und liebste aber ist diesmal ein kleines Büchlein, es zog sofort trotz seiner Unscheinbarkeit meinen Blick auf sich und wird ohne Zweifel noch oft von mir in die Hand genommen werden. Es ist die neue Ausgabe der Bhagavad Gita, übersetzt von Ilse Krämer. Wenn ich darin blättere, kommen meine ersten ernsthafteren Begegnungen mit der indischen Welt mir ins Gedächtnis, zu einer Zeit erlebt, als es noch keine moderne Indologie gab, als noch keine Upanishaden etc. etc. übersetzt waren. Es gab zwar das Buddhabuch von Oldenberg, in der Hauptsache war man aber auf etwas zweifelhafte Quellen angewiesen, nämlich auf die Publikationen der Theosophen (zu denen damals auch Steiner noch gehörte). Es waren kleine Büchlein, an die Traktätchen der pietistischen Propaganda erinnernd und meist in schlechtem Deutsch aus dem Englischen übersetzt. Es war viel Verblasenes und Ungenießbares dabei, aber durch alles schimmerten eben doch die paar großen Grundgedanken Indiens hindurch, und das unvergleichlich Schönste von ihnen war eine Übersetzung der Bhagavad Gita von Franz Hartmann. Sie war das erste echte indische Werk, das ich kennen lernte, und der Eindruck war groß.

Wenn ich jetzt die verschiedenen Verdeutschungen dieser edlen Dichtung ansehe, die ich besitze, dann ist zwar jene frühe Ausgabe von Hartmanns Nachdichtung nicht mehr dabei, sie ist mir einmal von einem Wahrheitssucher, der sie bei mir entlieh, abgeknöpft.worden, aber dafür steht, neben anderen Verdeutschungen, Ihre Ausgabe vom Jahr 1946. Und dabei wird mir wieder einmal klar, wie viel Sie in Ihrem Verlag für die Verbreitung indischer Weisheit im Lauf der Jahrzehnte getan haben. Ich halte das, nebst Ihrem Eintreten für das Werk von C. G. Jung, für den wichtigsten Teil Ihrer so mannigfaltigen verlegerischen Tätigkeit.

(Aus einem Brief vom Januar 1955 an Max Rascher, den Verleger dieses Buches)

man muss das Schwierige aber Heilsame
immer wieder versuchen. Schwierig
aber heilsam ist es, dem Abendland die
Ohren für die Stimme des alten Asien
zu öffnen. Diese Stimme klingt nirgends so
eindringlich, so geduldig, so altersreif u.
leidenschaftslos wie im Vedanta u. in
den Reden Buddhos. Sie sind die Bibel einer
Gemeinde von vielen Millionen gewesen,
tausendmal von mönchischen Lehrern
gepredigt, Gegenstand der Andacht u. der
meditation für millionen Frome. Erst
in unsrer Zeit ist die Deutsche Übersetzung
Neumanns erschienen, ein edles Werk der
Liebe, der Geduld u. Versenkung. Es ist
gut dass dies grosse Werk jetzt neu erz
scheint u. Vielen ein Stein der Anstosses,
Vielen ein Licht, und ein Weckruf
werden soll.

mai 1955   Hermann Hesse

Wir Europäer sind immer wieder von der weitherzigen Bereitwilligkeit überrascht, mit der unsre Wissenschaft, Kunst und Literatur in Japan aufgenommen wird. Wir sehen: der fernste Osten ist willig, uns kennenzulernen, auf unsre Gedanken und Spiele einzugehen, von uns zu lernen, mit uns geistigen Tauschhandel zu treiben. Leider kann ich nicht sagen, daß die abendländische Intelligenz ebenso bereit und begierig wäre, sich mit dem Geist des

Ostens zu befreunden und vertraut zu machen. Gewiß, es gibt europäische Anhänger des Vedanta, es gibt europäische Buddhisten, auch Liebhaber und Sammler chinesischer und japanischer Kunst. Aber diese Liebe zur östlichen Welt ist auf kleine Kreise beschränkt und sie ist in vielen Fällen unfruchtbar, ist eine Art von Flucht aus den aktuellen Nöten des Westens zu einer schönen Traumwelt. Ich glaube und hoffe, die Hinneigung Japans zu den Erzeugnissen europäischer Kultur habe nicht diesen Fluchtcharakter.

Auch bei mir, einem alten und dankbaren Verehrer östlicher Lehren und Anschauungen, war die erste, jugendliche Befreundung mit asiatischem Geist ein Suchen nach Zuflucht und Tröstung, sie begann mit Indien, mit der Lektüre der Bhagavad Gita, der Upanishaden, der Reden Buddhas. Manche Jahre später erst lernte ich auch die großen chinesischen Meister kennen, und zu Japan kam ich auch in eine gewissermaßen persönliche Beziehung durch meinen Vetter Wilhelm Gundert und mehrere andre Deutsche, die als Missionare, als Lehrer, als Übersetzer in Japan tätig gewesen sind. Ich habe namentlich die fernöstliche Form des Buddhismus, das Zen, auf diesem Wege ein wenig kennengelernt, habe mit immer neuer Freude und Bewunderung die Kunst der Maler und Holzschneider, die wunderbare Anschaulichkeit und Keuschheit der japanischen Lyrik geliebt. So sind mir, neben unsrer abendländischen Tradition, Indien, China und Japan zu Lehren und Lebensquellen geworden, und es war mir eine Freude zu sehen, wie dort drüben in Ihrem fernen Inselreich allmählich ein Echo mir entgegentönte, wie meine Liebe dort Erwiderung fand.

Die ernsthafte und fruchtbare Verständigung zwischen Ost und West ist nicht nur auf politischem und sozialem Gebiet die große, noch unerfüllte Forderung unsrer Zeit, sie ist eine Forderung und Lebensfrage auch auf dem Gebiet des Geistes und der Lebenskultur. Es geht heute nicht mehr darum, Japaner zum Christentum, Europäer zum Buddhismus oder Taoismus zu bekehren. Wir sollen und wollen nicht bekehren und bekehrt werden, sondern uns öffnen und weiten, wir erkennen östliche und westliche Weisheit nicht mehr als feindlich sich bekämpfende Mächte, sondern als Pole, zwischen denen fruchtbares Leben schwingt.

(»An meine Leser in Japan«, Geleitwort zur japanischen Ausgabe seiner »Gesammelten Schriften«, Mai 1955)

Was Sie von mir, meinem Werk, was Sie von Indien usw. wissen, ist zu wenig, es kann ja auch gar nicht anders sein. Und dann: was heißt »Weltanschauung«? Sie scheinen damit etwas Festes, etwas wie einen dogmatisch formulierbaren Glauben zu meinen, so daß also ein Mensch lebenslang oder doch für jede einzelne Lebensepoche eine bestimmte »Weltanschauung« haben müßte. Aber so arme Teufel sind wir Dichter nicht, und hoffentlich auch die meisten andern Menschen nicht. Sondern wie man »die Welt anschaut«, das kann mit jedem Tag, mit jeder Stunde wechseln, genau so wie die gleiche Landschaft und Figur, die ein Maler zehnmal malt, jedesmal ein vollkommen neues und anderes Bild ergibt.

Freilich kann hinter all den wechselnden Anschauungen auch ein Glaube stehen, etwa ein religiöser oder pseudoreligiöser, ein katholischer, pietistischer, marxistischer oder sonst ein Glaube. Das ist bei mir nicht der Fall. Aber da ich in einer lebendigen Religion und Glaubensgemeinschaft aufgewachsen bin, ist mir das Bedürfnis nach etwas wie Religion auch nach meiner allmählichen Lösung von allen formulierten Religionen geblieben. Und da hat der indische Gedanke für mich die stärkste Attraktion gehabt: der Gedanke der Einheit alles Seienden, verknüpft mit dem der »Seelenwanderung«, die für mich kein Glaube, aber ein überaus fruchtbares, heiliges Bild ist. Die Inder haben mit der Zeit auch gemerkt, daß ich ihr Bruder bin, und haben den »Siddhartha« schon in fünf indische Sprachen übersetzt. Daß auch Japan, namentlich das buddhistische, ähnlich zu mir steht, sehen Sie aus der beiliegenden Briefcopie.

(Aus einem Brief vom August 1955 an Wolf Mohr)

Es kommt für unser Verhalten im Leben nicht so sehr auf unsre Gedanken an als auf unsern Glauben. Ich glaube an keine religiöse Dogmatik, also auch nicht an einen Gott, der die Menschen geschaffen und es ihnen ermöglicht hat, den Fortschritt vom Einandertotschlagen mit Steinbeilen bis zum Töten mit Atomwaffen auszubilden und auf ihn stolz zu sein. Ich glaube also nicht, daß diese blutige Weltgeschichte ihren »Sinn« im Plan eines überlegenen göttlichen Regenten habe, der sich damit etwas für uns nicht Erkennbares, aber Göttliches und Herrliches ausgedacht habe. Aber dennoch habe ich einen Glauben, ein zum Instinkt gewordenes Wissen oder Ahnen um einen Sinn des Lebens. Ich kann aus der Weltgeschichte nicht schließen, daß der Mensch gut, edel, friedliebend und selbstlos sei, aber daß unter den ihm gegebenen Möglichkeiten auch diese edle und schöne Möglichkeit, das Streben nach Güte, Frieden und Schönheit, vorhanden sei und unter glücklichen Umständen zur Blüte gelangen könne, das glaube und weiß ich gewiß, und wenn dieser Glaube einer Bestätigung bedürfte, so fände er in der Weltgeschichte neben den Eroberern, Diktatoren, Kriegshelden und Bombenherstellern auch die Erscheinungen Buddha, Sokrates, Jesus, die heiligen Schriften der Inder, Juden, Chinesen und alle die wunderbaren Werke friedlichen Menschengeistes in der Welt der Kunst. Ein Prophetenkopf aus dem Figurengewimmel am Portal eines Domes, ein paar Takte Musik von Monteverdi, Bach, Beethoven, ein Stückchen Leinwand von Rogier, von Guardi oder Renoir bemalt, genügen, um dem ganzen Macht- und Kriegstheater der brutalen Weltgeschichte zu widersprechen und eine andere, beseelte, in sich beglückte Welt darzutun. Und überdies haben die Werke der Kunst weit sicherern und längeren Bestand als die Werke der Gewalt, sie überdauern sie um Jahrtausende.

Wenn wir, die wir an die Gewalt nicht glauben und uns ihren Ansprüchen möglichst zu entziehen suchen, dennoch zugeben müssen, daß es keinen Fortschritt gibt, daß die Welt nach wie vor von den Strebern, den Machtgierigen und Gewalttätern regiert wird, so kann man das, wenn man die schönen Worte liebt, tragisch nennen. Wir leben umgeben von Apparaten der Macht und Gewalt, oft knirschend vor Empörung über sie, oft der tödlichen Verzweiflung nah (Sie haben das in Stalingrad erlebt), wir dürsten nach Frieden, nach Schönheit, nach Freiheit für die Flüge unsrer Seele, und hätten oft genug Lust, den Herstellern der Atombomben das vorzeitige Losgehen ihrer Teufelsapparate zu wünschen – und wir lassen diese Empörung und diese Wünsche doch nicht zur Blüte kommen, wir fühlen, daß es uns verboten ist, der Gewalt mit Gewalt zu begegnen. Unsre Empörung und jene schlimmen Wünsche belehren uns darüber, daß die Scheidung der Menschenwelt in Gut und Böse keineswegs eine reinliche ist, daß das Böse nicht nur in den Strebern und Gewaltmenschen lebt, sondern auch in uns, die wir uns doch friedliebend und wohlmeinend wissen. Kein Zweifel, daß unsre Empörung »gerecht« sei! Sie ist es. Aber sie läßt uns, die Verächter der

Macht, doch für Augenblicke nach der Macht begehren, um ein Ende mit dem Unfug zu machen, um aufzuräumen. Wir schämen uns dieser Regungen und können doch ihre Wiederkehr nicht für immer verhindern. Wir haben teil am Bösen und am Krieg in der Welt. Und so oft wir diese unsre Zugehörigkeit erlebend erkennen, so oft wir uns ihrer schämen müssen, so oft wird uns auch deutlich, daß die Regenten der Welt keine Teufel sondern Menschen sind, daß sie das Böse nicht aus Bosheit tun oder zulassen, daß sie in einer Art von Blindheit und Unschuld handeln.

Denkerisch sind diese Widersprüche nicht zu lösen. Das Böse ist in der Welt, es ist in uns, es scheint mit dem Leben untrennbar verbunden. Dennoch spricht die heitere und schöne Seite der Natur, spricht die heitere und schöne Seite der Menschheitsgeschichte unübertönbar zu uns, beglückt und tröstet uns, mahnt uns und rührt uns, und weht Hoffnung in unser Dasein, das oft so hoffnungslos scheint. Und wie wir uns Friedliebende nicht vom Bösen frei wissen, so hoffen wir, daß auch in den andern die Möglichkeit bestehe, zur Einsicht und zur Liebe zu erwachen.

(Aus einem Brief vom Februar 1955 an H. Gohlke)

Ich glaube zwar nicht materiell und wörtlich an die indische Lehre (= Reinkarnation), verehre sie aber als eine der Möglichkeiten, dem Sein einen Sinn zu geben.

(Aus einem Brief vom 2. 12. 1955 an Ulla Toskas-Englert)

Man muß das Schwierige aber Heilsame immer wieder versuchen. Schwierig aber heilsam ist es, dem Abendland die Ohren für die Stimme des alten Asien zu öffnen. Diese Stimme klingt nirgends so eindringlich, so geduldig, so altersreif und leidenschaftslos wie in den Reden Buddhas. Sie sind die Bibel einer Gemeinde von vielen Millionen gewesen, tausendmal von mönchischen Lehrern gepredigt, Gegenstand der Andacht und der Meditation für Millionen Fromme. Erst in unserer Zeit ist die deutsche Übersetzung Neumanns erschienen, ein edles Werk der Liebe, der Geduld und Versenkung. Es ist gut, daß dies große Werk jetzt neu erscheint und Vielen ein Stein des Anstoßes, Vielen ein Licht und ein Weckruf werden soll.

(Zu einer Neuausgabe der Reden Buddhas, verdeutscht von K. E. Neumann, 1956 im Artemis Verlag, Zürich)

Daß Sie nicht Siddharthas Govinda sein wollen, sondern sein Sohn, das gefällt mir sehr.

Aber die »Gefährlichkeit« solcher Bücher überschätzen Sie vielleicht. Wer sich einem Autor, einem Lehrer, einer Lehre blind und gern hingibt und unterwirft, wer den Helden einer Dichtung nachahmt, statt sich von ihm auf dem eigenen Weg bestärken zu lassen, der wäre auch ohne Buch und Autor kein Eigener und Eigensinniger geworden. Und wenn die Leute schon die Sehnsucht nach Gleichschaltung haben, dann ist es ja doch noch besser, wenn sie Lehren der Gewaltlosigkeit annehmen als das Gegenteil.

(Aus einem Brief, 1956 an Werner Bermig)

Es gibt für jeden keinen andern Weg der Entfaltung und Erfüllung als den der möglichst vollkommenen Darstellung des eigenen Wesens. »Sei Du Selbst« ist das ideale Gesetz, zu mindest für den jungen Menschen, es gibt keinen andern Weg zur Wahrheit und zur Entwicklung.

Daß dieser Weg durch viele moralische und andre Hindernisse erschwert wird, daß die Welt uns lieber angepaßt und schwach sieht als eigensinnig, daraus entsteht für jeden mehr als durchschnittlich individualisierten Menschen der Lebenskampf. Da muß jeder für sich allein, nach seinen eigenen Kräften und Bedürfnissen entscheiden, wieweit er sich der Konvention unterwerfen oder ihr trotzen will. Wo er die Konvention, die Forderungen von Familie, Staat, Gemeinschaft in den Wind schlägt, muß er es tun mit dem Wissen darum, daß es auf seine eigene Gefahr geschieht. Wieviel Gefahr einer auf sich zu nehmen fähig ist, dafür gibt es keinen objektiven Maßstab. Man muß jedes Zuviel, jedes Überschreiten des eigenen Maßes büßen, man darf ungestraft weder im Eigensinn noch im Anpassen zu weit gehen.

(Aus einem Brief vom 10. 2. 1956 an M. A.)

Die Biographie Richard Wilhelms ist ein Buch, das keiner sich entgehen lassen sollte, der irgend Beziehungen zur Geisteswelt des Fernen Ostens hat. Darüber hinaus ist es die Lebensbeschreibung eines ganz ungewöhnlichen Zeitgenossen, eines genialen Mannes von merkwürdiger Begabung und Begnadung, von des-

Richard Wilhelm (1873-1930), Sinologe und Übersetzer der klassischen chinesischen Literatur (Konfuzius, Laotse, Dschuang Dsi, Mong Dsi, des I Ging, Li Gi und des Liä Dsi).

»Er war ein Vorläufer und ein Vorbild, ein Mensch der Harmonie, der Synthese zwischen Ost und West, zwischen Sammlung und Aktivität. Er ist keinem europäischen Problem davongelaufen, hat sich keinem Anruf des aktuellen Lebens entzogen, ist weder einem denkerischen noch einem ästhetischen Quietismus erlegen, sondern hat, Stufe um Stufe, die Befreundung und Verschmelzung der beiden großen, alten Ideale in sich vollzogen, hat China und Europa, Yang und Yin, Denken und Tun, Wirksamkeit und Beschaulichkeit in sich zur Versöhnung gebracht.«

sen Person, Leben und Werk Wirkungen ausgegangen sind, die in ihrer vollen Kraft und Vielfältigkeit erst eine kommende Generation wird erkennen können. Allgemein bekannt ist R. Wilhelm (1873-1930) durch die Reihe seiner Übersetzungen und Erklärungen klassischer chinesischer Werke, von denen er einige, wie Lü Bu We, das I Ging und andere, als erster verdeutscht hat. Auch in meinem Leben und Denken haben diese Wilhelmschen Übertragungen und Deutungen eine wichtige Rolle gespielt, und wie mir, so hat er vielen von meiner und der folgenden Generation ein Tor aufgetan und eine Botschaft übermittelt, die in unserem Leben Epoche gemacht hat.

Das Buch beginnt mit einem Nachruf, einem kongenial gezeichneten Charakterbild des großen Deutsch-Chinesen aus der Feder eines anderen Meisters, Walter F. Otto, der dem andern in jahrzehntelanger Freundschaft verbunden war, hat es geschrieben, es ist der schönste mir bekannte Freundesnachruf für einen bedeutenden Mann unserer Zeit. Wer diesen Nachruf liest und dazu das Bildnis Wilhelms betrachtet, das dem Buch mitgegeben wurde, hat eigentlich schon den Mann kennengelernt, alles Wesentliche ist da. Das Bildnis zeigt ein überaus liebes Gesicht, dessen Augen ebenso lächeln wie der Mund, ein sehr freundliches, konzentriertes, leise strahlendes Gesicht, und erst wenn man es eine Weile beobachtet hat, wird einem bewußt, daß dies freundliche Lächeln viel Asiatisches hat, daß es nicht nur das Wohlwollen und die Lebensfreude eines gesunden, wohltemperierten, wohlgeordneten Mannes ausdrückt, sondern auch in allen Nuancen zwischen Schelmerei und Spott spielt wie die Geschichten, Legenden und Anekdoten um die großen Weisen des alten China.

Was ich aus diesem Bildnis lese, entspricht genau dem, was ich in Wilhelms Person und Leben immer geliebt und verehrt habe. Meine Freunde und die Leser meiner Bücher wissen, wie sehr mir erst Indien, dann China zu einer geistigen Heimat oder doch Zuflucht geworden ist. Und wenn ich irgendwo auf besonders kräftige Ablehnung, auf instinktiven Haß oder prinzipielles Nichtverstehenwollen stoße, so gilt diese Ablehnung beinahe immer dem Einschlag von alt-asiatischem Geist, den man in meinen Erzählungen findet. Nun, diese instinktive Furcht vor dem Fremden, Nichteuropäischen in der indischen und chinesischen Lebens- und Denkart ist nach meinem Glauben dasselbe wie jeder

Rassenwahn und Rassenhaß. Etwas Bekanntes, historisch und psychologisch Begreifliches, aber etwas Rückständiges, nicht mehr Lebenbringendes, etwas, das überwunden werden muß. Unterstützt wird die Rückständigkeit nicht nur durch den Fortschritts- und Technik-Enthusiasmus des Abendlandes, sondern auch durch den Anspruch des kirchlich-dogmatischen Christentums auf Alleingültigkeit. Wenn ich nun das Bild eines Zukunfteuropäers zeichnen sollte, der diese Kluft überbrückt und die erwünschte und auf die Dauer notwendige Synthese zwischen asiatischem und abendländischem Wesen nicht nur in Gedanken, sondern auch in Tat und Leben vollzogen hat, so würde dies ideale Menschenbild genau dem Bilde Richard Wilhelms gleichen.

Er war ein Vorläufer und ein Vorbild, ein Mensch der Harmonie, der Synthese zwischen Ost und West, zwischen Sammlung und Aktivität. Er hat in China, hat im jahrelangen intimen Umgang mit altchinesischer Weisheit und im persönlich-freundschaftlichen Austausch mit der Elite chinesischer Gelehrsamkeit weder sein Christentum noch sein schwäbisch-thüringisch geprägtes Deutschtum, hat weder Jesus noch Plato noch Goethe verloren und vergessen, noch seine gesunde, kraftvolle, abendländische Lust am Wirken und Bilden, er ist keinem europäischen Problem davongelaufen, hat sich keinem Anruf des aktuellen Lebens entzogen, ist weder einem denkerischen noch einem ästhetischen Quietismus erlegen, sondern hat, Stufe um Stufe, die Befreundung und Verschmelzung der beiden großen alten Ideale in sich vollzogen, hat China und Europa, Yang und Yin, Denken und Tun, Wirksamkeit und Beschaulichkeit in sich zur Versöhnung gebracht. Daher der Tonfall seiner schönen, sanft belehrenden Sprache, etwa im I Ging, aus dem man Goethe und Kung Fu Tse zugleich heraushört, daher der Zauber, den er auf so viele Menschen hohen Ranges in West und Ost geübt hat, daher das so weise wie freundliche, so wache wie schelmische Lächeln seines Gesichtes.

Die Stufen und Stationen, die Taten und Leiden dieses ungewöhnlichen Lebens, den langen, merkwürdigen Weg zu dieser Harmonie und Vollendung hat Frau Salome Wilhelm genau, schlicht und würdig aufgezeichnet. Sie war diesem Mann sichtlich schicksalhaft zubestimmt, Tochter des Chr. Blumhardt von Bad Boll, des vielleicht weltoffensten und kirchenfernsten Christen im damaligen Deutschland, zu dem der junge Theologe Wilhelm im Jahre 1897 als Vikar gekommen war. Sie ist ihrem Mann ein rührend treuer Kamerad und Helfer durch ein niemals bequemes, oft hart bedrängtes und von Stürmen gerütteltes Leben gewesen, hat an seiner Art von Tapferkeit und Duldsamkeit, von Tiefe und Heiterkeit teilgehabt. Diese Frau zur Seite zu haben war in dem an Begünstigungen und Gnaden reichen Leben Wilhelms eine große Gnade mehr. Sie hat uns sein Leben, mit zahlreichen Brief- und Tagebuchstellen von seiner Hand, auf vorbildlich sachliche, unsentimentale Weise erzählt. Es soll hier nicht nacherzählt werden.

Wie der Tübinger Theologiestudent zum wachen Zeitgenossen, zum Europäer, dann zum intimen Freund und Kenner Chinas wurde, was er in langen Chinajahren, besonders denen von 1914 bis 1918, dort an Herrlichem und an Rauhem erfahren hat, wie er sich die Sprache, die Kenntnis der alten Literatur, der Kunst, des Landes und schließlich die Köpfe und Herzen der besten Intelligenz Chinas eroberte, immer tätig, hilfreich, zugreifend, aber nie ungeduldig, groß im Leidenkönnen und Wartenkönnen wie im entschlossenen Handeln, wie er in China für die guten Geister des Westens, in Deutschland und Europa für das edle Erbe Chinas geworben hat, wie er schließlich in der Heimat durch ein jahrzehntelanges Übermaß an aufreibender Arbeit seine Kräfte bis zum Letzten verbrauchte, ohne doch bis zum Sterben je das innere Gleichgewicht, die Geduld, die Heiterkeit des Wissenden zu verlieren, darüber lese man in dem großartigen Buch, das seine Frau ihm gewidmet hat.

(Rezension über: »Richard Wilhelm. Der geistige Mittler zwischen China und Europa« in »Die Weltwoche«, Zürich, v. 27. 4. 1956)

Der Fehler bei unseren Fragen und Klagen ist vermutlich der, daß wir von außen etwas geschenkt bekommen möchten, was wir nur selber, mit eigener Hingabe, in uns zu erlangen vermögen. Wir verlangen, das Leben müsse einen Sinn haben – aber es hat nur ganz genau so viel Sinn, als wir selber ihm zu geben imstande sind. Weil der Einzelne das nur unvollkommen vermag, hat man in den Religionen und Philosophien versucht, die Frage tröstend zu beantworten.

Diese Antworten laufen alle auf das Gleiche hinaus: den Sinn erhält das Leben einzig durch die Liebe. Das heißt: je mehr wir zu lieben und uns hinzugeben fähig sind, desto sinnvoller wird unser Leben.

(Aus einem Brief vom 1. 6. 1956 an M. W.)

Ihre Frage »ob man nicht eine Weltreligion schaffen könnte«, muß ich mit Nein beantworten. Schon die echten, organisch entstandenen Religionen vermögen ihre Angehörigen nicht vor Dummheit und Roheit zu retten, mit Ausnahme einer kleinen Zahl, einer Elite von wahrhaft Gläubigen. Und von den synthetischen, künstlichen Religionen, wie Sie eine zu erhoffen scheinen, ist noch viel weniger zu erwarten. Es ist damit wie mit den Sprachen. Immer wieder kommt ein kluger Kopf auf die Idee: es sei ja nur die Verschiedenheit der Sprachen, was die Völker trenne, und man brauche nur eine allgemeine Weltsprache zu erfinden, dann werden alle einander verstehen etc. etc. Es sind ja auch schon mehrere solche synthetischen Sprachen entstanden, die ihren Anhängern viel Freude machen – aber die Völker machen keinen Gebrauch davon, sie haben andres zu tun und sind viel zu bequem, als daß sie sich mit Lernen plagen möchten, und überdies hat jeder seine eigene, ererbte Sprache viel zu lieb, als daß er ihr eine andre, künstliche vorziehen könnte. Kurz: die Menschheit verbessern zu wollen, bleibt immer hoffnungslos. Darum habe ich meinen Glauben stets auf den Einzelnen gebaut, denn der Einzelne ist erziehbar und verbesserungsfähig, und nach meinem Glauben war und ist es stets die kleine Elite von gutgewillten, opferfähigen und tapferen Menschen gewesen, die das Gute und Schöne in der Welt bewahrt hat.

(Aus einem Brief vom 8. 6. 1956 an P. H.)

Ich bin kein Freund dieser nutzlosen Lyrik-Analysen in den Schulen. Wenn es mir nicht gelungen ist, in meinem Gedicht mich auszudrücken, warum soll es mir dann in tausend privaten Briefen an Schüler und Lehrer gelingen?

Zu »Stufen« wäre zu sagen: das Gedicht gehört zum Glasperlenspiel, einem Buch, in dem unter anderm die Religionen und Philosophien Indiens und Chinas eine Rolle spielen. Dort ist die Vorstellung der Wiedergeburt aller Wesen dominierend, nicht im Sinne eines christlichen Jenseits mit Paradies, Fegfeuer und Hölle. Diese Vorstellung ist mir durchaus geläufig, und sie ist es auch dem fiktiven Verfasser jenes Gedichts, Josef Knecht. Ich habe also tatsächlich an Fortleben oder Neubeginn nach dem Tode gedacht, wenn ich auch keineswegs krass und materiell an Reinkarnationen glaube.

Die Religionen und Mythologien sind, ebenso wie die Dichtung, ein Versuch der Menschheit, eben jene Unsagbarkeiten in Bildern auszudrücken, die Ihr vergeblich ins flach Rationale zu übersetzen versucht.

(Aus einem Brief, Ende Januar 1957 an Jens Jürgen Schröder)

Diese Erzählung wurde vor bald vierzig Jahren geschrieben. Sie ist das Bekenntnis eines Mannes von christlicher Herkunft und Erziehung, der schon früh die Kirche verließ und sich um das Verstehen anderer Religionen bemüht hat, besonders um indische und chinesische Glaubensformen. Ich suchte das zu ergründen, was allen Konfessionen und allen menschlichen Formen der Frömmigkeit gemeinsam ist, was über allen nationalen Verschiedenheiten steht, was von jeder Rasse und von jedem Einzelnen geglaubt und verehrt werden kann.

(An die persischen Leser des »Siddhartha« 1958)

Uralte Buddha-Figur,
in einer japanischen Waldschlucht verwitternd

Gesänftigt und gemagert, vieler Regen
Und vieler Fröste Opfer, grün von Moosen
Gehen deine milden Wangen, deine großen
Gesenkten Lider still dem Ziel entgegen,
Dem willigen Zerfalle, dem Entwerden
Im All, im ungestaltet Grenzenlosen.
Noch kündet die zerrinnende Gebärde
Vom Adel deiner königlichen Sendung
Und sucht doch schon in Feuchte, Schlamm und Erde,
Der Formen ledig, ihres Sinns Vollendung,
Wird morgen Wurzel sein und Laubes Säuseln,

Wird Wasser sein, zu spiegeln Himmels Reinheit,
Wird sich zu Efeu, Algen, Farnen kräuseln, –
Bild allen Wandels in der ewigen Einheit.

(geschrieben am 14. 12. 1958)

Das neue Gedicht auf den verwitterten Buddha, das ich Ihrer Frau schickte, entstand im Dezember nach dem Betrachten eines einzigartigen japanischen Bilderbuches, das sein Herausgeber mir geschenkt hatte. Es sind lauter Aufnahmen von Statuen, Reliefs und anderen buddhistischen Bildwerken, die nicht unter Dach stehen, nicht in Tempeln oder Museen, sondern im Freien, unter Bäumen, zwischen Felswand und Bach, verschwistert mit allem Wachstum, zum Teil noch wohlerhalten und nur umsponnen und durchwachsen von Gras, Moos und Kraut, zum Teil schon seit Jahrhunderten kaum noch als Form kenntlich verwittert, bröckelnd, einsinkend hinüberrankend ins Vegetative, zur Natur heimkehrend. Sie kennen meine sehr alte Liebe zu Buddha, meine späte zum Buddhismus in der Form des Zen. Das wurde im Betrachten jenes Buches von Kei Wakasugi wieder mächtig wach.

(Aus einem Brief, 1959 an Otto Engel)

Der Weg zwischen China und Indien ist für mich nicht weit, und Indien hat ja in meinem Leben und Denken eine nicht minder wichtige Rolle gespielt als China. Was das Denken betrifft, so war es freilich nicht das mohammedanische und kaiserliche prächtige Märchen-Indien, dem ich viel verdanke, sondern das viel frühere brahmanische und buddhistische. Dorther stammt mein Siddhartha, und von den Erfüllungen, die mir das Alter gebracht hat, war für mich die hübscheste Siddharthas Heimkehr nach Indien. Gut dreißig Jahre nach dem Erscheinen meiner kleinen indischen Dichtung begannen sich die indischen Völker und Sprachen für sie zu interessieren, und bis heute sind Übersetzungen des Siddhartha in sieben oder acht indischen Sprachen erschienen. Es ging zwar dabei nicht durchwegs idealistisch zu; mehrere der Übersetzer wollten nicht nur die Erlaubnis zum Übersetzen von mir haben, sondern auch das Recht, aus meinem Buch einen Film zu machen. Einer bot sogar eine beträchtliche

Geldsumme dafür; ich hatte Mühe, mein Veto durchzusetzen. Das Buddha- und Siddhartha-Indien habe ich erst als Erwachsener kennengelernt. Aber das Indien der farbigen Kostüme, wie es ähnlich in Ihren schönen Miniaturen geschildert wird, das war mir von Kind auf bekannt und merkwürdig. Nicht nur war mein Vater Missionar in Indien gewesen, freilich nur kurze Zeit, sondern da waren die Patriarchengestalten der Eltern meiner Mutter, die Jahrzehnte in Indien gelebt und missioniert hatten. Die Großmutter allerdings war zeitlebens eine gewissenhafte Calvinistin geblieben, der Großvater aber, der Gelehrte und Sprachengewaltige, hatte Indien nicht nur als Missionsobjekt betrachtet und erlebt, er hatte auf langen Reisen im Ochsenkarren große Teile des Landes kennen gelernt, las und sprach Sanskrit und eine ganze Anzahl der lebenden Sprachen Indiens, und seine lebhafte, dem Schönen zugetane Seele hatte sich mit indischem Gut mehr befreundet und vollgesogen, als er bei einer theologischen Prüfung oder Selbstprüfung vermutlich eingestanden hätte.

Und bei diesem gelehrten und weisen Großvater gab es nicht nur indische Bücher und Schriftrollen, sondern auch Vitrinen voll exotischer Wunder, nicht nur Kokosschalen und fremdartige Vogeleier, sondern auch hölzerne und bronzene Götzen und Tiere, seidene Malereien und einen ganzen Schrank voll indischer Tücher und Gewänder in allen Stoffen und Farben. Es war ein hellgrünes darunter, dessen Farbe uns Kinder besonders entzückte; wir stritten uns darum, wenn wir diese Sachen etwa einmal zu Kostümen bei einer Scharade benutzen durften. Auch Turbantücher gab es und eine steife, kreisrunde Priestermütze mit viel Gold. Dies alles gehört zu meiner Kindheit nicht weniger als die Tannen des Schwarzwalds, die Nagold und die gotische Brückenkapelle. Und wenn ich Ihre Moghul-Miniaturen betrachte, ist das alles wieder da, und auch die Balsambüchsen und Sandelholzkasten mit ihren Schnitzereien und ihrem tropischen Geruch. Auch spitze, reich bestickte Schühchen und Pantöffelchen waren da; lang habe ich ihrer nicht mehr gedacht. Jetzt auf einmal sehe ich sie wieder, die überzierlichen, deren Preziosität uns immer ein bißchen lachen machte. Auch mit diesem Wiedersehen haben Sie mich, auf dem Umweg über die Bilder Ihrer Mappe[1], beschenkt und erfreut. Man bekommt im Alter mehr

1 Farbige Wiedergaben von 12 indischen Miniaturen aus den Berliner staatlichen Museen.

und mehr Sinn für den Kult der Dinge, des Sichtbaren und Greifbaren. Ich habe von den großväterlichen Schätzen ein paar winzige Reste noch hinter Glas in meinem Studio stehen, namentlich einen flötespielenden kleinen Krishna aus hellgelber Bronze. Als ich ihn, ein kleiner Knabe, kennen lernte, war er schon seit Jahrzehnten im Besitz der Großeltern; seither sind wieder beinah achtzig Jahre vergangen, und von den Gebilden, die damals groß und imponierend waren, dem Reich Bismarcks, dem riesigen Österreich, dem Pekinger Kaiserhof, dem europäischen Gleichgewicht, der Macht und Würde Europas, ist nichts mehr da, während der kleine Krishna noch heut und wohl noch lange die bronzenen Arme zum Flötenspiel erhoben hält. Schon darum müßte man ihn lieben, dieser gelassenen, geduldig heiteren Dauer wegen.

(Aus einem Brief vom Januar 1959 an Gerda Joecks)

Flötespielender Krishna aus dem Besitz Hermann Hesses

Chinesische Legende
Von *Meng Hsiä* wird berichtet

Als ihm zu Ohren kam, daß neuerdings die
jungen Künstler sich darin übten, auf dem
Kopfe zu stehen, um eine neue Weise des
Sehens zu erproben, unterzog *Meng Hsiä* sich
sofort ebenfalls dieser Übung, und nachdem
er es eine Weile damit probiert hatte, sagte
er zu seinen Schülern: »Neu und schöner
blickt die Welt mir ins Auge, wenn ich mich
auf den Kopf stelle.«

Dies sprach sich herum, und die Neuerer
unter den jungen Künstlern rühmten sich
dieser Bestätigung ihrer Versuche durch den
alten Meister nicht wenig.

Da dieser als recht wortkarg bekannt war und
seine Jünger mehr durch sein bloßes Dasein

und Beispiel erzog als durch Lehren, wurde jeder seiner Aussprüche beachtet und weiter verbreitet.

Und nun wurde, bald nachdem jene Worte die Neuerer entzückt, viele Alte aber befremdet, ja erzürnt hatten, schon wieder ein Ausspruch von ihm bekannt. Er habe, so erzählte man, sich neuestens so geäußert:

›Wie gut, daß der Mensch zwei Beine hat! Das Stehen auf dem Kopf ist der Gesundheit nicht zuträglich, und wenn der auf dem Kopf Stehende sich wieder aufrichtet, dann blickt ihm, dem auf den Füßen Stehenden, die Welt doppelt so schön ins Auge.‹

An diesen Worten des Meisters nahmen sowohl die jungen Kopfsteher, die sich von ihm verraten oder verspottet fühlten, wie auch die Mandarine großen Anstoß.

»Heute«, so sagten die Mandarine, »behauptet *Meng Hsiä* dies, und morgen das Gegenteil. Es kann aber doch unmöglich zwei Wahrheiten geben. Wer mag den unklug gewordenen Alten da noch ernst nehmen?«

Dem Meister wurde hinterbracht, wie die Neuerer und wie die Mandarine über ihn redeten. Er lachte nur. Und da die Seinen ihn um eine Erklärung baten, sagte er:

»Es gibt die Wirklichkeit, ihr Knaben, und an der ist nicht zu rütteln. Wahrheiten aber, nämlich in Worten ausgedrückte Meinungen über das Wirkliche, gibt es unzählige, und jede ist ebenso richtig wie sie falsch ist.«

Zu weiteren Erklärungen konnten ihn die Schüler, so sehr sie sich bemühten, nicht bewegen.

(geschrieben 1959)

Ich bekomme jeden Augenblick zu hören, wie rückständig und lächerlich meine Dichterei sei, blöde Großväter-Romantik, altes Eisen, aber dieser Tage kam auch aus Indien die achte Übersetzung des Siddhartha, in Kannada, das ist eine der indischen Sprachen, die einst mein Großvater verstand.

(Aus einem Brief, Ende August 1959 an Hanns Meinke)

Als ich vor fünfzig Jahren in Indien war, stand im ganzen Osten der weiße Mann noch als Herr den ›Eingeborenen‹ oder ›Farbigen‹ gegenüber. Es gab unter den Kolonisten und europäischen Kaufleuten manche, die sich für indische oder chinesische Architektur, für malayische Batik-Kunst, für Sprachen, Religionen und alte Bräuche jener Völker ein wenig interessierten, China-Porzellan oder javanische Wayangfiguren sammelten und ein offenes Auge für die Naturschönheiten jener Länder hatten: auf Java und Sumatra gab es auch unter den Kolonialbeamten einige, die in jungen Jahren für Multatuli geschwärmt hatten. Aber auch ihnen war es nirgends möglich, die Schranke zu durchbrechen, die sie als Weiße und Herren von den Eingeborenen trennte. Ein kleiner Vorfall aus den Tagen meines Besuches auf Sumatra ist mir unvergeßlich geblieben.

Wir lebten ein paar Tage im Bungalow einer Handelsgesellschaft, die weit oben am Batang Hari eine Waldstrecke erworben hatte. Im Bungalow hausten vier Herren, vier Europäer. In ringsum verstreuten Schilfhütten hausten die malayischen Waldarbeiter, bei ihnen war auch unser chinesischer Koch untergekrochen. Eines Abends erschien bei uns der Aufseher der Arbeiter, ein schön und traurig aussehender Malaye, von dem man mir erzählt hatte, er sei von edler Herkunft, Sohn eines Häuptlings. Er begrüßte mich mit dem üblichen Zuruf: ›Tabeh tuan‹ (Gruß dir, Herr), den ich höflich mit Tabeh tuan beantwortete. Später, als der Aufseher wieder gegangen war, nahm mich der Manager der Firma beiseite und belehrte mich tadelnd, daß ich niemals einen Malayen mit tuan (Herr) anreden dürfe.

Die beiden ›farbigen‹ Völker, von denen ich am meisten gelernt und vor denen ich den größten Respekt habe, sind die Inder und die Chinesen. Beide haben eine geistige und künstlerische Kultur geschaffen, die der unsern an Alter überlegen, an Gehalt und Schönheit gleichwertig ist.

Die Hochblüte des indischen Denkens fällt so ziemlich in die gleiche Zeit wie die des europäischen, in die Jahrhunderte etwa zwischen Homer und Sokrates. Damals wurden über Welt und Mensch in Indien wie in Griechenland die bisher höchsten Gedanken gedacht und zu großartigen Denk- und Glaubenssystemen entwickelt, die eine wesentliche Bereicherung später nicht erfahren haben, ihrer aber auch wohl nicht bedurften, denn sie stehen heute noch in voller Lebenskraft und helfen vielen Millionen Menschen das Leben bestehen. Der hohen Philosophie des alten Indien, die an Kühnheit der Spekulation wie an spitzfindiger Logik von keiner abendländischen übertroffen wird, steht eine überaus vielgestaltige, an Tiefe und an Humor reiche Mythologie gebenüber, eine volkstümliche Götter- und Dämonenwelt und Kosmologie von üppigster Bildkraft, die in der Dichtung wie in der Struktur, aber auch im Volksglauben blühend fortbesteht. Doch ist aus dieser farbig glühenden, tropisch wuchernden Welt auch die ehrwürdige Gestalt des großen durch Entsagung Überwindenden, des Buddha, hervorgegangen, und der Buddhismus erweist sich heute sowohl in seiner ursprünglichen indischen wie auch in der späteren chinesisch-japanischen Form des Zen nicht nur in seiner asiatischen Heimat, sondern auch im ganzen Westen, Amerika inbegriffen, als eine Religion von höchster Moral und starker Anziehungskraft. Seit etwa zweihundert Jahren ist das abendländische Denken häufig und kräftig vom indischen Geist berührt und beeinflußt worden, er hat auf dem Wege über Schopenhauer auch eine Elite der deutschen Intelligenz mit erzogen.

Wenn dieser indische Geist ein vorwiegend seelenhafter und frommer ist, so gilt das geistige Streben der chinesischen Denker vor allem dem praktischen Leben, dem Staat und der Familie. Wessen es bedarf, um gut und erfolgreich zum Wohl aller zu regieren, das ist das oberste Anliegen der meisten chinesischen Weisen, wie es ja auch das Anliegen Hesiods und Platons war. Die Tugenden der Selbstbeherrschung, der Höflichkeit, der Geduld, des Gleichmuts werden ebenso wie in der abendländischen Stoa hoch bewertet. Es gibt aber daneben auch metaphysische und elementare Denker, obenan Lao Tse und sein poetischer Schüler Tschuang Tse, und nach dem Eindringen der Buddha-Lehre hat China langsam eine höchst originelle, äußerst wirksame Form des Buddhismus entwickelt, das Zen, das ebenso wie

die indische Form der Lehre auch im heutigen Westen von spür-
barem Einfluß ist. Daß der chinesischen Geistigkeit eine nicht
minder hoch und fein entwickelte bildende Kunst zur Seite steht,
ist jedem bekannt.

Die heutige Weltlage hat an der Oberfläche alles verändert. Es
war mit der Befreiung von den weißen Herren nicht getan, ganz
andere Gewalten bilden jetzt den Sturmwind über Asien. Die
Chinesen, einst das friedlichste und an kriegs- und militärfeindli-
chen Bekundungen reichste Volk der Erde, sind heute die gefürchtetste und rücksichtsloseste Nation geworden. Sie haben
das heilige Tibet, neben Indien das frömmste aller Völker, barbarisch überfallen und erobert, und sie bedrohen dauernd Indien
und andere Nachbarländer. Wir können das nur konstatieren.
Vergleicht man etwa das politische Frankreich oder England des
17. Jahrhunderts mit dem heutigen, so zeigt sich, daß der politische Aspekt einer Nation sich im Lauf weniger Jahrhunderte gewaltig verändern kann, ohne daß dies auch eine entsprechende
Veränderung im Kern des Volkscharakters bedeuten müßte. Wir
müssen wünschen, daß auch im chinesischen Volk über die Zeiten dieser Verstörung hinweg sich viele seiner wunderbaren Cha-
rakterzüge und Begabungen erhalten.

(»Blick nach dem Fernen Osten«, Erstdruck u. d. T. »Indien und
China« in »Weltwoche«, Zürich v. 30. 10. 1959)

Ich bin ein indisch-christlich erzogener Einzelgänger, dem jedes
Machenwollen von Weltgeschichte, jedes Ändernwollen der
Welt durch Gewalt, durch Saalschlachten, Kriegführen etc. etc.
unsinnig und falsch erscheint, der auch die Weltgeschichte genügend viel betrachtet hat, um seine Meinung durch sie völlig bestätigt zu finden. Daß ein Zar durch einen Stalin, einen Kadar,
Chruschtschew, Ulbricht ersetzt wird, ist kein Gewinn, es ist ein
Tausch, keiner Opfer wert. Und daß auch im Westen nichts gut
geworden ist, wissen Sie ja auch. Auf Grund dieser Anschauungen sehe ich in allen Versuchen, die Welt gewaltsam zu verbessern, nur Irrtümer. Was durchaus aber nicht hindert, daß ich
vor dem guten Willen und Glauben des idealistischen Mitgängers
und Mitkämpfers Respekt habe.

(Aus einem Brief vom Dezember 1959 an Alfred Kantorowicz)

Das deutsche Volk, trotz seinen vielen guten Begabungen, eignet sich wie kaum ein andres zur Diktatur, ist ihr von Bismarck bis Adenauer stets offengestanden. Sie sind jung und die Entdeckung dieser Dinge ist Ihnen neu und erschreckt Sie, aber die Dinge sind alt und zwar betrübend, aber nicht in dem Maß wie Sie sie jetzt sehen. Deutschland ist ein kleiner Teil der Welt und seine Bedeutung für die Welt ist heute sehr viel kleiner als je seit 1870. Mir geht die Amerikanisierung Japans, die Militarisierung Chinas, der Untergang Tibets etc. etc. weit näher als die deutschen Ereignisse.

Natürlich ist auch mein Blickpunkt und meine Einstellung subjektiv. Aber daß unsere jetzige Weltgeschichte ein später Schub in einem zu Ende gehenden eisernen Aeon ist, das ist für Unzählige längst ein Glaubensartikel. E. Jünger deutet das sogar als das Ende alles Human-Geschichtlichen, als den Beginn einer neuen Epoche in der Erdgeschichte, in der der Mensch nur noch gehorsames Werkzeug kosmischer Mächte ist.

Einerlei wie man das ansehe, es wird gut sein, wenn wir unser Verhalten nach wie vor nach den Vorbildern richten, nach den alten Chinesen, nach den Weisen Indiens und denen Griechenlands bis Sokrates.

(Aus einem Brief vom 19. 3. 1960 an K. G.)

Ich vermeide es, Angehörige einer Kirche und Religionsgemeinschaft in ihrem Glauben irre zu machen. Für die Mehrzahl der Menschen ist es sehr gut, einer Kirche und einem Glauben anzugehören. Wer sich davon löst, der geht zunächst einer Einsamkeit entgegen, aus der sich mancher bald wieder in die frühere Gemeinschaft zurücksehnt. Er wird erst am Ende seines Weges entdecken, daß er in eine neue große, aber unsichtbare Gemeinschaft eingetreten ist, die alle Völker und Religionen umfaßt. Er wird ärmer um alles Dogmatische und alles Nationale, und wird reicher durch die Brüderschaft mit Geistern aller Zeiten und aller Nationen und Sprachen.

Vielleicht haben Sie Ihre Pilgerfahrt nach dem Orient schon angetreten. Sollten Sie nach Indien und nach New Delhi kommen, dann besuchen Sie dort den Gesandten der Republik Chile, Miguel Serrano, der ist mir befreundet, und ist ein großer Freund des indischen Denkens und Glaubens.

(Aus einem Brief vom März 1960 an Eduardo Perez de Leon)

In unserer Generation sind es wir beide, du und ich, die, wenn auch in sehr verschiedener Weise, etwas vom Wesen und Geist unsres Großvaters mitbekommen und dieses Erbe durch die eigene Lebensarbeit neu gestaltet und weiter überliefert haben. Die Tradition wird nicht aufhören, ich sehe sie schon von einem deiner Söhne und einer deiner Enkelinnen aufgenommen und fortgeführt.

Die Differenzierung und Sublimierung Gundertscher Gaben, Neigungen und Strebungen, verbunden natürlich auch mit Anfälligkeiten und Gefährdungen, begann bei unsrem Großvater, der aus der Umgebung seiner gediegenen schwäbisch-pietistischen Herkunft und Erziehung in verschiedenen Etappen den Weg in die Welt, in die übernationale und zeitlose Gemeinschaft der Geister fand. Zwar ist er, nach kurzen jugendlichen Rebellionsversuchen, im großen und ganzen dennoch ein schwäbischer Pietist geblieben, doch mußte der Theologe statt in die Landeskirche in die Heidenmission, statt zu einer schwäbischen Pfarrerin zu einer welschen Frau gelangen, die nie wirklich Deutsch gelernt hat, und der zentralen Macht, die sein Leben regierte, der christlichen Frömmigkeit, halfen mancherlei andre Kräfte und Gaben dies reiche Leben erweitern, schmücken, mildern, vor allem: die innige Beziehung zur Musik und die noch innigere zu den Sprachen, die ihn zum Sanskritisten, Indologen, Übersetzer, Grammatiker und Lexikographen werden ließ. Er sprach nicht nur mit indischen Brahmanen Sanskrit, er erwarb sich auch eine innige, geradezu verliebte Vertrautheit mit der vielfarbigen Welt der indogermanischen Sprachen, und seine Liebe galt nicht nur den Skeletten der vielen Sprachen, die sich ihm erschlossen, nicht nur ihrer Grammatik und ihrem Vokabular, sondern auch ihrer Haut, ihrem sinnlichen Reiz, ihrem Spieltrieb, ihrer Musik. Davon haben wir beide etwas mitbekommen, du die philologische, ich die poetische Freude an den Wundern und Zaubern der Sprache, des besten Schatzes der Menschheit, in dem Natur und Geist, Gesetzmäßigkeit und Freiheit einander so vielfältig durchdringen.

Mit des Großvaters indischer Sendung begann denn jenes besondere Seelenklima, jene eigentümliche Gestimmtheit und Empfänglichkeit für den Osten, die sich bei den Enkeln in so verschiedener Weise als westöstlich zu erkennen gab. Daß der Enkel Wilhelm einmal das berühmteste geistliche Übungsbuch

Hermann Hesse mit seinem Vetter, dem Japanologen Prof. Wilhelm Gundert (1880-1971), im November 1956 in Montagnola. Ihm hatte Hesse den zweiten Teil des »Siddhartha« gewidmet. Gundert hat die »Bibel des Zen-Buddhismus«, das Bi Yän Lu, ins Deutsche übertragen.

des aus Indien nach China gewanderten und dort zu Zen gewordenen Buddhismus verstehen, übersetzen und dem Abendland erschließen, daß der Enkel Hermann bei den Upanishaden, beim Buddhismus und bei chinesischer Lebensweisheit in die Schule gehen werde, dazu hat des Alten Vorgang und Vorbild den Grund gelegt. Er wäre mit beidem vermutlich nicht einverstanden gewesen, nicht mit dem Gebrauch, den du von deinem östlichen Wissen und deinen reifsten Lebensjahren gemacht hast, und noch weniger mit meiner indischen Dichtung. Aber dennoch hätte er beim Lesen des Titelblattes deines verdeutschten Bi Yän

Lu[1] hinter seinem schönen Greisenbart mit einem nicht eingestandenen Vergnügen und einer nicht eingestandenen Anerkennung gelächelt, und ähnlich gelächelt hätte er, glaube ich, zur
Heimkehr meines Siddhartha, zu seinem Erscheinen in vielen
Sprachen Indiens, darunter auch in Großvaters geliebtem Malayalam.

(Aus einem Brief vom September 1960 an Wilhelm Gundert)

Sie bekennen sich, wie alle Erwachten, zu Buddhas Lehre vom
Leiden als Kern des Lebens, vermissen bei ihm aber die Anerkennung des zarten Einschlags von Schönheit und Freuden im
Gewebe. Indische Buddhagelehrte würden darüber lächeln, ich
aber stimme Ihnen lebhaft zu, denn ich denke wie Sie: »Man
soll vom Leben nichts unterschlagen, auch seine erfreulichen Gaben nicht.« Wir Kinder, wir hören es gerne.

(Aus einem Brief vom Herbst 1960 an Otto Engel)

Von Ihren Fragen kann ich nur die über Gott beantworten, die
andern sind brieflich nicht abzutun. Aber die Frage nach den
verschiedenen Göttern macht eine kurze Antwort möglich.

Es gibt einen Tisch, einen Stuhl, ein Brot, einen Wein, einen
Vater, eine Mutter, und doch heißen sie in jedem Volk und jeder
Kultur wieder anders. So ist es auch mit Gott, mit der Frömmigkeit, mit dem Glauben. Griechen und Perser, Inder und Chinesen, Christen und Buddhisten, alle meinen das Selbe und hoffen,
wünschen und glauben das Selbe, nur haben sie andre Namen
dafür als wir. Im politischen Denken fortgeschrittener Leute ist
Nationalismus etwas Gewesenes, Vergangenes, in den Religionen herrscht der Kinderglaube an die Alleingültigkeit des eigenen Glaubens noch überall. Die Wissenschaft allerdings ist des
Gemeinsamen in allen Glaubensformen der Welt längst inne geworden, die Religionsforschung kennt keine allein-seligma-
chende Religion mehr.

(Aus einem Brief vom November 1960 an einen Leser)

1 »Bi Yän Lu, Meister Yüan-Wu's Niederschrift von der Smaragdenen Felswand«, verdeutscht und erläutert von Wilhelm Gundert, Hanser, 1960.

Verehrter lieber Freund, seit ein paar Tagen bin ich nun in diesem Land der Märchen, gestern habe ich in New Delhi die erste meiner Vorlesungen »absolviert«, man scheint damit zufrieden gewesen zu sein – falls der Vortrag vervielfältigt wird, was ich nicht weiß, kriegen Sie ein Stück. Sie sind darin erwähnt.

Doch einen Abriß der deutschen Indologie zu geben, was mir Glasenapp[1] mit allerhand Namen vorgeschlagen hatte, lehnte ich ab. Ich hätte meine Zuhörer und mich belogen.

Aber im Gespräch mit dem Historiker der Universität, der mich einmal in Bonn besucht hatte, erwähnte ich, daß der Missionar und Sprachenforscher Gundert Ihr Großvater gewesen. Darauf ein freudiges Erstaunen über den Zusammenhang. Die indische Akademie habe, nachdem das copy-right abgelaufen, einen Neudruck seines Malayalam-Lexikons veranlaßt und zugleich beschlossen, in der Akademie eine Gedenktafel an Ihren Großvater zu stiften. Es mag sein, daß Ihnen dies bekannt ist – dann werden diese Zeilen Ihnen nur sagen, daß ich mich über diese Bekundung der Dankbarkeit gefreut habe. Falls Ihnen der Vorgang unbekannt blieb, denke ich, daß dieser Brief meine Freude an Sie selber weiterreicht.

(Aus einem Brief von Theodor Heuss an Hesse vom 5. 11. 1960)

Der Gruß, den ich Ihnen nach Indien mitgab, hat mir in Ihrem Brief aus Agra ein überraschendes und entzückendes Echo gebracht. Sie haben mich damit hoch erfreut, und umso mehr, da ich von der indischen Akademie, vom Neudruck des Malayalam-Lexikons und von der Ehrung meines Großvaters nichts wußte. Ich hege, etwa seit dem Beginn der eigentlichen senectus, für meine beiden Großväter eine zunehmende zärtliche Verehrung. Sie waren übrigens sehr verschieden und hatten nur die Frömmigkeit gemeinsam. Der Hesse-Ahne, der baltische, war ein Draufgänger, frisch-fröhlich, leicht aufbrausend, leicht erregt und leicht versöhnt. Ich habe auch ihm kürzlich ein kleines Gedenkblatt gewidmet, er war Arzt und mein Kränzchen auf sein Grab wird nächstens in einer für Ärzte bestimmten Zeitschrift

---

1 Helmuth von Glasenapp (1891-1963), Indologe und Religionshistoriker, Prof. für Religionsgeschichte in Königsberg und Tübingen.

erscheinen.[1] Sie bekommen es dann. Der schwäbische Großvater Gundert war mir natürlich näher bekannt, ich war bei seinem Tod schon fünfzehn. Seine Sprache, wenn es sich um Denkerisches handelte, war noch voll von Vokabeln aus jener Atmosphäre des Tübinger Stifts in der Zeit von Hegel und namentlich Schelling, auch von Oetinger und Jakob Böhme her waren Nachklänge da. Seine Sprachenbegabung, die ich leider nicht geerbt habe, war verblüffend, mit einer Art von genialer Musikalität eignete er sich irgendwelche beliebige Sprachen spielend an. Er konnte etwa auf eine Reise ein polnisches oder spanisches oder andres Neues Testament mitnehmen und sich in der Eisenbahn lesend eine neue Sprache aneignen. Von den indischen Sprachen sprach er acht oder neun. Schön, daß man ihn drüben in Indien nicht vergessen hat! Eine Zeitlang trieb er mit einem Brahmanen Sanskrit. Der gewann ihn so lieb, daß er ihm nach jeder Sitzung die Hand drückte, was für ihn ein Opfer war, denn die Berührung eines Kastenlosen bedeutete Verunreinigung, von der er sich jedesmal durch rituelle Waschungen befreien mußte.

(Aus einem Brief vom November 1960 an Theodor Heuss)

Der erhobene Finger

Meister Djü-dschi war, wie man uns berichtet,
Von stiller, sanfter Art und so bescheiden,
Daß er auf Wort und Lehre ganz verzichtet,
Denn Wort ist Schein, und jeden Schein zu meiden
War er gewissenhaft bedacht.
Wo manche Schüler, Mönche und Novizen
Vom Sinn der Welt, vom höchsten Gut
In edler Rede und in Geistesblitzen
Gern sich ergingen, hielt er schweigend Wacht,
Vor jedem Überschwange auf der Hut.
Und wenn sie ihm mit ihren Fragen kamen,
Den eitlen wie den ernsten, nach dem Sinn
Der alten Schriften, nach den Buddha-Namen,
Nach der Erleuchtung, nach der Welt Beginn
Und Untergang, verblieb er schweigend.

1 H. H., »Ein paar Erinnerungen an Ärzte« in »Ciba-Symposium 8«, 194, 1960.

Nur leise mit dem Finger aufwärts zeigend.
Und dieses Fingers stumm-beredtes Zeigen
Ward immer inniger und mahnender: es sprach.
Es lehrte, lobte, strafte, wies so eigen
Ins Herz der Welt und Wahrheit, daß hernach
So mancher Jünger dieses Fingers sachte
Hebung verstand, erbebte und erwachte.

(Erstdruck am 22. 1. 1961 in der »Neuen Zürcher Zeitung«)

Wenn Sie Siddhartha und die Märchen gelesen haben, sollten Sie eigentlich nicht mehr daran zweifeln können, was Liebe und Güte zwischen den Menschen mir bedeuten. In der Morgenlandfahrt finden Sie auch ein ausdrückliches Bekenntnis zur Gemeinschaft. Was in meinen Schriften dazu scheinbar im Widerspruch steht, hängt mit dem Problem des Künstlers zusammen, überhaupt des überdurchschnittlich Individualisierten und Begabten. Der Künstler bezahlt etwaige Mängel seines sozialen Verhaltens durch sein Werk. Was er dem Werk zum Opfer bringt, und das ist meistens unendlich viel mehr als was der brave Durchschnittsbürger zu opfern fähig wäre, das kommt Allen zu gut.

Mehr kann ich zu Ihren Fragen nicht sagen. Etwa noch dies: die wilden Banden der Halbstarken und der Verbrecher sind nicht die, die Hesse lesen. Die Mehrzahl meiner Leser findet bei mir mehr Mahnung zur Verantwortung als das Gegenteil.

(Aus einem Brief vom 27. 5. 1961 an Hans Hodel)

Das chinesische Zen, jene ganz auf Praxis, auf Seelendisziplin gerichtete Form, die der aus Indien nach China gelangte Buddhismus dort angenommen hat, ist seinem Wesen nach, sehr im Gegensatz zum indischen, eigentlich der Literatur, der Spekulation, der Dogmatik und Scholastik durchaus abhold. Man könnte sagen, indischer und chinesischer Buddhismus verhalten sich zueinander wie Sanskrit zu Chinesisch. Dort eine Sprache der indogermanischen Art, Werkzeug eines differenzierenden, gelehrten, abstrakten Denkens, auch einer blühenden Scholastik, hier im Osten aber eine bildkräftige, lockere, auf die meisten der uns geläufigen grammatischen Feinheiten und Knifflichkeiten verzichtende Sprache, eine weitherzige, keineswegs eindeutige, deren Worte eher Bilder oder Gebärden als Worte in unsrem Sinne sind. Nun, trotzdem hat auch das Zen eine Art von Literatur entwickelt, und in diesem Jahr 1960 hat es sich ereignet, daß eins ihrer ehrwürdigsten Bücher (vielmehr vorerst nur ein Drittel des Ganzen) in einer Verdeutschung erschienen ist, die ihren Verfasser, Wilhelm Gundert, mehr als ein Dutzend Jahre gekostet hat. Das Buch ›BI-YAEN-LU, Meister Yüan-Wu's Niederschrift von der smaragdenen Felswand‹, ist zu Anfang des 12. Jahrhunderts entstanden und ist eine Sammlung von hundert Anekdoten und Aussprüchen bedeutender Zen-Meister samt auf sie gedichteten Hymnen und über sie verfaßten Erläuterungen. Von den 100 ›Beispielen‹ gibt Gunderts Übersetzung die ersten 33.

Dies höchst merkwürdige Werk ist etwas wie eine zen-buddhistische Summa, nicht aber im Sinn einer Dogmatik, sondern in dem eines geistlichen Übungsbuches. Anhand von Aussprüchen berühmter Lehrer und Patriarchen wird den Novizen und Mönchen vorgeführt, auf welche Art dieser oder jener ihrer Vorgänger das Ziel erreicht hat, nämlich die Erleuchtung, das Innewerden der Wirklichkeit, die nicht als etwas Statisches, sondern etwa wie das Zucken eines Funkens zwischen zwei Polen vorzustellen ist, dem Pol Sansara, der vollen bunten Erscheinungswelt, und dem Pol Nirwana, der absoluten Leerheit und Erlöstheit. In den meisten dieser Beispiele aus der Praxis der Meister stellt ein Schüler eine Frage, die der abendländische Leser nicht selten verstehen kann, während die Antwort des Lehrers uns vor lauter Rätsel stellt, übrigens des öftern nicht aus Worten, sondern aus einer Gebärde oder Handlung besteht, und gar nicht selten ist diese Handlung eine Ohrfeige oder ein Stockhieb. Diese Beispiele, um 1100 aus der Überlieferung mehrerer Jahrhunderte aufgezeichnet, sind noch heute, 800 Jahre später, ein klassisches Lehrmittel der Zen-Lehrer. Daß wir sie jetzt deutsch lesen können, ist schon viel, denn jedes Beispiel enthält die Anregung zu staunender Versenkung.

Es ist kein Buch, das man schlechthin ›lesen‹ könnte: man muß sich in seinem Dickicht Zoll um Zoll vortasten, oft wieder umkehren, und bei mancher Umkehr zeigt uns auf einmal der Text ein ganz anderes Gesicht. Es ist ein sehr fremdartiges, kompliziertes und schwer zugängliches Werk. Es ist eine Nuß mit drei- und vierfacher, recht harter Schale. Der normale, durchschnittliche Zeitgenosse wird nun vielleicht sagen, das alte Indien, das alte China, das Nirwana und das Zen seien erledigte Dinge, und der Rückgriff auf sie, also auch das Übersetzen und das Studieren dieses Werkes aus dem fernöstlichen Mittelalter sei unnütz, sei historische Schatzgräberei oder romantische Spielerei.

Darauf ließe sich zunächst antworten, daß ja das Zen noch heute in Japan ebenso existiert und praktiziert wird wie bei uns das Christentum, daß ferner die Lehre des Shakyamuni in ihren verschiedenen östlichen Ausformungen nicht nur Schopenhauer und seine Jünger fasziniert, sondern auch das intensive Interesse des heutigen Abendlandes gewonnen hat, daß die Vorträge und Bücher heutiger Zen-Buddhisten, obenan die von Suzuki, in Europa und Amerika größte Aufmerksamkeit finden, ja daß es leider schon so etwas wie eine Zen-Mode gibt.

Es ließe sich aber auch etwas erinnern, was der im Denken fortschrittlichste und unerschrockenste deutsche Dichter unsrer Zeit, Gottfried Benn, im »Ptolemäer«, einer seiner letzten Dichtungen, gesagt hat. Es ist dort von Benns Lieblingsthema, dem Niedergang und kommenden Untergang der weißen Rasse, die Rede. »Das kommende Jahrhundert«, heißt es da, würde nur noch zwei Typen zulassen, zwei Konstitutionen, zwei Reaktionsformen, diejenigen, die handelten und hochwollten, und diejenigen, die schweigend die Verwandlung erwarteten – Verbrecher und Mönche, etwas anderes würde es nicht mehr geben. »Die Orden, die Brüder werden vor dem Verlöschen noch einmal auferstehen. Ich sehe an Wassern und auf Bergen schwarze Kutten wandeln in stillem, in sich gekehrtem Gang. Jenseits der Gegensätze von Erkennen und Erkanntem, außerhalb der Kette von Geburt und Wiedergeburt... und in einem stummen, gefaßten Tat twam asi – auch das bist du – wird sich die Vereinigung mit der verlorenen Dingwelt vollziehen.«

Und Benn ist nicht der einzige Seher und Prophet dieser Art. Worin auch wäre der schon beinah zur Mode entartete Durst nach Lotos, nach Nirvana, nach Zen begründet, wenn nicht in der bangen Ahnung kommender Untergänge und Wandlungen und in der Bereitschaft der nicht zu Tat und Verbrechen Begabten oder Gewillten, sich in das Jenseits der Gegensätze zu begeben?

(Aus Hesses Rezension der Wilhelm Gundert'schen Übertragung des Bi Yaen Lu: Meister Yüan Wu's Niederschrift von der smaragdenen Felswand in »Universitas« 16, 1961)

Er [Guardini] und Reinhold Schneider sind die beiden guten Katholiken im deutschen Schrifttum unsrer Zeit, beide weise, beide weitherzig und frei von Fanatismus. Und dennoch verstehen beide, oder doch Guardini, unter »Glauben« die genaue, allein gültige, allein seligmachende katholische Dogmatik, die schon vor Jahrhunderten von allen frommen Ketzern und Reformatoren als nicht mehr annehmbar abgelehnt wurde, und die sich seither ja noch mehr kompliziert hat. Für Guardini ist die Weltgeschichte eine irdisch-menschliche Sache, die Erscheinung Christi aber eine göttliche. Als ob nicht, wenn man schon an Gott glaubt, auch die Weltgeschichte eine Schöpfung oder ein Versuch Gottes wäre, und als ob nicht ebenso wie im Glauben an Jesus Millionen Menschen fromm gelebt und selig gestorben wären im festen Glauben an Krischna, an Buddha, an Mahomet. Die Annahme dessen, was Guardini »Glaube« nennt, ist nun einmal unmöglich ohne das Opfer der Vernunft. Dies Opfer bringen, heißt für mich: Wegwerfen einer der edelsten Gaben Gottes. Dennoch, ich habe vor Männern wie Guardini große Hochachtung.

(Aus einem Brief vom 9. 12. 1961 an Günther Klinge)

Im Gespräch über Gläubigkeit und Kommunismus erzählte mein Vater von jenem alten, frommen Juden, der seinen Glauben etwa so verteidigte: »Siehst Du«, sagte er zum Ungläubigen, »die Mohammedaner halten Mohammed für den rechtmäßigen Messias, und die Christen glauben von ihrem Messias Jesu, er sei gen Himmel gefahren.« »Aber«, gibt ihm der Skeptiker zu bedenken, »Ihr Juden behauptet doch vom Propheten Elias genau dasselbe?« »Elias«, antwortete der fromme Jude, »unser Prophet, der ist ja auch wirklich zum Himmel aufgefahren.«

So einfach ist es, das für richtig zu halten, was man selber glaubt – aber schwer, den Glauben des anderen zu achten. So einfach ist es, sich als normal, gesund und stark zu betrachten, den andern als schwächlich, kränklich oder minderwertig zu bemitleiden.

(Heiner Hesse über seinen Vater, 1962)

Vorarbeiten und Varianten
zum Siddhartha-Manuskript

Zum Kapitel »Gotama«
Gespräch mit Buddha:

Buddha verkündet die Lehre. Siddhartha stellt Fragen, die besonders dem Kausalitätsgesetz gelten. Es zeigt sich, daß Buddha das Kausalitätsgesetz eigentlich als einzige Realität anerkennt, es gibt sonst nichts, kein Ich, kein Selbst, keine Realität. Nur eines gibt es noch: die Lehre. Diesen heiklen Punkt erfaßt Siddhartha, er stellt fest, daß hier eine kleine Lücke im System klafft, daß es unlogisch ist, im lückenlosen Netz der Kausalität dem Lehrwillen und Erlösungswillen Buddhas eine Ausnahme zuzugestehen. Buddha gibt keine direkte Auskunft, er lächelt, lehnt Antwort ab, spricht vom Dickicht der Meinungen, in das zu irren wertlos sei etc. Er fühlt aber genau, daß Siddhartha den gefährlichen Punkt berührt hat. Und er läßt, fast ohne Worte, erkennen, daß eben dies sein Geheimnis, seine Gnade, sein Wunder ist, daß die Erweckung, die Buddhaschaft als einziges die Reihe der Kausalität unterbricht. – Dann fragt Siddhartha, ob ihm das Äußern eines Zweifels, vielleicht einer neuen Wahrheit erlaubt sei. Buddha gewährt. Siddhartha sagt, er glaube nicht recht an alle Lehren, weder die der Brahmanen noch die Buddhas und der Asketen, denn alle diese Lehren seien in Worte gefaßt und ruhen auf Worten. Er aber sei überzeugt, daß alles Denken durch Worte nur leide und entstellt werde, das richtige, echte, wesenhafte Denken gehe ohne Worte, ohne Abstraktionen und sei schöpferisch, es bedürfe darum auch der Mitteilung nicht, sondern sei in sich selbst begnügt wie die Sonne im Ausstrahlen.

Buddhas Heiligkeit und Ehrwürdigkeit steigt während des Gesprächs eher als daß sie abnähme, er ist zeitweise fast spöttisch, zeitweise fast ehrfürchtig dem Zweifler gegenüber, die Würde und Heiligkeit seines Wesens bleibt außer Zweifel.

Lächeln Gotamas, des Buddha, wie er selbst es hundertmal mit Ehrfurcht gesehen hatte.

Nicht mehr wissend, ob es Zeit gebe, ob diese Schauung eine Sekunde oder hundert Jahre gewährt habe, nicht mehr wissend, ob es einen Siddhartha, ob es einen Gotama, ob es Ich und Du gebe, im Innersten wie von einem göttlichen Pfeile verwundet, dessen Verwundung süß schmeckt, im Innersten verzaubert und aufgelöst, stand Govinda noch eine kleine Weile über Siddh's stilles Gesicht gebeugt, das er soeben geküßt hatte, das soeben Schauplatz aller Gestaltungen, alles Werdens, alles Seins gewesen war. Das Antlitz war unverändert, nachdem unter seiner Oberfläche die Tiefe der Tausendfältigkeit sich wieder geschlossen hatte, es lächelte still, lächelte leise und sanft, vielleicht sehr gütig, vielleicht sehr spöttisch, genau wie Er gelächelt hatte, der Erhabene.

Tief verneigte sich Govinda, Tränen liefen, von welchen er nichts wußte, über sein altes Gesicht, wie ein Feuer brannte das Gefühl der innigsten Liebe, der demütigsten Verehrung in seinem Herzen. Tief verneigte er sich, bis zur Erde, vor dem regungslos Sitzenden, dessen Lächeln ihn an alles erinnerte, was er in seinem Leben jemals geliebt hatte, was jemals in seinem Leben ihm wert und heilig gewesen war.

Verworfener Schluß der Legende:

Als nach dieser Schauung ein Jahr vergangen war, führte abermals sein Weg den alten Mönch Govinda zum Flusse und zur Fähre.

Ein junger Fährmann nahm ihn ins Boot, bezeugte ihm Ehrerbietung, erklärte sich freundlich bereit, ihn um Gotteslohn überzusetzen.

Govinda fragte, was aus Siddhartha, dem alten Fährmann geworden sei.

»Du kanntest ihn, Ehrwürdiger?« fragte der Fährmann freundlich. »Wohl mir, daß auch ich ihn kannte! Von ihm habe ich gelernt, dem Flusse zuzuhören. Alles Gute habe ich von ihm gelernt.«

»Welche Lehren sind es, die er dich gelehrt hat?« fragte Govinda.

»Es sind keine Lehren, Ehrwürdiger. Siddhartha sprach wenig. Er hielt nicht viel von den Worten.«

»Ich weiß es. Und wo ist Siddhartha nun?«

»Er ist in die Wälder gegangen, ich durfte ihm nicht folgen. Aber ich weiß, daß er zu den Himmlischen eingegangen ist.«

»In Nirwana eingegangen?«

Lächeln Gotamas, das Buddha, wie er selbst es hundertmal mit Ehrfu
recht gesehen hatte.

Nicht mehr wissend, ob es Zeit gebe, ob diese Schauung eine Sekunde oder hundert Jahre gewährt habe, nicht mehr wissend, ob es
einen Siddhartha, ob es einen Gotama, ob es Ich und Du gebe, im Innersten wie von einem göttlichen Pfeile verwundet, dessen Verwundung
süß schmeckt, im Innersten verzaubert und aufgelöst, stand Govinda
noch eine kleine Weile, über Siddh's stilles Gesicht gebeugt, das
er soeben geküßt hatte, das soeben Schauplatz aller Gestaltungen,
alles Werdens, alles Seins gewesen war. Das Antlitz war unverändert,
nachdem unter seiner Oberfläche die Tiefe der Tausendfältigkeit
sich wieder geschlossen hatte, es lächelte still, lächelte leise und
sanft, vielleicht sehr gütig, vielleicht sehr spöttisch, genau wie Er
gelächelt hatte, der Erhabene.

Tief verneigte sich Govinda, Tränen liefen, von welchen er
nichts wusste, über sein altes Gesicht, wie ein Feuer brannte das Gefühl der innigsten Liebe, der demütigsten Verehrung in seinem Herzen. Tief verneigte er sich, bis zur Erde, vor dem regungslos Sitzenden, dessen Lächeln ihn an alles erinnerte, was er in seinem Leben
jemals geliebt hatte, was jemals in seinem Leben ihm wert und heilig gewesen war.

Letzte Seite der Urfassung des »Siddhartha«-Manuskriptes.

289

»Ich weiß es nicht. Du kanntest ihn, Ehrwürdiger? Sage, hast auch du ihn geliebt?«

»Sehr habe ich ihn geliebt«, sagte Govinda. »Außer meinem großen Lehrer, dem erhabenen Buddha, habe ich niemanden so geliebt wie ihn.«

Und er verbarg sein Gesicht in der gelben Kutte.

Ende

Texte aus dem Umkreis
des Siddhartha
Erzählende Schriften

Legende vom indischen König

Es war im alten Indien der Götterzeit, noch Jahrhunderte vor
dem Erscheinen Gotama Buddhas, des Erhabenen, da wurde
einstmals ein neuer König von den Brahmanen geweiht. Dieser
junge König genoß die Freundschaft und Belehrung zweier Weisen, welche ihn lehrten, sich durch Fasten zu heiligen, die dem
Blut innewohnenden Stürme seinem Willen zu unterwerfen und
sein Denken zum Verständnis des All-Einen vorzubereiten.
Es war nämlich zu jener Zeit unter den Brahmanen ein eifriges
Streiten über die Eigenschaften und Befugnisse der Götter, über
das Verhältnis des einen Gottes zum andern und über das Verhältnis eines jeden zum All-Einen. Manche Denker hatten begonnen, das Dasein jeglicher Gottheiten zu leugnen, indem sie
die Namen der verschiedenen Götter nur als Namen der wahr-
nehmbaren Teile des unsichtbaren Einen gelten lassen wollten.
Andere bestritten diese Auffassung heftig, sie beharrten bei den
alten Gottheiten, ihren Namen und Bildern, und sie wollten gerade das All-Eine nicht als etwas Wesenhaftes, sondern nur als
einen Namen für die Gesamtheit aller Götter erklärt wissen.
Ebenso wurden die in den Hymnen enthaltenen heiligen Worte
von den einen als erschaffen und wandelbar, von den anderen
als ur-wesenhaft, ja als das allein Unwandelbare aufgefaßt. Hier
sowohl wie auf allen andern Gebieten der heiligen Erkenntnis
äußerte sich das Streben nach der letzten Wahrheit in einem
Zweifeln und Streiten darüber, was Geist selbst und was nur
Name sei, obwohl Einzelne auch diese Unterscheidung noch ver-
warfen und Geist und Wort, Wesen und Gleichnis für untrenn-
bare Einheiten ansahen. Beinahe zwei Jahrtausende später haben
sich die edelsten Geister des abendländischen Mittelalters über
beinahe dieselben Punkte gestritten. Und hier wie dort gab es
neben den ernsten Denkern und selbstlosen Kämpfern eine
Menge von fetten Pfaffen, die ohne Geist und ohne Hingabe
einfach sich dafür einsetzten, daß keine Schwächung des Anse-

hens von Opfer und Priesterschaft eintrete, daß Freiheit des Denkens und Freiheit in der Auffassung der Götter nur ja nicht dazu führen möge, die Macht und das Einkommen der Priester zu vermindern. Sie sogen das Volk nicht wenig aus: wem ein Sohn oder eine Kuh krank wurde, der bekam für Tage und Wochen die Pfaffen ins Haus und konnte sich an den Opfergaben verbluten.

Auch jene beiden Brahmanen, deren besonderen Unterricht der nach Erkenntnis dürstende König genoß, waren untereinander uneins über die letzte Wahrheit. Da sie alle beide im Rufe außerordentlicher Weisheit standen, betrübte es den König oftmals, ihre Uneinigkeit anzusehen, und häufig dachte er bei sich: ›Wenn diese zwei Weisesten über die Wahrheit nicht einig werden können, wie soll da ich, der ich wenig gelehrt bin, jemals ein Wissender werden können? Wohl zweifle ich nicht, daß es nur eine einzige und unteilbare Wahrheit geben kann: doch scheint es mir selbst für Brahmanen unmöglich, sie mit Sicherheit zu erkennen.‹

Seine beiden Lehrmeister aber, wenn er sie hierüber befragte, sagten ihm nur: ›Viele sind der Wege, doch nur ein Ziel. Faste, töte die Leidenschaften in deinem Herzen, rezitiere die heiligen Strophen und denke über sie nach.‹

Der König tat willig, wie ihm gesagt war, und machte große Fortschritte im Wissen, ohne doch an das Ziel zu dringen und die letzte Wahrheit zu schauen. Indem er die Leidenschaften des Blutes überwand, alles tierische Begehren und Behagen verabscheute und von Essen und Trinken nur das Notwendigste – täglich eine Banane und einige Reiskörner – zu sich nahm, reinigte er sich an Leib und Geist und vermochte allen Eifer und alle Kraft und Sehnsucht seiner Seele einzig auf das letzte Ziel zu richten. Heilige Worte, deren Silben ihm früher leer und öde getönt hatten, erschlossen ihm nun die Blüte ihres Zaubers und beglückten ihn mit innigem Trost, und in den Kampfspielen und Übungen des Verstandes erwarb er Preis um Preis. Den Schlüssel aber zum letzten Geheimnis und zum Rätsel alles Seins, den fand er nicht und blieb darüber betrübt.

Da beschloß er, sich durch eine große Übung zu kasteien. Er verschloß sich volle vierzig Tage in sein innerstes Gemach, aß keinen Bissen und schlief ohne Decke noch Kissen nackt auf dem bloßen Estrich. Sein hagerer Leib atmete Reinheit, sein schmales Gesicht glänzte von innen her, seine Augen beschämten die der Brahmanen durch ihr strahlendes Licht. Und am Ende dieser vierzig Tage lud er alle Brahmanen ein, in der Halle des Tempels ihren Verstand im Lösen schwieriger Fragen zu üben, und für die Gewinner der Preise standen weiße Kühe mit goldenem Stirnschmuck als Ehrengeschenke bereit.

Die Priester und Weisen kamen, ließen sich nieder und eröffneten alsbald die Schlacht der Gedanken und Worte. Sie bewiesen Glied für Glied die genaue Übereinstimmung der sinnlichen und der geistigen Welt, schärften ihren Sinn im Erklären von heiligen Strophen und redeten über das Brahma und den Atman. Sie verglichen das hundertarmige Urwesen mit dem Wind, mit dem Feuer, mit dem Wasser, mit dem im Wasser aufgelösten Salz, mit der Vereinigung von Mann und Weib. Sie ersannen Vergleiche und Bilder für das Brahma, das Götter erschafft, welche größer sind als Brahma selbst, und unterschieden das schaffende Brahma von jenem, welches das Geschaffene in sich schließt, sie versuchten, es mit sich selbst zu vergleichen. Sie disputierten glänzend darüber, ob der Atman älter sei als sein Name, ob sein Name gleich seinem Wesen oder nur eine Schöpfung desselben sei.

Immer wieder hub der König an und versuchte die Weisen mit neuen Fragestellungen. Allein je mehr die Brahmanen Antwort und Erklärung gaben, desto mehr fühlte der König sich unter ihnen allen einsam und verlassen. Und je mehr er fragte und den Antwortenden zunickte und den Geistvollsten Geschenke geben ließ, desto brennender erfüllte ihn die Sehnsucht nach der Wahrheit selbst. Diese wurde, wie er wohl erkannte, von allen Reden und Untersuchungen nur umkreist, nie berührt, und in den innersten Kreis drang keiner. Und indem er ihnen seine Fragen aufgab und seine Ehrengaben verteilte, kam er sich vor wie ein Kind, das mit andern Kindern einem Spiele hingegeben ist, einem hübschen Kinderspiel, über das die Männer lächeln.

Da versank inmitten der großen Versammlung der König mehr und mehr in sich selbst, verschloß alle seine Sinne und richtete seinen glühenden Willen auf die Wahrheit, von der er wußte, daß sie an jedwedem Wesen teilhabe und in jedem schlummere, also auch in ihm, dem Könige. Und da er rein und schlackenlos in seinem Innern war, fand er mehr und mehr in sich selbst Sättigung und Helle, und je tiefer er in sich versank, desto lichter ward es vor ihm, gleichwie wenn einer in einer Höhle wandert und sich immer mehr, mit jedem Schritt, dem strahlenden Ausgang nähert.

Indessen redeten und stritten die Brahmanen noch lange Zeit unter sich weiter und achteten des stumm und taub gewordenen Königs nicht. Sie erhitzten sich, ihre Stimmen wurden laut und heftig, und mancher mißgönnte dem andern die Kuh, die er zum Geschenk bekommen hatte.

Bis endlich einer von ihnen den Versunkenen bemerkte. Er verstummte und deutete mit ausgestrecktem Finger auf ihn, und sein Nachbar verstummte und tat desgleichen, und dessen Nachbar wieder, und während am Ende der Halle noch einige Gruppen lärmten und redeten, war der übrige Saal totenstill geworden: und endlich waren sie alle verstummt, saßen ohne Rede und sahen den König an. Dieser saß aufrecht mit bewegungslosen Mienen, sein Blick war im Unendlichen, und sein Antlitz strahlte hell und kühl wie ein Gestirn. Und alle Brahmanen neigten sich vor dem Verklärten und erkannten, daß sie da nur Kinderspiel getrieben hatten, während hier in dieser königlichen Gestalt Gott selbst, der Inbegriff aller Götter, eingekehrt sei.

Der König aber, dessen Sinne in die Einheit verschmolzen und nach innen gerichtet waren, schaute die Wahrheit selbst, die unteilbare, als reines Licht, das ihn mit süßer Gewißheit durchdrang, so wie der Sonnenstrahl einen Edelstein durchdringt, daß er selbst Licht und Sonne wird und Geschöpf und Schöpfer in sich vereint. Und da er erwachte und um sich schaute, lachten seine Augen, und seine Stirn leuchtete wie ein Stern. Er legte sein Gewand von sich, verließ den Tempel, verließ die Stadt und sein Königreich, und ging nackt in die Wälder, in denen er für immer verschwand.

(1907)

In den Felsen

Notizen eines »Naturmenschen«

I

Die ersten Tage meiner Einsiedlerschaft sind schrecklich gewesen. Jetzt, da sie vorüber sind, fühle ich mich sicher und beinahe behaglich. Ich schreibe diese Worte in meiner Bretterhütte am

Boden liegend, es regnet heftig und ist so kühl, daß ich mich bis unter die Arme in meine Wolldecke gewickelt habe. Nun bin ich doch froh, daß ich Papier und Bleistift mitgenommen habe, obwohl diese Art von Zeitvertreib eigentlich wider mein Vorhaben ist. Aber bei einem dreißigstündigen Regen, dessen Ende noch nicht abzusehen ist, allein in einem Bretterverschlag in der Einöde zu liegen, ohne Bücher, ohne Tabak, ohne Feuer, ohne Brot, vom Fasten geschwächt, wäre ohne dies harmlose Schreibvergnügen gar schwer zu ertragen.

Was ich hier lernen und erleben wollte, habe ich eigentlich schon alles gefunden. Ich habe die Einsamkeit kennengelernt und die Not, ich bin zum ursprünglichen Leben zurückgekehrt und habe meine eingeschlafenen Instinkte erwachen sehen.

Als ich herkam und meine Kleider in den Rucksack steckte und nackt, nur mit Sandalen und einem Hut bekleidet, meine Kur begann, hatte ich sehr unternehmende und fröhliche Gedanken. Ich sang vergnügt vor mich hin, als ich an jenem ersten Nachmittag auszog, um Laub für mein Lager zu sammeln. Die Sonne brannte mir fleißig auf die verwöhnte Haut, die Dornen zeichneten mir ein Netz von roten Schrammen auf die Beine; die Knie und Hüften stieß und ritzte ich mir am Kastaniengestrüpp und an den Felsen wund. Aber ich war fröhlich dabei, ich sang und hatte meine Lust an der wilden, schönen Landschaft. Ich suchte hohe, steile Felskuppen auf, von denen ich senkrecht tief in die warme Meerbläue hinabschauen konnte, ich gab den kühnen Felsenformen kühne Namen und freute mich an jedem roten Riß, den meine fahle, weiche Haut bekam. Es waren vergnügte, kindisch vergnügte Stunden.

Bis es anders kam. Es fing damit an, daß ich im Winde meinen grauen Leinenhut verlor. Ich lief ihm nach, fiel mehrmals ins Gestrüpp und Gestein, lief mich heiß und holte den Hut doch nimmer ein. Er segelte herab und über die letzten steilen Klippen hinaus meerwärts zu den Schwalben und Möwen. Darüber hatte ich mich verirrt und ermüdet, die Sonne blendete und brannte mir auf den unbedeckten Kopf, bis er schmerzte und fieberte, und gegen Abend des ersten Tages kam ich todmüde, zerschunden und elend in die Hütte zurück. Da merkte ich, wie bequem ich bis jetzt gelebt hatte. Ich glaubte anspruchslos zu sein, ich begehrte nichts als ein Glas Wasser zum Trinken, eine Schüssel Wasser zum Waschen und ein Bett zum Liegen und Schlafen. Es war jedoch weder Glas noch Schüssel, weder Trinkwasser noch Waschwasser vorhanden, und mein Bett bestand aus dem steinigen Boden, meiner wollenen Decke und den paar Armen voll Laub, die ich vor einigen Stunden gesammelt hatte. Ich schichtete mir ein Laubkissen auf, rollte mich in die Decke und nahm mir vor, geduldig zu sein und bald einzuschlafen.

Allein ich schlief nicht. Mein Kopf surrte vor Schmerzen, meine überall geritzte und entzündete Haut brannte und biß, meine Kehle lechzte trocken. Ich kaute welke Blätter, um einen feuchten Mund zu bekommen, und ohne zu schlafen träumte ich Fieberträume aus meinem früheren Leben. Da gab es laue Bäder in Wannen, frohe abendliche Gespräche mit Freunden, ein wohliges Gähnen vor dem mit kühlem Linnen bezogenen Bett, warmes Lampenlicht, eine Zigarre und eine Flasche weißen, kühlen Moselwein.

Dazwischen kam in munteren Stößen der kalte, stürmische Nachtwind, der klapperte in dem alten Bretter- und Lattenwerk, blies mir übers Gesicht und spülte raschelnd mit der losen Streu meines Lager. Da sah ich ein, daß es mir übel gehe, und wurde klein und still. Ich hätte etwas darum gegeben, auch nur meine Taschenuhr ticken zu hören, und obwohl nach einigen Stunden der helle Mond aufging und fröhlich durch alle Ritzen und Löcher meines Hauses schien, wollte ich doch verzagen und dachte traurig und feig an die Heimat, an Dampfschiffe und Schnellzüge und an das Geld, das ich neben der Hütte vergraben hatte. Ich rechnete mir vor, daß ich in drei Stunden das Fischerdorf und eine Barke, in fünf die nächste Station, in zehn irgendeine große Stadt, in fünfundzwanzig meine Heimat samt warmem Bett und aller Wohnlichkeit erreichen könnte.

Indessen verging die erste Nacht, wie alles einmal vergeht; dem Mond folgte die Dämmerung, der Dämmerung die Sonne. Fröstelnd und elend blieb ich dennoch lange liegen, in einer Art von Trotz und Jammer. Dann fühlte ich Hunger, stand auf und aß begierig das große Stück Brot, das ich gestern mitgebracht hatte. Ich dachte nicht daran, daß es mein einziger Vorrat war, ich folgte nur dem augenblicklichen Bedürfnis. Dann arbeitete ich mit schmerzenden Gliedern eine Stunde an der Verbesserung meiner Lagerstätte, beschwerte das Hüttendach mit einigen Steinen und fegte den Boden mit Ginsterzweigen rein. Dann ging ich auf die Suche nach Wasser und fand ganz in der Nähe einen Tümpel, in dem ich mich wusch, und etwas entfernter sogar einen kleinen Bach, an dem ich meinen Durst löschte. Von alldem war ich endlich so erschöpft, daß ich mich langhin in die Sonne legte. Doch hatte ich den Kopf durch einen groben Kranz von Ginster geschützt.

Gedankenlos, halb fiebernd, halb schlafend, blieb ich liegen, Stunde um Stunde, ohne auf die Schmerzen zu achten, die der Sonnenbrand mir machte. Als ich betäubt und schlaff mich gegen Abend erhob, war meine Haut vom Nacken bis zu den Fersen verbrannt, tiefrot und voll von Blasen. Mühsam und gebrochen erreichte ich die Hütte wieder, nahm mein Hemd aus dem Rucksack und zog es an, legte mich vorsichtig auf die Laubstreu und hatte keinen Wunsch, als nun zu schlafen oder zu sterben.

Diese Nacht war noch schlimmer als die vorige. Ich konnte weder auf dem Rücken noch auf den Seiten liegen, die Haut ging in Streifen ab, und mir blieb nichts übrig, als trotz der Kühle nackt auf und ab zu gehen und zwischenein sitzend ein wenig zu rasten. Aber das Sitzen auf dem bloßen Boden, zumal wenn er kalt und steinig ist, will auch gelernt sein.

Am Morgen war ich zu erschöpft, um ein anderes Bedürfnis zu fühlen als das nach Liegen und Rasten. Ich legte mich also bäuchlings in die Sonne, jedoch mit dem Hemd bekleidet und mit Zweigen und Laub zugedeckt. So blieb ich den ganzen Tag, regungslos, in Schmerzen und Fieber. Gegen Abend kam ich auf den Einfall, etwas grünes Laub, Föhrennadeln und Rinde von jungen Zweigen zwischen Steinen zu einem Brei zu zerreiben, den ich als Salbe benützte. Auch schleppte ich mich bis zu dem Tümpel und trank Wasser. Gegessen hatte ich seit dreißig Stunden nichts.

Als ich mich in der Hütte niederlegte, fühlte ich nichts als eine sonderbare Neugierde, was jetzt geschehen und wie lange das noch dauern würde. Es schien mir wahrscheinlich, daß ich hier verschmachten müsse. Und ich dachte daran, mit welchen Vorstellungen und Erwartungen ich die Einsiedelei bezogen hatte. Genesen hatte ich wollen und frei und neu werden, und ich hatte es mir wundersam und mächtig vorgestellt, wie Sonne, Wind, Felsen und Pflanzen mir nahe kommen und Freund werden würden. Nun sah das alles anders aus. Die wilde Natur hatte mir keinerlei Gastlichkeit angeboten, sie schien mir eher Feind als Freund zu sein und sah mit großer Gleichgültigkeit zu, wie es mir übel ging. Vielleicht noch einige Tage, so lag ich tot in meiner

Klause, und Sonne und Wind und Mond und Wolken zogen unbekümmert darüber hinweg.

Dies war jedoch mein Wunsch nicht. So schlaff und müde ich war, und sosehr die Schmerzen mich plagten, mein Leben wollte ich doch nicht in dieser Wüstenei lassen. Ich beschloß, am nächsten Morgen alle Kräfte aufzuwenden, um das Fischerdorf zu erreichen, mich dort zu pflegen und dann heimzufinden.

Aber gerade in dieser Nacht kam trotz aller Beschwerden ein Schlaf über mich, der zwar nur wenige Stunden dauerte, aber so tief und innig war, daß ich am Morgen nicht nur aufstand und lebendig war, sondern auch dazubleiben und auszuhalten beschloß. Ein Trotz, der nicht ohne Eitelkeit und Rechthaberei war, hatte in mir Wurzel geschlagen. Wenn ich meinen geschundenen und geschwollenen, rot und violett gefärbten Leib betrachtete, schien es mir billig, diese Leiden nicht umsonst erduldet zu haben. Immerhin änderte ich meine bisherige Ansicht über Wüstenheilige und Asketen bedeutend.

2

Da es auch heute noch regnet, fahre ich fort:

Als ich an jenem trotzigen Morgen aufstand und zum Waschen und Wassertrinken auszog, war ich verhältnismäßig guter Dinge. Doch während des Gehens merkte ich, daß mich ein neues Leiden erwartete.

Das war der Hunger. Seit dem Brote vor zwei Tagen hatte ich nichts zu essen gehabt, und kaum war ich gewaschen und etwas erfrischt, so begannen alle meine Triebe und Gedanken sich auf das Ziel des Essens zu richten. Weit zu gehen vermochte ich nicht, und in der Nähe war nichts zu finden. Doch wußte ich, daß ein Mensch, wenn er Wasser zu trinken hat, in guter Luft und Sonne lebt, leidlich gesund ist und Ruhe hat, es viele Tage ohne Speise aushalten kann.

Darum nahm ich mir vor, zunächst für die Heilung meiner Haut zu sorgen und wetterfest zu werden. In der Nähe des Bächleins fand ich eine Stelle weichen Bodens, dort wollte ich mich eingraben, um die Kühlung und Heilkraft der Erde zu erproben. Die Arbeit dauerte lange, da ich nur ein Messer und abgebrochenes Holz als Werkzeug hatte. Schließlich war doch eine Grube fertig, ich lege mich hinein und deckte mich bis unter die Achseln mit Erde zu. Kopf und Gesicht bedeckte ich mit Laub und Zweigen, und so lag ich wieder nahezu einen ganzen Tag. Mir schien, ich sei schon viele Wochen hier, und im halbschlafenden Hindämmern sah ich Dinge, Menschen und Ereignisse meiner letzten Wochen in jahreweiter Entfernung stehen.

Dazwischen wachte ich auf, sah meinen Zustand und meine Umgebung mit merkwürdiger, momentaner Überklarheit und mikroskopischer Deutlichkeit, biß die Zähne zusammen und fühlte den Hunger in mir nagen und rasen. Von Zeit zu Zeit stand ich auf, ging zum Bache und trank, um mich darauf von neuem einzugraben.

Auf meine vorige Niedergeschlagenheit und Angst war eine kräftigere, doch kaum angenehmere Stimmung von Selbstironie und Mißtrauen gefolgt. Ich führte lange, lautlose Selbstgespräche, in denen ich mich verhöhnte, mich Esel und Hornvieh nannte, mich mit Don Quijote verglich. Ruhe, Befreiung und Einswerden mit der Natur hatte ich gesucht, Unabhängigkeit und Bedürfnislosigkeit. Statt dessen war ich abhängig und bedürftig, ausschließlich mit mir selbst und meinem leiblichen Ergehen beschäftigt, krank und rastlos, von törichten Träumen, Reue und Vorwürfen heimgesucht, von Schmerzen belästigt, kaum zum Stehen und Gehen fähig und vom Hunger belagert wie eine Stadt im Krieg. Ich hatte mir das, was ich die »Natur« nannte, gar freundlich und mütterlich und gütig gedacht, und nun hatte diese Natur nichts als Dornen, Qualen und Verhöhnung für mich.

Nicht einmal in Knabenzeiten, wenn ich unter der Fuchtel eines wütenden Lehrers seufzte, war ich mir so verraten, klein und armselig erschienen wie jetzt, da ich meinen Willen hatte und meine Torheit büßte.

Und während ich höhnte, schalt und zürnte, beschien mich die gütige Sonne, kühlte mich die geduldige Erde, berührte mich der duftende Wind mit tröstendem Wehen. Ich wußte es nicht und fühlte es nicht. Ich mußte erst gefallen, gebrochen und gedemütigt sein, ich mußte erst meine alte Weisheit und mein altes Gift loswerden und hassen lernen. Mein Magen bedurfte des Hungers, meine Haut der Qualen, mein ganzer Leib des Fiebers, der Schmerzen und der Not, damit meine Seele frei und meine Sinne fein und dankbar und tüchtig würden.

Die Hungerqual dauerte zwei Tage und Nächte. Nachdem ich vier Tage ohne Speise gewesen war, hörte das Hungergefühl völlig auf, nur der Durst blieb stetig. Im ganzen blieb ich sieben Tage

299

ohne Essen. Während dieser Zeit schälte und erneuerte sich meine Haut, ich gewöhnte mich an Nacktsein, hartes Liegen, an Sonnenhitze und kalten Nachtwind. Während ich zu erliegen glaubte, wurde ich fest und zäh, freilich ohne es sofort zu fühlen. Ich achtete weder auf die schöne Landschaft noch auf Wetter und Wärme, ich sah weder Blumen noch Felsen noch Bäume in ihrer Schönheit, ich war allein mit mir selber beschäftigt und dachte an nichts, als die Stunden und Tage möglichst gefühllos hinzubringen und möglichst regelmäßig meinen brennenden Durst zu stillen. Die Nächte brachte ich bald in der Hütte, bald draußen in der Nähe des Wassers zu. Oft schlummerte ich stundenlang, bis der Durst mich weckte. Oft lag ich stundenlang bei halbem Bewußtsein, sah Licht und Schatten wechseln und hörte die kleinen Geräusche der Einöde, ohne ihrer zu achten und mir über das, was ich sah und hörte, Rechenschaft zu geben. Manchmal schien es mir, als müsse ich erstarren, Wurzeln schlagen und in ein pflanzliches oder mineralisches Dasein zurücksinken.

Nachdem ich sieben Tage gefastet hatte, fand ich wieder einen ungewöhnlich tiefen Schlaf, aus dem ich mit freierem Kopf zu bewußtem Denken erwachte. Ich untersuchte meinen Zustand, soweit es mir möglich war. Die Hungerqual war schon seit Tagen verschwunden, und der Mangel an Nahrung äußerte sich nur in Schwäche, Schlaflust und starkem Durste. Nun schien es mir an der Zeit, ernstlich nach Speise zu suchen, um nicht schließlich die letzten Kräfte zu verlieren.

So machte ich mich auf die Suche. Meine Haut war ganz geheilt und erzbraun geworden, auf dem Kopf trug ich meine Ginstermütze. Ich konnte nur langsam gehen und mußte häufig Rast halten. Das erste Eßbare, was ich in einer Spalte zwischen Felsklippen fand, waren üppig grünende Stauden von Sauerampfer. Ich kaute und schluckte einige Blätter, ohne üble Folgen zu spüren. Dann überlegte ich, daß weiter unten am Berge oder in geschützten Schluchten notwendige Beeren oder andre Früchte wachsen und reif sein müßten.

Unter großen Mühen arbeitete ich mich weiter talwärts und fand gegen Mittag die ersten Erdbeeren, kaum eine Handvoll, eine Stunde später aber große Mengen. Ich aß langsam und vorsichtig und spürte zwar ein leichtes Übelsein, behielt aber die Speise bei mir und fühlte mich nun als Sieger. Jene Stunde war vielleicht die glücklichste, die ich hier gehabt habe. Ich fühlte mich genesen und hoffte bald wieder zu Kräften zu kommen. Und kaum war die Hoffnung da, so fühlte ich auch die Fortschritte, die ich in diesen Tagen unbewußt gemacht hatte, mit Behagen. Vor allem erfreute ich mich meiner braunen, geschmeidigen, gesunden Haut, die in Sonne und Kühle frisch blieb und die vielen kleinen Schürfungen, die das Nacktgehen in der weglosen Wildnis mit sich bringt, kaum mehr empfand. Meine Augen waren klarer geworden und ertrugen das grelle Sonnenlicht ohne Beschwerden, auch atmete ich tiefer, leichter und gleichmäßiger. Mager war ich allerdings geworden und bin es jetzt noch.

3

Seither habe ich an Kräften zugenommen. Ich lebe nackt und aufmerksam wie ein Hirsch in meinem Geklüfte, bin dunkel rotbraun, schlank, zäh, flink, habe verfeinerte Sinne. Ich rieche reife Erdbeeren von weitem, kenne die Winde, Stürme, Wolkenformen und Wetterzeichen des Landes. Seit drei Wochen kenne ich kein Bett, kein Feuer, kein Brot, kein Fleisch, kein Gemüse, kein Gewürz, nicht Löffel noch Gabel, nicht Schüssel noch Becher. Allerdings, vollkommen unabhängig bin ich nicht. Es zeigte sich, daß ich von den Erdbeeren und wilden Kirschen, die ich fand, allein nicht leben konnte. Seither wandere ich alle paar Tage die drei Stunden ins nächste Dorf, kaufe Mandeln, Orangen und Nüsse und kehre ohne weiteren Aufenthalt zurück. Die Hütte habe ich mir so ziemlich abgewöhnt, sie dient nur noch meinem Rucksack zur Unterkunft, denn ich schlafe fast immer im Freien, in dem weichen, kurzen, silbrig behaarten Berggras.

Was ich hier erlebe, kann und mag ich nicht aufschreiben. Ich höre und sehe das Leben der Erde, lebe und atme mit, bin ruhig und bescheiden geworden. Meine Arbeit ist: das Suchen von Beeren und Waldkirschen, das Flechten kleiner korbartiger Schalen zum Aufbewahren dieser Dinge, das Ausgraben einer Vertiefung im Bachbett, damit mir später nicht etwa das Trinkwasser ausgehe. Doch habe ich auch die Kunst gelernt, einen halben oder ganzen Tag gar nichts zu tun, auf einem Felsen zu sitzen, der von Sonne glüht, die Bildungen der Moose zu betrachten und zu warten, ob etwa ein Sperber vorüberfliegt. Ich schlafe, wenn ich das Bedürfnis dazu fühle, manchmal sechs Stunden, manchmal zwei oder eine, bei Tag oder Nacht. Die Nacht ist mir vertrauter geworden, da ich oft, um die Kühle zu benützen, die ganzen Nächte auf Streifzügen im Gebirge verbringe. Dazu trage ich Sandalen, während ich sonst auf bloßen Sohlen gehe. Ich habe gelernt, so leise zu gehen, daß selbst die Eidechsen mich nicht hören.

Schön ist es, in der ersten Stunde vor Tag das Erwachen des Lichtes am Himmel und auf der See zu beobachten. Schön ist es auch, nachts auf der Rast im Moos zu liegen und durch Gezweige die Sternbilder anzuschauen. Und merkwürdig schön und wohlig ist es, bei leise strömendem Regen unterwegs zu sein und das weiche, linde Wasser zu fühlen, wie es aus den Haaren und von den Schultern über die erfrischte Haut hinabläuft.

Aber wie steht es mit meinen Gedanken? Ich hatte erwartet, sie würden stillestehen oder ganz anders werden. Doch sind sie dieselben geblieben. Nach wie vor bewegen sie sich um dieselben menschlichen Angelegenheiten. Zwar habe ich die Überzeugung gewonnen, daß eine Regeneration unsrer Völker und ihres gesamten Lebens möglich wäre, durch Früchtenahrung und Annäherung an das Nacktleben. Doch hatte ich solche Erkenntnisse nicht gesucht und rechne sie zu den leiblichen Erfahrungen. Geistige habe ich nicht gemacht. Die Frage nach der Willensfreiheit, die doch jedes Menschen bewußte oder unbewußte Hauptangelegenheit ist, habe ich weder neu betrachten lernen, noch ist sie mir unwichtiger geworden. Wohl glaube ich, daß eine Fortsetzung meiner jetzigen Lebensweise mich dazu bringen wird, einmal leichter und stiller zu sterben, aber auch das wäre ja nur ein leiblicher Gewinn.

Trotzdem meine ich, auch mein geistiges Leben habe eine gewisse Zucht und Gesundung erfahren. Ein wenig mehr Geduld, ein wenig mehr Bescheidenheit, das ist auch ein kleiner Fortschritt in der Wahrhaftigkeit, und die ist doch unsre oberste und wertvollste Tugend.

Mein Papier ist vollgeschrieben, und ich wüßte auch wenig mehr zu sagen. Die Sonne geht schon abwärts, und ich muß heute noch ins Dorf, um Feigen und Nüsse zu kaufen. Es ist Zeit, die Kleider anzulegen und zu gehen. Diese Gänge haben etwas Besonderes, sowohl Ängstliches wie Festliches für mich. Denn nach dem Alleinsein mit Steinen, Gras und Bäumen ist es jedesmal wunderlich erregend, wieder Menschen zu sehen.

(1907)

Im Laufe des achtzehnten Jahrhunderts wuchs in Großbritannien eine neue Art von Christentum und christlicher Betätigung heran, die sich aus einer winzigen Wurzel ziemlich rasch zu einem großen exotischen Baume auswuchs und welche einem jeden heute unter dem Namen der evangelischen Heidenmission bekannt ist.

Für die von England ausgehende protestantische Missionsbewegung war äußerlich nicht wenig Grund und Anlaß vorhanden. Seit dem glorreichen Zeitalter der Entdeckung hatte man allerwärts auf Erden entdeckt und erobert, und es war das wissenschaftliche Interesse an der Form entfernter Inseln und Gebirge ebenso wie das seefahrende und abenteuernde Heldentum überall einem modernen Geist gewichen, der sich in den entdeckten exotischen Gegenden nicht mehr für aufregende Taten und Erlebnisse, für seltsame Tiere und romantische Palmenwälder interessierte, sondern für Pfeffer und Zucker, für Seide und Felle, für Reis und Sago, kurz für die Dinge, mit denen der Welthandel Geld verdient. Darüber war man häufig etwas einseitig und hitzig geworden und hatte manche Regeln vergessen und verletzt, die im christlichen Europa Geltung hatten. Man hatte eine Menge von erschrockenen Eingeborenen da draußen wie Raubzeug verfolgt und niedergeknallt, und der gebildete christliche Europäer hatte sich in Amerika, Afrika und Indien benommen wie der in den Hühnerstall eingebrochene Marder. Es war, auch wenn man die Sache ohne besondere Empfindsamkeit betrachtet, recht scheußlich hergegangen und recht grob und säuisch geräubert worden, und zu den Regungen der Scham und Entrüstung im Heimatvolke gehörte auch die Missionsbewegung, fußend auf dem schönen Wunsche, es möchte den Heidenvölkern von Europa her doch auch etwas anderes, Besseres und Höheres mitgebracht werden als nur Schießpulver und Branntwein. Es kam in der zweiten Hälfte des vorvorigen Jahrhunderts in England nicht allzuselten vor, daß wohlmeinende Privatleute sich dieses Missionsgedankens tätig annahmen und Mittel zu seiner Ausführung hergaben. Geordnete Gesellschaften und Betriebe dieses Behufes aber, wie sie heute blühen, gab es zu jener Zeit noch nicht, sondern es versuchte eben ein jeder nach eigenem Vermögen und auf eigenem Wege die gute Sache zu fördern, und wer damals als Missionar in ferne Länder auszog, der fuhr nicht wie ein heutiger gleich einem wohladressierten Poststück durch die Meere und einer geregelten und organisierten Arbeit entgegen, sondern er reiste mit Gottvertrauen und ohne viele Anleitung geradenwegs in ein zweifelhaftes Abenteuer hinein.

In den neunziger Jahren entschloß sich ein Londoner Kaufherr, dessen Bruder in Indien reich geworden und dort ohne Kinder gestorben war, eine bedeutende Geldsumme für die Ausbreitung des Evangeliums in jenem Lande zu stiften. Ein Mitglied der mächtigen Ostindischen Kompagnie sowie mehrere Geistliche wurden als Ratgeber herbeigezogen und ein Plan ausgearbeitet, nach welchem zunächst drei oder vier junge Männer, mit einer hinlänglichen Ausrüstung und gutem Reisegeld versehen, als Missionare ausgesandt werden sollten.

Die Ankündigung dieses Unternehmens zog alsbald einen Schwarm von abenteuerlustiger Mannheit heran, erfolglose Schauspieler und entlassene Barbiergehilfen glaubten sich zu der verlockenden Reise berufen, und das fromme Kollegium hatte alle Mühe, über die Köpfe dieser Zudringlichen hinweg nach würdigen Männern zu fahnden. Unter der Hand suchte man vor allem junge Theologen zu gewinnen, doch war die englische Geistlichkeit durchweg keineswegs der Heimat müde oder auf anstrengende, ja gefährliche Unternehmungen erpicht; die Suche zog sich in die Länge, und der Stifter begann schon ungeduldig zu werden.

Da verlor sich die Kunde von seinen Absichten und Mißerfolgen endlich auch in ein Bauerndorf in der Gegend von Lancaster und in das dortige Pfarrhaus, dessen ehrwürdiger Herr seinen jungen Bruderssohn namens Robert Aghion als Amtsgehilfen bei sich in Kost und Wohnung hatte. Rober Aghion war der Sohn eines Schiffskapitäns und einer frommen fleißigen Schottin, er hatte den Vater früh verloren und kaum gekannt und war als ein Knabe von guten Gaben durch seinen Onkel auf Schulen geschickt und ordnungsgemäß auf den Beruf eines Geistlichen vorbereitet worden, dem er nunmehr so nahestand, als ein Kandidat mit guten Zeugnissen, aber ohne Vermögen, es eben konnte. Einstweilen stand er seinem Oheim und Wohltäter als Vikarius bei und hatte auf eine eigene Pfarrei bei dessen Lebzeiten nicht zu rechnen. Da nun der Pfarrer Aghion noch ein rüstiger Mann war, sah des Neffen Zustand nicht allzu glänzend aus. Als ein armer Jüngling, der nach aller Voraussicht nicht vor dem mittleren Mannesalter auf ein eigenes Amt und Einkommen zu rechnen hatte, war er für junge Mädchen kein begehrenswerter Mann, wenigstens nicht für ehrbare, und mit anderen als solchen war er nie zusammengetroffen.

Als Sohn einer herzlich frommen Mutter hatte er einen schlichten Christensinn und Glauben, welchen als Prediger zu bekennen, ihm eine Freude war. Seine eigentlichen geistigen Vergnügungen aber fand er im Betrachten der Natur, wofür er ein feines Auge besaß. Als ein bescheidener frischer Junge mit tüchtigen Augen und Händen fand er Befriedigung im Sehen und Kennen, Sammeln und Untersuchen der natürlichen Dinge, die sich ihm darboten. Als Knabe hatte er Blumen gezüchtet und botanisiert, hatte dann eine Weile sich eifrig mit Steinen und Versteinerungen abgegeben, und neuerdings, zumal seit seinem Aufenthalt in der ländlichen Umgebung, war ihm die vielfarbige Insektenwelt vor allem andern lieb geworden. Das Allerliebste aber waren ihm die Schmetterlinge, deren glänzende Verwandlung aus dem Raupen- und Puppenstande ihn immer wieder innig entzückte und deren Zeichnung und Farbenschmelz ihm ein so reines Vergnügen bereiteten, wie es geringer befähigte Menschen nur in den Jahren der frühen Kindheit erleben können.

So war der junge Theologe beschaffen, der als erster auf die Kunde von jener Stiftung hin alsbald aufhorchte und ein Verlangen in seinem Innersten gleich einem Kompaßzeiger gegen Indien hinweisen fühlte. Seine Mutter war vor wenigen Jahren gestorben, ein Verlöbnis oder auch nur ein heimlicher Verspruch mit einem Mädchen bestand nicht. Er schrieb nach London, bekam ermunternde Antwort und das Reisegeld für die Fahrt nach der Hauptstadt zugestellt und fuhr gleich darauf mit einer kleinen Bücherkiste und einem Kleiderbündel getrost nach London, wobei ihm nur leid tat, daß er seine Herbarien, Versteinerungen und Schmetterlingskästen nicht mitnehmen konnte.

Bänglich betrat in der düstern brausenden Altstadt von London der Kandidat das hohe ernste Haus des frommen Kaufherrn, wo ihm im düsteren Korridor eine gewaltige Wandkarte der östlichen Erdhälfte und gleich im ersten Zimmer ein großes fleckiges Tigerfell das ersehnte Land vor Augen führte. Beklommen und verwirrt ließ er sich von dem vornehmen Diener in das Zimmer führen, wo ihn der Hausherr erwartete. Es empfing ihn ein großer, ernster, schön rasierter Herr mit eisblauen scharfen Augen und strengen alten Mienen, dem der schüchterne Bewerber jedoch nach wenigen Reden recht wohl gefiel, so daß er ihn zum Sitzen einlud und sein Examen mit Vertrauen und Wohlwollen zu Ende führte. Darauf ließ der Herr sich seine Zeugnisse übergeben und schellte den Diener herbei, der den Theologen stillschweigend hinwegführte und in ein Gastzimmer brachte, wo unverweilt ein zweiter Diener mit Tee, Wein, Schinken, Butter und Brot erschien. Mit diesem Imbiß ward der junge Mann allein gelassen und tat seinem Hunger und Durst Genüge. Dann blieb er beruhigt in dem blausamtenen Armstuhl sitzen, dachte über seine Lage nach und musterte mit müßigen Augen das Zimmer, wo er nach kurzem Umherschauen zwei weitere Entgegenkömmlinge aus dem fernen heißen Lande entdeckte, nämlich in einer Ecke neben dem Kamin einen ausgestopften rotbraunen Affen und über ihm aufgehängt an der blauen Seidentapete das gegerbte Fell einer riesig großen Schlange, deren augenloser Kopf blind und schlaff herabhing. Das waren Dinge, die er schätzte und die er sofort aus der Nähe zu betrachten und zu befühlen eilte. War ihm auch die Vorstellung der lebendigen Boa, die er durch das Zusammenbiegen der glänzend silbrigen Haut zu einem Rohre zu unterstützen versuchte, einigermaßen grauenvoll und zuwider, so ward doch seine Neugierde auf die geheimnisvolle Ferne durch ihren Anblick noch geschürt. Er dachte, sich weder von Schlangen noch von Affen schrecken zu lassen, und malte sich mit Wollust die fabelhaften Blumen, Bäume, Vögel und Schmetterlinge aus, die in solchen gesegneten Ländern gedeihen mußten.

Es ging indessen schon gegen Abend, und ein stummer Diener trug eine angezündete Lampe herein. Vor dem hohen Fenster stand neblige Dämmerung. Die Stille des vornehmen Hauses, das ferne schwache Wogen der großen Stadt, die Einsamkeit des hohen kühlen Zimmers, in dem er sich wie gefangen fühlte, der Mangel an jeder Beschäftigung und die Ungewißheit seiner romanhaften Lage verbanden sich mit der zunehmenden Dunkelheit der Londoner Herbstnacht und stimmten die Seele des jungen Menschen von der Höhe seiner Hoffnungen immer weiter herab, bis er nach zwei Stunden, die er horchend und wartend in seinem Lehnstuhl hingebracht hatte, für heute jede Erwartung aufgab und sich kurzerhand müde in das vortreffliche Gastbett legte, wo er in kurzem einschlief.

Es weckte ihn, wie ihm schien, mitten in der Nacht, ein Diener mit der Nachricht, der junge Herr werde zum Abendessen erwartet und möge sich beeilen. Verschlafen kroch Aghion in seine Kleider und taumelte mit blöden Augen hinter dem Manne her durch Zimmer und Korridore und eine Treppe hinab bis in das große, grell von Kronleuchtern erhellte Speisezimmer, wo ihn die in Sammet gekleidete und von Schmuck funkelnde Hausfrau durch ein Augenglas betrachtete und der Herr ihn zwei Geistlichen vorstellte, die ihren jungen Bruder gleich während der Mahlzeit in eine scharfe Prüfung nahmen und vor allem sich über die Echtheit seiner christlichen Gesinnung zu unterrichten suchten. Der schlaftrunkene Apostel hatte Mühe, alle Fragen zu verstehen und gar zu beantworten; aber die Schüchternheit kleidete ihn gut, und die Männer, die an ganz andere Aspiranten gewöhnt waren, wurden ihm alle wohlgesinnt. Nach Tische wurden im Nebenzimmer Landkarten vorgelegt, und Aghion sah zum ersten Male die Gegend, der er Gottes Wort verkündigen sollte, auf der indischen Karte als einen gelben Fleck südlich von der Stadt Bombay liegen.

Am folgenden Tag wurde er zu einem ehrwürdigen alten Herrn gebracht, der des Kaufherrn oberster geistlicher Berater war. Dieser Greis fühlte sich sofort von dem harmlosen jungen Menschen angezogen. Er wußte Roberts Sinn und Wesen rasch zu erkennen, und da er wenig geistlichen Unternehmungsgeist in ihm wahrnahm, wollte der Junge ihm leid tun, und er stellte ihm die Gefahren der Seereise und die Schrecken der südlichen Zonen eindringlich vor Augen; denn es schien ihm sinnlos, daß ein junger Mensch sich da draußen opfere und zugrunde richte, wenn er nicht durch besondere Gaben und Neigungen zu einem solchen Dienst bestimmt schien. So legte er denn dem Kandidaten die Hand auf die Schulter, sah ihm mit eindringlicher Güte in die Augen und sagte: »Was Sie mir sagen, ist gut und mag richtig sein; aber ich kann noch immer nicht ganz verstehen, was Sie nun eigentlich nach Indien zieht. Seien Sie offen, lieber Freund, und sagen Sie mir ohne Hinterhalt: ist es irgendein weltlicher Wunsch und Drang, der Sie treibt, oder ist es lediglich der innige Wunsch, den armen Heiden unser liebes Evangelium zu bringen?« Auf diese Anrede wurde Robert Aghion so rot wie ein ertappter Schwindler. Er schlug die Augen nieder und schwieg eine Weile, dann aber bekannte er freimütig, mit jenem frommen Willen sei es ihm zwar völlig ernst, doch wäre er wohl nie auf den Gedanken gekommen, sich für Indien zu melden und überhaupt Missionar zu werden, wenn nicht ein Gelüste nach den herrlichen seltenen Pflanzen und Tieren der tropischen Lande, zumal nach deren Schmetterlingen, ihn dazu verlockt hätte. Der alte Mann sah wohl, daß der Jüngling ihm nun sein letztes Geheimnis preisgegeben und nichts mehr zu bekennen habe. Lächelnd nickte er ihm zu und sagte freundlich: »Nun, mit dieser Sünde müssen Sie selber fertigwerden. Sie sollen nach Indien fahren, lieber Junge!« Und alsbald ernst werdend, legte er ihm beide Hände aufs Haupt und segnete ihn feierlich mit den Worten des biblischen Segens.

Drei Wochen später reiste der junge Missionar, mit Kisten und Koffern wohl ausgerüstet, auf einem schönen Segelschiff als Passagier hinweg, sah sein Heimatland im grauen Meer versinken und lernte in der ersten Woche, noch ehe Spanien erreicht war, die Launen und Gefahren des Meeres kennen. In jenen Zeiten konnte ein Indienfahrer noch nicht so grün und unerprobt sein Ziel erreichen wie heute, wo man in Europa seinen bequemen Dampfer besteigt, sich auf dem Suezkanal um Afrika drückt und nach kurzer Zeit, verwundert und träg vom vielen Schlafen und Essen, die indische Küste erblickt. Damals mußten die Segelschiffe sich um das ungeheure Afrika herum monatelang quälen, von Stürmen gefährdet und von toten langen Windstillen gelähmt, und es galt zu schwitzen und zu frieren, zu hungern und des Schlafes zu entbehren, und wer die Reise siegreich vollendet hatte, der war nun längst kein unerprobter Neuling mehr, sondern hatte gelernt, sich einigermaßen auf den Beinen zu halten. So ging es auch dem Missionar. Er war zwischen England und Indien hundertsechsundfünfzig Tage unterwegs und stieg in der Hafenstadt Bombay als ein gebräunter und gemagerter Seefahrer an Land.

Indessen hatte er seine Freude und Neugierde nicht verloren, obwohl sie stiller geworden war, und wie er schon auf der Reise jeden Strand mit Forschersinn betreten und jede fremde Palmeninsel mit ehrfürchtiger Neugierde betrachtet hatte, so betrat er das indische Land mit begierig offenen Augen und hielt seinen

Einzug in der schönen leuchtenden Stadt mit ungebrochenem Mut.

Zunächst suchte und fand er das Haus, an das er empfohlen war; es lag in einer stillen vorstädtischen Gasse, von Kokospalmen überragt. Im Eintreten streifte sein Blick den kleinen Vorgarten und fand, obwohl jetzt eben Wichtigeres zu tun und zu betrachten war, gerade noch Zeit, einen dunkelbelaubten Strauch mit großen goldgelben Blüten zu bemerken, der von einer zierlichen Schar weißer Falter auf das fröhlichste umgaukelt wurde. Dies Bild noch im leicht geblendeten Auge, trat er über einige flache Stufen in den Schatten der breiten Veranda und durch die offen stehende Haustüre. Ein dienender Hindu in einem weißen Kleide mit nackten dunkelbraunen Beinen lief über den kühlen roten Ziegelboden herbei, machte eine ergebene Verbeugung und begann in singendem Tonfall hindostanische Worte zu näseln, merkte aber rasch, daß der Fremde ihn nicht verstehe, und führte ihn mit neuen weichen Verbeugungen und schlangenhaften Gebärden der Ergebenheit und Einladung tiefer ins Haus und vor eine Türöffnung, die statt der Tür mit einer lose herabhängenden Bastmatte verschlossen war. Zur gleichen Zeit ward diese Matte von innen beiseite gezogen, und es erschien ein großer, hagerer, herrisch aussehender Mann in weißen Tropenkleidern und mit Strohsandalen an den nackten Füßen. Er richtete in einer unverständlichen indischen Sprache eine Reihe von Scheltworten an den Diener, der sich klein machte und der Wand entlang davonschlich, dann wandte er sich an Aghion und hieß ihn auf Englisch eintreten.

Der Missionar suchte zuerst seine unangemeldete Ankunft zu entschuldigen und den armen Diener zu rechtfertigen, der nichts verbrochen habe. Aber der andere winkte ungeduldig ab und sagte: »Mit den Schlingeln von Dienern werden Sie ja bald umzugehen lernen. Treten Sie ein! Ich erwarte Sie.«

»Sie sind wohl Mister Bradley?« fragte der Ankömmling höflich, während doch bei diesem ersten Schritt in die exotische Wirtschaft und beim Anblick des Ratgebers, Lehrers und Mitarbeiters eine Fremdheit und Kälte in ihm aufstieg.

»Ich bin Bradley, gewiß, und Sie sind ja wohl Aghion. Also Aghion, kommen Sie nun endlich herein! Haben Sie schon Mittagbrot gehabt?«

Der große knochige Mann nahm alsbald mit aller kurz angebundenen, herrischen Praxis eines bewährten Überseers und Handelsagenten den Lebenslauf seines Gastes in seine braunen, dunkelbehaarten Hände. Er ließ ihm eine Reismahlzeit mit Hammelfleisch und brennendem Curry bringen, er wies ihm ein Zimmer an, zeigte ihm das Haus, nahm ihm seine Briefe und Aufträge ab, beantwortete seine ersten neugierigen Fragen und gab ihm die ersten notwendigen indischen Lebensregeln. Er setzte die vier braunen Hindudiener in Bewegung, befahl und schnauzte in seiner kalten Zornigkeit durch das schallende Haus, ließ auch einen indischen Schneidermeister kommen, der sofort ein Dutzend landesüblicher Kleidungen für Aghion machen mußte. Dankbar und etwas eingeschüchtert nahm der Neuling alles hin, obwohl es seinem Sinne mehr entsprochen hätte, seinen Einzug in Indien stiller und friedlicher zu begehen, sich erst einmal ein bißchen heimisch zu machen und sich in einem freundlichen Gespräch seiner ersten Eindrücke und seiner vielen starken Reiseerinnerungen zu entladen. Indessen lernt man auf einer halbjährigen Seereise sich bescheiden und sich in viele Lagen finden, und als gegen Abend Mister Bradley wegging, um seiner kaufmännischen Arbeit in der Stadt nachzugehen, atmete der evangelische Jüngling fröhlich auf und dachte, nun allein in stillem Behagen seine Ankunft zu feiern und das Land Indien zu begrüßen.

Feierlich verließ er sein luftiges Zimmer, das weder Tür noch Fenster, sondern nur leere geräumige Öffnungen in allen Wänden hatte, und ging ins Freie, einen großrandigen Hut mit langem Sonnenschleier auf dem blonden Kopf und einen tüchtigen Stock in der Hand. Beim ersten Schritt in den Garten blickte er mit einem tiefen Atemzug ringsum und sog mit witternden Sinnen die Lüfte und Düfte, Lichter und Farben des fremden, sagenhaften Landes, das er als ein bescheidener Mitarbeiter erobern helfen sollte und dem er sich willig hinzugeben gesonnen war.

Was er um sich sah und verspürte, gefiel ihm alles wohl und kam ihm wie eine tausendfältige strahlende Bestätigung vieler Träume und Ahnungen vor. Dichte hohe Gebüsche standen im heftigen Sonnenlicht und strotzten von großen, wunderlich starkfarbigen Blumen; auf säulenschlanken, glatten Stämmen ragten in erstaunlicher Höhe die stillen runden Wipfel der Kokospalmen, eine Fächerpalme stand hinter dem Hause und hielt ihr sonderbar strenges, gleichmäßiges Riesenrad von gewaltigen mannslangen Blättern steif in die Lüfte, am Rand des Weges aber nahm sein naturfreundliches Auge ein kleines lebendiges Wesen wahr, dem er sich vorsichtig näherte. Es war ein grünes Chamäleon mit einem dreieckigen Kopf und boshaften kleinen Augen. Er beugte sich darüber und fühlte sich wie ein Knabe beglückt.

Eine fremdartige Musik weckte ihn aus seiner andächtigen Versunkenheit. Aus der flüsternden Stille der tiefen grünen Baum- und Gartenwildnis brach der rhythmische Lärm metallener Trommeln und Pauken und schneidend helltöniger Blasinstrumente. Erstaunt lauschte der fromme Naturfreund hinüber und machte sich, da nichts zu sehen war, neugierig auf den Weg, die Art und Herkunft dieser barbarisch-festlichen Klänge auszukundschaften. Immer den Tönen folgend, verließ er den Garten, dessen Tor weit offen stand, und verfolgte den grasigen Fahrweg durch eine freundliche Landschaft von Hausgärten, Palmenpflanzungen und lachend hellgrünen Reisfeldern, bis er, um die hohe Ecke eines Gartens biegend, in eine dörflich anmutende Gasse von indischen Hütten gelangte. Die kleinen Häuschen waren aus Lehm oder auch nur aus Bambusgestänge erbaut, die Dächer mit trockenen Palmblättern gedeckt, in allen Türöffnungen standen und hockten braune Hindufamilien. Mit Neugierde sah er die Leute an und tat den ersten Blick in das dörfliche Leben des fremden Naturvolkes, und vom ersten Augenblick an gewann er die braunen Menschen lieb, deren schöne kindliche Augen wie in einer unbewußten und unerlösten Traurigkeit blickten. Schöne Frauen schauten aus mächtigen Flechten langen, tiefschwarzen Haares hervor, still und rehhaft; sie trugen mitten im Gesicht sowie an den Hand- und Fußgelenken silbernen Schmuck und Ringe an den Fußzehen. Kleine Kinder standen vollkommen nackt und trugen nichts am Leibe als an dünner Bastschnur ein seltsames Amulett aus Silber oder aus Horn.

Noch immer schallte die tolle Musik, nun ganz in der Nähe, und an der Ecke der nächsten Gasse hatte er gefunden, was er suchte. Da stand ein unheimlich sonderbares Gebäude von äußerst phantastischer Form und beängstigender Höhe, ein ungeheures Tor in der Mitte, und indem er daran empor staunte, fand er die ganze riesengroße Fläche des Bauwerks aus lauter steinernen Figuren von fabelhaften Tieren, Menschen und Göttern oder Teufeln zusammengesetzt, die sich zu Hunderten bis an die ferne schmale Spitze des Tempels hinantürmten, ein Wald und wildes Geflecht von Leibern, Gliedern und Köpfen. Dieser erschreckende Steinkoloß, ein großer Hindutempel, leuchtete heftig in den waagrechten Strahlen der späten Abendsonne und erzählte dem verblüfften Fremdling deutlich, daß diese tierhaft sanften, halbnackten Menschen eben doch keineswegs ein paradiesisches Naturvolk waren, sondern seit einigen tausend Jahren schon Gedanken und Götter, Künste und Religionen besaßen.

Die schallende Paukenmusik war soeben verstummt, und es kamen aus dem Tempel viele fromme Inder in weißen und farbigen Gewändern, voran und vornehm abgetrennt eine kleine feierliche Schar von Brahmanen, hochmütig in tausendjährig erstarrter Gelehrsamkeit und Würde. Sie schritten an dem weißen Manne so stolz vorüber wie Edelleute an einem Handwerksburschen, und weder sie noch die bescheideneren Gestalten, die ihnen folgten, sahen so aus, als hätten sie die geringste Neigung, sich von einem zugereisten Fremdling über göttliche und menschliche Dinge des Rechten belehren zu lassen.

Als der Schwarm verlaufen und der Ort stiller geworden war, näherte sich Robert Aghion dem Tempel und begann in verlegener Teilnahme das Figurenwerk der Fassade zu studieren, ließ jedoch bald mit Betrübnis und Schrecken davon wieder ab; denn die groteske Allegoriensprache dieser Bildwerke verwirrte und ängstigte ihn nicht minder als der Anblick einiger Szenen von schamloser Obszönität, die er naiv mitten zwischen dem Göttergewimmel dargestellt fand.

Während er sich abwandte und nach einem Rückweg ausblickte, erloschen der Tempel und die Gasse plötzlich; ein kurzes zuckendes Farbenspiel lief über den Himmel, und rasch brach die Nacht herein. Das unheimlich schnelle Eindunkeln, obwohl er es längst kannte, überfiel den jungen Missionar mit einem leichten Schauder. Zugleich mit dem Anbruch der Dämmerung begann aus allen Bäumen und Gebüschen ringsum ein grelles Singen und Lärmen von tausend Insekten, und in der Ferne erhob sich das Wut- oder Klagegeschrei eines Tieres mit fremden wilden Tönen. Eilig suchte Aghion seinen Heimweg, fand ihn glücklich wieder und hatte die kleine Strecke Weges noch nicht völlig zurückgelegt, als schon das ganze Land in tiefer Nachtfinsternis und der hohe schwarze Himmel voll von Sternen stand.

Im Hause, wo er nachdenklich und zerstreut ankam und sich

dem ersten erleuchteten Raume näherte, empfing ihn Mister Bradley mit den Worten: »So, da sind Sie. Sie sollten aber fürs erste so spät am Abend nicht mehr ausgehen, es ist nicht ohne Gefahr. Übrigens, können Sie gut mit Gewehren umgehen?«

»Mit Gewehren? Nein, das habe ich nicht gelernt.«

»Dann lernen Sie es bald... Wo waren Sie denn heut abend?«

Aghion erzählte voll Eifer. Er fragte begierig, welcherlei Religion jener Tempel angehöre und welcherlei Götter- oder Götzendienst darin getrieben werde, was die vielen Figuren bedeuteten und was die seltsame Musik, ob die schönen stolzen Männer in weißen Kleidern Priester seien und wie denn ihre Götter hießen. Allein hier erlebte er die erste Enttäuschung. Von allem, was er da fragte, wollte sein Ratgeber gar nichts wissen. Er erklärte, daß kein Mensch sich in dem scheußlichen Wirrwarr und Unflat dieser Götzendienste auskenne, daß die Brahmanen eine heillose Bande von Ausbeutern und Faulenzern seien und daß überhaupt diese Inder alle zusammen ein schweinisches Pack von Bettlern und Unholden wären, mit denen ein anständiger Engländer lieber gar nichts zu tun habe.

»Aber«, meinte Aghion zaghaft, »meine Bestimmung ist es doch gerade, diese verirrten Menschen auf den rechten Weg zu führen! Dazu muß ich sie kennen und lieben und alles von ihnen wissen...«

»Sie werden bald mehr von ihnen wissen, als Ihnen lieb sein wird. Natürlich müssen Sie Hindostani und später vielleicht noch andere von diesen infamen Niggersprachen lernen. Aber mit der Liebe werden Sie nicht weit kommen.«

»Oh, die Leute sehen aber doch recht gutartig aus!«

»Finden Sie? Nun, Sie werden ja sehen. Von dem, was Sie mit den Hindus vorhaben, verstehe ich nichts und will nicht darüber urteilen. Unsere Aufgabe ist es, diesem gottlosen Pack langsam ein wenig Kultur und einen schwachen Begriff von Anständigkeit beizubringen; weiter werden wir vielleicht niemals kommen!«

»Unsere Moral, oder was Sie Anständigkeit heißen, ist aber die Moral Christi, mein Herr!«

»Sie meinen die Liebe. Ja, sagen Sie nur einmal einem Hindu, daß Sie ihn lieben. Dann wird er Sie heute anbetteln und Ihnen morgen das Hemd aus dem Schlafzimmer stehlen!«

»Das ist möglich.«

»Das ist sogar ganz sicher, lieber Herr. Sie haben es hier gewissermaßen mit Unmündigen zu tun, die noch keine Ahnung von Ehrlichkeit und Recht haben, nicht mit gutartigen englischen Schulkindern, sondern mit einem Volk von schlauen braunen Lausbuben, denen jede Schändlichkeit einen Hauptspaß macht. Sie werden noch an mich denken!«

Aghion verzichtete traurig auf ein weiteres Fragen und nahm sich vor, nun einmal vor allem fleißig und gehorsam zu lernen, was hier zu lernen wäre. Doch ob nun der strenge Bradley recht hatte oder nicht, schon seit dem Anblick des ungeheuern Tempels und der unnahbar stolzen Brahmanen war ihm sein Vorhaben und Amt in diesem Lande unendlich viel schwieriger erschienen, als er je zuvor gedacht hätte.

Am nächsten Morgen wurden die Kisten ins Haus gebracht, in denen der Missionar sein Eigentum aus der Heimat mit sich geführt hatte. Sorglich packte er aus, legte Hemden zu Hemden und Bücher zu Büchern und fand sich durch manche Gegenstände nachdenklich gestimmt. Es fiel ihm ein kleiner Kupferstich in schwarzem Rahmen in die Hände, dessen Glas unterwegs zerbrochen war und der ein Bildnis des Herrn Defoe, des Verfassers von Robinson Crusoe, darstellte, und das alte, ihm von der frühen Kindheit an vertraute Gebetbuch seiner Mutter, alsdann aber als ermunternder Wegweiser in die Zukunft eine Landkarte von Indien, die ihm sein Oheim geschenkt, und zwei stählerne Netzbügel für den Schmetterlingsfang, die er sich selber noch in London hatte machen lassen. Einen von diesen legte er sogleich zum Gebrauch in den nächsten Tagen beiseite.

Am Abend war seine Habe verteilt und verstaut, der kleine Kupferstich hing über seinem Bette, und das ganze Zimmer war in saubere Ordnung gebracht. Die Beine seines Tisches und seiner Bettstatt hatte er, wie es ihm empfohlen worden war, in kleine irdene Näpfe gestellt und die Näpfe mit Wasser gefüllt, zum Schutz gegen die Ameisen. Mister Bradley war den ganzen Tag in Geschäften abwesend, und es war dem jungen Manne sonderbar, vom ehrfürchtigen Diener durch Zeichen zu den Mahlzeiten gelockt und dabei bedient zu werden, ohne daß er ein einziges Wort mit ihm reden konnte.

In der Frühe des folgenden Tages begann Aghions Arbeit. Es erschien und wurde ihm von Bradley vorgestellt der schöne dunkelhäutige Jüngling Vyardenya, der sein Lehrmeister in der Hindostani-Sprache werden sollte. Der lächelnde junge Inder sprach nicht übel Englisch und hatte die besten Manieren; nur schreckte er ängstlich zurück, als der arglose Engländer ihm freundlich die Hand zur Begrüßung entgegenstreckte, und vermied auch künftighin jede körperliche Berührung mit dem Weißen, die ihn verunreinigt haben würde, da er einer hohen Kaste angehörte. Er wollte sich auch niemals auf einen Stuhl setzen, den vor ihm ein Fremder benutzt hatte, sondern brachte jeden Tag zusammengerollt unterm Arm seine eigene hübsche Bastmatte mit, die er auf dem Ziegelboden ausbreitete und auf welcher er mit gekreuzten Beinen edel und aufrecht saß. Sein Schüler, mit dessen Eifer er zufrieden sein konnte, suchte auch diese Kunst von ihm zu lernen und kauerte während seiner Lektionen stets auf einer ähnlichen Matte am Boden, obwohl ihm dabei in der ersten Zeit alle Glieder weh taten, bis er daran gewöhnt wurde. Fleißig und geduldig lernte er Wort für Wort, mit den alltäglichen Begrüßungsformeln beginnend, die ihm der Jüngling unermüdet und lächelnd vorsprach, und stürzte sich jeden Tag mit neuem Mut in den Kampf mit den indischen Girr- und Gaumenlauten, die ihm zu Anfang als unartikuliertes Röcheln erschienen waren und die er nun alle zu unterscheiden und nachzuahmen lernte.

So merkwürdig das Hindostani war und so rasch die Vormittagsstunden mit dem höflichen Sprachlehrer vergingen, so waren doch die Nachmittage und gar die Abende lang genug, um den strebsamen Herrn Aghion die Einsamkeit fühlen zu lassen, in der er lebte. Sein Wirt, zu dem er in einem unklaren Verhältnisse stand und der ihm halb als Gönner, halb als eine Art Vorgesetzter entgegentrat, war wenig zu Hause; er kam meistens gegen Mittag zu Fuß oder zu Pferde aus der Stadt zurück, präsidierte als Hausherr beim Essen, zu dem er manchmal einen englischen Schreiber mitbrachte, und legte sich dann zwei, drei Stunden zum Rauchen und Schlafen auf die Veranda, um gegen Abend nochmals für einige Stunden in sein Kontor oder Magazin zu gehen. Zuweilen mußte er für mehrere Tage verreisen, um Produkte einzukaufen, und sein neuer Hausgenosse hatte wenig dagegen, da er mit dem besten Willen sich mit dem rauhen und wortkargen Geschäftsmann nicht befreunden konnte. Auch gab es manches in der Lebensführung Mister Bradleys, was dem Missionar nicht gefallen konnte. Unter anderem kam es zuweilen vor, daß Bradley am Feierabend mit jenem Schreiber zusammen bis zur Trunkenheit eine Mischung von Wasser, Rum und Limonadensaft genoß; dazu hatte er in der ersten Zeit den jungen Geistlichen mehrmals eingeladen, aber stets von ihm eine sanfte Absage erhalten.

Bei diesen Umständen war Aghions tägliches Leben nicht gerade kurzweilig. Er hatte versucht, seine ersten schwachen Sprachkenntnisse anzuwenden, indem er an den langen öden Nachmittagen, wo das hölzerne Haus ringsum von der stechenden Hitze belagert lag, sich zur Dienerschaft in die Küche begab und sich mit den Leuten zu unterhalten suchte. Der mohammedanische Koch zwar gab ihm keine Antwort und war so hochmütig, daß er ihn gar nicht zu sehen schien, der Wasserträger aber und der Hausjunge, die beide stundenlang müßig auf ihren Matten hockten und Betel kauten, hatten nichts dagegen, sich an den angestrengten Sprechversuchen des Masters zu belustigen.

Eines Tages erschien aber Bradley in der Küchentür, als gerade die beiden Schlingel sich über einige Irrtümer und Wortverwechslungen des Missionars vor Vergnügen auf die mageren Schenkel klatschten. Bradley sah der Lustbarkeit mit verbissenen Lippen zu, gab blitzschnell dem Boy eine Ohrfeige, dem Wasserträger einen Fußtritt und zog den erschrockenen Aghion stumm mit sich davon. In seinem Zimmer sagte er dann ärgerlich: »Wie oft muß ich Ihnen noch sagen, daß Sie sich nicht mit den Leuten einlassen sollen! Sie verderben mir die Burschen, selbstverständlich in der besten Absicht, und ohnehin geht es nicht an, daß ein Engländer sich vor diesen braunen Schelmen zum Hanswurst macht!«

Er war wieder davongegangen, noch ehe der beleidigte Aghion sich rechtfertigen konnte.

Unter Menschen kam der vereinsamte Missionar nur am Sonntag, wo er regelmäßig zur Kirche ging, auch selbst einmal für den wenig arbeitsamen englischen Pfarrer die Predigt übernahm. Aber er, der daheim vor den Bauern und Wollwebern seiner Gegend mit Liebe gepredigt hatte, fand sich hier, vor einer kühlen Gemeinde von reichen Geschäftsleuten, müden, kränklichen Damen und lebenslustigen jungen Angestellten, fremd und ernüchtert.

Wenn er nun über dem Betrachten seiner Lage zuweilen recht betrübt wurde und sich erbarmenswert vorkam, so gab es einen Trost für sein Gemüt, der niemals versagte. Dann rüstete er sich zu einem Ausflug, hängte die Botanisierbüchse um und nahm das Netz zur Hand, das er mit einem langen schlanken Bambusstab versehen hatte. Gerade das, worüber die meisten anderen Engländer sich bitter zu beklagen pflegten, die glühende Sonnenhitze und das ganze indische Klima, war ihm lieb und schien ihm herrlich; denn er hielt sich an Leib und Seele frisch und ließ keine Erschlaffung aufkommen. Für seine Naturstudien und Liebhabereien vollends war dieses Land eine unermeßliche Weide, auf Schritt und Tritt hielten unbekannte Bäume, Blumen, Vögel, Insekten ihn auf, die er mit der Zeit alle namentlich kennenzulernen beschloß. Seltsame Eidechsen und Skorpione, riesengroße dicke Tausendfüßler und anderes Koboldzeug erschreckte ihn selten mehr, und seit er eine dicke Schlange in der Badekammer mutig mit dem hölzernen Eimer erschlagen hatte, fühlte er seine Bangnis vor unheimlicher Tiergefahr immer mehr dahinschwinden.

Als er zum erstenmal mit seinem Netz nach einem großen prächtigen Schmetterling schlug, als er ihn gefangen sah und mit vorsichtigen Fingern das stolze strahlende Tier an sich nahm, dessen breite Flügel alabastern glänzten und mit dem duftigsten Farbenflaum behaucht waren, da schlug ihm das Herz in einer unbändigen Freude, wie er sie nicht mehr empfunden hatte, seit er als Knabe seinen ersten Schwalbenschwanz erbeutet hatte. Fröhlich gewöhnte er sich an die Unbequemlichkeiten des Dschungels und verzagte nicht, wenn er im Urwald tief in versteckte Schlammgruben einbrach, von heulenden Affenherden verhöhnt und von wütenden Ameisenvölkern überfallen wurde. Nur einmal lag er zitternd und betend hinter einem ungeheuren Gummibaum auf den Knien, während in der Nähe wie ein Gewitter und Erdbeben ein Trupp von Elefanten durchs dichte Gehölz brach. Er gewöhnte sich daran, in seinem luftigen Schlafzimmer frühmorgens vom rasenden Affengebrüll aus dem nahen Walde geweckt zu werden und bei Nacht das heulende Schreien der Schakale zu hören. Seine Augen glänzten hell und wachsam aus dem gemagerten, braun und männlich gewordenen Gesicht.

Auch in der Stadt und noch lieber in den friedlichen gartenartigen Außendörfern sah er sich immer besser um, und die Hinduleute gefielen ihm desto mehr, je mehr er von ihnen sah. Störend und äußerst peinlich war ihm nur die Sitte der unteren Stände, ihre Frauen mit nacktem Oberkörper laufen zu lassen. Nackte Frauenhälse und -arme und Frauenbrüste auf der Gasse zu sehen, daran konnte der Missionar sich schwer gewöhnen, obgleich es häufig sehr hübsch aussah.

Nächst dieser Anstößigkeit machte nichts ihm so viel zu schaffen und zu denken wie die Rätsel, die ihm das geistige Leben dieser Menschen entgegenhielt. Wohin er blicken mochte, überall war Religion. In London konnte man gewiß am höchsten kirchlichen Feiertag nicht so viel Frömmigkeit wahrnehmen wie hier an jedem Werktag und in jeder Gasse; überall waren Tempel und Bilder, war Gebet und Opfer, waren Umzüge und Zeremonien, Büßer und Priester zu sehen. Aber wer wollte sich jemals in diesem wirren Knäuel von Religionen zurechtfinden? Da waren Brahmanen und Mohammedaner, Feueranbeter und Buddhisten, Diener des Shiwa und des Krishna, Turbanträger und Gläubige mit glattrasierten Köpfen, Schlangenanbeter und Diener heiliger Schildkröten. Wo war der Gott, dem alle diese Verirrten dienten? Wie sah er aus, und welcher Kultus von den vielen war der ältere, heiligere, reinere? Das wußte niemand, und namentlich den Indern selber war dies vollkommen einerlei; wer von dem Glauben seiner Väter nicht befriedigt war, der ging zu einem andern über oder zog als Büßer dahin, um eine neue Religion zu finden oder gar zu schaffen. Göttern und Geistern, deren Namen niemand wußte, wurden Speisen in kleinen Schalen geopfert, und alle diese hundert Gottesdienste, Tempel und Priesterschaften lebten vergnügt nebeneinander hin, ohne daß es den Anhängern des einen Glaubens einfiel, die anderen zu hassen oder totzuschlagen, wie es daheim in den Christenländern Sitte war. Vieles sogar sah sich hübsch und lieblich an, Flötenmusik und zarte Blumenopfer, und auf gar vielen frommen Gesichtern wohnte ein Friede und heiter stiller Glanz, den man in den Gesichtern der Engländer vergeblich suchte. Schön und heilig schien ihm auch das von den Hindus streng gehaltene Gebot, kein Tier zu töten, und er schämte sich zuweilen und suchte Rechtfertigung vor sich selbst, wenn er ohne Erbarmen einige schöne Schmetterlinge und Käfer umgebracht und auf Nadeln gespießt hatte. Andererseits waren unter diesen selben Völkern, denen jeder Wurm als Geschöpf Gottes heilig galt und die sich innig in Gebeten und Tempeldienst hingaben, Diebstahl und Lüge, falsches Zeugnis und Vertrauensbruch ganz alltägliche Dinge, über die keine Seele sich empörte oder nur wunderte. Je mehr es der wohlmeinende Glaubensbote bedachte, desto mehr schien ihm dieses

Volk zum undurchdringlichen Rätsel zu werden, das jeder Logik und Theorie hohnsprach. Der Diener, mit dem er trotz Bradleys Verbot bald wieder Gespräche pflog und der soeben ein Herz und eine Seele mit ihm zu sein schien, stahl ihm eine Stunde später ein baumwollenes Hemd, und als er ihn mit liebreichem Ernst zur Rede stellte, leugnete er zuerst unter Schwüren, gab dann lächelnd alles zu, zeigte das Hemd her und sagte zutraulich, es habe ja schon ein kleines Loch, und so habe er gedacht, der Master werde es gewiß nimmer tragen mögen.

Ein anderes Mal setzte ihn der Wasserträger in Erstaunen. Dieser Mann erhielt seinen Lohn und sein Essen dafür, daß er täglich die Küche und die Badekammer aus der nächsten Zisterne her mit Wasser versorgte. Er tat diese Arbeit stets am frühen Morgen und am Abend, den ganzen übrigen Tag saß er in der Küche oder in der Dienerhütte und kaute entweder Betel oder ein Stückchen Zuckerrohr. Einmal, da der andere Diener ausgegangen war, gab ihm Aghion ein Beinkleid zum Ausbürsten, das von einem Spaziergang her voll von Grassamen hing. Der Mann lachte nur und streckte die Hände auf den Rücken, und als der Missionar unwillig wurde und ihm streng befahl, sofort die kleine Arbeit zu tun, folgte er zwar endlich, tat die Verrichtung aber unter Murren und Tränen, setzte sich dann trostlos in die Küche und schalt und tobte eine Stunde lang wie ein Verzweifelter. Mit unendlicher Mühe und nach Überwindung vieler Mißverständnisse brachte Aghion an den Tag, daß er den Menschen schwer beleidigt habe durch den Befehl zu einer Arbeit, die nicht zu seinem Amte gehörte.

Alle diese kleinen Erfahrungen traten, sich allmählich verdichtend, wie zu einer Glaswand zusammen, die den Missionar von seiner Umgebung abtrennte und in eine immer peinlichere Einsamkeit verwies. Desto heftiger, ja mit einer gewissen verzweifelten Gier lag er seinen Sprachstudien ob, in denen er gute Fortschritte machte und die ihm, wie er sehnlichst hoffte, dies fremde Volk doch noch erschließen sollten. Immer häufiger konnte er es nun wagen, Eingeborene auf der Straße anzureden, er ging ohne Dolmetscher zum Schneider, zum Krämer, zum Schuhmacher. Manchmal gelang es ihm, mit einfachen Leuten ins Geplauder zu kommen, etwa indem er einem Handwerker sein Werk, einer Mutter ihren Säugling freundlich betrachtete und lobte, und aus Worten und Blicken dieser Heidenmenschen, namentlich aber aus ihrem guten, kindlichen, seligen Lachen, sprach ihn oft die Seele des fremden Volkes so klar und brüderlich an, daß für Augenblicke alle Schranken fielen und das Gefühl der Fremdheit sich verlor.

Schließlich meinte er, entdeckt zu haben, daß Kinder und einfache Leute vom Lande ihm fast immer zugänglich seien, ja, daß alle Schwierigkeiten, alles Mißtrauen und alle Verderbnis der Städter nur von der Berührung mit den europäischen Schiffs- und Handelsleuten herkomme. Von da an wagte er sich, häufig zu Pferde, auf Ausflügen immer weiter ins Land hinein. Er trug Kupfermünzen und manchmal auch Zuckerstücke für die Kinder in der Tasche, und wenn er weit drinnen im hügeligen Lande vor einer bäuerlichen Lehmhütte sein Pferd an eine Palme band und, unter das Schilfdach tretend, grüßte und um einen Trunk Wasser oder Kokosmilch bat, so ergab sich fast jedesmal eine harmlose freundliche Bekanntschaft und ein Geplauder, bei dem Männer, Weiber und Kinder über seine noch mangelhafte Kenntnis der Sprache oft im fröhlichsten Erstaunen hellauf lachten, was er gar nicht ungerne sah.

Noch machte er keinerlei Versuche, den Leuten bei solchen Anlässen vom lieben Gott zu erzählen. Es schien ihm das nicht nur nicht eilig, sondern auch überaus heikel und fast unmöglich zu sein, da er für alle die geläufigen Ausdrücke des biblischen Glaubens durchaus keine indischen Worte finden konnte. Außerdem fühlte er kein Recht, sich zum Lehrer dieser Leute aufzuwerfen, und sie zu wichtigen Änderungen in ihrem Leben aufzufordern, ehe er dieses Leben genau kannte und fähig war, mit den Hindus einigermaßen auf gleichem Fuße zu leben und zu reden.

Dadurch dehnten seine Studien sich weiter aus. Er suchte Leben, Arbeit und Erwerb der Eingeborenen kennenzulernen, er ließ sich Bäume und Früchte zeigen und benennen, Haustiere und Geräte, er erforschte nach und nach die Geheimnisse des nassen und des trockenen Reisbaues, der Gewinnung des Bastes und der Baumwolle, er betrachtete Hausbau und Töpferei, Strohflechten und Webearbeiten, worin er von der Heimat her Bescheid wußte. Er sah dem Pflügen schlammiger Reisfelder mit rosaroten fetten Wasserbüffeln zu, er lernte die Arbeit des gezähmten Elefanten kennen und sah zahme Affen für ihre Herren die Kokosnüsse von den Bäumen holen.

Auf einem seiner Ausflüge, in einem friedvollen Tal zwischen hohen grünen Hügeln, überraschte ihn einst ein wilder Gewitterregen, vor welchem er in der nächsten Hütte, die er erreichen konnte, einen Unterstand suchte. Er fand in dem engen Raum zwischen lehmbekleideten Bambuswänden eine kleine Familie versammelt, die den hereintretenden Fremdling mit scheuem Erstaunen begrüßte. Die Hausmutter hatte ihr graues Haar mit Henna feurigrot gefärbt und zeigte, da sie zum Empfang aufs freundlichste lächelte, einen Mund voll ebenso roter Zähne, die ihre Leidenschaft für das Betelkauen verrieten. Ihr Mann war ein großer, ernst blickender Mensch mit langen, noch dunkeln Haaren. Er erhob sich vom Boden und nahm eine königlich aufrechte Haltung an, tauschte Begrüßungsworte mit dem Gast und bot ihm alsbald eine frisch geöffnete Kokosnuß an, von deren süßlichem Safte der Engländer einen Schluck genoß. Ein kleiner Knabe, der bei seinem Eintritt still in die Ecke hinter der steinernen Feuerstelle geflohen war, blitzte von dort unter einem Wald von glänzend schwarzen Haaren hervor mit ängstlich neugierigen Augen; auf seiner dunkeln Brust schimmerte ein messingenes Amulett, das seinen einzigen Schmuck und seine einzige Kleidung bildete. Einige große Bananenbündel schwebten über der Türe zur Nachreife aufgehängt; in der ganzen Hütte, die all ihr Licht nur durch die offene Tür erhielt, war keine Armut, wohl aber die äußerste Einfachheit und eine hübsche, reinliche Ordnung zu bemerken.

Ein leises, aus allerfernsten Kindheitserinnerungen emporduftendes Heimatgefühl, das den Reisenden so leicht beim Anblick zufriedener Häuslichkeit übernimmt, ein leises Heimatgefühl, das er in dem Bungalow des Herrn Bradley niemals gespürt hatte, kam über den Missionar, und es schien ihm beinahe so, als sei seine Einkehr hier nicht nur die eines vom Regen überfallenen Wanderers, sondern als wehe ihm, der sich in trüben Lebenswirrsalen verlaufen, endlich einmal wieder Sinn und Frohmut eines richtigen, natürlichen, in sich begnügten Lebens entgegen. Auf dem dichten Schilfblätterdach der Hütte rauschte und trommelte leidenschaftlich der wilde Regen und hing vor der Türe dick und blank wie eine Glaswand.

Die Alten unterhielten sich mit ihrem ungewöhnlichen Gaste, und als sie am Ende mit Höflichkeit die natürliche Frage stellten, was denn seine Ziele und Absichten in diesem Lande seien, kam er in Verlegenheit und begann von anderem zu reden. Wieder, wie schon oft, wollte es dem bescheidenen Aghion als eine ungeheuerliche Frechheit und Überhebung erscheinen, daß er als Abgesandter eines fernen Volkes hierhergekommen sei mit der Absicht, diesen Menschen ihren Gott und Glauben zu nehmen und einen anderen dafür aufzunötigen. Immer hatte er gedacht, diese Scheu würde sich verlieren, sobald er nur die Hindusprache besser beherrsche; aber heute ward ihm unzweifelhaft klar, daß dies eine Täuschung gewesen war und daß er, je besser er das braune Volk verstand, desto weniger Recht und Lust in sich verspürte, herrisch in das Leben dieses Volkes einzugreifen. Der Regen ließ nach, und das mit der fetten roten Erde durchsetzte Wasser in der hügeligen Gasse lief davon, Sonnenstrahlen drangen zwischen den naß glänzenden Palmenstämmen hervor und spiegelten sich grell und blendend an den blanken Riesenblättern der Pisangbäume. Der Missionar bedankte sich bei seinen Wirten und machte Miene, sich zu verabschieden, da fiel ein Schatten auf den Boden, und der kleine Raum verfinsterte sich. Schnell wandte er sich um und sah durch die Tür eine Gestalt lautlos auf nackten Sohlen hereintreten, eine junge Frau oder ein Mädchen, die bei seinem unerwarteten Anblick erschrak und zu dem Knaben hinter die Feuerstatt floh.

»Sag dem Herrn guten Tag!« rief ihr der Vater zu, und sie trat schüchtern zwei Schritte vor, kreuzte die Hände vor der Brust und verneigte sich mehrmals. In ihrem dicken tiefschwarzen Haar schimmerten Regentropfen; der Engländer legte freundlich und befangen seine Hand darauf und sprach einen Gruß, und während er das weiche geschmeidige Haar lebendig in seinen Fingern fühlte, hob sie das Gesicht zu ihm auf und lächelte freundlich aus wunderschönen Augen. Um den Hals trug sie eine Korallenkette und am einen Fußgelenk einen schweren goldenen Ring, sonst nichts als das dicht unter den Brüsten gegürtete rotbraune Untergewand. So stand sie in ihrer Schönheit vor dem erstaunten Fremden; die Sonnenstrahlen spiegelten sich matt in ihrem Haar und auf ihren braunen blanken Schultern, blitzend funkelten die Zähne aus dem jungen Munde. Robert Aghion sah sie mit Entzücken an und suchte tief in ihre stillen sanften Augen zu blicken, wurde aber schnell verlegen: der feuchte Duft ihrer Haare und der Anblick ihrer nackten Schultern und Brüste verwirrte ihn, so daß er bald vor ihrem unschuldigen Blick die Augen niederschlug. Er griff in die Tasche und holte eine kleine stählerne Schere hervor, mit der er sich Nägel und Bart zu schneiden pflegte und die ihm auch beim Pflanzensammeln diente; die schenkte er dem schönen Mädchen und wußte wohl, daß diese eine recht kostbare Gabe sei. Sie nahm das Ding denn auch befangen und in beglücktem Erstaunen an sich, während die Eltern sich in Dankesworten erschöpften, und als er nun Abschied nahm und ging, da folgte sie ihm bis unter das Vordach der Hütte, ergriff seine linke Hand und küßte sie. Die laue, zärtliche Berührung dieser blumenhaften Lippen rann dem Manne ins Blut, am liebsten hätte er sie auf den Mund geküßt. Statt dessen nahm er ihre beiden Hände in seine Rechte, sah ihr in die Augen und sagte: »Wie alt bist du?«

»Das weiß ich nicht«, gab sie zur Antwort.

»Und wie heißt du denn?«

»Naissa.«

»Leb wohl, Naissa, und vergiß mich nicht!«

»Naissa vergißt den Herrn nicht.«

Er ging von dannen und suchte den Heimweg, tief in Gedanken, und als er spät in der Dunkelheit ankam und in seine Kammer trat, bemerkte er erst jetzt, daß er heute keinen einzigen Schmetterling oder Käfer, nicht Blatt noch Blume von seinem Ausflug mitgebracht hatte. Seine Wohnung aber, das öde Junggesellenhaus mit den herumlungernden Dienern und dem kühlen mürrischen Herrn Bradley, war ihm noch nie so unheimlich und trostlos erschienen wie in dieser Abendstunde, da er bei seiner kleinen Öllampe am wackligen Tischlein saß und in der Bibel zu lesen versuchte.

In dieser Nacht, als er nach langer Gedankenunruhe und trotz der singenden Moskitos endlich den Schlaf gefunden hatte, wurde der Missionar von sonderbaren Träumen heimgesucht.

Er wandelte in einem dämmernden Palmenhain, wo gelbe Sonnenflecken auf dem rotbraunen Boden spielten. Papageien riefen aus der Höhe, Affen turnten tollkühn an den unendlich hohen Baumsäulen, kleine edelsteinblitzende Vögel leuchteten kostbar auf, Insekten jeder Art gaben durch Töne, Farben oder Bewegungen ihre Lebensfreude kund. Der Missionar spazierte dankbar und beglückt inmitten dieser Pracht; er rief einen seiltanzenden Affen an, und siehe, das flinke Tier kletterte gehorsam zur Erde und stellte sich wie ein Diener mit Gebärden der Ergebenheit vor Aghion auf. Dieser sah ein, daß er in diesem seligen Bezirk der Kreatur zu gebieten habe, und alsbald berief er die Vögel und Schmetterlinge um sich, und sie kamen in großen glänzenden Scharen, er winkte und taktierte mit den Händen, nickte mit dem Kopf, befahl mit Blicken und Zungenschnalzen, und gefügig ordneten sich alle die herrlichen Tiere in der goldigen Luft zu schönen schwebenden Reigen und Festzügen, pfiffen und summten, zirpten und rollten in feinen Chören, suchten und flohen, verfolgten und haschten einander, beschrieben feierliche Kreise und schalkhafte Spiralen in der Luft. Es war ein glänzendes herrliches Ballett und Konzert und ein wiedergefundenes Paradies, und der Träumer verweilte in dieser harmonischen Zauberwelt, die ihm gehorchte und zu eigen war, mit einer beinahe schmerzlichen Lust; denn in all dem Glück war doch schon ein leises Ahnen oder Wissen enthalten, ein Vorgeschmack von Unverdientheit und Vergänglichkeit, wie ihn ein frommer Missionar ohnehin bei jeder Sinnenlust auf der Zunge haben muß.

Dieser ängstliche Vorgeschmack trog denn auch nicht. Noch schwelgte der entzückte Naturfreund im Anblick einer Affenquadrille und liebkoste einen ungeheuren Sammetfalter, der sich vertraulich auf seine linke Hand gesetzt hatte und sich wie ein Täubchen streicheln ließ, aber schon begannen Schatten der Angst und Auflösung in dem Zauberhain zu flattern und das Gemüt des Träumers zu umhüllen. Einzelne Vögel schrien plötzlich grell und angstvoll auf, unruhige Windstöße brausten in den hohen Wipfeln, das frohe warme Sonnenlicht wurde fahl und siech, die Vögel huschten nach allen Seiten davon, und die schönen großen Falter ließen sich in wehrlosem Schrecken vom Winde davonführen. Regentropfen klatschten erregt auf den Baumkronen, ein ferner leiser Donner rollte langsam austönend über das Himmelsgewölbe.

Da betrat Mister Bradley den Wald. Der letzte bunte Vogel war entflogen. Hünenhaft groß von Gestalt und finster wie der Geist eines erschlagenen Königs kam Bradley heran, spuckte verächtlich vor dem Missionar aus und begann, ihm in verletzenden, höhnischen, feindseligen Worten vorzuwerfen, er sei ein Gauner und Tagedieb, der sich von seinem Londoner Patron für die Bekehrung der Heiden anstellen und bezahlen lasse, statt dessen aber nichts tue, als müßiggehen, Käfer fangen und spazierenlaufen. Und Aghion mußte in Zerknirschung eingestehen, jener habe recht, und er sei all dieser Versäumnis schuldig.

Es erschien nun jener mächtige reiche Patron aus England, Aghions Brotgeber, sowie mehrere englische Geistliche, und diese zusammen mit Bradley trieben und hetzten den Missionar vor sich her und durch Busch und Dorn, bis sie auf eine volkreiche Straße und in jene Vorstadt von Bombay kamen, wo der turmhohe groteske Hindutempel stand. Hier flutete eine bunte Menschenmenge aus und ein, nackte Kulis und weißgekleidete stolze Brahmanen, dem Tempel gegenüber aber war eine christliche Kirche errichtet, und über ihrem Portal war Gottvater in Stein gebildet, in Wolken schwebend mit ernstem Vaterauge und fließendem Bart.

Auf die Stufen des Gotteshauses schwang sich der bedrängte Missionar, winkte mit den Armen und begann den Hinduleuten zu predigen. Mit lauter Stimme forderte er sie auf, herzuschauen und zu vergleichen, wie anders der wahre Gott beschaffen sei als ihre armen Fratzengötter mit den vielen Armen und Rüsseln. Mit ausgestrecktem Finger wies er auf das verschlungene Figurenwerk der indischen Tempelfassade, und dann wies er einladend auf das Gottesbild seiner Kirche. Aber wie sehr erschrak er da, als er seiner eigenen Gebärde folgend emporblickte; denn Gottvater hatte sich verändert, er hatte drei Köpfe und sechs Arme bekommen und hatte statt des etwas blöden und machtlosen Ernstes ein überlegen vergnügtes Lächeln in den Gesichtern, genau wie es die indischen Götterbilder nicht selten zeigten. Verzagend sah sich der Prediger nach Bradley, nach dem Patron und der Geistlichkeit um; sie waren aber alle verschwunden, er stand allein und kraftlos auf den Stufen der Kirche, und nun verließ ihn auch Gottvater selbst, denn er winkte mit seinen sechs Armen zu dem Tempel hinüber und lächelte den Hindugöttern mit göttlicher Heiterkeit zu.

Vollständig verlassen, geschändet und verloren stand Aghion auf seiner Kirchentreppe. Er schloß die Augen und blieb aufrecht stehen, jede Hoffnung war in seiner Seele erloschen, und er wartete mit verzweifelter Ruhe darauf, von den Heiden gesteinigt zu werden. Statt dessen aber fühlte er sich, nach einer furchtbaren Pause, von einer starken, doch sanften Hand beiseite geschoben, und als er die Augen aufriß, sah er den steinernen Gottvater groß und ehrwürdig die Stufen herabschreiten, während gegenüber die Götterfiguren des Tempels in ganzen Scharen von ihren Schauplätzen herabstiegen. Sie alle wurden von Gottvater begrüßt, der sodann in den Hindutempel eintrat und mit freundlicher Gebärde die Huldigung der weißgekleideten Brahmanen entgegennahm. Die Heidengötter aber mit ihren Rüsseln, Ringellocken und Schlitzaugen besuchten einmütig die Kirche, fanden alles gut und hübsch und zogen viele Beter nach sich, und so entstand ein Umzug der Götter und Menschen zwischen Kirche und Tempel; Gong und Orgel tönten geschwisterlich ineinander, und stille dunkle Inder brachten auf nüchternen englischchristlichen Altären Lotosblumen dar.

Mitten im festlichen Gedränge aber schritt mit den glatten, glänzend schwarzen Haaren und den großen kindlichen Augen die schöne Naissa. Sie kam zwischen vielen anderen Gläubigen vom Tempel herübergegangen, stieg die Stufen zur Kirche empor und blieb vor dem Missionare stehen. Sie sah ihm ernst und lieblich in die Augen, nickte ihm zu und bot ihm eine Lotosblüte hin. Er aber, in überwallendem Entzücken, beugt sich über ihr klares stilles Gesicht herab, küßt sie auf die Lippen und schließt sie in seine Arme.

Noch ehe er hatte sehen können, was Naissa dazu sagte, erwachte Aghion aus seinem Traume und fand sich müde und erschrocken in tiefer Dunkelheit auf seinem Lager hingestreckt. Eine schmerzliche Verwirrung aller Gefühle und Triebe quälte ihn bis zur Verzweiflung. Der Traum hatte ihm sein eigenes Selbst unverhüllt gezeigt, seine Schwäche und Verzagtheit, den Unglauben an seinen Beruf, seine Verliebtheit in die braune Heidin, seinen unchristlichen Haß gegen Bradley, sein schlechtes Gewissen dem englischen Brotgeber gegenüber.

Eine Weile lag er traurig und bis zu Tränen erregt im Dunkeln. Er versuchte zu beten und vermochte es nicht, er versuchte sich die Naissa als Teufelin vorzustellen und seine Neigung als verworfen zu erkennen und konnte auch das nicht. Am Ende erhob er sich, einer halbbewußten Regung folgend und noch von den Schatten und Schauern des Traumes umgeben; er verließ sein Zimmer und suchte Bradleys Stube auf, ebensosehr im triebhaften Bedürfnis nach Menschenanblick und Trost wie in der frommen Absicht, sich seiner Abneigung gegen diesen Mann zu schämen und durch Offenheit ihn zum Freunde zu machen.

Leise schlich er auf dünnen Bastsohlen die dunkle Veranda entlang bis zum Schlafzimmer Bradleys, dessen leichte Tür aus Bambusgestäbe nur bis zur halben Höhe der Türöffnung reichte und den hohen Raum schwach erleuchtet zeigte; denn jener pflegte, gleich vielen Europäern in Indien, die ganze Nacht hindurch ein kleines Öllicht zu brennen. Behutsam drückte Aghion die dünnen Türflügel nach innen und ging hinein.

Der kleine Öldocht schwelte in einem irdenen Schüsselchen am Boden des Gemachs und warf schwache ungeheure Schatten an den kahlen Wänden aufwärts. Ein brauner Nachtfalter umsurrte das Licht in kleinen Kreisen. Um die umfangreiche Bettstatt her war der große Moskitoschleier sorgfältig zusammengezogen. Der Missionar nahm die Lichtschale in die Hand, trat ans Bett und öffnete den Schleier eine Spanne weit. Eben wollte er des Schläfers Namen rufen, da sah er mit heftigem Erschrekken, daß Bradley nicht allein sei. Er lag, vom dünnen, seidenen Nachtkleide bedeckt, auf dem Rücken, und sein Gesicht mit dem emporgereckten Kinn sah um nichts zarter oder freundlicher aus als am Tage. Neben ihm aber lag nackt eine zweite Gestalt, eine Frau mit langen schwarzen Haaren. Sie lag auf der Seite und wendete dem Missionar das schlafende Gesicht zu, und er erkannte sie: es war das starke große Mädchen, das jede Woche die Wäsche abzuholen pflegte.

Ohne den Vorhang wieder zu schließen, floh Aghion hinaus und in sein Zimmer zurück. Er versuchte wieder zu schlafen, doch gelang es ihm nicht; das Erlebnis des Tages, der seltsame Traum und endlich der Anblick der nackten Schläferin hatten ihn gewaltig erregt. Zugleich war seine Abneigung gegen Bradley viel stärker geworden, ja er scheute sich vor dem Augenblick des Wiedersehens und der Begrüßung beim Frühstück. Am meisten aber quälte und bedrückte ihn die Frage, ob es nun seine Pflicht sei, dem Hausgenossen wegen seiner Lebensführung Vorwürfe zu machen und seine Besserung zu versuchen. Aghions ganze Natur war dagegen, aber sein Amt schien es von ihm zu fordern, daß er seine Feigheit überwinde und dem Sünder unerschrocken ins Gewissen rede. Er zündete seine Lampe an und las, von den singenden Mücken umschwärmt und gepeinigt, stundenlang im Neuen Testament, ohne doch Sicherheit und Trost zu gewinnen. Beinahe hätte er ganz Indien fluchen mögen oder doch seiner Neugierde und Wanderlust, die ihn hierher und in diese Sackgasse geführt hatte. Nie war ihm die Zukunft so düster erschienen, und nie hatte er sich so wenig zum Bekenner und Märtyrer geschaffen gefühlt wie in dieser Nacht.

Zum Frühstück kam er mit unterhöhlten Augen und müden Zügen, rührte unfroh mit dem Löffel im duftenden Tee und schälte in verdrossener Spielerei lange Zeit an einer Banane herum, bis Herr Bradley erschien. Dieser grüßte kurz und kühl wie sonst, setzte den Boy und den Wasserträger durch laute Befehle in Trab, suchte sich mit langwieriger Umsicht die goldigste Frucht aus dem Bananenbüschel und aß dann rasch und herrisch, während im sonnigen Hof der Diener sein Pferd vorführte.

»Ich hatte noch etwas mit Ihnen zu besprechen«, sagte der Missionar, als der andere eben aufbrechen wollte. Argwöhnisch blickte Bradley auf.

»So? Ich habe sehr wenig Zeit. Muß es gerade jetzt sein?«

»Ja, es ist besser. Ich fühle mich verpflichtet, Ihnen zu sagen, daß ich von dem unerlaubten Umgange weiß, den Sie mit einem Hinduweib haben. Sie können sich denken, wie peinlich es mir ist...«

»Peinlich!« rief Bradley aufspringend und brach in ein zorniges Gelächter aus. »Herr, Sie sind ein größerer Esel, als ich je gedacht hätte! Was Sie von mir halten, ist mir natürlich durchaus einerlei, daß Sie aber in meinem Hause herumschnüffeln und spionieren, finde ich niederträchtig. Machen wir die Sache kurz! Ich lasse Ihnen Zeit bis Sonntag. Bis dahin suchen sie sich freundlichst eine neue Unterkunft in der Stadt; denn in diesem Hause werde ich Sie keinen Tag länger dulden!«

Aghion hatte eine barsche Abfertigung, nicht aber diese Antwort erwartet. Doch ließ er sich nicht einschüchtern.

»Es wird mir ein Vergnügen sein«, sagte er mit guter Haltung, »Sie von meiner lästigen Einquartierung zu befreien. Guten Morgen, Herr Bradley!«

Er ging weg, und Bradley sah ihm aufmerksam nach, halb betroffen, halb belustigt. Dann strich er sich den harten Schnurrbart, rümpfte die Lippen, pfiff seinem Hunde und stieg die Holztreppe zum Hof hinab, um in die Stadt zu reiten.

Beiden Männern war die kurze gewitterhafte Aussprache und Klärung der Lage willkommen. Aghion allerdings sah sich unerwartet vor Sorgen und Entschlüsse gestellt, die ihm bis vor einer Stunde noch in angenehmer Ferne geschwebt hatten. Aber je ernstlicher er seine Angelegenheiten bedachte und je deutlicher es ihm wurde, daß der Streit mit Bradley eine Nebensache, die Lösung seines ganzen verworrenen Zustandes aber nun eine unerbittliche Notwendigkeit geworden sei, desto klarer und wohler wurde ihm in den Gedanken. Das Leben in diesem Hause, das Brachliegen seiner Kräfte, alle die ungestillten Begierden und toten Stunden waren ihm zu einer Qual geworden, die seine einfältige Natur ohnehin nicht lange mehr ertragen hätte.

Es war noch früh am Morgen, und eine Ecke des Gartens, sein Lieblingsplatz, lag noch kühl im Schatten. Hier hingen die Zweige verwilderter Gebüsche über einen ganz kleinen, gemauerten Weiher nieder, der einst als Badestelle angelegt, aber verwahrlost und nun von einem Völkchen gelber Schildkröten bewohnt war. Hierher trug er seinen Bambusstuhl, legte sich nieder und sah den schweigsamen Tieren zu, welche träg und wohlig im lauen grünen Wasser schwammen und still aus klugen kleinen Augen blickten. Jenseits im Wirtschaftshofe kauerte in seinem Winkel der unbeschäftigte Stalljunge und sang; sein eintöniges näselndes Lied klang wie Wellenspiel herüber und zerfloß in der warmen Luft, und unversehens überfiel nach der schlaflosen erregten Nacht den Liegenden die Müdigkeit, er schloß die Augen, ließ die Arme sinken und schlief ein.

Als ein Mückenstich ihn weckte, sah er mit Beschämung, daß er fast den ganzen Vormittag verschlafen hatte. Aber er fühlte sich nun frisch und ging ungesäumt daran, seine Gedanken und Wünsche zu ordnen und die Wirrnis seines Lebens sachte auseinander zu falten. Da wurde ihm unzweifelhaft klar, was unbewußt seit langem ihn gelähmt und seine Träume beängstigt hatte, daß nämlich seine Reise nach Indien zwar durchaus gut und klug gewesen war, daß aber zum Missionar ihm der richtige innere Beruf und Antrieb fehle. Er war bescheiden genug, darin eine Niederlage und einen betrübenden Mangel zu sehen; aber zur Verzweiflung war kein Grund vorhanden. Vielmehr schien ihm jetzt, da er entschlossen war, sich eine angemessenere Arbeit zu suchen, das reiche Indien erst recht eine gute Zuflucht und Heimat zu sein. Mochte es traurig sein, daß alle diese Eingeborenen sich falschen Göttern verschrieben hatten – sein Beruf war es nicht, das zu ändern. Sein Beruf war, dieses Land für sich zu erobern und für sich und andere das Beste daraus zu holen, indem er sein Auge, seine Kenntnisse, seine zur Tat gewillte Jugend darbrachte und überall bereitstand, wo eine Arbeit für ihn sich böte.

Noch am Abend desselben Tages wurde er, nach einer kurzen Besprechung, von einem in Bombay wohnhaften Herrn Sturrock als Sekretär und Aufseher für eine benachbarte Kaffeepflanzung angestellt. Einen Brief an seinen bisherigen Brotgeber, worin Aghion sein Tun erklärte und sich zum spätern Ersatz des Empfangenen verpflichtete, versprach Sturrock nach London zu besorgen. Als der neue Aufseher in seine Wohnung zurückkehrte, fand er Bradley in Hemdärmeln allein beim Abendessen sitzen. Er teilte ihm, ehe er neben ihm Platz nahm, das Geschehene mit.

Bradley nickte mit vollem Munde, goß etwas Whisky in sein Trinkwasser und sagte fast freundlich: »Sitzen Sie, und bedienen Sie sich, der Fisch ist schon kalt. Nun sind wir ja eine Art von Kollegen. Na, ich wünsche Ihnen Gutes. Kaffee bauen ist leichter als Hindus bekehren, das ist gewiß, und möglicherweise ist es ebenso wertvoll. Ich hätte Ihnen nicht so viel Vernunft zugetraut, Aghion!«

Die Pflanzung, die er beziehen sollte, lag zwei Tagereisen weit landeinwärts, und übermorgen sollte Aghion in Begleitung einer Kulitruppe dorthin aufbrechen; so blieb ihm zum Besorgen seiner Angelegenheiten nur ein einziger Tag. Zu Bradleys Verwunderung erbat er sich für morgen ein Reitpferd, doch enthielt sich jener aller Fragen, und die beiden Männer saßen, nachdem sie die von tausend Insekten umflügelte Lampe hatten wegtragen lassen, in dem lauen, schwarzen indischen Abend einander gegenüber und fühlten sich einander näher als in all diesen vielen Monaten eines gezwungenen Zusammenlebens.

»Sagen Sie«, fing Aghion nach einem langen Schweigen an. »Sie haben sicher von Anfang an nicht an meine Missionspläne geglaubt?«

»O doch«, gab Bradley ruhig zurück. »Daß es Ihnen damit Ernst war, konnte ich ja sehen.«

»Aber Sie konnten gewiß auch sehen, wie wenig ich zu dem paßte, was ich hier tun und vorstellen sollte! Warum haben Sie mir das nie gesagt?«

»Ich war von niemand dazu angestellt. Ich liebe es nicht, wenn mir jemand in meine Sachen hineinredet; so tue ich das auch bei anderen nicht. Außerdem habe ich hier in Indien schon die verrücktesten Dinge unternehmen und gelingen sehen. Das Bekehren war Ihr Beruf, nicht meiner. Und jetzt haben Sie ganz von selber einige Ihrer Irrtümer eingesehen! So wird es Ihnen auch noch mit anderen gehen...«

»Mit welchen zum Beispiel?«

»Zum Beispiel in dem, was Sie heut morgen mir an den Kopf geworfen haben.«

»Oh, wegen des Mädchens!«

»Gewiß. Sie sind Geistlicher gewesen; trotzdem werden Sie zugeben, daß ein gesunder Mann nicht jahrelang leben und arbeiten und gesund bleiben kann, ohne gelegentlich eine Frau bei sich zu haben. Mein Gott, darum brauchen Sie doch nicht rot zu werden! Nun sehen Sie: als Weißer in Indien, der sich nicht gleich eine Frau mit aus England herübergebracht hat, hat man wenig Auswahl. Es gibt keine englischen Mädchen hier. Die hier geboren werden, die schickt man schon als Kinder nach Europa heim. Es bleibt nur die Wahl zwischen den Matrosendirnen und den Hindufrauen, und die sind mir lieber. Was finden Sie daran schlimm?«

»Oh, hier verstehen wir uns nicht, Herr Bradley! Ich finde, wie es die Bibel und unsere Kirche vorschreibt, jede uneheliche Verbindung schlimm und unrecht!«

»Wenn man aber nichts anderes haben kann?«

»Warum sollte man nicht können? Wenn ein Mann ein Mädchen wirklich lieb hat, so soll er es heiraten.«

»Aber doch nicht ein Hindumädchen?«

»Warum nicht?«

»Aghion. Sie sind weitherziger als ich! Ich will mir lieber einen Finger abbeißen als eine Farbige heiraten, verstehen Sie? Und so werden Sie später auch einmal denken!«

»O bitte, das hoffe ich nicht. Da wir so weit sind, kann ich es Ihnen ja sagen: ich liebe ein Hindumädchen, und es ist meine Absicht, sie zu meiner Frau zu machen.«

Bradleys Gesicht wurde ernsthaft. »Tun Sie das nicht!« sagte er fast bittend.

»Doch, ich werde es tun«, fuhr Aghion begeistert fort. »Ich werde mich mit dem Mädchen verloben, und sie dann so lange erziehen und unterrichten, bis sie die christliche Taufe erhalten kann; dann lassen wir uns in der englischen Kirche trauen.«

»Wie heißt sie denn?« fragte Bradley nachdenklich.

»Naissa.«

»Und ihr Vater?«

»Das weiß ich nicht.«

»Na, bis zur Taufe hat es ja noch Zeit; überlegen Sie sich das lieber noch einmal! Natürlich kann sich unsereiner in ein indisches Mädel verlieben, sie sind oft hübsch genug. Sie sollen auch treu sein und zahme Frauen abgeben. Aber ich kann sie doch immer nur wie eine Art Tierchen ansehen, wie lustige Ziegen oder schöne Rehe, nicht wie meinesgleichen.«

»Ist das nicht ein Vorurteil? Alle Menschen sind Brüder, und die Inder sind ein altes edles Volk.«

»Ja, das müssen Sie besser wissen, Aghion. Was mich betrifft, ich habe sehr viel Achtung vor Vorurteilen.«

Er stand auf, sagte gute Nacht und ging in sein Schlafzimmer, in dem er gestern die hübsche große Wäscheträgerin bei sich gehabt hatte. ›Wie eine Art Tierchen‹, hatte er gesagt, und Aghion lehnte sich nachträglich in Gedanken dagegen auf.

Früh am andern Tage, noch ehe Bradley zum Frühstück gekommen war, ließ Aghion das Reitpferd vorführen und ritt davon, während noch in den Baumwipfeln die Affen ihr Morgengeschrei verübten. Und noch stand die Sonne nicht hoch, als er schon in der Nähe jener Hütte, wo er die hübsche Naissa kennengelernt hatte, sein Tier anband und zu Fuß sich der Behausung näherte. Auf der Türschwelle saß nackt der kleine Sohn und spielte mit einer jungen Ziege, von der er sich lachend immer wieder vor die Brust stoßen ließ.

Eben als der Besucher vom Wege abbiegen wollte, um in die Hütte zu treten, stieg über den kauernden Jungen hinweg vom Innern der Hütte her ein junges Mädchen, das er sofort als Naissa erkannte. Sie trat auf die Gasse, einen hohen irdenen Wasserkrug leer in der losen Rechten tragend, und ging, ohne ihn zu beachten, vor Aghion her, der ihr mit Entzücken folgte. Bald hatte er sie eingeholt und rief ihr einen Gruß zu. Sie hob den Kopf, indem sie das Grußwort leise erwiderte, und sah aus den schönen braungoldenen Augen kühl auf den Mann, als kenne sie ihn nicht, und als er ihre Hand ergriff, zog sie sie erschrocken zurück und lief mit beschleunigten Schritten weiter. Er begleitete sie bis zu dem gemauerten Wasserbehälter, wo das Wasser einer schwachen Quelle dünn und sparsam über moosig-alte Steine rann; er wollte ihr helfen, den Krug zu füllen und emporzuziehen, aber sie wehrte ihn schweigend ab und machte ein trotziges Gesicht. Er war über so viel Sprödigkeit erstaunt und enttäuscht, und jetzt suchte er aus seiner Tasche das Geschenk hervor, das er für sie mitgebracht hatte, und es tat ihm nun doch ein wenig weh zu sehen, wie sie alsbald die Abwehr vergaß und nach dem Dinge griff, das er ihr anbot. Es war eine emaillierte kleine Dose mit hübschen Blumenbildchen darauf, und die innere Seite des runden Deckels bestand aus einem kleinen Spiegel. Er zeigte ihr, wie man ihn öffne, und gab ihr das Ding in die Hand.

»Für mich?« fragte sie mit Kinderaugen.

»Für dich!« sagte er, und während sie mit der Dose spielte, streichelte er ihren sammetweichen Arm und ihr langes schwarzes Haar.

Da sie ihm nun Dank sagte und mit unentschlossener Gebärde den vollen Wasserkrug ergriff, versuchte er, ihr etwas Liebes und Zärtliches zu sagen, was sie jedoch offenbar nur halb verstand, und indem er sich auf Worte besann und unbeholfen neben ihr stand, schien ihm plötzlich die Kluft zwischen ihm und ihr ungeheuer, und er dachte mit Trauer, wie wenig doch vorhanden sei, das ihn mit ihr verbinde, und wie lange, lange es dauern mochte, bis sie einmal seine Braut und seine Freundin sein, seine Sprache verstehen, sein Wesen begreifen, seine Gedanken teilen könnte.

Mittlerweile hatte sie langsam den Rückweg angetreten, und er ging neben ihr her, der Hütte entgegen. Der Knabe war mit der Ziege in einem atemlosen Jagdspiel begriffen; sein schwarzbrauner Rücken glänzte metallisch in der Sonne, und sein geblähter Reisbauch ließ die Beine zu dünn erscheinen. Mit einem Anflug von Befremdung dachte der Engländer daran, daß, wenn er Naissa heirate, dieses Naturkind sein Schwager sein würde. Um sich diesen Vorstellungen zu entziehen, sah er das Mädchen wieder an. Er betrachtete ihr entzückend feines, großäugiges Gesicht mit dem kühlen kindlichen Munde und mußte denken, ob es ihm wohl glücken werde, heute noch von diesen Lippen den ersten Kuß zu erhalten.

Aus diesem lieblichen Gedanken schreckte ihn eine Erscheinung, die plötzlich aus der Hütte trat und wie Spuk vor seinen ungläubigen Augen stand. Es erschien im Türrahmen, schritt über die Schwelle und stand vor ihm eine zweite Naissa, ein Spiegelbild der ersten, und das Spiegelbild lächelte ihm zu und grüßte ihn, griff in ihr Hüftentuch und zog etwas hervor, das sie triumphierend über ihrem Haupte schwang, das blank in der Sonne glitzerte und das er nach einer Weile denn auch erkannte. Es war die kleine Schere, die er kürzlich Naissa geschenkt hatte, und das Mädchen, dem er heute die Spiegeldose gegeben, in dessen schöne Augen er geblickt und dessen Arm er gestreichelt hatte, war gar nicht Naissa, sondern deren Schwester, und wie die beiden Mädchen nebeneinander standen, noch immer kaum voneinander zu unterscheiden, da kam sich der verliebte Aghion unsäglich betrogen und irregegangen vor. Zwei Rehe konnten einander nicht ähnlicher sein, und wenn man ihm in diesem Augenblick freigestellt hätte, eine von ihnen zu wählen und mit sich zu nehmen und für immer zu behalten, er hätte nicht gewußt, welche von beiden es war, die er liebte. Wohl konnte er allmählich erkennen, daß die wirkliche Naissa die ältere und ein wenig kleinere sei; aber seine Liebe, deren er vor Augenblicken noch so sicher zu sein gemeint hatte, war ebenso auseinandergebrochen und zu zwei Hälften zerfallen wie das Mädchenbild, das sich vor seinen Augen so unerwartet und unheimlich verdoppelt hatte.

Bradley erfuhr nichts von dieser Begebenheit, er stellte auch keine Fragen, als zu Mittag Aghion heimkehrte und schweigsam beim Essen saß. Und am nächsten Morgen, als Aghions Kuli anrückten und seine Kisten und Säcke aufpackten und wegtrugen und als der Abreisende dem Dableibenden noch einmal Dank sagte und die Hand hinbot, da faßte Bradley die Hand kräftig und sagte: »Gute Reise, mein Junge! Es wird später eine Zeit kommen, wo Sie vor Sehnsucht vergehen werden, statt der süßen Hinduschnauzen wieder einmal einen ehrlichen ledernen Engländerkopf zu sehen! Dann kommen Sie zu mir, und dann werden wir über alles Mögliche einig sein, worüber wir heute noch verschieden denken!«

(1912)

Aus Martins Tagebuch

Vorgestern war der wichtigste Tag meines Lebens. Da habe ich zum ersten Male etwas erlebt und zu spüren bekommen, was ich vorher gar nicht kannte und wovon mir doch jetzt scheint, ich habe es immer und immer gesucht und geahnt mein Leben lang.

Es hängt mit den Träumen zusammen. Diese hatten mich ja schon immer beschäftigt, und oft war ich erstaunt und traurig darüber, wie flüchtig Träume sind, wie schnell sie am Morgen vergehen, wie schüchtern sie vor der leisesten Berührung mit der Vernunft davonlaufen. Wie oft, wie unendlich oft in meinem Leben bin ich in meinem Bett erwacht und hatte ein neues Gefühl in mir, etwas Schönes, Anderes, unbeschreiblich Neues, Zartes, Liebes, Seltsames, Witziges! Zwischen mir und der ganzen Welt schien eine neue Beziehung aufgegangen zu sein, ein neuer Sinn schien mir geworden, der die Wahrnehmungen meiner alten, gewöhnlichen Sinne ganz neu verband, bestätigte und auch veränderte. Ein Blinder, der an einer Rose riecht und sie betastet, und dem nun plötzlich die Augen aufgehen und zum erstenmal zum Getasteten und Gerochenen auch noch das sichtbare Bild der Blume zu eigen wird, der müßte Ähnliches empfinden. Ich hatte zum Gesicht, zum Tastsinn, zum Gehör, Geruch und Geschmack noch einen weiteren Sinn, ein weiteres Fühl- und Wahrnehmungsvermögen empfunden, oder erfunden. Wenn ich mich dann besann, so fiel mir oft ein Traum oder der Rest eines Traumes ein, den ich in der Nacht gehabt. Ich hatte fliegen können. Ich hatte eine Geliebte gehabt, die ich zu mir her ziehen und rufen konnte ohne einen Ton oder Wink, die zart und gefühlig einfach jeder Regung meiner Seele folgte. Ich hatte Luft trinken können wie Wein, oder in Wasser atmen wie in Luft.

Mit dem Gedächtnis an den Traum leuchtete dann immer die neue Empfindung nochmals innig und verlockend auf, schon mit dem wehmütigen Glanz des Abschiednehmenden und Unwiederbringlichen. Dann kamen die Gedanken hinterher, das völlige Erwachen und Bewußtwerden, und der Traum und sein Glück wurde ferner und unwirklicher, und wenn ich aus dem Bette stieg, war fast alles schon wieder weg und verloren und nichts blieb mir zurück als ein leises und banges Gefühl von Verlust und Bestohlensein, gemischt mit einem Gefühl, das ähnlich schmeckte wie schlechtes Gewissen – so, als hätte ich etwas Dummes getan, als hätte ich mich geschädigt und selber betrogen.

Manchmal dachte ich dann, eben das Träumen sei es, das man als Selbstbetrug anklagen und abtun müsse. Es war aber umgekehrt: das Träumen war das Wertvolle, und das Abtun, Richten und Verwerfen des Traumes war der Unsinn, war die Schädigung.

Einige Male war ich schon ganz, ganz nahe bei dieser Erkenntnis, fühlte sie schon wie einen gefangenen Vogel mir in der Hand flattern, und verlor sie wieder, und blieb traurig und verarmt zurück. – Jetzt habe ich sie in Händen, meine neue Erkenntnis, oder Erfahrung, oder wie man es nennen will.

Was ich alsdann für mich allein dachte und spann, ist wohl nicht des Erzählens wert. Aber je älter ich wurde und je schaler die kleinen Befriedigungen mir schmeckten, die ich in meinem Leben fand, desto mehr wurde mir klar, wo ich die Quelle der Freuden und des Lebens suchen müsse. Ich erfuhr, daß Geliebtwerden nichts ist, Lieben aber alles, und mehr und mehr meinte ich zu sehen, daß das, was unser Dasein wertvoll und lustvoll macht, nichts anderes ist als unser Fühlen und Empfinden. Wo irgend ich etwas auf Erden sah, das man »Glück« nennen konnte, da bestand es aus Empfindungen. Geld war nichts, Macht war nichts. Man sah viele, die beides hatten und elend waren. Schönheit war nichts, man sah schöne Männer und Weiber, die bei aller Schönheit elend waren. Auch die Gesundheit wog nicht schwer; jeder war so gesund wie er sich fühlte, mancher Kranke blühte bis kurz vor dem Ende vor Lebenslust, und mancher Gesunde welkte angstvoll in Furcht vor Leiden hin. Glück aber war überall da, wo ein Mensch starke Gefühle hatte und ihnen lebte, sie nicht vertrieb und vergewaltigte, sondern pflegte und genoß. Schönheit beglückte nicht den, der sie besaß, sondern den, der sie lieben und anbeten konnte.

Es gab vielerlei Gefühle, scheinbar, aber im Grunde waren sie eins. Man kann alles Gefühl Willen nennen, oder wie immer. Ich nenne es Liebe. Glück ist Liebe, nichts anderes. Wer lieben kann, ist glücklich. Jede Bewegung unsrer Seele, in der sie sich selber empfindet und ihr Leben spürt, ist Liebe. Glücklich ist also der, der viel zu lieben vermag. Lieben aber und Begehren ist nicht ganz dasselbe. Liebe ist weise gewordene Begierde; Liebe will nicht haben; sie will nur lieben. Darum war auch der Philosoph glücklich, der seine Liebe zur Welt in einem Netz von Gedanken wiegte, der immer und immer neu die Welt mit seinem Liebesnetz umspann. Aber ich war kein Philosoph.

Auf den Wegen der Moral und Tugend aber war für mich auch kein Glück zu holen. Da ich wußte, glücklich machen kann nur die Tugend, die ich in mir selbst empfinde, in mir selbst erfinde und hege – wie konnte ich da irgendeine fremde Tugend mir aneignen wollen! Aber das sah ich: das Gebot der Liebe, einerlei ob es von Jesus oder von Goethe gelehrt wurde, dies Gebot wurde von der Welt völlig mißverstanden! Es war überhaupt kein Gebot. Es gibt überhaupt keine Gebote. Gebote sind Wahrheiten, wie der Erkennende sie dem Nichterkennenden mitteilt, wie der Nichterkennende sie auffaßt und empfindet. Gebote sind irrtümlich aufgefaßte Wahrheiten. Der Grund aller Weisheit ist: Glück kommt nur durch Liebe. Sage ich nun »Liebe deinen Nächsten!« so ist das schon eine verfälschte Lehre. Es wäre vielleicht viel richtiger zu sagen: »Liebe dich selbst so wie deinen Nächsten!« Und es war vielleicht der Urfehler, daß man immer beim Nächsten anfangen wollte...

Jedenfalls: das Innerste in uns begehrt Glück, begehrt einen wohltuenden Zusammenklang mit dem, was außer uns ist. Dieser Klang wird gestört, sobald unser Verhältnis zu irgendeinem Ding ein andres ist als Liebe. Es gibt keine Pflicht des Liebens, es gibt nur eine Pflicht des Glücklichseins. Dazu allein sind wir auf der Welt. Und mit aller Pflicht und aller Moral und allen Geboten macht man einander selten glücklich, weil man sich selbst damit nicht glücklich macht. Wenn der Mensch »gut« sein kann, so kann er es nur, wenn er glücklich ist, wenn er Harmonie in sich hat. Also wenn er liebt.

Und das Unglück in der Welt, und das Unglück bei mir selber kam also daher, daß das Lieben gestört war. Von hier aus wurden mir die Sprüche im Neuen Testament plötzlich wahr und tief. »So ihr nicht werdet wie die Kinder« – oder »Das Himmelreich ist inwendig in euch«.

Dies war die Lehre, die einzige Lehre in der Welt. Dies sagte Jesus, dies sagte Buddha, dies sagte Hegel, jeder in seiner Theologie. Für jeden ist das einzig Wichtige auf der Welt sein eigenes Innerstes – seine Seele – seine Liebesfähigkeit. Ist die in Ordnung, so mag man Hirse oder Kuchen essen, Lumpen oder Juwelen tragen, dann klang die Welt mit der Seele rein zusammen, war gut, war in Ordnung.

...Nichts vermag der Mensch so zu lieben wie sich selbst. Nichts vermag der Mensch so zu fürchten wie sich selbst. So entstand zugleich mit den andern Mythologien, Geboten und Religionen des primitiven Menschen auch jenes seltsame Übertragungs- und Scheinsystem, nach welchem die Liebe des Einzelnen zu sich selber, auf welcher das Leben ruht, dem Menschen für verboten galt und verheimlicht, verborgen, maskiert werden mußte. Einen andern zu lieben galt für besser, für sittlicher, für edler, als sich selbst zu lieben. Und da die Eigenliebe nun doch einmal der Urtrieb war und die Nächstenliebe neben ihr niemals recht gedeihen konnte, erfand man sich eine maskierte, erhöhte, stilisierte Selbstliebe, in Form einer Art von Nächstenliebe auf Gegenseitigkeit. ... So wurde die Familie, der Stamm, das Dorf, die Religionsgemeinschaft, das Volk, die Nation zum Heiligtum ... Der Mensch, der sich selber zuliebe nicht das kleinste Sittengebot übertreten darf – für die Gemeinschaft, für Volk und Vaterland darf er alles tun, auch das Furchtbarste, und jeder sonst verpönte Trieb wird hier zu Pflicht und Heldentum. So weit war die Menschheit bis jetzt. Vielleicht würden auch die Götzenbilder der Nationen mit der Zeit noch fallen, und in der neu entdeckten Liebe zur ganzen Menschheit käme vielleicht die alte Urlehre wieder neu zum Durchbruch.

Solche Erkenntnisse kommen langsam, man windet sich zu ihnen in Spiralen hinan. Und wenn sie da sind, so ist es, als habe man sie im Sprung, im Nu erreicht.

Aber Erkenntnisse sind noch nicht Leben. Sie sind der Weg dazu, und mancher bleibt ewig auf dem Wege. Auch ich ahnte den Weg, glaubte ihn bestimmt zu wissen, und kam doch nie so recht vorwärts auf ihm. Es gab Fortschritte und Rückschritte, Eifer und Mißmut, Glauben und Enttäuschung. Und vermutlich wird es die immer geben.

Jetzt bin ich einen Schritt weiter, seit vorgestern. Da ist es mir zum erstenmal geglückt, etwas festzuhalten, was sonst immer auf der Flucht war, etwas eine Weile zu eigen zu haben, was ich sonst nur wie einen fernen Goldvogel fliegen sah.

Mein Erlebnis ist dieses: ich habe vorgestern zum erstenmal den Sinn und das Glück, das Wesen und die Lehre eines nächtlichen Traumes mit in den Tag hinein genommen. Ich hatte stundenlang Beziehung zur Welt, die man sonst nur im Traume hat. Ich hatte stundenlang Fähigkeiten, die man sonst am Tage nicht hat.

Ich werde mich hüten, das zu erzählen. Dies erste Erlebnis ist mir viel zu lieb, viel zu zart, viel zu heilig, viel zu schimmernd und geheimnisvoll golden, als daß ich versuchen möchte, es in die Finger zu nehmen, es mit Gedanken, Worten und Tinte zu beschmutzen.

Aber das Erlebnis hat sich wiederholt, gestern und heute. Ich wünsche, daß es sich an hundert und tausend, an allen Tagen wiederhole, es soll aufhören, ein Geheimnis und Wunder zu sein, es soll Tag und Natur werden, soll mir gehören und zur Selbstverständlichkeit werden.

(1918)

Autobiographische und essayistische Schriften

Über mein Verhältnis zum geistigen Indien und China

Von frühster Kindheit an war ich von außen her mit indischem Wesen vertraut, mein Großvater, meine Mutter und mein Vater waren alle drei lange in Indien gewesen, sprachen indische Sprachen (Malayalam, Kanaresisch, Hindostani, mein Großvater auch Sanskrit), in unsrem Hause waren viele indische Sachen, Kleider, Gewebe, Bilder etc. Unbewußt sog ich so viel Indisches ein. Besonders erinnere ich mich an schöne, lebhafte Erzählungen meiner Mutter aus ihrer indischen Zeit. Meine Eltern und Großeltern waren als Missionare tätig gewesen, mein Großvater war Jahrzehnte in Indien. Doch waren sie alle drei nicht vom Schlage des Durchschnitts-Missionars, waren tief in Sprachen und Seele Indiens eingedrungen, das sie sehr liebten. Ich erinnere mich eines handschriftlichen Buches, das mein Vater besaß und in das er während seiner indischen Zeit vieles eingeschrieben hatte, vor allem erinnere ich mich, daß darin viele buddhistische Gebete standen, von meinem Vater übersetzt, teils in Deutsch, teils in Englisch, und daß er uns zuweilen mit sichtlichem Gefallen an der Frömmigkeit und Poesie dieser Gebete daraus vorlas.

Bei meinen Eltern und Großeltern war sehr viel Liebe für Indien und viel Bereitschaft zum Verständnis Indiens vorhanden, doch stand ihr Christentum im Wege, sie anerkannten Indien und seine Ideen sehr, aber stets mit dem Vorbehalt, daß doch eben die Lehre Jesu allein göttlich und endgültig sei, ebenso wie sie auch Goethe und andre weltliche Weise schätzten, aber stets mit jenem mir fatalen Vorbehalt.

Seit dem Verlassen des Vaterhauses hatte ich keine Berührungen mit Indischem, und jene Einflüsse blieben ganz unbewußt. Erst im Alter von etwa 27 Jahren, als ich begann, mich mit Schopenhauer zu beschäftigen, stieß ich wieder auf indische Gedanken, in den folgenden Jahren hatte ich häufig Begegnungen mit suchenden Menschen, meist von mehr oder weniger theosophischer Färbung, und fand mich auch durch sie mehr und mehr auf indische Quellen gewiesen, lernte eine Übersetzung der Bhagavad-Gita kennen und war von da an in indischen Ideen heimisch. Bald fand ich auch das Dhammapaddam, von Neumann übersetzt, und Oldenbergs Buddhabuch, später die Werke von Deußen.

Meine damalige Philosophie war die eines erfolgreichen, aber müden und übersättigten Lebens, ich faßte den ganzen Buddhismus als Resignation und Askese auf, als Flucht in Wunschlosigkeit, und blieb Jahre dabei stehen.

Eine Bereicherung und teilweise Korrektur erfuhr mein östliches Wissen und Denken durch die Chinesen, die ich durch die Übersetzungen von R. Wilhelm allmählich kennen lernte. Von Lao Tse erfuhr ich schon etwas vorher durch meinen Vater, der ihn durch den Tübinger Professor Grill kennen gelernt hatte (Grill hat selbst eine Übersetzung des Tao Te King gemacht). Mein Vater, sein Leben lang ein frommer Christ, aber stets suchend und nie dogmatisch festgelegt, war die letzten Jahre seines Lebens intensiv mit Lao Tse beschäftigt, den er oft mit Jesus verglich. Ich selbst kam erst einige Jahre später zu Lao Tse, der mir nun für lange Zeit zur wichtigsten Offenbarung wurde.

Auch von anderer Seite her, aus den Folgerungen, die ich aus manchen Lehren der Psycho-Analyse zog, ergab sich mir mehr und mehr ein Ideal dessen, was ich Weisheit nannte, und das Wissen von einem bipolaren, nicht einseitigen, synthetischen Denken. Die einzelnen Stationen der Entwicklung könnte ich nicht in Kürze angeben. Obwohl meine Lebensschicksale an Schwere zunahmen und mir sehr großes Leid brachten, verlor sich aus meinem Denken doch mehr und mehr die Resignation, und für mich bezeichnete ich diese Wendung zuweilen als eine Wendung von Indien nach China, d. h. von dem asketischeren Denken Indiens zu dem bürgerlicheren, »bejahenderen« Chinas.

Die östlichen Bücher, die mir wichtig wurden, sind:

Die Bhagavad Gita / Buddhas Reden / Deussens Vedanta und

Upanishaden / Oldenbergs Buddha / Das Tao Te King, von dem ich alle deutschen Ausgaben las / Gespräche des Konfuzius / Gleichnisse des Dschuang Dsi.

(1922)

Künstler und Psychoanalyse

Seit Freuds »Psychoanalyse« über den engsten Kreis der Nervenärzte hinaus Teilnahme erregt hat, seit Freuds Schüler Jung seine Psychologie des Unbewußten und seine Typenlehre ausgebaut und zum Teil veröffentlicht hat, seit vollends die analytische Psychologie sich unmittelbar auch dem Volksmythos, der Sage und der Dichtung zuwandte, besteht zwischen Kunst und Psychoanalyse eine nahe und fruchtbare Berührung. Ob man nun im Einzelnen und Engeren mit der Lehre Freuds einverstanden war oder nicht, seine unbestreitbaren Funde waren da und wirkten.

Es war zu erwarten, daß besonders die Künstler sich rasch mit dieser neuen, so vielfach fruchtbaren Betrachtungsweise befreunden würden. Sehr viele mochten schon als Neurotiker sich für die Psychoanalyse interessieren. Aber darüber hinaus war beim Künstler mehr Neigung und Bereitschaft vorhanden, sich auf eine völlig neu fundamentierte Psychologie einzulassen, als bei der offiziellen Wissenschaft. Für das genial Radikale ist der Künstler stets leichter zu gewinnen als der Professor. Und so ist heute unter den jungen Künstlergenerationen die Freudsche Gedankenwelt mehr diskutiert und weiter aufgenommen als unter den Medizinern und Psychologen vom Fach.

Für den einzelnen Künstler nun, soweit er nicht damit zufrieden war, die Sache als ein neues Diskussionsthema im Kaffeehaus hinzunehmen, entstand rasch die Bemühung, aus der neuen Psychologie auch als Künstler zu lernen – vielmehr es entstand die Frage, ob und wieweit die neuen psychologischen Einsichten dem Schaffen selbst zugute kommen möchten.

Ich erinnere mich, daß mir vor etwa zwei Jahren ein Bekannter die beiden Romane von Leonhard Frank empfahl, indem er sie nicht nur wertvolle Dichtungen, sondern zugleich auch »eine Art von Einführung in die Psychoanalyse« nannte. Seither las ich manche Dichtungen, in denen die Spuren der Beschäftigung mit der Freudschen Lehre deutlich sichtbar wurden. Mir selbst, der für die neuere wissenschaftliche Psychologie nie das geringste

Interesse gehabt hatte, schien in einigen Schriften von Freud, Jung, Stekel und anderen ein Neues und Wichtiges gesagt, daß ich sie mit lebendigster Teilnahme las, und ich fand, alles in allem, in ihrer Auffassung des seelischen Geschehens fast alle meine aus Dichtern und eigenen Beobachtungen gewonnenen Ahnungen bestätigt. Ich sah ausgesprochen und formuliert, was mir als Ahnung und flüchtiger Einfall, als unbewußtes Wissen zum Teil schon angehörte.

In der Anwendung auf Dichterwerke sowohl wie für die Beobachtung des täglichen Lebens ergab sich die Fruchtbarkeit der neuen Lehre ohne weiteres. Man hatte einen Schlüssel mehr – keinen absoluten Zauberschlüssel, aber doch eine wertvolle neue Einstellung, ein neues vortreffliches Werkzeug, dessen Brauchbarkeit und Zuverlässigkeit sich rasch bewährten. Ich denke dabei nicht an die literarhistorischen Einzelbemühungen, die aus dem Dichterleben eine möglichst detaillierte Krankengeschichte machen. Allein schon die Bestätigungen und Korrekturen, welche Nietzsches psychologische Erkenntnisse und feinnervige Ahnungen erfuhren, waren uns überaus wertvoll. Die beginnende Kenntnis und Beobachtung des Unbewußten, die psychischen Mechanismen als Verdrängung, Sublimierung, Regression usw. gedeutet, ergaben eine Klarheit des Schemas, die ohne weiteres einleuchtet.

Wenn es nun aber gewissermaßen jedem naheliegt und leicht gemacht wurde, Psychologie zu treiben, so blieb die Verwendbarkeit dieser Psychologie für den Künstler doch recht zweifelhaft. Sowenig historisches Wissen zu Geschichtsdichtungen, Botanik oder Geologie zur Landschaftsschilderung fähig machen, sowenig konnte die beste wissenschaftliche Psychologie der Menschendarstellung helfen. Man sah ja, wie die Psychoanalytiker selbst überall die Dichtung der frühern, voranalytischen Zeit als Belege, als Quellen und Bestätigungen benutzten. Es war also das, was die Analyse erkannt und wissenschaftlich formuliert hatte, von den Dichtern stets gewußt worden, ja der Dichter erwies sich als Vertreter einer besonderen Art des Denkens, die eigentlich der analytisch-psychologischen durchaus zuwiderlief. Er war der Träumer, der Analytiker war der Deuter seiner Träume. Konnte also dem Dichter, bei aller Teilnahme an der neuen Seelenkunde etwas anderes übrig bleiben, als weiter zu träumen und den Rufen seines Unbewußten zu folgen?

Nein, es blieb ihm nichts anderes. Wer vorher kein Dichter war, wer vorher nicht den inneren Bau und Herzschlag des seelischen Lebens erfühlt hatte, den machte alle Analyse nicht zum Seelendeuter. Er konnte nur ein neues Schema anwenden, konnte damit vielleicht für den Augenblick verblüffen, seine Kräfte aber nicht wesentlich steigern. Das dichterische Erfassen seelischer Vorgänge blieb nach wie vor eine Sache des intuitiven, nicht des analytischen Talents.

Indessen ist die Frage damit nicht erledigt. Tatsächlich vermag der Weg der Psychoanalyse auch den Künstler bedeutend zu fördern. So falsch er daran tut, die Technik der Analyse in die künstlerische hinüberzunehmen, so recht tut er doch daran, die Psychoanalyse ernst zu nehmen und zu verfolgen. Ich sehe drei Bestätigungen und Bestärkungen, die dem Künstler aus der Analyse erwachsen.

Zuerst die tiefe Bestätigung vom Wert der Phantasie, der Fiktion. Betrachtet der Künstler sich selbst analytisch, so bleibt ihm nicht verborgen, daß zu den Schwächen, an denen er leidet, ein Mißtrauen gegen seinen Beruf gehört, ein Zweifel an der Phantasie, eine fremde Stimme in sich, die der bürgerlichen Auffassung und Erziehung recht geben und sein ganzes Tun »nur« als hübsche Fiktion gelten lassen will. Gerade die Analyse aber lehrt jeden Künstler eindringlich, wie das, was er zu Zeiten »nur« als Fiktion zu schätzen vermochte, gerade ein höchster Wert ist, und erinnert ihn laut an das Dasein seelischer Grundforderungen sowohl wie an die Relativität aller autoritären Maßstäbe und Bewertungen. Die Analyse bestätigt den Künstler vor sich selbst. Zugleich gibt sie ihm ein Gebiet der rein intellektuellen Betätigung in der analytischen Psychologie frei.

Diesen Nutzen der Methode mag wohl auch schon der erfahren, der sie nur von außen her kennenlernt. Die beiden andern Werte aber ergeben sich nur dem, der die Seelenanalyse gründlich und ernsthaft an der eigenen Haut erprobt, dem die Analyse nicht eine intellektuelle Angelegenheit, sondern ein Erlebnis wird. Wer sich damit begnügt, über seinen »Komplex« einige Aufklärungen zu erhalten und nun über sein Innenleben einige formulierbare Auskünfte zu haben, dem entgehen die wichtigsten Werte.

Wer den Weg der Analyse, das Suchen seelischer Urgründe aus Erinnerungen, Träumen und Assoziationen, ernsthaft eine

Strecke weit gegangen ist, dem bleibt als bleibender Gewinn, das was man etwa das »innigere Verhältnis zum eigenen Unbewußten« nennen kann. Er erlebt ein wärmeres, fruchtbareres, leidenschaftlicheres Hin und Her zwischen Bewußtem und Unbewußtem; er nimmt von dem, was sonst »unterschwellig« bleibt und sich nur in unbeachteten Träumen abspielt, vieles mit ans Licht herüber.

Und das wieder hängt innig zusammen mit den Ergebnissen der Psychoanalyse für das Ethische, für das persönliche Gewissen. Die Analyse stellt, vor allem andern, eine große Grundforderung, deren Umgehung und Vernachlässigung sich alsbald rächt, deren Stachel sehr tief geht und dauernde Spuren lassen muß. Sie fordert eine Wahrhaftigkeit gegen sich selbst, an die wir nicht gewohnt sind. Sie lehrt uns, das zu sehen, das anzuerkennen, das zu untersuchen und ernst zu nehmen, was wir gerade am erfolgreichsten in uns verdrängt hatten, was Generationen unter dauerndem Zwang verdrängt hatten. Das ist schon bei den ersten Schritten, die man in der Analyse tut, ein mächtiges, ja ungeheures Erlebnis, eine Erschütterung an den Wurzeln. Wer standhält und weitergeht, der sieht sich nun von Schritt zu Schritt mehr vereinsamt, mehr von Konvention und hergebrachter Anschauung abgeschnitten, er sieht sich zu Fragen und Zweifeln genötigt, die vor nichts haltmachen. Dafür aber sieht oder ahnt er mehr und mehr hinter den zusammenfallenden Kulissen des Herkommens das unerbittliche Bild der Wahrheit aufsteigen, der Natur. Denn nur in der intensiven Selbstprüfung der Analyse wird ein Stück Entwicklungsgeschichte wirklich erlebt und mit dem blutenden Gefühl durchdrungen. Über Vater und Mutter, über Bauer und Nomade, über Affe und Fisch zurück wird Herkunft, Gebundenheit und Hoffnung des Menschen nirgends so ernst, so erschütternd erlebt wie in einer ernsthaften Psychoanalyse. Gelerntes wird zu Sichtbarkeit, Gewußtes zu Herzschlag, und wie die Ängste, Verlegenheiten und Verdrängungen sich lichten, so steigt die Bedeutung des Lebens und der Persönlichkeit reiner und fordernder empor.

Diese erziehende, fördernde, spornende Kraft der Analyse nun mag niemand fördernder empfinden als der Künstler. Denn ihm ist es ja nicht um die möglichst bequeme Anpassung an die Welt und ihre Sitten zu tun, sondern um das Einmalige, was er selbst bedeutet.

Unter den Dichtern der Vergangenheit standen einige dem Wissen um die wesentlichen Sätze der analytischen Seelenkunde sehr nahe, am nächsten Dostojewskij, welcher nicht nur intuitiv diese Wege lang vor Freud und seinen Schülern ging, sondern der auch eine gewisse Praxis und Technik dieser Art von Psychologie schon besaß. Unter den großen deutschen Dichtern ist es Jean Paul, dessen Auffassung von seelischen Vorgängen am nächsten bei dieser heutigen steht. Daneben ist Jean Paul das glänzendste Beispiel des Künstlers, dem aus tiefer, lebendiger Ahnung der ständige vertrauliche Kontakt mit dem eigenen Unbewußten zur ewig ergiebigen Quelle wird.

Zum Schlusse zitiere ich einen Dichter, den wir zwar zu den reinen Idealisten, nicht aber zu den Träumern und in sich selbst versponnenen Naturen, sondern im ganzen mehr zu den stark intellektuellen Künstlern zu rechnen gewohnt sind. Otto Rank hat zuerst die folgende Briefstelle als eine der erstaunlichsten vormodernen Bestätigungen für die Psychologie des Unbewußten entdeckt. Schiller schreibt an Körner, der sich über Störungen in seiner Produktivität beklagt: »Der Grund Deiner Klagen liegt, wie mir scheint, in dem Zwange, den Dein Verstand Deiner Imagination auferlegt. Es scheint nicht gut und dem Schöpfungswerke der Seele nachteilig zu sein, wenn der Verstand die zuströmenden Ideen, gleichsam an den Toren schon, zu scharf mustert. Eine Idee kann, isoliert betrachtet, sehr unbeträchtlich und sehr abenteuerlich sein, aber vielleicht wird sie durch eine, die nach ihr kommt, wichtig, vielleicht kann sie in einer gewissen Verbindung mit andern, die vielleicht ebenso abgeschmackt scheinen, ein sehr zweckmäßiges Glied abgeben: alles das kann der Verstand nicht beurteilen, wenn er sie nicht so lange festhält, bis er sie in Verbindung mit diesen anderen angeschaut hat. Bei einem schöpferischen Kopfe hingegen, deucht mir, hat der Verstand seine Wache von den Toren zurückgezogen, die Ideen stürzen pêle-mêle herein, und alsdann erst übersieht und mustert er den großen Haufen.«

Hier ist das ideale Verhältnis der intellektuellen Kritik zum Unbewußten klassisch ausgedrückt. Weder Verdrängung des aus dem Unbewußten, aus dem unkontrollierten Einfall, dem Traum, der spielenden Psychologie zuströmenden Gutes, noch dauernde Hingabe an die ungestaltete Unendlichkeit des Unbewußten, sondern liebevolles Lauschen auf die verborgenen Quellen, und

dann erst Kritik und Auswahl aus dem Chaos – so haben alle
großen Künstler gearbeitet. Wenn irgend eine Technik diese
Forderung erfüllen helfen kann, so ist es die psychoanalytische.

(1918)

Einkehr

In meinem Leben ist es jetzt Mittag, ich bin an Vierzig vorbei und
ich spüre, wie sich, seit Jahren vorbereitet, neue Einstellungen,
neue Gedanken, neue Auffassungen melden, wie sich das Ganze
meines Lebens neu und anders kristallisieren will.

Das hat nie einen Anfang gehabt. Das klang schon voraus und
war schon Ahnung und Möglichkeit, als ich noch Kind war, als
ich noch nicht Kind war. Spürbar ist es mir auch schon früh geworden. Überhaupt, wenn ich heute an meine früheren Jahre
denke, so sehen sie anders aus, als ich sie zu sehen gewohnt war.
Anders duftet die Zeit der Kindheit, anders klingt die Zeit des
Jünglings mir jetzt, als sie mir noch vor zwei, drei Jahren klang.
Und so sehe ich jetzt Ahnungen und Vordeutungen des Heutigen
schon in Ereignissen und Gefühlen sehr früher Jahre. Man wird
sagen, ich deute nun eben den neuen Sinn, den ich jetzt meinem
Leben zuschreibe, rückwärts in alles Gewesene hinein, kon-
struiere Geschichte, wende neue Dogmen nach rückwärts an, belüge mich mit einer neuen Theologie.

Aber was liegt denn daran, wenn ich mich belüge, wenn ich
Theologie oder Geschichtskonstruktion treibe? Das Neue bei
mir ist ja nicht, daß einer bisherigen Täuschung eine nunmehrige
Wahrheit gefolgt wäre. Ich bin weiter von jeder Wahrheit entfernt als jemals. Ich bin ungläubiger gegen jede Wahrheit und
gläubiger gegen jede Illusion als jemals.

Aber ich spüre mich wieder leben, ich bin jünger, fühle Zukunft, fühle Kräfte und Wirkungsmöglichkeiten, und das alles
war jahrelang fortgewesen. Es ist eine Häutung im Gang, ein aus-
gewachsenes Kleid will abfallen, und was ich jahrelang für den
Schmerz des Sterbenmüssens angesehen habe, will nun Schmerz
der Neugeburt bedeuten

Furchtbar sind die Schmerzen des Sterbenmüssens, ich sehe sie
hinter mir wie eine lange, schwarze Schlucht des Grauens, durch
die ich gegangen bin. Jahre und Jahre gegangen, allein und hoff-

nungslos. Noch friert mich tief im Gedanken an sie. Es war eine
Hölle, eine kalte und stille Hölle. Es war ein Weg ohne Hoffnung, an dessen Ende nichts stand als Dunkel und Tod – vielleicht ein Ende, hoffentlich eine Ende.

Aber wie es scheint, gibt es für jedes Leid eine Grenze, bis wohin es Leid ist. Dann hat es entweder sein Ende, oder es verwandelt sich, nimmt Lebensfarben an, tut vielleicht noch weh, aber
Schmerz ist dann Hoffnung und Leben. So ging es mir mit der
Einsamkeit. Ich bin jetzt nicht weniger einsam als in meiner
schlechtesten Zeit. Aber Einsamkeit ist ein Trank, der mich weder betäuben noch schmerzen mehr kann, aus diesem Becher
habe ich genug getrunken, um gegen sein Gift hart geworden zu
sein. Aber es ist ja nicht Gift – das war es nur, das hat sich gewan-
delt. Alles ist Gift, was wir nicht annehmen, nicht lieben, nicht
dankbar schlürfen können. Und alles ist Leben und Wert, was wir
lieben, woraus wir Leben saugen können. Wenn ich versuche,
über ein Stück meines Lebens Rechenschaft zu geben, so tue ich
es nicht in der Meinung, ich könne damit lehren, ich könne Formeln finden und eine Weisheit destillieren. Obwohl ich mein Leben lang, seit den Jünglingsjahren, den Zug zur Philosophie empfand, und eine Bibliothek von Denkern gelesen habe, ist mir
doch der Glaube an meine Fähigkeit vergangen, mein Weltbild
mitteilbar zu formulieren. Ich bin kein Denker und will auch keiner sein. Ich habe das Denken viele Jahre lang überschätzt, ich
habe ihm viel Blut geopfert, ich habe dabei verloren und dabei
gewonnen, je nachdem. Aber ich hätte ebensowohl dies alles
nicht tun können, und wäre heute bei demselben Ergebnis. Nicht
aus dem Denken habe ich gelernt, am wenigsten aus dem Denken
der vielen andern, deren Werke ich studiert habe.

Noch erinnere ich mich wohl der überaus holden Täuschung, die
ich erlebte, als ich den ersten Philosophen gelesen und nach manchem Kopfschütteln verstanden hatte. Er war Spinoza, und bei
Kant wiederholte sich die schöne Täuschung nochmals. Ich empfand über mein Verstandenhaben, über der Feststellung meiner
Fähigkeit, diesen Gedankenbau zu begreifen und die Lebensge-
setze seiner Konstruktion mitfühlen zu können – darüber empfand ich eine Befriedigung und ein Wohlsein, das an sich eine
schöne Sache war, das ich aber so deutete, als habe ich nun ›die‹
Wahrheit gefunden. Ich meinte, die Welt ein für allemal verstanden zu haben, während ich nichts erlebt hatte als einen der schö-

nen Augenblicke, in denen man im unendlichen Wirbel der Bilder eine Kristallisation, einen Halt, eine Fixierung in sich fertigbekommt. Die Welt verstehen, hieße ein Leben führen, das ununterbrochen aus lauter solchen seltenen Augenblicken bestünde. Daß die Philosophie nur einer von tausend Wegen war, um solche Augenblicke zu erleben, empfand ich wohl, glaubte es aber lange nicht. In Wirklichkeit war mein Erlebnis bei Kant, bei Schopenhauer, bei Schelling kein anderes als das, was ich auch bei der Matthäuspassion, bei Mantegna, beim Faust gehabt hatte. Heute sehe ich das etwa so: eine Philosophie von überwiegendem Wert gibt es nur für den schöpferischen Philosophen, nicht für seinen Schüler, nicht für seinen Leser, nicht für seinen Kritiker. In seiner Weltschöpfung erlebt der Philosoph das, was jedes Wesen in seinen Augenblicken der Reife und Erfüllung empfindet, die Frau beim Gebären, der Künstler beim Schaffen, der Baum bei den Stationen der Jahreszeit und Lebensalter. Daß der Denker dies Erlebnis *bewußt* erlebe, die andern Wesen ›nur‹ unbewußt, ist ein alter Glaubenssatz, an dem ich schweigend zweifle. Mag er selbst richtig sein (er ist es nicht, denn der Denker erliegt im Erleben seines Werkes hundert Illusionen, und wie oft hängt sich seine Liebe und Eitelkeit gerade an die zweifelhaftesten seiner Funde!) – so bestreitet doch meine Erfahrung diesen überragenden Wert des Bewußtseins. Daß ich den mir wichtigen Kreis der Dinge dauernd im Blickfeld meines Bewußtseins habe, ist nicht entscheidend für den Wert und die Steigerung meines Ichs, sondern nur das, daß ich zwischen dem Bezirk des Bewußtseins und dem Unbewußten gute, leichte, flüssige Beziehungen habe. Wir sind nicht Denkmaschinen, sondern Organismen, und in unsrem Organismus nimmt das Unbewußte eine ähnliche Stelle ein wie der Magen im berühmten Gleichnis des römischen Redners. Für den, der nicht gewillt ist, sich um Worte zu streiten, ist es nicht leicht, das auszudrücken, was ich meine. Aber als Gleichnis scheint mir das Wort ›bewußt‹ und ›unbewußt‹ so wertvoll, daß ich den Versuch doch mache.

Also: stelle dir dein Wesen als einen tiefen See mit kleiner Oberfläche vor. Die Oberfläche ist das Bewußtsein. Dort ist es hell, dort geht das vor sich, was wir denken heißen. Der Teil des Sees aber, der diese Oberfläche bildet, ist ein unendlich kleiner. Er mag der schönste, der interessanteste Teil sein, denn in der Berührung mit Luft und Licht erneuert, verändert, bereichert sich das Wasser. Aber die Wasserteile selbst, die an der Oberfläche sind, wechseln unaufhörlich. Immer steigt es von unten, sinkt von oben, immer geschehen Strömungen, Ausgleichungen, Verschiebungen, jeder Teil Wassers will auch einmal oben sein. – Wie nun der See aus Wasser, so besteht unser Ich, oder unsre Seele (es ist nichts an den Worten gelegen) aus tausend und Millionen Teilen, aus einem stets wachsenden, stets wechselnden Gut von Besitz, von Erinnerungen, von Eindrücken. Was unser Bewußtsein davon sieht, ist die kleine Oberfläche. Den unendlich größeren Teil ihres Inhalts sieht die Seele nicht: reich und gesund nun und zum Glück fähig scheint mir die Seele, in der aus dem großen Dunkel nach dem kleinen Lichtfelde hin ein beständiger, frischer Zuzug und Austausch vor sich geht. Die allermeisten Menschen hegen tausend und tausend Dinge in sich, welche niemals an die helle Oberfläche kommen, welche unten faulen und sich quälen. Darum, weil sie faulen und Qual machen, werden diese Dinge vom Bewußtsein immer und immer wieder zurückgewiesen, sie stehen unter Verdacht und werden gefürchtet. Dies ist der Sinn jeder Moral – was als schädlich erkannt ist, darf nicht nach oben kommen! Es ist aber nichts schädlich und nichts nützlich, alles ist gut, oder alles ist indifferent. Jeder einzelne trägt Dinge in sich, die ihm angehören, die ihm gut und zu eigen sind, die aber nicht nach oben kommen dürfen. Kämen sie nach oben, sagt die Moral, so gäbe es ein Unglück. Es gäbe aber vielleicht gerade ein Glück! Darum soll alles nach oben kommen, und der Mensch, der sich einer Moral unterwirft, verarmt.

Das, was ich in den letzten Jahren erlebt habe, erscheint mir im Bild dieses Gleichnisses so, als sei ich ein See gewesen, dessen Tiefenschicht abgeschlossen lag, woraus Qual und Todesnähe entstand. Nun aber fließt wieder Oben und Unten reger ineinander, vielleicht noch mangelhaft, vielleicht noch lange nicht rege genug – aber immerhin, es fließt.

(1918/19)

Exotische Kunst

Vom Ende des siebzehnten Jahrhunderts an kam chinesische Kunst, namentlich Porzellan und Stickereien, nach Frankreich, wirkte rasch und wurde in den »Chinoiserien« des achtzehnten

Jahrhunderts spielerisch von der damaligen Kunst und Mode Europas verarbeitet. Etwa um die Mitte des neunzehnten Jahrhunderts kam, diesmal von Japan her, eine neue Welle ostasiatischer Kunst herüber, ebenfalls via Paris, und wirkte von dort aus. Beide Male waren es Erzeugnisse später, schon manierierter klassizistischer Kunst, es war gerade jener Teil der Exotik, der durch Naturferne und eine gewisse Ermüdung in Europa am wenigsten befremdend wirken mußte. Bekannt ist ja das auffallend anpassungsfähige Verhalten des Impressionismus gegen den japanischen Holzschnitt und Stockdruck. Die übrige Kunst der exotischen Länder war für Europa nicht vorhanden, mindestens nicht als Kunst, höchstens als ethnographische Spezialität.

Inzwischen sind, in den letzten zehn Jahren mit höchst beschleunigtem Tempo, die Exoten in Europa zur Wirkung gelangt. Kaum war eine neue Hinwendung der Künstler und Kunstliebhaber zu Ägypten vollzogen, kaum waren die hochentwickelten Bildnereien von China, Indien, Siam, Java bei uns einigermaßen bekannt geworden, da brach eine ganz neue Woge herein, die eigentliche, die wilde Exotik, die Negerplastik, die Schnitzereien und Flechtereien Ozeaniens. Die Tanzmasken und Götzen, die primitiv-erotischen Bildnereien der Neger, die uralten Dämonenfiguren Chinas wurden uns bekannt, wurden uns merkwürdig, wurden uns wichtig.

Der siegreiche (übrigens prachtvolle, von mir mit Innigkeit begrüßte) Hereinbruch der bemalten Schädel, der behaarten Tanzmasken, der furchtbaren Chimären primitiver Völker und Zeiten in den stillen, sanften, etwas langweiligen Tempel der europäischen Kunstgegenstände und Kunstanschauungen ist sichtlich ein Zeichen von Untergang. Zwar nicht von jenem Untergang, den der bürgerliche Zeitungsleser sich vorstellt, wenn er über Spengler böse wird, sondern von jenem natürlichen, richtigen, gesunden Untergang, der zugleich Beginn der Wiedergeburt ist – von jener Art Untergang, die nichts andres ist als ein Ermüden überzüchteter Funktionen in der Seele des einzelnen wie der Völker und ein zunächst unbewußtes Hinstreben nach dem Gegenpol. In Zeiten solcher Untergangsstimmungen kommen stets seltsame neue Götter auf, die mehr wie Teufel aussehen, das bisher Vernünftige wird sinnlos, das bisher Verrückte wird positiv, wird hoffnungsvoll, scheinbar wird jede Grenze verwischt, jede Wertung unmöglich, es kommt der Demiurg herauf, der nicht gut noch böse, nicht Gott noch Teufel ist, sondern nur Schöpfer, nur Zerstörer, nur blinde Urkraft. Dieser Augenblick scheinbaren Unterganges ist derselbe, der im einzelnen zum erschütternden Erlebnis, zum Wunder, zur Umkehr wird. Es ist der Moment des erlebten Paradoxen, der aufblitzende Augenblick, wo getrennte Pole sich berühren, wo Grenzen fallen, wo Normen schmelzen. Es gehen dabei unter Umständen Moralen und Ordnungen unter, der Vorgang selbst aber ist das denkbar Lebendigste, was sich vorstellen läßt.

So empfinde ich den Aufmarsch der exotischen Kunst aus Brasilien, aus Benin, aus Neukaledonien, aus Neuguinea. Sie zeigt Europa sein Gegenbild, sie atmet Anfang und wilde Zeugungskraft, sie riecht nach Urwald und Krokodil. Sie führt zurück in Lebensstufen, in Seelenlagen, die wir Europäer scheinbar längst »überwunden« haben. Wir werden sie auch auf der Stufe der Ozeanier nicht wieder aufnehmen. Aufnehmen aber, nicht mit dem Verstande und der Wissenschaft, sondern mit Blut und Herz müssen wir alle diese Teufel und Götzen erbarmungslos. Was wir in unsern Künsten, in unsrer Geistigkeit, in unsern Religionen gewonnen, kultiviert, verfeinert und allmählich verdünnt und verflüchtigt haben, alle unsere Ideale, alle unsere Geschmäcke, damit haben wir eine Seite des Menschen großgezogen, auf Kosten der Gegenseite, haben einem Lichtgotte gedient, unter Verneinung der finstern Mächte. Und so wie Goethe in seiner Farbenlehre das Dunkel nicht als Nichts, sondern als schöpferischen Gegenpol des Lichtes besingt, so steht jetzt (nur nicht mit Goethes Bewußtheit) die Künstlerschaft und Geistigkeit Europas vor den Gebilden aus Borneo und Peru, staunt und muß anerkennen, ja anbeten, was vor kurzem noch Greuel und Gespenst war. Und plötzlich denkt man auch daran, wie die stärksten Menschen in der Kunst des späten Europa, Dostojewskij und van Gogh diesen wilden, fanatischen Zug ins Unheimliche haben, diesen Geruch nach Verbotenem, diese Verwandtschaft mit dem Verbrecherischen.

Der Weg ist längst beschritten, keine Mehrheitsbeschlüsse werden das Rad zurückrollen. Der Weg Fausts zu den Müttern. Er ist nicht bequem, er ist nicht lieblich; aber er ist notwendig.

(1922)

Unreif gebrochene Früchte nützen uns nichts. Mehr als die Hälfte meines Lebens war ich mit indischen und chinesischen Studien beschäftigt – oder, um nicht in den Ruf eines Gelehrten zu kommen, war ich gewohnt, den Duft indischer und chinesischer Dichtung und Frömmigkeit zu atmen. Aber als ich vor elf Jahren eine Reise nach Indien machte, da sah ich wohl die Palmen und Tempel stehen, roch den Weihrauch und das Sandelholz, aß die herben Mango und die zarten Bananen; aber zwischen alledem und mir war noch ein Schleier, und mitten in Kandy unter den Buddhapriestern hatte ich nach dem wahren Indien, nach Indiens Geist, nach einer lebendigen Berührung mit ihm das ungestillte Heimweh wie vorher in Europa. Indiens Geist gehörte noch nicht mir, ich hatte noch nicht gefunden, ich suchte noch. Darum floh ich damals auch Europa, denn meine Reise war eine Flucht. Ich floh es und haßte es beinahe, in seiner grellen Geschmacklosigkeit, seinem lärmigen Jahrmarktbetrieb, seiner hastigen Unruhe, seiner rohen, tölpelhaften Genußsucht.

Mein Weg nach Indien und China ging nicht auf Schiffen und Eisenbahnen, ich mußte die magischen Brücken alle selber finden. Ich mußte aufhören, dort die Erlösung von Europa zu suchen, ich mußte aufhören, Europa im Herzen zu befeinden, ich mußte das wahre Europa und den wahren Osten mir im Herzen und Geist zu eigen machen, und das dauerte wieder Jahre um Jahre, Jahre des Leidens, Jahre der Unruhe, Jahre des Krieges, Jahre der Verzweiflung.

Dann kam die Zeit, es ist noch nicht sehr lange her, da hatte ich keine Sehnsucht nach dem Palmenstrand von Ceylon und den Tempelstraßen von Benares mehr und wünschte mir nicht mehr, ein Buddhist oder Taoist zu sein und einen Heiligen und Magier zum Lehrer zu haben. Dies alles war unwichtig geworden, und auch der große Unterschied zwischen dem verehrten Osten und dem kranken, leidenden Westen, zwischen Asien und Europa, war mir nicht mehr eben wichtig. Ich legte keinen Wert mehr auf das Eindringen in möglichst viele östliche Weisheiten und Kulte, ich sah, daß tausend heutige Verehrer des Laotse weniger von Tao wußten als Goethe, der das Wort Tao nie gehört hat. Ich wußte, daß es, in Europa wie in Asien, eine unterirdische, zeitlose Welt der Werte und des Geistes gab, die nicht durch die Erfindung der Lokomotive und nicht durch Bismarck umgebracht worden war, und daß es gut und richtig war, in dieser zeitlosen Welt, in diesem Frieden einer geistigen Welt zu leben, an der Europa und Asien, Veden und Bibel, Buddha und Goethe gleichen Teil hatten. Hier begann meine Schule der Magie, und sie dauert noch an; hier gibt es kein Ende des Lernens. Aber mit der Indiensucht und der Europaflucht war ich fertig, und jetzt erst klang mir Buddha und das Dhammapaddam und das Tao-te-king rein und heimatlich und hatte keine Rätsel mehr.

Nun war diese Frucht reif geworden, und nun fiel sie vom Baum meines Lebens. Ich verschweige den Anlaß und die Namen; ich erzähle nicht, wie alles zustande kam, wie es geschah, daß ich aus meinem Eremitenleben einmal wieder für Tage in die Welt hinein gespült wurde, wie plötzlich neue Menschen, neue Beziehungen meinen Weg kreuzten. Ich erzähle nur die indische Episode daraus.

Kürzlich, an einem schönen, etwas verschleierten Abend, erschien bei mir in meinem Dorf ein schöner bräunlicher Mann, ein gelehrter Hindu aus Bengalen, ein Schüler und Freund von Tagore. Er erschien und sagte gleich unter der Tür meines Zimmers: »Oh, das ist ganz wie in Indien«, und fühlte sich sogleich daheim. Er sprach Englisch und Französisch und hatte außerdem noch eine Dolmetscherin mitgebracht. Er hatte eine Vorlesung von mir gehört, hatte sich alles genau übersetzen lassen und kam nun, um mir zu sagen, daß er erstaunt und erfreut sei, in Europa einen Mann zu finden, dem das östliche Denken nicht bloß durch gelehrtes Studium intellektuell bekannt, sondern im Herzen vertraut und heimisch sei. Ich sagte ihm, es gebe mehr solcher Europäer, als er wisse; ich erzählte ihm von einigen Freunden, ich erzählte ihm von jenem unsichtbaren, unmodernen, weder nationalisierten noch militarisierten Europa des Geistes, erzählte ihm, daß auch Goethe (von dem er meinte, daß er das Indertum abgelehnt habe) ein Gläubiger und Mitverkünder jener anonymen westöstlichen Lehre sei.

Schön und freundlich lächelte der Inder, schnell wurden wir Freunde, schnell schlossen wir uns auf und gaben uns einer dem andern zu erkennen. Seit langem hatte ich diesen Genuß nicht mehr gekostet. Es gibt einen Menschen, einen Europäer zwar, aber einen, der beinah sein ganzes Leben in Japan verbracht hat und auch jetzt wieder dort lebt, mit dem war ich in ähnlicher

Weise verbunden, mit dem stand ich auf demselben gemeinsamen Boden eines magischen Verstehens, eines Verstehens auch ohne Worte, durch Zeichen, durch Lächeln, durch Schweigen. Nun erlebte ich dasselbe mit diesem Mann aus Bengalen; vom ersten Augenblick an waren wir einverstanden, teilten einander nur Dinge mit, zu denen der andre lächeln und nicken konnte.

Er war sogleich in die offene Balkontüre getreten. »Auch dies erinnert mich an Indien«, sagte er, »diese schönen Bäume, diese Stille, dieses Konzert der Zikaden, diese blaue Dämmerung im Gebirge. Im Himalaja haben wir buddhistische Klöster, die liegen in unendlicher Stille, in unendlichem Frieden solchen Bergen, solchen Dämmerungen gegenüber, dorthin sollten Sie kommen, lieber Herr, Sie sollten für einige Monate oder Jahre zu mir nach Bengalen kommen.«

Ich dankte ihm für die Einladung und erinnerte ihn daran, daß ja er selbst den indischen Frieden auch in meinem Zimmer, auch auf meinem Balkon gefunden habe und daß dies mir genüge. Ich zeigte ihm über dem Berge jenseits des dunkelnden Wiesentals den aufsteigenden ersten Stern.

Da legte mein Gast seine flachen Hände ineinander, sammelte sich einen Augenblick mit geschlossenen Augen und sprach dann ein bengalisches Lied, ein Gedicht, in dem eine kleine Lampe, von einer liebenden Mutter im Stübchen angezündet, mit dem Stern am Himmel spricht. Lange hatte ich keine indischen Laute mehr gehört; sie haben für mich einen Zauber mehr als für andre, denn sie sind mir (ohne daß ich die Sprache doch verstünde) von der frühesten Kindheit an vertraut.

Das Geheimnis aller ostasiatischen Wort- und Tonkunst sprang auch hier mir sofort wieder verblüffend entgegen, wie ich es einst in indischen Gedichten, in chinesischer Musik, in chinesischen Theatern empfunden hatte: die strenge, kultisch festgeprägte, komplizierte, ja fast kapriziöse Rhythmik. Ich bat meinen Freund, mir auch ein Lied zu singen, und er sang zwei Volkslieder, den Takt mit leisem Fingerschnalzen angebend. Die Melodien waren für unser Ohr unbedeutend, unscharf, verwehend, aber auch in diesen Liedern herrschte eine Gespanntheit und Schärfe, eine straffe, saubere Akzentuiertheit und Rhythmik, eine Zucht und ein Sinn für Struktur, den unsre Dichtung, wenigstens die neuere, in keiner europäischen Sprache kennt.

Der Stern war aufgegangen, und andre kamen. Wir standen

Stunden auf dem kleinen Balkon, sprachen von Upanischaden, sprachen von China und Japan; mein Gast, ein Gelehrter, gab mir einen Überblick über die Geschichte Indiens, jene Geschichte, die nicht aus Kriegen, Verträgen und fürstlichen Heiraten besteht, sondern aus Liedern, Gebeten, Philosophien, Jogamethoden, Religionen, Tempelbauten. Und ich erzählte ihm vom unsichtbaren Europa, vom Mittelalter, von Goethe und von all dem, worauf es beruhte, daß meine Tessiner Klause ihn an Indien und den Himalaja erinnern konnte.

Als wir endlich, schon zum Abschied, ins Zimmer zurücktraten, nahm er eine kleine indische Bronzefigur in die Hand, die ich besitze, einen flötenspielenden Krischna, und begann von den Göttern zu sprechen, von Indra, von Krischna, von Rudra-Shiwa, und von ihrer Verwandlung und Durchdringung, ihrem ewigen Auf- und Untergang. Dann ging er, lächelnd, freundlich, verlor sich in die Nacht, und ich wußte einen Augenblick nicht mehr, ob er »wirklich« gewesen sei.

Aber er kam wieder, wir haben uns, bei mir und bei ihm, seither manchmal gesehen und manche Stunden miteinander gesprochen, und wenn er nun wieder geht, so wird jeder von uns eine Bestätigung, einen Trost und einen Antrieb aus diesen Stunden mitnehmen. Wir sind Freunde geworden.

Einst, als er meine Aquarelle betrachtete, bat ich ihn, sich eines davon auszusuchen. Er wählte eines, in dessen Mitte eine Brücke über ein Gewässer führt, daneben stehen hohe Bäume, und er sagte: »Dies Bild wähle ich mir, weil Sie gleich mir die Bäume kennen und lieben und weil diese Brücke mir ein Sinnbild ist für die Brücke zwischen Ost und West, die in unseren Tagen neu entsteht.«

(1922)

Sehnsucht nach Indien

Wer einmal nicht nur mit den Augen, etwa als Luxusreisender auf einem Touristendampfer, sondern mit der Seele in Indien gewesen ist, dem bleibt es ein Heimwehland, an welches jedes leiseste Zeichen ihn mahnend erinnert. Wieviel tausendmal, seit ich vor vierzehn Jahren in Indien war, haben Kleinigkeiten auf dem Umweg über die Sinne mich erinnert, mich gemahnt, mir

Heimweh geweckt! Einmal war es die blecherne Palme im Ladenfenster eines Tabakhändlers, unter der ein rauchender Schwarzer stand, ein andermal war es der Geruch von Gewürzen, der Geschmack von Curry oder Ingwer, oder der Duft von Sandelholz, der indischste aller Gerüche. Aber auch jedes schwelende Holzfeuer im Freien, das seinen Rauch über die Erde wehen läßt, mahnt an Südasien, mahnt an die Küsten des Meeres und die Ufer der großen Urwaldströme, wo überall den ankommenden Fremden als erster Gruß der leis duftende Rauch dörflicher Feuer empfängt. Einmal war es der Mundwinkel eines alten Professors, der irgendwie Ähnlichkeit mit dem Maul eines Chamäleons hatte, und mir fiel jenes kleine, grüne Chamäleon wieder ein, mit dem ich einst hoch oben auf Ceylon, schon nah am Gipfel des Pedrotallagalla, ein merkwürdiges Gespräch über Tiere und Menschen, über Europa und Indien hatte, und von dem ich in einer Viertelstunde mehr gelernt habe, als ich vorher in zehn fleißigen Jahren hatte erwerben können.

Und erst kürzlich noch, auf einer Reise, in Nürnberg, im alten gotischen Nürnberg, das so verzaubert, traurig und phantastisch inmitten seiner Fabriken und seines Automobilgerassels steht und vielleicht morgen schon eingestürzt sein kann – in Nürnberg also, da lief ich durch die alte Stadt, und hundert und tausend hübsche, merkwürdige und ungewöhnliche Dinge schlüpften durchs Auge in mein inneres Bilderbuch, und zu diesen tausend Bildern gehörte auch das eines schönen festen, alten Hauses, einer Apotheke, welche den Namen ›Zur Kugel‹ trug, und in deren Schaufenster ich, unter andern entzückenden Dingen, ein neugeborenes Krokodil entdeckte, leider nicht lebend, sondern präpariert, mitsamt dem Ei, aus dem es gekrochen war. Oh, wie fiel da der Tag in Djambi auf Sumatra mir wieder ein, wo mir von einem Gastfreund sechs junge lebende Krokodile als Geschenk angeboten wurden, etwa fünf Wochen alt, herrliche phantastische Wesen, denen ich meinen Finger ins Maul stecken konnte, denn sie waren noch zahnlos und kauten an meinem Finger herum wie Säuglinge an ihrem Stück Veilchenwurzel! Und wieder fühlte ich das Heimweh, die alte, schöne und törichte Sehnsucht, noch einmal zu reisen, noch einmal von Europa weg und in die Tropen, unter die Palmen und zu den Affen zu kommen, in die Wärme der feuchten Urwälder und in die Dämmerung der goldenen Tempel.

Diesmal nun, nach der Heimkehr von der Nürnberger Reise und dem aus seinem hübschen Ei gekrochenen Krokodil, heimgekehrt in die angenehme Helligkeit meines Südens, finde ich mich durch andere Zeichen an Indien erinnert. Unter dem Gebirge von Büchern, das die Post während meiner Reisewochen in meine Wohnung getragen und mit dem sie mir mein Zimmer verbaut hat, finde ich einige Grüße aus Asien, und wenn es auch nur bedrucktes Papier ist, das mir diesmal den Dienst des Boten aus Osten leistet, ich nehme diese Sachen doch mit Ehrfurcht in die Hand.

Da sind zwei schöne Bücher mit Bildern, bei denen ich lange verweile. Das eine heißt ›Sunda‹, darin schildert Martin Borrmann, ein junger Dichter, eine Reise durch die Insel Sumatra. Sumatra! Ja, junger Mann, dort sind auch wir einst gewesen, haben am Batang Hari die Affen brüllen hören und am Moesi die Krokodile im Sand liegen sehen, und in seinem Buch über Sumatra sind für unsereinen schon die Namen, mit den sanften malaischen Endungen, eine erwünschte Musik. Borrmanns Buch, erschienen in der Frankfurter Sozietätsdruckerei, ist ein großer dicker Band auf herrlichem Papier, mit einer großen Zahl von farbigen Bildern geschmückt, ein hübsches und appetitmachendes Werk für Hand und Auge. Der junge Dichter ist durch Sumatra nicht bloß gereist, um Stimmungen zu empfinden und Gedichte zu machen, er hat viel gesehen und erfragt, und wenn man die Mühen des Tropenreisens kennt und die ewige Verführung des Ostens zum Nichtstun, dann bekommt man Respekt vor der Leistung dieser Reise. Man wird aber auch traurig, denn noch selten hat ein Gruß aus Indien mir so deutlich gezeigt, wie rasch die Eroberung der primitiven Völker durch die Maschinenkultur vor sich geht. Das Sumatra von 1911, das ich gesehen habe, war von dem heutigen sehr verschieden, ebenso wie die Stimmung, in der ich damals reiste, tief verschieden war von der, in welcher dieser junge Deutsche von heute seine erste Weltfahrt unternahm. Das kluge, schöne Buch verdient aufmerksam gelesen zu werden, es bringt nicht bloß eine Menge sachlicher Feststellungen und Beobachtungen und erfreut überall durch die Aufrichtigkeit seiner Gesinnung, es gibt darüber hinaus auch einen Hauch von moderner Weltstimmung. Aber es handelt von einer untergehenden Welt. In Bälde wird es kein primitives Volk in Asien mehr geben, und keinen Malaien, der nicht den kleinen

Amerikaner spielte, und keinen Urwald, durch den nicht in Zement gefaßte korrigierte Flüsse gingen. – Die hübschen farbigen Zeichnungen des Buches sind von Siegfried Sebba.

Das andere Indienbuch, das ich aus meinem Büchergebirge hervorzog, und bei dem ich zuweilen des Abends blätternd sitze, gehört zu der Buchreihe ›Der indische Kulturkreis‹ im Verlag Georg Müller (München) und handelt von Ceylon. Den Text hat F. M. Trautz geschrieben, und ich werde ihn später einmal lesen. Der schöne Quartband enthält 128 ganzseitige Abbildungen nach guten Photographien, und es ist eine Lust, in diesen vielen Bildern spazierenzugehen. Ein Teil der Bilder gehört zum alten eisernen Bestand der Ceyloner Fremdenindustrie, es sind Bilder, die seit Jahrzehnten jeder Reisende auf Ansichtskarten und in Albums überall zu kaufen bekommt. Doch sind zum Glück auch recht viele neue, originelle Bilder dabei. Ach, da fand ich den Schatten des Adamspik, und fand den Pedro wieder, die Heimat meines Chamäleons, und fand den Mahawelli mit seinen badenden Elefanten, und die Heiligtümer von Kandy, auch verschiedene der dortigen Buddhas, nicht aber jenen kleinen aus Bergkristall, der dort auf einem Weihaltar steht und mir der unvergeßlichste geblieben ist. Auch der Riesenbambus von Peradeniya fehlte nicht, das schönste Stück Pflanzenwuchs, das ich auf Erden kenne. Einiges aber, was zum Schönsten auf Ceylon gehört, scheint sich auch heute noch den Apparaten der Fremden zu entziehen, so vor allem die heilige Dämmerung der Höhlentempel und der darin schlafenden Buddha-Riesen, von denen der Besucher nur einen traumhaft unbestimmten Schimmer mitnehmen darf. Wer Indien liebt und gelegentlich Sehnsucht dahin hat, dem kann dies Ceylonbuch mit seinen Bildern ein lieber Kamerad und Tröster werden.

Auf Ceylon soll es noch einige Weddas geben, primitive Waldmenschen. Bald werden sie ausgestorben oder gegen Eintrittsgeld zu sehen sein. Es gibt keine Primitiven mehr. Es wird vielleicht einmal auch keinen Urwald mehr geben und keine Krokodile. Aber wenn es für moderne Menschen mit Feuerwaffen und Kaufmannsgeist ziemlich leicht ist, primitive Völker auszurotten und naive Heiligtümer zu zerstören – viel schwerer ist es, alte Kultur zu zerstören. Die hält, wenn auch entartet und krank, über die Jahrhunderte weg, man sieht das bei den Chinesen, und noch mehr bei den Indern des Nordens. Dort, in Bengalen, herrscht eine hohe Geistigkeit, vielfach europäisch infiziert oder auch durch alte Inzucht geschwächt, aber in Denken und Kunst noch heute produktiv und voll eines guten, friedlichen, auf Einheit gerichteten Geistes. Ein Zeugnis dieses Geistes fand ich, froh überrascht, ebenfalls in meinem großen Bücherberge vor. Es waren zwei dicke Bände aus Calcutta, und sie enthielten eine Menge von Heften der Calcuttaer ›Modern Review‹, einer ausgezeichneten Monatsschrift. Einer meiner indischen Freunde hat sie mir geschenkt. Ich finde in diesen Blättern, die von Ramananda Cyatterjee herausgegeben werden, zwar in der äußeren Aufmachung und Stoffansammlung Einflüsse des amerikanisch-europäischen Magazintyps, dahinter aber überall eine Gesinnung, Frische und Geistigkeit, dabei eine friedliche Internationalität, wie sie kaum eine europäische Monatsschrift hat. Seid gegrüßt, liebe indische Freunde drüben, ich blättere in euren Heften, sehe die Bilder von Tagores Malerbrüdern und, mir noch lieber, die Bilder eurer Maler Kalasala und Srimati Sukumari Debi, und glaube eure Stimmen aus der Ferne zu hören, eure singenden, lieben, ebenso feierlichen wie kindlichen Stimmen.

Nun aber ist es Zeit, mich loszumachen und das Indien-Heimweh abzuschütteln. Heimweh ist eine schöne Sache, und ich bin der Letzte, der sich darüber als über eine Sentimentalität lustig machen würde. Aber Gefühle und Phantasien haben das an sich, daß sie bis zu einer gewissen Steigerung an Macht und Schönheit und Wert gewinnen, darüber hinaus aber wieder flau und faul werden – dann ist es Zeit, andere Phantasien, andere Empfindungsreihen aufsteigen zu lassen aus der unerschöpflichen Schlucht unserer Seele. Weg dann mit dem Indien-Spiel, weg mit der Indien-Sehnsucht, sie wird ohnehin bald genug in irgendeiner Form wiederkehren.

(1925)

Aus Indien und über Indien

Die Beschäftigung des deutschen Geistes mit dem indischen, seine tastende Annäherung an ihn, ist wenig mehr als hundert Jahre alt, hat in Schopenhauer ihren berühmtesten Ausdruck gefunden, in Neumanns Übersetzungen ihre liebevollste Leistung, in Deussen und Oldenberg ihre bekanntesten Gelehrten.

Schließlich ist sie, in neuester Zeit, zur Mode geworden, welche rasch wieder vergehen und doch nicht ohne Sinn gewesen sein wird.

Ostasien, zumal Indien, übt heute auch auf die wenig Gebildeten eine gewaltige Anziehungskraft aus, es gehen da tiefe geistige Interessen mit jungenhafter Lust am Exotischen und lüsterner Sucht nach Sensationen wunderlich durcheinander.

Das eigentliche Wissen um Indien jedoch und die Literatur darüber beschränkte sich bis vor kurzem auf ganz enge Gebiete. Die indische bildende Kunst, die indischen großen Volksreligionen waren noch vor wenigen Jahren bei uns nahezu vollkommen unbekannt, während über das ›geistige‹ Indien, aber auch nur über vereinzelte Gebiete desselben, eine Menge von Literatur existierte. Schon seit hundert Jahren war besonders stark das Interesse für die Buddha-Lehre, und noch vor zwanzig Jahren war die Mehrzahl der Europäer der festen Meinung, die Völker Indiens seien alle Buddhisten, während in Wirklichkeit im eigentlichen Indien ja die Zahl der noch vorhandenen Buddhisten verschwindend klein ist. Erst neuestens haben Forschung und Literatur sich auch jenem andern Indien zugewandt, gegen welches einst Goethe sich so abweisend verhielt. Von der neueren Literatur aus und über Indien soll dieser Aufsatz nun eine Auswahl der wichtigsten Erscheinungen besprechen.

Für das buddhistische Indien sind Karl Neumanns Übersetzungen der Buddha-Texte, namentlich der ›mittleren Sammlung‹ der Reden Buddhas (Verlag Piper in München) noch immer die wichtigsten Bücher. Daneben war die Kenntnis und Übersetzung der übrigen großen religiösen Dokumente Indiens lang vernachlässigt, Deußens ›Sechzig Upanishads‹ waren jahrzehntelang das Einzige, was von diesen unerschöpflichen Schätzen in deutscher Sprache erreichbar war. Dies ist nun anders geworden, und ebenso wie der Verlag Diederichs in Jena unser Wissen um das geistige China durch die Herausgabe der Wilhelmschen Übersetzungen plötzlich verzehnfacht hat, so hat er durch seine Büchersammlung ›Die Religion des alten Indien‹, welche Walter Otto leitet, uns neuestens die Lektüre und das Studium herrlicher Werke ermöglicht, welche bisher nur den Orientalisten zugänglich waren. Für mich das schönste unter diesen Ottoschen Büchern heißt ›Aus Brahmanas und Upanishaden‹ (übersetzt von A. Hillebrandt), das ist eine schöne Zusammenstellung und

Übersetzung von ausgewählten indischen Texten aus der Blütezeit des älteren indischen Denkens, als dessen Erben wir Buddha ansehen. Die Bhagavad-Gita ist ebenfalls in dieser Sammlung erschienen, deutsch von L. v. Schroeder (dessen Buch über Indien aus den achtziger Jahren noch heute hohen Wert hat). Der Welt des Buddhismus gehören die beiden Bändchen an: ›Thamma-Worte‹ (das alte ›Thammapada‹, eine Sammlung buddhistisch-asketischer Lieder und Sprüche aus der ältesten Zeit des Buddhismus, der Legende nach von Buddha selbst und seinen ersten Jüngern stammend) und ›Buddhas Wandel‹, das schöne, begeisterte Gedicht des Acvagosha. Ferner hat H. W. Schomerus in dieser Sammlung zwei Bände ›Texte zur Gottesmystik des Hinduismus‹ gebracht, die durch die Fülle und Großartigkeit ihres Inhalts für jeden Liebhaber der Beschäftigung mit indischem Geiste ein großes Erlebnis sein werden; hier sind namentlich aus der Welt des Shiva-Kultes Hymnen und Legenden mitgeteilt, deren Innigkeit, Tiefe und Ausdruckskraft den schönsten Upanishaden nahe kommt.

Diese Ottosche Bibliothek des religiösen Indien ist heute unentbehrlich für jeden, der sich, ohne selbst die alten indischen Sprachen zu beherrschen, dieser blühenden, erlösungsdürstenden, frommen Welt Altindiens nähern will. Wer sich diesen Büchern ergibt, läuft Gefahr, nicht mehr aus ihnen zurückzukehren, denn das neue Europa hat nichts, was den von der Glut und Versenkung dieser wunderbar beseelten Frömmigkeit Ergriffenen noch fesseln könnte. Doch wird die Gefahr nicht viele verführen, denn das Eindringen in diese Welt fordert mehr Hingabe, als heutige Leser in der Regel aufbringen. Wer außer diesen Texten auch noch eine systematische Einführung sucht, ein Buch über den Geist dieses alten Indien, dem wird die ›Indische Theosophie‹ von H. Gomperz (bei Diederichs) sehr willkommen sein und gute Dienste tun. Das sehr gewissenhaft und schön gearbeitete Werk, stellenweise etwas stark rationalistisch, sucht den ungeheueren Stoff, gewissermaßen die ganze Geschichte der indischen Erlösungssehnsucht, mit Hilfe reichlicher Zitate aus den alten Texten darzustellen, sucht außerdem mit echter Bemühung eine edle Mitte zwischen den beiden sonst üblichen Europäerstandpunkten dem indischen Wesen gegenüber, dem überkritischen und dem abergläubisch-enthusiastischen, und leistet für unsere Zeit sehr wertvolle Dienste.

In der sehr schönen Sammlung ›Meisterwerke orientalischer Literaturen‹ bei Georg Müller in München erschien, deutsch von H. Uhle, das Vetala-Pantschavinsati, die ›25 Erzählungen eines Dämons‹, ein schönes, bei uns bisher unbekanntes Stück aus der großen, alten Märchenliteratur Indiens. In derselben Sammlung erschien früher ein anderes klassisches, überaus liebenswertes indisches Erzählungswerk, das ›indische Papageienbuch‹.

Von einer ganz anderen Seite her wird Indien zu erfassen gesucht in einer Reihe großer, reich illustrierter Werke, die unter dem Namen ›Der indische Kulturkreis in Einzeldarstellungen‹ vom Folkwang-Verlag begonnen, vom Münchener Verlag Georg Müller übernommen und glänzend weitergeführt wurde. Die Absicht dieser schönen Quartbände mit ihren unzähligen Bildertafeln ist, uns die einzelnen Länder, Völker und Kulturgebiete der großen indischen Welt durch sachliche Darstellungen und reiches Bildermaterial vor Augen zu bringen, Land und Volksleben, Architektur, Kunst, Kult und Gewerbe. Da sind zum Beispiel zwei Bände, herausgegeben von K. Döhring, über Siam. Sie enthalten zunächst einen gediegenen Text, 60 Quartseiten Einführung in Land und Geschichte, dann bringt jeder Band gegen anderthalbhundert Seiten große Abbildungen: Landschafts-, Tier- und Menschenbilder, Bilder vom Reisbau und Elefantenfang, vom Königshof und vom Arbeitsleben des Volkes, von häuslichen und religiösen Bräuchen, von Festen, Architekturen, Theatern, von Hausgerät und Webereien, Kunst und edlem Gewerbe. Diese beiden Bände sind mit nur je zwölf Mark auffallend billig. Ein andrer Band, ›Indien‹, von H. von Glasenapp (dessen gutes Werk über den Hinduismus im Verlag Kurt Wolff ebenfalls genannt sei), mit 248 Abbildungen in einem starken Bande, schildert das vorderindische Festland, das eigentliche alte Kulturindien, vom Himalaja bis nach Tuticorin hinunter, mit einer außerordentlichen Bilderpracht und geht im ausführlichen Text namentlich auch auf die Geschichte der glänzenden indischen Städte und die Architektur unter den großen Kaisern ein. Glasenapp, der selbst längere Zeit in Indien gelebt zu haben scheint, hat in die heutige deutsche Indologie einen neuen Zug hineingebracht, weg vom Abstrakten und mehr zur Anschauung und sichtbaren Wirklichkeit hin.

Eine kunstgeschichtliche Monographie in zwei großen Bänden, einem Text- und einem Bilderband (mit 230 Tafeln), ist W. Stutterheims Werk über ›Rama-Legenden und Rama-Reliefs in Indonesien‹. Aus der indischen Inselwelt, speziell aus Holländisch-Indien, sind da in wunderbaren Photographien Darstellungen nach Rama-Dichtungen gesammelt, zum Teil ganz wunderbare Reliefgruppen von höchster Vollendung. Rama ist wohl die meist besungene Götterfigur Indiens, eine Inkarnation des Wishnu, und es ist anzunehmen, daß in jedem indischen Volk, jedem indischen und malaiischen Dialekt und Kulturgebiet eine eigene Rama-Dichtung existiere oder existiert habe. Diesen Rama-Dichtungen nun ist Stutterheim im malaiischen Sprachgebiete nachgegangen und hat sich speziell die Erforschung der Rama-Darstellungen in der indonesischen Reliefplastik zur Aufgabe gemacht. Man sieht, es gibt in der indischen Kunstgeschichte schon eine sehr spezialisierte Arbeit. Stutterheim ist Holländer, und Holland besitzt, namentlich auf Java, einen sehr reichen Schatz an indischen Kunstwerken, dem es neuerdings gerecht zu werden beginnt, wie namentlich die umfangreiche Publikation über die Plastiken des Borobudur zeigt. Es ist erfreulich, zu sehen, daß der holländische Gelehrte den Verleger für seine Rama-Forschungen in Deutschland gefunden hat. Wäre es nur eine Gelehrtenangelegenheit, ein Aufspießen, Numerieren und Benennen von beliebigen Kuriositäten, so möchten so umfangreiche und teure Publikationen uns heute übertrieben scheinen. Aber es handelt sich nicht um Kuriositäten, sondern um ein echtes und edles Stück ostasiatischer Kunst. Daß sich die Europäer, speziell die Holländer, darum nun so sehr bemühen müssen, nachdem sie erst ihren eigenen Rembrandt haben verhungern lassen, und die malaiische Welt lange Zeit lediglich als ein Ausbeutungsobjekt kannten – daß jetzt so langsam die ·Buddhas und Ramas und anderen asiatischen Gestalten zu uns nach dem Westen herüberkommen und uns vor ihre ungeheuren Rätsel und Probleme stellen, gehört mit zur augenblicklichen Situation Europas.

(1925)

Moderne Versuche zu neuen Sinngebungen

Dem innerhalb weniger Jahrzehnte vollkommen verwandelten und umgestalteten Bild der Erdoberfläche, den ungeheuren Veränderungen, welche jede Stadt, jede Landschaft der Welt seit der vollzogenen Industrialisierung aufweist, entspricht ein gleicher Umschwung in den Seelen und im Denken der Menschen. Die Jahre seit dem Ausbruch des Weltkrieges haben diese Entwicklung beschleunigt, so daß man ohne Übertreibung schon heute den Tod und Abbau jener Kultur feststellen kann, in welche wir Älteren einst als Kinder hinein erzogen wurden und die uns damals ewig und unzerstörbar erschien. Hat auch der Mensch selbst sich nicht verändert (er kann dies ebensowenig innerhalb zweier Generationen, wie irgendeine Tierart dies könnte), so haben doch die Ideale und Fiktionen, die Wunsch- und Traumbilder, die Mythologien und Theorien, unter deren Herrschaft unser geistiges Leben steht, sich in dieser Zeit ganz und gar verändert. Unersetzliches ist verloren gegangen und für immer zerstört, unerhört Neues wird an dessen Stelle geträumt.

Zerstört und verlorengegangen sind für den größeren Teil der zivilisierten Welt vor allem die beiden Fundamente aller Lebensordnung, Kultur und Sittlichkeit: die Religion und die Sitte. Das Letztere wird jeder ruhige Beobachter ohne weiteres zugeben. Es fehlt unserm Leben durchgehend an Sitte, an einer traditionell überkommenen, geheiligten, ungeschriebenen Übereinkunft über das, was zwischen Menschen schicklich und geziemend sei. Ist auch die Hauptursache dieses Verlustes im Rückgang der bisherigen Religionsformen, in der Zerstörung der Autorität der Kirchen zu suchen, so haben doch auch rein äußere Veränderungen im Leben daran großen Anteil, vor allem die Mechanisierung des Lebens und der menschlichen Arbeit durch die Technik. Der Fabrikarbeiter kann unmöglich die Sitte seiner bäuerlichen Vorfahren bewahren, darüber ist kein Wort zu verlieren.

Man braucht nur irgendeine kleinere Reise zu machen, um am lebendigen Beispiel den Verfall der Sitten beobachten zu können. Überall, wo die Industrialisierung noch in den Anfängen liegt, wo bäuerliche und kleinstädtische Tradition noch stärker sind als die modernen Verkehrs- und Arbeitsformen, da ist auch Einfluß und Machtgefühl der Kirchen noch wesentlich stärker, und an allen diesen Orten treffen wir mehr oder minder unzerstört auch das noch an, was man einst Sitte nannte. In solchen ›rückständigen‹ Gegenden findet man noch Formen des Umgangs, des Grußes, der Unterhaltung, der gesellschaftlichen Stufung, der Feste, der Spiele, welche dem modernen Leben längst verlorengegangen sind. Als schwachen Ersatz für die verlorene Sitte hat der moderne Durchschnittsmensch die Mode. Sie gibt ihm, von Saison zu Saison wechselnd, die unentbehrlichsten Vorschriften für das gesellige Leben, wirft ihm die erforderlichen Modeausdrücke, Schlagworte, Tänze, Melodien zu – besser als nichts, doch immerhin lauter vergängliche Tageswerte. Kein Volksspiel mehr, sondern die modische Unterhaltung der Saison. Kein Volkslied mehr, sondern der Schlager des letzten Monats.

Was nun für den Durchschnittsmenschen die Sitte ist, die erfreuliche und bequeme Führung durch eine Tradition und Konvention, das ist für die tieferen menschlichen Bedürfnisse die Religion und Philosophie. Der Mensch hat nicht bloß das Bedürfnis, in Brauch und Sitte, in Kleidung und Unterhaltung, Sport und Konversation durch eine gültige, vorbildliche Form, durch irgendein Ideal – sei es auch bloß das Eintagsideal einer Mode – regiert und geführt zu werden. Er hat in den tieferen Schichten seines Wesens auch das Bedürfnis, seinem ganzen Tun und Treiben, seinem Dasein, seinem Leben und Sterbenmüssen einen Sinn gesetzt zu sehen, er verlangt danach, sein Tun und Streben nicht nur durch die augenblickliche Nützlichkeit geregelt, sondern auch durch eine höhere Sinngebung gerechtfertigt, durch ein hohes Ideal geheiligt und angespornt zu sehen. Dies religiöse oder metaphysische Bedürfnis, so alt und so wichtig wie das Bedürfnis nach Essen, nach Liebe, nach Obdach, wird in ruhigen, kulturell gesicherten Zeiten durch die Kirchen und durch Systeme führender Denker befriedigt. In Zeiten wie der heutigen zeigt sich sowohl den überkommenen religiösen Bekenntnissen wie auch den Gelehrten-Philosophien gegenüber eine allgemeine Ungeduld und Enttäuschung; die Nachfrage nach neuen Formulierungen, neuer Sinngebung, neuen Symbolen, neuen Begründungen ist unendlich groß. In diesem Zeichen steht das Geistesleben unserer Zeit: Schwächung der überkommenen Systeme, wildes Suchen nach neuen Deutungen des Menschenlebens, Aufblühen zahlloser gutbesuchter Sekten, Propheten, Gemeinschaftsgründer, feistes Gedeihen des tollsten Aberglaubens. Denn auch der ungeistige, oberflächliche, dem Denken abgeneigte Mensch noch hat jenes uralte Bedürfnis, einen Sinn seines Lebens zu kennen, und wenn er keinen mehr findet, verfällt die Sitte, und das Privatleben steht unter dem Zeichen wildgesteigerter Selbstsucht und gesteigerter Todesangst. Alle diese Zeichen der Zeit lassen sich für den, der sehen will, in jedem Sanatorium, in jedem Irrenhaus, im Material, das jeder Tag jedem Psychoanalytiker zuträgt, deutlich ablesen.

Aber unser Leben ist ein nie unterbrochenes Gewebe von Auf und Ab, Niedergang und Neubildung, Verfall und Auferstehung, und so stehen all den düsteren und kläglichen Zeichen eines Zerfalles unserer Kultur andere, hellere Zeichen gegenüber, die auf ein neues Erwachen des metaphysischen Bedürfnisses, auf die Bildung einer neuen Geistigkeit, auf ein leidenschaftliches Bemühen um eine neue Sinngebung für unser Leben deuten. Die moderne Dichtung ist voll dieser Zeichen, die moderne Kunst nicht minder. Namentlich aber macht sich das Bedürfnis nach einem Ersatz für die Werte der vergehenden Kultur, nach neuen Formen der Religiosität und Gemeinschaft heftig geltend. Daß es dabei an geschmacklosen und drolligen, auch an gefährlichen und schlechten Ersatzdarbietungen nicht mangelt, ist selbstverständlich. Es wimmelt von Sehern und Gründern, Scharlatane und Kurpfuscher werden mit Heiligen verwechselt, Eitelkeit und Habgier wirft sich auf dies neue, vielversprechende Gebiet – allein diese traurigen oder lächerlichen Nebenerscheinungen dürfen uns nicht täuschen. An sich ist dies Erwachen der Seele, dies wilde Aufflammen einer neuen Gottessehnsucht, dies durch Krieg und Not geschürte Fieber eine Erscheinung von wunderbarer Wucht und Glut, die wir nicht ernst genug nehmen können. Daß neben diesem gewaltigen, durch alle Völker gehenden Seelenstrom der Sehnsucht eine Menge von betriebsamen Unternehmern lauert, die mit Religion Geschäfte machen, darf uns an der Größe, Würde und Wichtigkeit der Bewegung nicht irremachen. In tausend Formen und Abstufungen, vom naiven Geisterglauben bis zur echten philosophischen Spekulation, vom primitiv jahrmarkthaften Religionsersatz bis zur Ahnung wirklich neuer Lebensdeutung wogt der Riesenstrom über die Erde, umfaßt amerikanische Christian Science und englische Theosophie, Mazdaznan und Neu-Sufismus, Steinersche Anthroposophie und hundert ähnliche Bekenntnisse, führt den Grafen Keyserling um die Erde und zu seinen Darmstädter Versuchen, gesellt ihm einen so ernsthaften und wichtigen Mitarbeiter bei wie Richard Wilhelm, läßt daneben ein ganzes Heer von Geisterbeschwörern, Bauernfängern und Spaßmachern entstehen. Ich wage es nicht, die Grenze zwischen noch Diskutierbarem und schon völlig Groteskem zu ziehen. Aber neben den immerhin bezweifelbaren Stiftern moderner Geheim-Orden, Logen und Verbrüderungen, den unerschrockenen Seichtigkeiten amerikanischer Mode-Religionen, den Ahnungslosigkeiten unentwegter Spiritisten stehen andere, stehen hohe und höchste Erscheinungen, stehen wunderbare Leistungen, wie die Neumannsche Übersetzung der heiligen buddhistischen Texte und deren Verbreitung, Richard Wilhelms Übersetzungen der großen Chinesen, steht das große und herrliche Ereignis der plötzlichen Wiederkunft des Lao Tse, der, durch Jahrhunderte in Europa unbekannt, innerhalb dreier Jahrzehnte in zahllosen Übersetzungen fast in allen europäischen Sprachen erschienen ist und sich des europäischen Denkens bemächtigt hat. So wie im Wirrwarr und ärgerlichen Betrieb der so merkwürdigen deutschen Revolution einige reine, edle, unvergeßliche Gestalten stehen, wie Landauer und Rosa Luxemburg, ebenso stehen inmitten der wilden, trüben Flut moderner Religionsversuche eine Anzahl edler, reiner Erscheinungen, Theologen wie der Schweizer Pfarrer Ragaz, Gestalten wie der im Alter zum Katholizismus bekehrte Frederik van Eeden, Männer wie in Deutschland der ganz einzigartige Hugo Ball, einst Dramaturg und Hauptbegründer des Dadaismus, dann unerschrockener Kriegsgegner und Kritiker der deutschen Kriegsmentalität, dann Einsiedler und Verfasser des wunderbaren Buches ›Byzantinisches Christentum‹, und, um die Juden nicht zu vergessen, Martin Buber, der dem modernen Judentum vertiefte Ziele zeigt und uns die Frömmigkeit der Chassidim, eine der liebenswertesten Blüten im Garten der Religionen, in seinen Büchern wiedergeschenkt hat.

›Und nun‹, wird mancher Leser fragen, ›wohin führt das alles? Was wird das Ergebnis sein, das Endziel? Was haben wir für die Allgemeinheit davon zu erwarten? Hat eine von den neuen Sekten Aussicht darauf, eine neue Weltreligion zu werden? Wird einer der neuen Denker fähig sein, eine neue, großzügige Philosophie aufzustellen?‹

Aus manchen Kreisen wird diese Frage heute bejaht. Es herrscht bei manchen Anhängern der neuen Lehren, zumal bei der Jugend, eine frohe, siegesgewisse Jüngerstimmung, als sei unsere Epoche dazu bestimmt, den Heiland zu gebären, der Welt für eine neue Kulturperiode neue Gewißheiten, neuen Glauben, neue sittliche Orientierungen zu geben. Jener schwarzen Untergangsstimmung mancher älteren, enttäuschten Zeitkritiker entspricht als Gegenpol diese Jugendgläubigkeit der Neubekehrten. Und immerhin tönen diese jungen Stimmen angenehmer als jene verdrießlich-alten. Dennoch dürften diese Gläubigen im Irrtum sein.

Es ziemt sich, dem Wollen unserer Zeit, diesem drangvollen Suchen, diesen zum Teil leidenschaftlich-blinden, zum Teil besonnen-kühnen Experimenten mit Ehrfurcht entgegenzukommen. Seien sie auch alle zum Scheitern verurteilt, so sind sie doch eine ernste Bemühung um höchste Ziele, und sollte sogar keine von ihnen diese Zeit überdauern, so erfüllen sie doch für ihre Tage eine unersetzliche Aufgabe. Sie helfen, alle diese Fiktionen, diese Religionsbildungen, diese neuen Glaubenslehren, sie helfen den Menschen leben, sie helfen ihm, das schwere, fragwürdige Leben nicht nur ertragen, sondern hoch zu werten und zu heiligen, und wenn sie nichts wären als ein holdes Stimulans oder eine süße Betäubung, so wäre schon dies vielleicht gar nicht so wenig. Sie sind aber mehr, unendlich viel mehr. Sie sind die Schule, durch welche die geistige Elite dieser Zeit hindurchgehen muß. Denn zweierlei Aufgabe hat jede Geistigkeit und Kultur: den Vielen Sicherheit und Antrieb zu geben, sie zu trösten, ihrem Leben einen Sinn zu unterlegen – und dann die zweite, geheimnisvollere, nicht minder wichtige Aufgabe: den Wenigen, den großen Geistern von morgen und übermorgen, das Aufwachsen zu ermöglichen, ihren Anfängen Schutz und Pflege zu leihen, ihnen Luft zum Atmen zu geben.

Die Geistigkeit unserer Zeit ist von der, welche wir Älteren einst als Erbe antraten, unendlich verschieden. Sie ist turbulenter, wilder, traditionsärmer, sie ist schlechter geschult und hat wenig Methode – aber alles in allem ist gewiß diese heutige Geistigkeit, samt ihrem starken Hang zum Mystischen, um nichts schlechter als die besser erzogene, gelehrtere, an traditionellem Erbe reichere, sonst aber keineswegs stärkere Geistigkeit jener Zeit, in welcher der altgewordene Liberalismus und der junge Monismus die führenden Richtungen waren. Mir persönlich, so muß ich bekennen, ist sogar die Geistigkeit der heute führenden Strömungen, von Steiner bis zu Keyserling, noch um einige Grade zu rationell, zu wenig kühn, zu wenig bereit, ins Chaos, in die Unterwelt einzutreten und dort bei Fausts ›Müttern‹ die ersehnte Geheimlehre vom neuen Menschentum zu erlauschen. Keiner der heutigen Führer, so klug oder so begeistert sie seien, hat den Umfang und die Bedeutsamkeit Nietzsches, dessen wahre Erben zu werden, wir noch nicht verstanden haben. Die tausend einander durchkreuzenden Stimmen und Wege unserer Zeit aber zeigen ein wertvolles Gemeinsames: eine gespannte Sehnsucht, einen aus Not geborenen Willen zur Hingabe. Und die sind Vorbedingungen alles Großen.

(1926)

Nachwort zu »Weg nach Innen«

Die Dichtungen dieses Bandes sind in etwas anderer Reihenfolge entstanden, als man sie hier geordnet findet. Sie stammen alle aus derselben Epoche, aus den drei ersten Nachkriegsjahren. Nach den Leiden und Behinderungen durch den Krieg, nach dem Zusammenbruch, den auch mein persönliches Leben damals erfahren hatte, war diese erste Nachkriegszeit für mich eine sehr fruchtbare, denn ich konnte nach Jahren der Entfremdung zum erstenmal wieder völlig frei meiner eigenen Arbeit leben, allein, ohne Amt, ohne Familie.

»Kinderseele« ist Ende 1918 geschrieben, noch in Bern. Im Frühling 1919, sofort nach meiner Übersiedlung ins Tessin, folgte »Klein und Wagner« und unmittelbar auf ihn, im Sommer 1919, der »Klingsor«.

Der »Siddhartha« wurde im Winter 1919 begonnen: zwischen dem ersten und dem zweiten Teile lag eine Pause von nahezu anderthalb Jahren. Ich machte damals – nicht zum erstenmal natürlich, aber härter als jemals – die Erfahrung, daß es unsinnig ist, etwas schreiben zu wollen, was man nicht gelebt hat, und habe in jener langen Pause, während ich auf die Dichtung »Siddhartha« schon verzichtet hatte, ein Stück asketischen und meditierenden Lebens nachholen müssen, ehe die mir seit Jünglingszeiten heilige und wahlverwandte Welt des indischen Geistes mir wieder wirklich Heimat werden konnte. Daß ich in dieser Welt nicht weiterhin verharrte, wie ein Konvertit in seiner Wahlreligion, daß ich diese Welt oft wieder verließ, daß auf den »Siddhartha« der »Steppenwolf« folgte, wird mir von Lesern, welche den »Siddhartha« lieben, den »Steppenwolf« aber nicht gründlich genug gelesen haben, oft mit Bedauern vorgeworfen. Ich habe

keine Antwort darauf zu geben, ich stehe zum »Steppenwolf«
nicht minder als zum »Siddhartha«; für mich ist mein Leben
ebenso wie mein Werk eine selbstverständliche Einheit, welche
eigens zu beweisen oder zu verteidigen, mir unnütz scheint.

Aus praktischen Gründen wurde nicht nur die Reihenfolge der
einzelnen Dichtungen in diesem Band etwas geändert. Es sind
auch die beiden Widmungen des »Siddhartha« weggeblieben.
Der erste Teil war Romain Rolland gewidmet, der zweite Teil
meinem Freunde und Vetter Wilhelm Gundert in Japan. Mit
Rolland verband mich seit dem Herbst 1914 nicht bloß die Sympathie und Hochachtung für den älteren Kollegen, sondern noch
mehr eine innere Kameradschaft, denn es waren in jenen Tagen
der ersten Kriegswut die Dichter auf deutscher wie auf französischer Seite recht selten, welche der Haßpsychose Widerstand
zu leisten und das bedrohte Menschentum den einander bedrohenden Nationen voranzustellen bereit waren. Wir sind, Rolland
und ich, dieser Idee und Kameradschaft treu geblieben, haben
ihr einige Jahre lang manches Opfer gebracht und haben beide
am Ende des Krieges, als die Haßdichter aller Nationen plötzlich
human und internationalistisch wurden, ohne Bedauern den
Leuten mit den lauteren Stimmen das Feld geräumt. Darin weiß
ich mich dem verehrten Freund Rolland noch heute innig verbunden. – Die zweite Widmung aber, an meinen Vetter Gundert,
galt demjenigen meiner Freunde, der am tiefsten in das Denken
des Ostens eingedrungen ist und am längsten in seiner Luft gelebt
hat.

(1931)

Mein Glaube

Ich habe nicht nur in Aufsätzen gelegentlich Bekenntnis abgelegt,
sondern ich habe auch einmal, vor etwas mehr als zehn Jahren,
den Versuch gemacht, meinen Glauben in einem Buche niederzulegen. Das Buch heißt »Siddhartha«, und sein Glaubensinhalt
ist von indischen Studenten und japanischen Priestern häufig ge-
prüft und diskutiert worden, nicht aber von deren christlichen
Kollegen.

Daß mein Glaube in diesem Buch einen indischen Namen und
ein indisches Gesicht hat, ist kein Zufall. Ich habe in zwei Formen

Religion erlebt, als Kind und Enkel frommer rechtschaffener Protestanten und als Leser indischer Offenbarungen, unter denen ich obenan die Upanishaden, die Bhagavad Gita und die Reden des Buddha stelle. Und auch das war kein Zufall, daß ich, inmitten eines echten und lebendigen Christentums aufgewachsen, die ersten Regungen eigener Religiosität in indischer Gestalt erlebte. Mein Vater sowohl wie meine Mutter und deren Vater waren ihr Leben lang im Dienst der christlichen Mission in Indien gestanden, und obwohl erst in einem meiner Vettern und mir die Erkenntnis durchbrach, daß es nicht eine Rangordnung der Religionen gebe, so war doch schon in Vater, Mutter und Großvater nicht bloß eine reiche und ziemlich gründliche Kenntnis indischer Glaubensforschung vorhanden, sondern auch eine nur halb eingestandene Sympathie für diese indischen Formen. Ich habe das geistige Indertum ganz ebenso von Kind auf eingeatmet und miterlebt wie das Christentum.

Dagegen lernte ich das Christentum in einer einmaligen, starren, in mein Leben einschneidenden Form kennen in einer schwachen und vergänglichen Form, die schon heute überlebt und beinahe verschwunden ist. Ich lernte es kennen als pietistisch gefärbten Protestantismus, und das Erlebnis war tief und stark; denn das Leben meiner Voreltern und Eltern war ganz und gar vom Reich Gottes her bestimmt und stand in dessen Dienst. Daß Menschen ihr Leben als Lehen von Gott ansehen und es nicht in egoistischem Trieb, sondern als Dienst und Opfer vor Gott zu leben suchen, dies größte Erlebnis und Erbe meiner Kindheit hat mein Leben stark beeinflußt. Ich habe die »Welt« und die Weltleute nie ganz ernst genommen, und tue es mit den Jahren immer weniger. Aber so groß und edel dies Christentum meiner Eltern als gelebtes Leben, als Dienst und Opfer, als Gemeinschaft und Aufgabe war – die konfessionellen und zum Teil sektiererischen Formen, in denen wir Kinder es kennenlernten, wurden mir schon sehr früh verdächtig und zum Teil ganz unausstehlich. Es wurden da manche Sprüche und Verse gesagt und gesungen, die schon den Dichter in mir beleidigten, und es blieb mir, als die erste Kindheit zu Ende war, keineswegs verborgen, wie sehr Menschen wie mein Vater und Großvater darunter litten und sich damit plagten, daß sie nicht wie die Katholiken ein festgelegtes Bekenntnis und Dogma hatten, nicht ein echtes, bewährtes Ritual, nicht eine echte, wirkliche Kirche.

Daß die sogenannte »protestantische« Kirche nicht existierte, vielmehr in eine Menge kleiner Landeskirchen zerfiel, daß die Geschichte dieser Kirchen und ihrer Oberhäupter, der protestantischen Fürsten, um nichts edler war als die der geschmähten päpstlichen Kirche, daß sich ferner beinahe alles wirkliche Christentum, nahezu alle wirkliche Hingabe an das Reich Gottes nicht in diesen langweiligen Winkelkirchen vollzog, sondern in noch winkligeren, aber dafür durchglühten, aufgerüttelten Konventikeln von zweifelhafter und vergänglicher Form – dies alles war mir schon in ziemlich früher Jugend kein Geheimnis mehr, obwohl im Vaterhaus von der Landeskirche und ihren hergebrachten Formen nur mit Hochachtung gesprochen wurde (eine Hochachtung, die ich als nicht ganz echt empfand und früh beargwöhnte). Ich habe auch tatsächlich während meiner ganzen christlichen Jugend von der Kirche keinerlei religiöse Erlebnisse gehabt. Die häuslichen, persönlichen Andachten und Gebete, die Lebensführung meiner Eltern, ihre königliche Armut, ihre offene Hand für das Elend, ihre Brüderlichkeit gegen die Mitchristen, ihre Sorge um die Heiden, der ganze begeisterte Heroismus ihres Christenlebens empfing seine Speisung zwar aus der Bibellesung, nicht aber von der Kirche, und die sonntäglichen Gottesdienste, der Konfirmandenunterricht, die Kinderlehre brachten mir nichts an Erlebnis.

Im Vergleich nun mit diesem so eng eingeklemmten Christentum, mit diesen etwas süßlichen Versen, diesen meist so langweiligen Pfarrern und Predigten, war freilich die Welt der indischen Religion und Dichtung weit verlockender. Hier bedrängte mich keine Nähe, hier roch es weder nach nüchternen graugestrichenen Kanzeln noch nach pietistischen Bibelstunden, meine Phantasie hatte Raum, ich konnte die ersten Botschaften, die mich aus der indischen Welt erreichten, ohne Widerstände in mich einlassen, und sie haben lebenslang nachgewirkt.

Später hat meine persönliche Religion ihre Formen noch oft verändert, niemals plötzlich im Sinn einer Bekehrung, stets aber langsam im Sinn von Zuwachs und Entwicklung. Daß mein »Siddhartha« nicht die Erkenntnis, sondern die Liebe obenan stellt, daß er das Dogma ablehnt und das Erlebnis der Einheit zum Mittelpunkt macht, mag man als ein Zurückneigen zum Christentum, ja als einen wahrhaft protestantischen Zug empfinden.

Später erst als die indische Geisteswelt wurde die chinesische mir bekannt, und es gab neue Entwicklungen; der klassische chinesische Tugendbegriff, der mir Kung Fu Tse und Sokrates als Brüder erscheinen ließ, und die verborgene Weisheit des Lao Tse mit ihrer mystischen Dynamik haben mich stark beschäftigt. Es kam auch nochmals eine Welle christlicher Beeinflussung, durch den Umgang mit einigen Katholiken von hohem geistigem Rang, namentlich mit meinem Freunde Hugo Ball, dessen unerbittliche Kritik der Reformation ich anerkennen konnte, ohne doch Katholik zu werden. Ich sah damals auch ein wenig vom Betrieb und der Politik der Katholiken, und ich sah, wie ein Charakter von der Reinheit und Größe Hugo Balls von seiner Kirche und ihren geistigen und politischen Vertretern, je nach der Konjunktur, bald propagandistisch benutzt, bald fallengelassen und verleugnet wurde. Es war offenbar auch diese Kirche kein idealer Raum für Religion, es war offenbar auch hier Streben und Wichtigtun, Gezänk und roher Machtwille am Werk, es zog sich offenbar auch hier das christliche Leben gern ins Private und Verborgene zurück.

In meinem religiösen Leben spielt also das Christentum zwar nicht die einzige, aber doch eine beherrschende Rolle, mehr ein mystisches Christentum als ein kirchliches, und es lebt nicht ohne Konflikte, aber doch ohne Krieg neben einer mehr indisch-asiatisch gefärbten Gläubigkeit, deren einziges Dogma der Gedanke der Einheit ist. Ich habe nie ohne Religion gelebt, und könnte keinen Tag ohne sie leben, aber ich bin mein Leben lang ohne Kirche ausgekommen. Die konfessionell und politisch getrennten Sonderkirchen sind mir immer, und am meisten während des Weltkrieges, als Karikaturen des Nationalismus erschienen, und die Unfähigkeit der protestantischen Bekenntnisse zu einer überkonfessionellen Einheit schien mir immer ein anklagendes Symbol für die deutsche Unfähigkeit zur Einigkeit zu sein. In früheren Jahren blickte ich bei solchen Gedanken mit einiger Verehrung und einigem Neid zur römisch-katholischen Kirche hinüber, und meine Protestantensehnsucht nach fester Form, nach Tradition, nach Sichtbarwerdung des Geistes hilft mir auch heute noch, meine Verehrung für dies größte kulturelle Gebilde des Abendlandes aufrechtzuerhalten. Aber auch diese bewundernswerte katholische Kirche ist mir nur in der Distanz so verehrungswürdig, und sobald ich ihr nähertrete, riecht sie wie jede menschliche Gestaltung sehr nach Blut und Gewalt, nach Politik und Gemeinheit. Immerhin, gelegentlich beneide ich den Katholiken um die Möglichkeit, sein Gebet vor einem Altar zu sprechen statt in dem oft so engen Kämmerlein, und seine Beichte in das Loch eines Beichtstuhles hinein zu sagen, statt sie immer nur der Ironie der einsamen Selbstkritik auszusetzen.

(1931)

Ein Stückchen Theologie

Aus Gedanken und Notizen verschiedener Jahre schreibe ich heute einige Sätze auf, in denen ich zwei meiner Lieblingsvorstellungen miteinander in Beziehung bringe: die Vorstellung von den drei mir bekannten Stufen der Menschwerdung und die Vorstellung von zwei Grundtypen des Menschen. Die erste dieser beiden Vorstellungen ist mir wichtig, ja heilig, ich halte sie für Wahrheit schlechthin. Die zweite ist rein subjektiv und wird von mir, wie ich hoffe, nicht ernster genommen, als sie verdient, tut mir aber je und je beim Beobachten des Lebens und der Geschichte gute Dienste. Der Weg der Menschwerdung beginnt mit der Unschuld (Paradies, Kindheit, verantwortungsloses Vorstadium). Von da führt er in die Schuld, in das Wissen um Gut und Böse, in die Forderungen der Kultur, der Moral, der Religionen, der Menschheitsideale. Bei jedem, der diese Stufe ernstlich und als differenziertes Individuum durchlebt, endet sie unweigerlich mit Verzweiflung, nämlich mit der Einsicht, daß es ein Verwirklichen der Tugend, ein völliges Gehorchen, ein sattsames Dienen nicht gibt, daß Gerechtigkeit unerreichbar, daß Gutsein unerfüllbar ist. Diese Verzweiflung führt nun entweder zum Untergang oder aber zu einem dritten Reich des Geistes, zum Erleben eines Zustandes jenseits von Moral und Gesetz, ein Vordringen zu Gnade und Erlöstsein, zu einer neuen, höheren Art von Verantwortungslosigkeit, oder kurz gesagt: zum Glauben. Einerlei welche Formen und Ausdrücke der Glaube annehme, sein Inhalt ist jedesmal derselbe: daß wir wohl nach dem Guten streben sollen, soweit wir vermögen, daß wir aber für die Unvollkommenheit der Welt und für unsere eigene nicht verantwortlich sind, daß wir uns selbst nicht regieren, sondern regiert werden, daß es über unsrem Erkennen einen Gott oder sonst ein »Es«

gibt, dessen Diener wir sind, dem wir uns überlassen dürfen. Dies ist europäisch und beinahe christlich ausgedrückt. Der indische Brahmanismus (der, wenn man seine Gegenwelle, den Buddhismus, miteinrechnet, wohl das Höchste ist, was die Menschheit an Theologie geschaffen hat) hat andere Kategorien, die sich aber ganz gleich deuten lassen. Dort geht die Stufenfolge etwa so: der naive Mensch, beherrscht von Angst und Begierde, sehnt sich nach Erlösung. Mittel und Weg dazu ist Yoga, die Erziehung zur Beherrschung der Triebe. Einerlei ob Yoga als ganz materielle und mechanische Bußübung betrieben wird oder als höchster geistiger Sport – stets bedeutet es: Erziehung zur Verachtung der Schein- und Sinnenwelt, Besinnung auf den Geist, den Atman, der uns innewohnt und der eins ist mit dem Weltgeist. Yoga entspricht genau unserer zweiten Stufe, es ist Streben nach Erlösung durch Werke. Es wird vom Volke bewundert und überschätzt, der naive Mensch neigt immer dazu, im Büßer den Heiligen und Erlösten zu sehen. Yoga ist aber nur Stufe und endet mit Verzweiflung. Die Buddhalegende (und hundert andre) stellt dies in deutlichen Bildern dar. Erst indem Yoga der Gnade weicht, indem er als Zweckstreben, als Beflissenheit, als Gier und Hunger erkannt wird, indem der aus dem Traum des Scheinlebens Erwachende sich als ewig und unzerstörbar, als Geist vom Geiste, als Atman erkennt, wird er unbeteiligter Zuschauer des Lebens, kann er beliebig tun oder nichttun, genießen oder entbehren, ohne daß sein Ich mehr davon berührt wird. Sein Ich ist ganz zum Selbst geworden. Dies »Erwachtsein« der Heiligen (gleichbedeutend mit dem »Nirwana« Buddhas) entspricht unserer dritten Stufe. Es ist, wieder in etwas anderer Symbolik, eben derselbe Stufengang bei Lao Tse zu finden, dessen »Weg« der Weg vom Gerechtigkeitsstreben zum Nichtmehrstreben, von der Schuld und Moral zum Tao ist, und für mich hängen die wichtigsten geistigen Erlebnisse damit zusammen, daß ich allmählich und mit Jahren und Jahrzehnten der Pausen, im Wiederfinden derselben Deutung des Menschendaseins bei Indern, Chinesen und Christen die Ahnung eines Kernproblems bestätigt und überall in analogen Symbolen ausgedrückt fand. Daß mit dem Menschen etwas gemeint sei, daß Menschennot und Menschensuchen zu allen Zeiten auf der ganzen Erde eine Einheit sei, wurde mir durch nichts so sehr bestätigt wie durch diese Erlebnisse. Dabei ist es gleichgültig, ob wir, wie viele Heutige, den religiös philosophischen Ausdruck menschlichen Denkens und Erlebens als den einer veralteten, heute überwundenen Epoche betrachten. Was ich hier »Theologie« nenne, ist meinetwegen zeitgebunden, ist meinetwegen Produkt eines Stadiums der Menschheit, das einmal überwunden und vergangen sein wird. Auch die Kunst, auch die Sprache sind vielleicht Ausdrucksmittel, welche nur bestimmten Stufen der Menschengeschichte eigen sind, auch sie mögen überwindbar und ersetzbar sein. Auf jeder Stufe aber wird den Menschen, so scheint mir, im Streben nach Wahrheit nichts so wichtig und so tröstlich sein, wie die Wahrnehmung, daß der Spaltung in Rassen, Farben, Sprachen und Kulturen eine Einheit zugrunde liegt, daß es nicht verschiedene Menschen und Geister gibt, sondern nur Eine Menschheit, nur Einen Geist.

Nochmals skizziert: Der Weg führt aus der Unschuld in die Schuld, aus der Schuld in die Verzweiflung, aus der Verzweiflung entweder zum Untergang oder zur Erlösung: nämlich nicht wieder hinter Moral und Kultur zurück ins Kinderparadies, sondern über sie hinaus in das Lebenkönnen kraft seines Glaubens.

Aus jedem Stadium kann natürlich auch wieder ein Rückschritt erfolgen. Selten zwar wird es dem wach Gewordenen gelingen, aus dem Reich, wo Gut und Böse gilt, wieder in die Unschuld zurückzuflüchten. Sehr häufig aber wird, wer schon das Erlebnis der Gnade und Erlösung kennt, wieder auf die zweite Stufe zurückfallen und wieder deren Gesetzen, der Angst, den nie erfüllbaren Forderungen anheimfallen.

Soweit kann ich die Stadien einer Menschwerdung, einer Entwicklungsgeschichte der Seele erkennen. Ich kenne sie aus der eigenen Erfahrung und kenne sie aus den Zeugnissen vieler anderer Seelen. Immer, zu allen Zeiten der Geschichte und in allen Religionen und Lebensformen, sind es dieselben typischen Erlebnisse, immer in derselben Stufung und Reihenfolge: Verlust der Unschuld, Bemühung um Gerechtigkeit unter dem Gesetz, daraus folgende Verzweiflung im vergeblichen Ringen um das Überwinden der Schuld durch Werke oder durch Erkenntnis und endlich Auftauchen aus der Hölle in eine veränderte Welt und in eine neue Art von Unschuld. Hundertmal hat die Menschheit sich diesen Entwicklungsgang in großartigen Sinnbildern vorgezeichnet: das uns geläufigste dieser Bilder ist der Weg vom paradiesischen Adam bis zum erlösten Christen.

Viele dieser sinnbildlichen Zeichnungen freilich zeigen uns auch noch weitere, höhere Stufen der Entwicklung: zum Mahatma, zum Gott, zum reinen Sein des Geistes, dem nichts von Materie und nichts von Werdequal mehr anhängt. Alle Religionen kennen diese Wunschbilder, auch mir ist er oft als bestes Wunschbild erschienen: der Vollkommene, Schmerzlose, Makellose, Unsterbliche. Ob aber dies Wunschbild etwas anderes sei als ein holder Traum, ob es jemals Erfahrung und Wirklichkeit geworden sei, ob jemals wirklich ein Mensch Gott geworden sei, darüber weiß ich nichts. Von jenen Hauptstufen der Seelengeschichte aber weiß ich, und von ihnen weiß und wußte jeder, der sie erlebt hat; sie sind Wirklichkeiten. Möge es nun jene erträumten noch höheren Stufen der Menschwerdung geben oder nicht: es sei uns willkommen, daß sie als Traum, als Wunschbild, als Dichtung, als ideales Ziel vorhanden sind. Wurden sie jemals von Menschen wirklich erlebt, so waren es Erlebnisse, über welche diese Menschen geschwiegen haben und die ihrer Art nach dem, der sie nicht erlebt hat, unverständlich und unmitteilbar sind. In Heiligenlegenden aller Religionen finden sich Andeutungen solcher Erlebnisse, welche überzeugend klingen. In den Irrlehren kleiner Sektierer und falscher Propheten finden wir häufig Andeutungen solcher Erlebnisse, die alle Kennzeichen der Halluzination oder des bewußten Schwindels tragen.

Übrigens sind es keineswegs nur jene mystischen letzten Stufen und Erlebnismöglichkeiten der Seele, die sich dem Verständnis und der eindeutigen Mitteilbarkeit entziehen. Auch die früheren, auch die allerersten Schritte auf dem Weg der Seele sind verständlich und mitteilbar einzig für den, der sie an sich erlebt hat. Wer noch in der ersten Unschuld lebt, wird niemals die Bekenntnisse aus den Reichen der Schuld, der Verzweiflung, der Erlösung verstehen, sie werden ihm ebenso unsinnig klingen wie einem unbewanderten Leser die Mythologien fremder Völker. Dagegen erkennt jeder die typischen Seelenerlebnisse, die er selbst gehabt hat, unfehlbar und augenblicklich wieder, wo er sie in den Berichten anderer antrifft – auch da, wo er aus fremden und unvertrauten Theologien übersetzen muß. Jeder Christ, der wirklich etwas erlebt hat, erkennt dieselben Erfahrungen bei Paulus, Pascal, Luther, Ignatius unfehlbar wieder. Und jeder Christ, der noch ein Stück näher ans Zentrum des Glaubens gekommen und darum dem Bereich der bloß »christlichen« Erlebnisse entwachsen ist, findet bei den Gläubigen anderer Religionen, nur in anderer Bildsprache, alle jene Grunderlebnisse der Seele mit allen Kennzeichen unfehlbar wieder.

Meine eigene, im Christlichen beginnende Seelengeschichte zu erzählen, aus ihr meine persönliche Art von Glauben systematisch zu entwickeln, wäre ein unmögliches Unternehmen; Ansätze dazu sind alle meine Bücher. Unter ihren Lesern finden sich manche, für welche diese Bücher einen ganz bestimmten Sinn und Wert haben: den nämlich, daß sie ihre eigenen wichtigsten Erlebnisse, Siege und Niederlagen in ihnen bestätigt und verdeutlicht finden. Groß ist ihre Zahl nicht, aber sehr groß ist überhaupt die Zahl der Menschen nicht, welche Seelenerlebnisse haben. Die Mehrzahl wird ja nie Mensch, sie bleibt im Urzustand, im kindlichen Diesseits der Konflikte und der Entwicklungen; die Mehrzahl lernt niemals vielleicht auch nur die »zweite Stufe« kennen, sondern bleibt in der verantwortungslosen Tierwelt ihrer Triebe und Säuglingsträume stehen und die Sage von einem Zustand jenseits ihrer Dämmerung, von einem Gut und Böse, von einer Verzweiflung an Gut und Böse, von einem Auftauchen aus der Not in Lichter der Gnade klingt ihnen lächerlich.

Es mag tausend Arten geben, auf welche sich Individuation und Seelengeschichte des Menschen vollziehen kann. Der Weg dieser Geschichte aber und seine Stufenfolge ist stets derselbe. – Zu beobachten, wie dieser unweigerlich starre Weg auf so verschiedene Arten, von so verschiedenen Menschenarten erlebt, erkämpft, erlitten wird, ist wohl die beglückendste Leidenschaft des Historikers, des Psychologen und des Dichters. –

Unter den Versuchen unseres Verstandes, dies bunte Bilderbuch rational zu erfassen und systematisch einzuteilen, steht obenan der uralte Versuch, die Menschheit nach Typen einzuteilen und zu ordnen. Wenn auch ich, aus meiner Art und Erfahrung heraus, es nun versuche, zwei gegensätzliche Grundtypen von Menschen darzustellen und damit zwei grundsätzlich verschiedene Arten, wie der unveränderliche Menschheitsweg erlebt werden kann, so ist mir dabei bewußt, daß jedes Aufstellen von sogenannten Grundtypen des Menschen lediglich ein Spiel ist. Es gibt nicht eine beschränkte oder unbeschränkte Zahl von feststehenden Typen, in welche die Menschen eingeordnet werden könnten; nichts kann dem Philosophen verhängnisvoller werden als der Buchstabenglaube an irgendeine Typenlehre. Wohl aber gibt es – von den meisten Menschen unbewußt stets gehandhabt – die Typeneinteilung als Spiel, als Versuch, unsere Erfahrungsmasse zu bewältigen, als gebrechliches Mittel zum Ordnen unserer Erlebniswelt. Schon das kleine Kind unterscheidet vermutlich alle Menschen, die in seinen Gesichtskreis treten, nach Typen, deren Urbilder Vater, Mutter, Amme sind. Mir hat sich aus Erfahrung und Lektüre eine Einteilung der Menschen in zwei Haupttypen ergeben, ich nenne sie die Vernünftigen und die Frommen. Ohne weiteres ordnet sich mir nach diesem sehr groben Schema die Welt. Aber natürlich ordnet sie sich durch dies Hilfsmittel immer bloß für einen Augenblick, um dann sofort wieder zum undurchdringlichen Rätsel zu werden. Der Glaube ist mir längst abhanden gekommen, daß uns an Erkenntnis und an Einblick ins Chaos des Weltgeschehens mehr gegönnt sei, als diese Scheinordnung eines glücklichen Augenblicks, als dieses je und je erlebbare kleine Glück: für eine Sekunde das Chaos sich als Kosmos vorzutäuschen.

Wenn ich in einem solchen glücklichen Moment mein Schema »Vernunft oder Frommsein« auf die Weltgeschichte anwende, so besteht für mich in diesem Augenblick die Menschheit aus nur diesen beiden Typen. Von jeder historischen Gestalt glaube ich zu wissen, welchem Typus sie angehört, und auch von mir selbst glaube ich es dann genau zu wissen: nämlich, daß ich zur Art der Frommen gehöre, nicht zu der der Vernünftigen. Aber im nächsten Augenblick, wenn das hübsche Gedankenerlebnis vorüber ist, stürzt mir die herrlich geordnete Welt wieder zum sinnlosen Wirrwarr zusammen, und was ich eben noch so klar zu sehen glaubte, nämlich welchem meiner beiden Typen Buddha oder Paulus oder Cäsar oder Lenin angehörte, das weiß ich jetzt durchaus nicht mehr; und leider weiß ich auch über mich selbst durchaus nicht mehr Bescheid. Eben noch wußte ich genau, daß ich ein Frommer sei – und nun entdeckte ich Zug um Zug an mir die Merkmale des Vernunftmenschen und besonders deutlich die unangenehmsten Merkmale.

Es ist mit allem Wissen nicht anders. Wissen ist Tat. Wissen ist Erlebnis. Es beharrt nicht. Seine Dauer heißt Augenblick. – Ich versuche nun, unter Verzicht auf alle Systematik die beiden Typen ungefähr zu zeichnen, die mir das Schema zu meinen Gedankenspielen geben.

Der Vernünftige glaubt an nichts so sehr als an die menschliche

Vernunft. Er hält sie nicht nur für eine hübsche Gabe, sondern für das schlechthin Höchste.

Der Vernünftige glaubt, den »Sinn« der Welt und seines Lebens in sich selber zu besitzen. Er überträgt den Anschein von Ordnung und Zweckgebundenheit, den ein vernünftig geordnetes Einzelleben hat, auf die Welt und Geschichte. Er glaubt darum an Fortschritt. Er sieht, daß die Menschen heute besser schießen und schneller reisen können als früher, und er will und darf nicht sehen, daß diesen Fortschritten tausend Rückschritte gegenüberstehen. Er glaubt, der Mensch von heute sei entwickelter und höher als Konfuzius, Sokrates oder Jesus, weil der Mensch von heute gewisse technische Fähigkeiten stärker ausgebildet hat. Der Vernünftige glaubt, daß die Erde dem Menschen zur Ausbeutung ausgeliefert sei. Sein gefürchtetster Feind ist der Tod, der Gedanke an die Vergänglichkeit seines Lebens und Tuns. An ihn zu denken, vermeidet er, und wo er dem Todesgedanken nicht entgehen kann, flüchtet er in die Aktivität und setzt dem Tode ein verdoppeltes Streben entgegen: nach Gütern, nach Erkenntnissen, nach Gesetzen, nach rationaler Beherrschung der Welt. Sein Unsterblichkeitsglaube ist der Glaube an jenen Fortschritt; als tätiges Glied in der ewigen Kette des Fortschritts glaubt er sich vor dem völligen Verschwinden bewahrt.

Der Vernünftige neigt gelegentlich zu Haß und Eifer gegen die Frommen, die an seinen Fortschritt nicht glauben und der Verwirklichung seines rationalen Ideals im Wege stehen. Man denke an den Fanatismus der Revolutionäre, man erinnere sich an die Äußerungen heftigster Ungeduld gegen Andersgläubige bei allen fortschrittlichen, demokratisch-vernünftigen, sozialistischen Autoren. –

Der Vernünftige scheint im praktischen Leben seines Glaubens sicherer zu sein als der Fromme. Er fühlt sich im Namen der Göttin der Vernunft berechtigt zum Befehlen und Organisieren, zur Vergewaltigung der Mitmenschen, denen er ja nur Gutes aufzuzwingen glaubt: Hygiene, Moral, Demokratie usw.

Der Vernünftige strebt nach Macht, sei es auch nur, um das »Gute« durchzusetzen. Seine größte Gefahr liegt hier, im Streben nach Macht, in ihrem Mißbrauch, im Befehlenwollen, im Terror. Trotzki, dem es ganz unerträglich ist, einen Bauern prügeln zu sehen, läßt seiner Idee zuliebe ohne Skrupel Hunderttausende schlachten.

Der Vernünftige verliebt sich leicht in Systeme. Die Vernünftigen, da sie die Macht suchen und haben, können den Frommen nicht nur verachten und hassen, sie können ihn auch verfolgen, ihm den Prozeß machen, ihn töten. Sie verantworten es, Macht zu haben und sie »zum Guten« anzuwenden, und alle Mittel bis zu den Kanonen sind ihnen dazu recht. Der Vernünftige kann gelegentlich verzweifeln, wenn Natur und das, was er »Dummheit« nennt, immer wieder so stark sind. – Er kann darunter, daß er verfolgen, strafen und töten muß, zu Zeiten schwer leiden.

Seine hohen Augenblicke sind die, da er trotz aller Widersprüche den Glauben in sich stark fühlt, daß im Grunde eben doch die Vernunft Eins sei mit dem Geist, der die Welt schuf und regiert.

Der Vernünftige rationalisiert die Welt und tut ihr Gewalt an. Er neigt stets zu grimmigem Ernst. Er ist Erzieher.

Der Vernünftige ist immer geneigt, seinen Instinkten zu mißtrauen.

Der Vernünftige fühlt sich der Natur und der Kunst gegenüber stets unsicher. Bald blickt er verächtlich auf sie herab, bald überschätzt er sie abergläubisch. Er ist es, der die Millionenpreise für alte Kunstwerke zahlt oder Reservationen für Vögel, Raubtiere, Indianer einrichtet.

Der Grund des Glaubens und Lebensgefühls beim Frommen ist die Ehrfurcht. Sie äußert sich unter andrem in zwei Hauptmerkmalen: in einem starken Natursinn und in dem Glauben an eine überrationale Weltordnung. Der Fromme schätzt in der Vernunft zwar eine hübsche Gabe, sieht in ihr aber nicht ein zulängliches Mittel zur Erkenntnis oder gar zur Beherrschung der Welt.

Der Fromme glaubt, daß der Mensch ein dienender Teil der Erde sei. Der Fromme flüchtet, wenn das Grauen vor Tod und Vergänglichkeit ihn faßt, in den Glauben, daß der Schöpfer (oder die Natur) seine Zwecke auch mit diesen uns erschreckenden Mitteln anstrebe und sieht nicht im Vergessen oder Bekämpfen des Todesgedankens eine Tugend, sondern in der schauernden, aber ehrfürchtigen Hingabe in einen höheren Willen.

An Fortschritt glaubt er nicht, da sein Vorbild nicht die Vernunft, sondern die Natur ist, und da er in der Natur keinen Fortschritt gewahren kann, sondern nur ein Sichausleben und Sichverwirklichen unendlicher Kräfte ohne erkennbares Endziel.

Der Fromme neigt gelegentlich zu Haß und Eifer gegen die Vernünftigen, die Bibel ist voll von krassen Beispielen ungebärdigen Eifers gegen den Unglauben und die weltlichen Ideale. Doch erlebt der Fromme in seltenen hohen Augenblicken auch den Blitz jenes geistigen Erlebnisses, das ihm den Glauben gibt, daß auch alle Fanatismen und Wildheiten der Vernünftigen, alle Kriege, alle Verfolgungen und Knechtungen im Namen hoher Ideale am Ende Gottes Zwecken dienen müssen.

Der Fromme strebt nicht nach Macht, er scheut davor zurück, andre zu zwingen. Er mag nicht befehlen. Dies ist seine größte Tugend. Dafür ist er häufig allzu lau in der Arbeit an wirklich erstrebenswerten Dingen, er neigt leicht zu Quietismus und Nabelbeschauung. Er begnügt sich oft gerne mit dem Hegen seiner Ideale, ohne sich für ihre Verwirklichung anzustrengen. Da Gott (oder die Natur) doch stärker ist als wir, mag er nicht eingreifen.

Der Fromme verliebt sich leicht in Mythologien. Der Fromme kann hassen oder verachten, er verfolgt und tötet aber nicht. Nie wird Sokrates oder Jesus der Verfolgende oder Tötende sein, stets der Leidende. Dagegen nimmt der Fromme, oft leichtsinnig, nicht minder große Verantwortung auf sich. Er verantwortet nicht nur seine Lauheit im Verwirklichen guter Ideen, er verantwortet auch seinen eigenen Untergang und die Schuld, die der Feind durch seine Tötung auf sich nimmt.

Der Fromme mythologisiert die Welt und nimmt sie häufig darüber nicht ernst genug. Er neigt stets etwas zum Spielen. Er erzieht die Kinder nicht, sondern preist sie selig. Der Fromme ist stets geneigt, seinem Verstande zu mißtrauen.

Der Fromme fühlt sich der Natur und der Kunst gegenüber stets sicher und bei ihnen zu Hause, dafür ist er unsicher der Bildung und dem Wissen gegenüber. Bald verachtet er sie als dummes Zeug und tut ihnen unrecht, bald wieder überschätzt er sie abergläubisch. Bei einem äußersten Fall des Zusammenpralls: wenn etwa ein Frommer in die Vernunft-Maschine hineingerät und entweder in einem Prozeß oder in einem Krieg, den er wider Willen, auf Befehl des Vernünftigen mitmacht, umkommt – in einem solchen Fall sind immer beide Parteien schuldig. Der Vernünftige ist daran schuld, daß es Todesstrafen, Gefängnisse, Kriege, Kanonen gibt. Der Fromme hat aber nichts dazu getan, dies alles unmöglich zu machen. Die beiden Prozesse der Weltgeschichte, in denen deutlicher und symbolkräftiger als sonst ein Frommer von den Vernünftigen getötet wurde: die Prozesse des Sokrates und des Heilands zeigen Momente von einer schauerlichen Zweideutigkeit. Hätten nicht die Athener und hätte nicht Pilatus ganz leicht die Gebärde finden können, mit der der Angeklagte ohne Verlust an Prestige zu entlassen war? Und hätte nicht Sokrates ebenso wie Jesus, statt mit einer gewissen heroischen Grausamkeit den Gegner schuldig werden zu lassen und sterbend über ihn zu triumphieren – hätten sie nicht mit wenig Aufwand die Tragödie verhindern können? Gewiß. Aber Tragödien sind nie zu verhindern, denn sie sind nicht Unglücksfälle, sondern Zusammenstöße gegensätzlicher Welten.

Wenn ich in den obigen Rubriken überall den »Frommen« dem »Vernünftigen« entgegenstelle, so möge der Leser sich stets der rein psychologischen Bedeutung dieser Benennungen bewußt sein. Natürlich haben scheinbar sehr oft gerade die »Frommen« das Schwert geführt und die »Vernünftigen« haben geblutet (etwa in der Inquisition). Aber ich verstehe natürlich nicht unter den Frommen die Priester und unter den Vernünftigen nicht die, die Freude am Denken haben. Wenn ein spanisches Ketzergericht einen »Freidenker« verbrannte, so war der Inquisitor der Vernünftige, der Organisator, der Mächtige, sein Opfer aber war der Fromme.

Übrigens liegt es mir trotz gewisser Gewaltsamkeiten meines Schemas natürlich ferne, dem Frommen die Tüchtigkeit, dem Vernünftigen die Genialität abzusprechen. In beiden Lagern gedeiht Genie, gedeiht Idealismus, Heroismus, Opfersinn. Die »Vernünftigen«, Hegel, Marx, Lenin (am Ende sogar Trotzki) halte ich alle für Genies. Adrerseits hat ein Frommer und Gewaltloser wie Tolstoi immerhin dem »Verwirklichen« größte Opfer gebracht.

Überhaupt scheint es mir ein Kennzeichen des genialen Menschen zu sein, daß er zwar seinen Typus als besonders geglücktes Exemplar darstellt, zugleich aber ein geheimes Verlangen nach dem Gegenpol, eine stille Achtung für den gegensätzlichen Typ in sich trägt. Der Nur-Zahlenmensch ist nie genial, ebensowenig der Nur-Stimmungsmensch. Manche Ausnahmemenschen scheinen geradezu zwischen den beiden Grundtypen hin- und herzuschwanken und von tief gegensätzlichen Begabungen beherrscht zu sein, die sich gegenseitig nicht ersticken, sondern bestärken; zu den vielen Beispielen dafür gehören die frommen Mathematiker (Pascal).

Und so, wie das fromme und das vernünftige Genie einander recht wohl kennen, einander heimlich lieben, einer vom andern angezogen werden, so ist auch das höchste geistige Erlebnis, dessen wir Menschen fähig sind, stets eine Versöhnung zwischen Vernunft und Ehrfurcht, ein Sich-als-Gleich-Erkennen der großen Gegensätze.

Schlußbetrachtung

Wenden wir nun zum Schluß die beiden Schemata aufeinander an: das Schema der drei Menschwerdungsstufen auf die beiden menschlichen Grundtypen, so werden wir zwar finden, daß die Bedeutung der drei Stufen für beide Typen die gleiche ist. Wir werden aber auch sehen, daß die Gefahren und Hoffnungen beider Typen auch hier verschieden sind. Es wird der Stand der Kindheit und natürlichen Unschuld bei beiden Typen sich ähnlich darstellen. Doch schon der erste Schritt der Menschwerdung, der Eintritt in das Reich von Gut und Böse, hat nicht für beide Typen das gleiche Gesicht. Der Fromme wird kindlicher sein, er wird mit weniger Ungeduld und mit mehr Widerstreben das Paradies verlassen und das Schuldigwerden erleben. Dafür aber wird er auf der nächsten Stufe auf dem Weg von der Schuld zur Gnade, kräftigere Flügel haben. Er wird überhaupt der mittleren Stufe (Freud nennt sie »Das Unbehagen in der Kultur«) möglichst wenig gedenken und sich ihr möglichst entziehen. Durch sein wesentliches Sichfremdfühlen im Reich der Schuld und des Unbehagens wird ihm unter Umständen der Aufschwung zur nächsten erlösenden Stufe erleichtert. Es wird ihm aber auch gelegentlich das infantile Zurückfliehen ins Paradies, in die verantwortungslose Welt ohne Gut und Böse naheliegen und gelingen. Für den Vernünftigen hingegen ist die zweite Stufe, die Stufe der Schuld, die Stufe der Kultur, der Aktivität und Zivilisation, recht eigentlich die Heimat. Ihm hängt nicht lang und störend ein Rest von Kindheit nach, er arbeitet gern, er trägt gern Verantwortung, und er hat weder Heimweh nach der verlorenen Kindheit, noch begehrt er sehr heftig nach dem Befreitwerden von Gut und Böse, obwohl dies Erlebnis auch ihm ersehnbar und erreichbar ist. Leichter als der Fromme erliegt er dem Glauben, es werde sich mit den von Moral und Kultur gestellten Aufgaben schon fertig werden lassen; schwerer als der Fromme erreicht er den Zwischenzustand der Verzweiflung, das Scheitern seiner Anstrengungen, das Wertloswerden seiner Gerechtigkeit. Dafür wird er, wenn die Verzweiflung erst da ist, vielleicht weniger leicht als der Fromme jener Versuchung zur Flucht in die Vorwelt und Unverantwortlichkeit erliegen.

Auf der Stufe der Unschuld bekämpfen sich Fromm und Vernünftig so, wie Kinder von verschiedener Veranlagung sich bekämpfen.

Auf der zweiten Stufe bekämpfen sich, wissend geworden, die beiden Gegenpole mit der Heftigkeit, Leidenschaft und Tragik der Staatsaktionen.

Auf der dritten Stufe beginnen die Kämpfer einander zu erkennen, nicht mehr in ihrer Fremdheit, sondern in ihrem Aufeinanderangewiesensein. Sie beginnen einander zu lieben, sich nacheinander zu sehnen. Von hier führt der Weg in Möglichkeiten des Menschentums, deren Verwirklichung bisher von Menschenaugen noch nicht erblickt worden ist.

(1932)

Namenregister

391